**WERELD
REISGIDS**

Namibië

Inhoud

Namibië – woestijn en worsten 8
Namibië als reisbestemming 10
Hulp bij het plannen van uw reis 12
Suggesties voor rondreizen 16

Land, volk en cultuur

Namibië in het kort 20
Natuur en milieu 22
Economie, maatschappij en politiek 42
Geschiedenis 48
Jaartallen 64
Maatschappij en dagelijks leven 66
Kunst en cultuur 70

Reisinformatie

Reis en vervoer 76
Accommodatie 84
Eten en drinken 88
Outdoor 91
Feesten en evenementen 93
Praktische informatie van A tot Z 95

Onderweg in Namibië

Hoofdstuk 1 – Windhoek en omgeving

In een oogopslag: Windhoek en omgeving 118
Windhoek 120
Stadscentrum 120
Actief: Op de fiets door Township Katutura 130

Excursies vanuit Windhoek 134
Daan Viljoen Game Park 134
Door het Khomashoogland naar de Bosuapas 135
N/a'an ku sê Lodge & Wildlife Sanctuary 135

Moremi Game Reserve, Okavangodelta en Makgadikgadi Pans

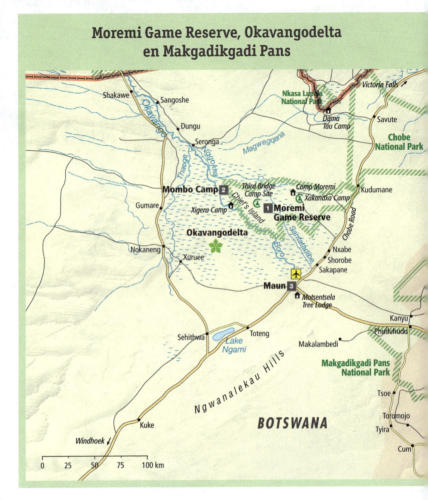

Kamperen aan de rivier – Khwai/North Gate Camping: SKL, tel. 00267 686 53 65/66, www.sklcamps.com. Tien plaatsen, elk met een eigen watervoorziening en kookhoek, en vier moderne sanitaire units. Online reserveren mogelijk. Volwassene US$ 50, kind 8-17 jaar US$ 25, 5-7 jaar US$ 10, kinderen tot 5 jaar gratis.

Kamperen tussen de wilde dieren – Third Bridge: Xomae Group, Maun, tel. 002 67 686 22 21, www.xomaesites.com. Tien plaatsen, modern sanitairblok, watervoorziening. Veel dieren in het *camp*. Online boeken, met vermelding van het creditcardnummer. Volwassenen PUL 400, kind tot 16 jaar PUL 200.

Kamperen aan de delta – Xakanaxa: Kwalate Safaris, tel. 002 67 686 14 48, kwalatesafari@gmail.com. Acht nauwelijks gemarkeerde plaatsen aan de rand van het moeras, naast het Xakanaxa Boat Station. Op elke plek barbecueplaatsen, nieuw sanitairblok, veel dieren rond het *camp*. PUL 200 p.p.

Kamperen aan de zuidingang – South Gate: Kwalate Safaris, tel. 002 67 686 14 48, kwalate

Maun

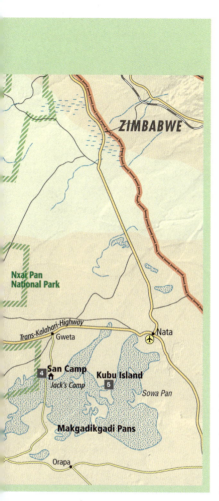

zo. vanaf 12 uur gesloten. Reserveringen kunnen maximaal twaalf maanden van tevoren worden gedaan.

❋ Okavangodelta

Kaart: links

Doordat de op het Hoogland van Bihé in Angola ontspringende Okavango niet in zee uitmondt, heeft hij in het zand van het Kalaharibekken, 1600 km verderop, een paradijselijke oase doen ontstaan. In het waaiervormige, ruim 16.000 km² grote netwerk van duizenden waterlopen, eilandjes, lagunes en bossen leeft een grote variatie aan dieren, vooral reusachtige olifantenkuddes, leeuwen, luipaarden en wilde honden. Het water stroomt traag, waardoor het de sedimenten op de bodem niet loswoelt, en wonderlijk helder is. De 80 verschillende vissoorten weten dat te waarderen. Meer dan duizend verschillende plantensoorten gedijen hier. De bijna uitsluitend per boot of vliegtuig toegankelijke **Okavangodelta** 2 is een van de beste wildobservatiegebieden van Afrika.

De regering van Botswana heeft vanaf het begin schadelijk massatoerisme effectief weten te voorkomen. Er is een beperkt aantal concessies voor particuliere *wilderness camps* uitgegeven, die regelmatig moeten worden vernieuwd. Alle *camps* zijn van tentdoek, rietgras en hout opgetrokken en kunnen zo nodig zonder sporen na te laten weer 'verdwijnen'. Overnachtingen in deze tentenkampen zijn kostbaar en moeten in Amerikaanse dollars worden betaald, wat het aantal bezoekers laag houdt en de winst hoog.

safari@gmail.com. Minder spannend dan de Third Bridge Camping, gelegen tussen mopanebosjes bij de ingang van het park. Zeven plaatsen met betonnen tafels en banken, sanitair blok, warm water en verlichting op zonne-energie. PUL 200 p.p.

Parks and Reserves Reservations Office, Gabarone, tel. 002 67 318 07 74.

Parks and Reserves Reservations Office, Maun, tel. 002 67 686 12 65.

De kantoren zijn dagelijks 7.30-16.30 uur geopend, middagpauze ma.-za. 12.30-13.45 uur,

Maun ▶ S 5

Kaart: links

Maun 3 is het Botswaanse toeristencentrum voor het gebied van de Okavangodelta, het Moremi Reserve en de Makgadikgadi Pans. Van de 'internationale' luchthaven gaan regelmatige directe vluchten naar Kaapstad in Zuid-Afrika. In het bedrijvige stadje kunt u

VLIEGSAFARI NAAR DE OKAVANGODELTA

Het hart van de delta is, zoals al werd vermeld, alleen met kleine vliegtuigen te bereiken. Voor de randgebieden is een terreinwagen noodzakelijk. Vliegsafari's beginnen meestal in het Botswaanse **Maun**, maar ook in Zuid-Afrika of Namibië. Het **Xigera Camp** ligt midden in de Okavangodelta, op een plaats waar u zelfs veilig tussen de bloeiende waterlelies kunt zwemmen. Dat is een genot bij deze warmte, maar doe het vóór de schemering, want daarna nemen krokodillen en nijlpaarden bezit van dit natuurlijke zwembad.

Met een traditionele *mokoro* worden *sundowner*-tochten in het moeras gemaakt. Deze kano's werden vroeger uit een boomstam gehakt, maar zijn nu gewoon van fiberglas. Het principe is nog altijd hetzelfde: de boten liggen diep in het water, achterop staat een stuurman met een lange houten stok die zowel de balans bewaart als door punteren voor aandrijving zorgt.

In Xigera is ook het avondeten aan de gemeenschappelijke tafel een belevenis. Het serveren van de verschillende gangen lijkt op een toneelvoorstelling. Een van de personeelsleden gaat voor de tafel staan en somt, met lange, theatrale pauzes ertussen, de verschillende menubestanddelen op. Ten slotte beslist hij in welke volgorde mag worden gegeten: 'eerst de mannen, dan de vrouwen, dan de gieren' – ofwel het personeel.

Een van de interessantste kampen in het moeras is **Mombo** 2, een van de beste plekken in zuidelijk Afrika om dieren te zien. Hier zijn veel bekroonde internationale dierenfilms opgenomen. De vlucht van Xigera naar Mombo duurt zes minuten. Ook Mombo biedt het echte junglegevoel. Wrattenzwijnen rennen tussen de tenten door, buffels grazen in de buurt en in de verte blaffen jakhalzen. De *game drives* doen Mombo's naam eer aan. Voor de ogen van de bezoeker verdringen zich leeuwen, luipaarden, antilopen, buffels en olifanten. In het ochtendgloren komen twee gevlekte hyena's met jongen langs, waarvan er een nieuwsgierig naar de auto loopt en zijn neus opsteekt. In de verte schreeuwen groene meerkatten – hun waarschuwingskreet als een luipaard in de buurt is, zegt de ranger en geeft gas. De Land Rover schiet vooruit. De hyena's rennen mee, in de hoop de luipaard zijn buit afhandig te maken, wat ze vaak ook lukt. Het geschreeuw wordt steeds harder. In een grote boom is de hel losgebroken. Apen vliegen door de kroon en proberen te ontkomen aan de gevlekte rover, die zich tot op de buitenste takken waagt. Van opwinding laten de primaten de ene hoop na de andere vallen en de inzittenden van de Land Rover krijgen de volle laag. 'Niet bewegen,' fluistert de ranger. Langzaam sluipt de luipaard over een tak vlak naast de auto langs, zo dichtbij dat we zijn adem kunnen voelen. Een geërgerd geblaas, dan verdwijnt hij geruisloos. De luipaard is een jong vrouwtje, vertelt de ranger. Bij een luipaard met veel ervaring in de jacht hadden de apen geen kans gehad. Normaal gesproken jagen luipaarden alleen 's nachts, maar dit jonge dier benut ook de ochtend om een prooi te vinden.

> **Boeken:** Al meer dan 25 jaar vliegt pilote Brigitte Cross kleine, exclusieve groepen toeristen met haar vliegtuig naar de Okavangodelta, maar ook naar andere bestemmingen in zuidelijk Afrika.
> Haar bedrijf is gevestigd in Pretoria in Zuid-Afrika. Alle vliegsafari's kunnen individueel georganiseerd worden. Brigitte Cross regelt ook de overnachtingen in lodges. De prijzen zijn onder meer afhankelijk van de lengte van de tocht, het aantal passagiers, de soort accommodatie en de bestemming. **Cross Country Air Safaris**, tel 0027 12 4 60 37 40, www.airsafaris.co.za.

alles kopen voor een avontuurlijke offroadtocht. Er zijn internetcafés voor een laatste contact met het thuisfront en diverse restaurants. De enige bezienswaardigheid is de uit mopaneplanken bestaande brug over de Thamalakane River, maar deze is afgesloten voor het verkeer.

Accommodaotie

Toegangspoort naar het moeras – **Royal Tree Lodge:** tel. 002 67 680 07 57, www.royal treelodge.com. Overnachten in een van de zeven Afrikaans gedecoreerde luxetenten op houten platforms onder hoge bomen, met bad en buitendouche, of in een van de twee Honeymoon Suites. Ideale accommodatie voor een tussenstop in Maun, omdat deze lodge een paar kilometer buiten de stad ligt en in tegenstelling tot de gelegenheden in Maun zeer rustig is. Het beheerdersechtpaar is heel gastvrij, zodat u niet zelden 's avonds nog lang aan de praat gehouden wordt. 2 pk met ontbijt vanaf US$ 418 p.p.

❋ Makgadikgadi Pans

Kaart: blz. 370

Ten oosten van Maun strekken zich de grootste zoutvlaktes ter wereld uit. En midden in de eindeloos lijkende witte vlakte van de Makgadikgadi Pans ligt een fantastisch granieteiland, waarop oeroude baobabs (apenbroodbomen) groeien. De Makgadikgadi Pans in Botswana zijn net zo groot als heel Zwitserland. Wat er op het eerste gezicht uitziet als een luchtspiegeling, blijkt bij nader inzien een verzameling witte tenten te zijn onder een groepje ilalapalmen.

San Camp

De teakhouten vloer van de grote hoofdtent is voor een deel met enigszins door de motten aangevreten, maar toch mooie Perzische tapijten bedekt. Een aantrekkelijke, slanke, donkerharige, bruin getinte jonge vrouw reikt de toeristen twee koude, natte doeken aan om hun gezicht van zweet en stof te ontdoen. Verse vruchtencocktails laven de uitgedroogde kelen. **San Camp**  is een oase *in the middle of nowhere*.

Als ze de witte tenten betreden, wanen de gasten zich in een nieuwe verfilming van *Out of Africa*. Op de grote, gemakkelijke bedden liggen comfortabele spreien. Een 'emmerdouche' bungelt aan een van de palmen. Naar behoefte wordt deze door het personeel met warm water gevuld.

Ondanks alles is het er in San Camp niet alleen om te doen in decadent comfort in de wildernis te overnachten. Tijdens een verblijf wordt u ook onderwezen in de unieke natuur en ecologie van de streek. In het laatste namiddaglicht stappen de bezoekers daarom in de groene, aan de onverharde wegen gewaagde Land Cruiser van de ranger. Op de zoutvlakte volgt dan al snel weer een verrassing. Midden in het niets staan stoelen en een tafel waarop een assortiment drank staat uitgestald; een gezellig houtvuur brandt en herinnert eraan dat het in juli in Botswana winter is. Soms dalen de temperaturen hier tot onder het vriespunt, wat natuurlijk ook voordelen heeft: het is te koud voor de hinderlijke muskieten.

De ranger spreidt een oude landkaart van de regio op de grond uit, verzwaart de hoeken van de kaart met een aantal

Door Botswana terug naar Namibië

Zonsondergang boven de Makgadikgadi Pans

gin- en whiskyflessen, omdat de lichte bries steeds meer aantrekt en de kaart dreigt weg te blazen. Met behulp van een antiek zakmes trekt hij denkbeeldige rivierlopen, een handvol zand stelt geomorfologische hindernissen voor, die een paar miljoen jaar geleden verhinderden dat de brede rivieren uit het noorden bleven doorstromen naar het op dat moment grootste meer van Afrika. Het resultaat vormt tegenwoordig een niet te missen attractie: hier ligt de grootste zoutvlakte ter wereld. Terwijl de zon achter de horizon begint te verdwijnen, schuiven de gasten dichter bij het warme vuur.

Kort na zonsondergang is iedereen weer terug in het kamp, waar in de grote tent het avondeten wordt opgediend. Ondanks heftig in de wind wapperende tentzeilen en wijn uit waterglazen is het diner, dankzij zilveren bestek, een damasten tafellaken en kaarslicht (en niet veel later ook echte wijnglazen) een elegant gebeuren dat aan de Afrikaanse safari's uit de jaren 40 herinnert. De kwaliteit van het eten is verrassend hoog. Het is ongelooflijk wat de kok uit de kleine keukentent weet te toveren. Om een voorbeeld te geven: brood en gebak worden hier dagelijks vers op gloeiende kolen gebakken.

De gasttenten bieden nog een verrassing die sommigen aan koude winterdagen uit hun jeugd zal doen herinneren: onder de heerlijk zachte deken ligt een kruik.

Makgadikgadi Pans

Kubu Island

Het hoogtepunt van een verblijf in het San Camp is een driedaagse tocht over de zoutvlaktes naar **Kubu Island** 5 , een afgelegen granieteiland in het niets, dat begroeid is met tientallen oeroude apenbroodbomen. De voertuigen waarmee gereisd wordt, hebben vier zachte banden met weinig luchtdruk, een 250 cm³-Yamahamotor ertussen en een motorfietsstuur erop. Het lijkt op een grasmaaimachine, maar het is een **quad**, die milieuvriendelijk reizen mogelijk maakt, omdat hij geen diepe bandensporen achterlaat.

De *guide* vertelt hoe de bedoeïenendoeken, de *kikois*, omgeslagen moeten worden en verandert zijn gasten nu ook in avontuurlijke types. Dit kledingstuk ziet er echter niet alleen goed uit, maar biedt ook een goede bescherming tegen stof en kou.

Er gaan twee personen op één quad. De passagier zit ingeklemd tussen de bestuurder en een groot kussen – maar hij heeft het tenminste wel lekker warm. Om geen nieuwe bandensporen te maken, rijden ze allemaal op een rij door de woestijn.

De gids stopt regelmatig om met zijn gasten een paar passen de zoutvlakte op te gaan. De zoutkorst maakt, als erover wordt gelopen, een geluid als vers gevallen, licht bevroren sneeuw. Wat er in eerste instantie volstrekt leeg uitziet, blijkt in werkelijkheid een plaats te

OP STAP MET DE SAN

Informatie
Begin: Jack's Camp, San Camp (zie blz. 378)
Boeken: Uncharted Africa, tel. in Botswana 002 67 241 22 77, www.unchartedafrica.com

Duur: Halve dag
Kosten: In de overnachtingsprijzen van de *camps* zijn twee activiteiten per dag inbegrepen.

Een twintigtal San van vier generaties leeft in de Ntwetwe Pan en deelt zijn ongelooflijke kennis van het gebied met de gasten van de twee Uncharted Africa-lodges. Ralph Bousfield, mede-eigenaar van Uncharted Africa, is met ze opgegroeid, spreekt hun ingewikkelde 'kliktaal' en leerde jagen van ze. De Bushman uit de clan van de Ju/'hoansi voeren tegenwoordig een semi-traditionele levensstijl op de zoutvlakte en laten de lodgegasten daaraan deelnemen. Ze tonen hun jachtvaardigheden en laten zien hoe je in de bush op zoek gaat naar voedsel en hoe jachtbenodigdheden en sieraden worden gemaakt. Bezoekers krijgen zo een onthullende blik in het verleden, de San behouden hun gevoel van trots en verdienen er wat geld mee. Daarnaast wordt de kennis van de voorvaderen bewaard en doorgegeven aan de nakomelingen.

Twee San-mannen halen de gasten op van de lodge. Ze dragen groene rangeruniformen, geen traditionele kleding. De groep steekt een kleine zoutvlakte over. Het kraakt onder de schoenen. Op sommige plaatsen is het heel zacht. Achter een paar struiken staan traditionele hutten van modder en gras. Hier ontmoeten de bezoekers de andere San, deze keer allemaal in traditionele outfit. De Bushman beslissen zelf waar de ontmoeting plaatsvindt. De twee gidsen introduceren de gasten en vertalen de woorden van de San in het Engels.

Dan trekt het groepje in ganzenpas de woestijn in. Regelmatig wordt er gestopt en krijgen de gasten iets uitgelegd over de bush. De vrouwen graven met stokken in de grond en toveren indrukwekkend ogende knollen tevoorschijn. De bloedrode zijn vrij zeldzaam en het beste bushmedicijn om onrustige magen te kalmeren. Van een struik genaamd *Kalahari sand raisin* (*Grewia retinervis*) worden de handbogen vervaardigd waarmee de San op jacht gaan, uit de schors wordt touw gemaakt. Een van de oude mannen graaft een witte knol op en drukt deze stuk boven zijn mond, wat een paar slokjes water oplevert – in dit onherbergzame, vijandige landschap is water het overlevingsgeheim van de San.

Meestal graven de vrouwen en zijn het de mannen die jagen en de zware lasten dragen. Oude mannen die niet meer kunnen jagen, maken op de grond vogelvallen met boomhars als aas. De vrouwen gaan op zoek naar de larven en poppen van bepaalde kevers, waar ze pijlgif uit winnen. Het resultaat is een zeer krachtig neurotoxine dat op de pijlpunt wordt aangebracht. Na een succesvolle jacht wordt het vlees op een open vuur bereid. De gids laat zien hoe het vuur wordt ontstoken: hij wrijft twee zachte stukken hout tegen elkaar tot ze gaan gloeien. Dan strooit hij er wat fijngemalen zebra-uitwerpselen op en legt er stro en kleine takken bij.

Makgadikgadi Pans

Hij blaast een beetje, de takjes beginnen te roken, en dan verschijnen de eerste vlammen. Wat zo eenvoudig lijkt, vergt veel oefening. De bezoekers zien nu allemaal wel in dat de Bushman de laatste link naar onze Afrikaanse voorouders zijn. Ze zijn het levende bewijs dat de mens eens kon overleven in het wild. Of zoals Ralph zegt: 'Als ik een kwart van hun kennis bezat, zou ik een wijs man zijn.'

zijn waar zich kleine tragedies afspelen, zoals het uitgedroogde kadaver van een stekelvarken (wat had dat nu midden op de zoutvlakte te zoeken?), de gebleekte restanten van een uil, een verzameling botten van onbekende herkomst en enkele werktuigen en pijlpunten uit de steentijd aantonen.

Uit de verte lijken de motorfietsen op speelgoed en de volgende bestemming is net een stad uit een *Star Wars*-film. Wat eruitziet als ronde, koepelvormige huisjes zijn in werkelijkheid de fundamenten van **flamingonesten**. Duizenden van deze grote, roze vogels bevolken de zoutvlakte in de regentijd. Daar kunnen ze noch door voertuigen of roofdieren worden gestoord. Eigenwijze lieden die toch hebben geprobeerd om de zoutvlakte in de natte periode te doorkruisen, hebben hun voertuig daaraan moeten opofferen.

Soms is het stof zo fijn dat het achter de wielen lijkt te exploderen. Zelfs de *kikois* kunnen de quadrijders er dan niet meer voor behoeden dat ze van een woestijnmake-up worden voorzien. Het stof bedekt hun gezicht als een dikke laag poeder en laat alleen de ogen vrij, wat elke keer als men zijn zonnebril afzet tot algehele vrolijkheid aanleiding geeft.

Een groep springbokken trekt in de verte, aan de horizon, over de vlakte en hun poten lijken door de luchtspiegeling te worden opgeslokt.

De viertaktmotoren brullen. Degenen die voorop rijden laten een geweldig stofspoor achter zich opwolken. De quad lijkt stil te staan, terwijl het landschap onder de wielen wegrolt. Er is niets waarop de ogen zich kunnen focussen. In het late licht van de namiddag verspreiden de stofwolken van binnenuit een oranje gloed.

Een zwarte vlek aan de horizon wordt langzamerhand steeds groter – het is **Kubu Island**. De zonsondergang benadrukt nog de schoonheid van wat wel een van de betoverendste plaatsen in heel zuidelijk Afrika moet zijn. Het is onnodig te vermelden dat de verzorgingsvrachtwagen al lang voor de groep in het kampement is aangekomen. De eettafel is feestelijk gedekt – onder de eerbiedwaardige, eeuwenoude apenbroodbomen. Linnen 'wastafels' zijn met warm water gevuld. Een heel assortiment drankjes staat klaar, compleet met halve citroenen op zilveren schoteltjes, ijsblokjes en tonic.

Later ontdekken de gasten hun 'bedden' naast de reusachtige apenbroodbomen – dit is een waarachtig duizendsterrenhotel. Een plaats waar de tijd lijkt te hebben stilgestaan, waar gedachten oneindig ver weg kunnen zweven en waar de ene vallende ster na de andere het verlangen doet opkomen voor altijd te blijven.

Kubu Island met de eigen auto en gps

Kubu Island is een heilige plaats en een natuurmonument, dat natuurlijk ook voor zelfstandig reizenden bereikbaar is. Sinds enige jaren vormen onverantwoordelijke, met satellietnavigatie uitgeruste avonturiers op motors en met terreinwagens die naast elkaar over de vlakte scheuren de grootste bedreiging voor het milieu. In plaats van niets anders dan voetsporen achter te laten en niets anders dan foto's te schieten, laten ze hun afval achter, rijden ze tegen de granietrotsen op en krassen ze hun naam in eeuwenoude apenbroodbomen. Respecteer alstublieft als bezoeker dit unieke landschap, opdat het voor toekomstige generaties behouden blijft. De beste reisperiode voor Kubu Island, dat ten oosten van het 4900 km^2 grote Makgadikgadi

Door Botswana terug naar Namibië

Pans National Park ligt, is in de droge tijd, tussen april en november. Als het dan ook nog volle maan is, zijn de omstandigheden voor Kubu (ook wel: Lekhubu) Island ideaal. Het ligt aan de rand van de Sowa Pan, is ongeveer een kilometer lang en verrijst 20 m boven het niveau van de zoutvlakte. Alles (benzine, water, voorraden) moet worden meegenomen. U kunt inkopen doen in Nata, Gweta en Letlhakane, waar echter uitsluitend kleine winkels zijn, zonder veel keus. De afstand van Letlhakane naar Kubu Island bedraagt slechts 85 km, van Gweta 107 km. In beide plaatsen zijn benzinestations te vinden. Omdat de bodem van de vlakte hard is, verbruikt de terreinwagen niet meer brandstof dan op een asfaltweg.

Accommodoatie, eten

<u>Luxe ver van de beschaafde wereld</u> – **Jack's Camp en San Camp:** Uncharted Africa Safari Company, Francistown, Botswana, tel. 002 67

241 22 77, www.unchartedafrica.com. Jack's Camp, met zijn groene tenten, doorspoeltoiletten en een eigen waterbron, biedt in 8 tenten onderdak aan 16 gasten. Het beslotener **San Camp** is iets kleiner, met 6 witte tenten en met teakhout beklede tonnetjes-wc's. Het kamp draait op zonne-energie en het water wordt per vrachtwagen uit Jack's Camp aangevoerd. Een goede indruk van wat u te wachten staat, krijgt u op de sfeervolle website die beide kampen delen. Jack's Camp is het hele jaar open, San Camp alleen in de droge periode, van mei tot oktober. De quad-tochten worden alleen in deze maanden gehouden. Luxetenten in Jack's Camp, al-

Logboek

Een logboek met de gps-coördinaten voor de tocht van Gweta naar Kubu Island en terug naar Nata:

1. Gweta:	20°12'524"S/25°15'482"E
2.	20°18'681"S/25°18'269"E
3. Xauxara:	20°23'288"S/25°22'364"E
4. Green's Baobabs:	20°26'619"S/25°22'350"E
5.	20°40'402"S/25°35'266"E
6. Gumba-omheining:	20°44'763"S/ 25°39'794"E
7. Tswagong-omheining:	20°45'810"S/25°44'320"E
8.	20°56'012"S/25°40'032"E
9. Kubu Island:	20°53'740"S/25°49'426"E
10. Tswagong-omheining:	20°45'810"S/25°44'320"E
11. Thabathsukudu Village:	20°42'613"S/25°47'482"E
12. Sexara Village:	20°18'699"S/25°48'296"E
13. Gweta-Nata Highway:	20°10'029"S/25°56'898"E
14. Nata:	20°12'691"S/26°10'869"E

Van Maun naar grensovergang Buitepos

Op het granieteiland Kubu Island

les inbegrepen, US$ 1190-1490 p.p. San Camp US$ 1228,50 p.p.

Van Maun naar grensovergang Buitepos

Vanaf Maun is het een gemakkelijke tweedaagse reis terug naar Windhoek in Namibië. Het landschap is relatief eentonig, vooral als de uitgestrekte Kalahari wordt bereikt. Op de laatste etappe rijdt u over de **Trans-Kalahari Highway** direct naar het westen. Kort na de grensovergang tussen Botswana en Namibië passeert u de *guest farm* **Kalahari Bush Breaks** met een eigen wildreservaat.

Accommodoatie, eten

Bij de grens tussen Botswana en Namibië – **Kalahari Bush Breaks:** tel. 062 56 89 36, www.kalaharibushbreaks.com. In totaal 8 tweepersoonskamers, met uitzicht op de drinkplaats of op de woestijn. De vijf buitenkamers zijn ruimer en mooier. Een zwembad met kleine waterval zorgt voor aangename verkoeling. 2 pk met ontbijt N$ 815 p.p., diner N$ 245, kamperen N$ 245 p.p.

Culinair lexicon

Worst, vlees en struisvogel

biltong	gedroogd vlees, onder andere afkomstig van rund, springbok en struisvogel. Lijkt op het Amerikaanse *beef jerky*, maar is veel lekkerder
bobotie	gehaktschotel met losgeklopt ei erover en geserveerd met geelrys
boerewors	boerenworst; zeer pittige, spiraalvormig opgerolde braadworstjes, die er bij een Namibische braai gewoon bij horen
braaivleis	barbecuevlees
frikkadel	gehaktbal
ostrich	struisvogel
pofadder	worst van orgaanvlees van wild
sosatie	gemarineerd lamsvlees met gedroogde vruchten, aan houten spiezen geregen en gegrild
venison	wild

Vis en zeevruchten

crayfish	Kaapse langoest
hake	Kaapse heek
kingklip	Kaapse koningsklip, behorend tot de naaldvisfamilie
kob	kabeljauw
oysters	oesters
perlemon	abalone of zeeoor
snoek	snoekmakreel (géén snoek)
yellowtale	grote geelstaart; een soort horsmakreel die veel bij barbecues wordt gegeten

Groente en fruit

brinjal	aubergine
Cape gooseberry	naar tomaat en aardbei smakende kleine, gele Kaapse kruisbes
grenadilla	passievrucht
mealie	maiskolf
slaphakskeentjes	uien in een zure saus van gefruite uitjes, suiker, azijn, mosterd en room
sousboontjes	rode bonen in een vinaigrette van sherry en mosterd
waterblommetjie	een soort waterlelie; wordt in het voorjaar geoogst en gebruikt voor soep of bredies

Eenpansgerechten

bredie	langzaam gaargestoofd eenpansgerecht met schapenvlees, aardappels, uien en groenten
breyani	gerecht met vis, vlees of gevogelte, rijst en linzen
pie	eenpansgerecht, met een laagje deeg afgedekt en in een vuurvaste schaal in de oven gebakken
samoosa	driehoekig, gefrituurd deegenvelopje met een vulling van groenten of vlees

Sauzen en bijgerechten

atjar	Kaaps-Maleise variant van chutney, met hele stukken fruit, wordt gegeten bij vleesgerechten

blatjang	fruitig-scherpe saus met stukjes fruit, knoflook en rode peper, bij vleesgerechten	vetkoek	traditioneel gerecht van de Afrikaners; in hete olie gebakken deeg met een zoete vulling van honing of stroop, maar ook in hartige vorm, met gehakt
chakalaka	scherp-kruidige saus bij maispap		
chips	patates frites; slechts eenmaal gefrituurd en daardoor nogal vet		
chutney	groenten/vruchtenmengsel om curry's te verzachten		

Kruidenmengsels

garam masala	Indiaas kruidenmengsel, meestal met venkelzaad, kummel, koriander en kardemom
geelrys	rijst met rozijnen, bijgerecht bij verschillende schotels
peri-peri	piripiri; gemalen rode pepers, in olijfolie geconserveerd; zeer scherp!
ingera	Afrikaans plat, rond brood
mealie bread	maisbrood
mealie pap	maispap, basisvoedsel van de zwarte bevolking van het land
sambal	fijngehakt fruit of groenten, ingelegd met azijn en rode peper; bij Kaaps-Maleise gerechten opgediend
pickles	in azijn ingelegde groenten
welbebloontjes	'stokbrood'; uitgerold deeg wordt om een stokje gewikkeld en boven de barbecue gebakken; als bijgerecht of met honing en suiker als nagerecht bij de braai

Eet- en drinktermen

bottle store	winkel voor alcoholhoudende dranken
braai	barbecue
diner	klassieke, Amerikaanse hamburgertent in jarenvijftigstijl met veel chroom en neon

Zoete gerechten

koeksisters	een kleverig, zoet, zeer populair gevlochten gebak
dumpie	kleine bierfles
farmstall	kraampje of winkel aan de weg waar verse boerenproducten worden verkocht
melktart	boerencheesecake in bladerdeeg, met kaneel bestrooid
potjie	driepotige gietijzeren pot die boven open vuur wordt gezet
rusk	keiharde beschuitsoort, alleen geweekt te eten; wordt vaak bij het ontbijt geserveerd
rooibos	theesoort uit Zuid-Afrika

Woordenlijst

Afrikaanse talen

In Namibië worden 25 Afrikaanse talen en dialecten gesproken. De meerderheid van de bevolking van de Ovambo spreekt Oshivambo, verder bestaan er het Herero, Nama/Damara, Tswana, Lozi, Kwangali en verschillende San-talen.

Engels, Afrikaans en Duits

In de meeste delen van Namibië spreekt en begrijpt men Engels; het Afrikaans en het Duits zijn de enige talen die in het hele land gesproken worden. Ongeveer 20.000 mensen hebben het Duits als moedertaal en ook in veel hotels kunt u zich met Duits redden. Zowel het Namibisch als het Zuid-Afrikaans Engels hebben, net als het Zuidwest-Duits enkele eigenaardigheden, en wie indruk wil maken op de bevolking, kan zich enkele uitdrukkingen eigen maken. Het is daarbij belangrijk dat u zoveel mogelijk afkort en verder een paar Afrikaanse woorden gebruikt. *Lekker* is een universeel Afrikaans woord, dat 'goed, prima, leuk, aangenaam, lekker' enzovoort kan betekenen en zowel gebruikt wordt om te zeggen dat men lekker heeft gegeten, als om te zeggen dat iemand er goed uitziet, dus: *lekker food* of *lekker boy/girl*. Bij afscheid nemen zegt men niet *good bye* of gewoon *bye bye*, maar *cheers* of *cheers for now*. Kleine vrachtwagens zijn geen pickups, maar bakkies. Een verkeerslicht is geen *traffic light*, maar een *robot*.
Biltong is gedroogd vlees en *braai* een barbecue. *Line fish* is versgevangen vis en *crayfish* is langoest.
Een bij zwarte Namibiërs zeer geliefd gerecht zijn hanenkoppen en -poten, die *walkie-talkie* of *runaways* genoemd worden. De fantasierijke woordcreaties worden intussen zelfs op verpakkingen in supermarkten gebruikt. Tot dezelfde categorie behoort *smiley*, een ander woord uit de levensmiddelensector. Hier gaat het om gegaarde schapenkoppen die geheel intact worden opgediend; tijdens het garen verschrompelen de lippen tot een grimas.
De *vuvuzela* werd met het wereldkampioenschap voetbal in 2010, dat in buurland Zuid-Afrika werd gehouden, wereldberoemd. Het is een lang, op een hoorn gelijkend instrument, waarop bij voetbalwedstrijden hard wordt geblazen.

Andere Afrikaanse woorden

baas	baas
babbelaas	kater na een nacht vol alcohol
baie dankie	dank u zeer
baster	halfbloed
beester	runderen
bergveld	bergachtig gebied
bokkie	geit
bonsella	geschenk, fooi
bosberaad	vergadering in de bush
bottle store	winkel met vergunning voor alcoholverkoop
bredie	eenpansgerecht met vlees
bushveld	wildernis
check you now	ik zie je binnenkort
dagga	hasj
donga	opgedroogde rivier
donkey	ezel; boiler die op hout of kolen werkt
dop	een borrelglas vol
dorp	dorp
drift	doorwaadbare plaats
eish!	hee!
fanagalo	mengeling van Engels, Afrikaans en Zoeloe
fontein	bron, put, fontein
frikkadel	frikadel, gehaktbal
fundi	deskundige
gemsbok	oryx of spiesbok
gute pad!	goede reis!

hamba kahle	het ga je goed	rivier	opgedroogde rivier
heita	hallo	sandveld	zandwoestijn
howzit?	hoe gaat het? (standaard begroeting)	schnee-Bantu	Duitser van overzee
		teerpad	asfaltweg
indaba	stamvergadering	trekken	verdergaan
induna	stamhoofd	rondavel	rond(e) hut/gebouw
izit?	werkelijk?	rooinek	Afrikaans voor Engelsman ('roodnek')
ja-nee	misschien		
jerry	Duitser van overzee	sies/sis	uitdrukking van ontzetting, afschuw
jol	feest		
jong	jong iemand	shame	universeel woord, om spijt, sympathie, warmte uit te drukken
just now	recent of binnenkort		
klippe	steen, rots		
konfyt	jam	shebeen	bar in een township
koppie	heuvel of kopje	sjambok	leren zweep
kost	maaltijd	skrik	schrik
kraal	inheems dorp	slegs	slechts
kreef	kreeft	sosatie	kebab
kwela	Afrikaanse jazz	spruit	waterloop
lorri	vrachtwagen	stoep	veranda
mielipapp	maispap	sukkel	strijd
morro	goedendag	tagati	betoverd
muthi	medicijn	takkie	gympie
my china	mijn vriend	tokoloshe	duivelse geest
now now	nu (eerder dan just now)	totsiens	Tot ziens
		toyi toyi	protest- en feestelijke dans
now now now	nu		
oke	vriend	tula	Wees stil
oom	oom	übersee	Europa
oukie	Zuidwest-Duitser	umfaan	jongen
pad	straat, weg	vasbyt	houd vol
padkos	picknick of snacks in de auto	veld	regio, landschap
		veldkost	bushvoedsel
padskrapper	machine om de weg mee te effenen	velskoen	leren schoen
		vlakte	vlakte
pan	na zware regenval volgestroomd dal	vlei	dal met water
		voetsak!	hoepel op
permit	vergunning	wag 'n bietjie	wacht even
pieker	doorn	werft	hut van een zwarte landarbeider
plaasmeisie	meisje van het platteland		
		winkel	winkel
pondok	hut, schuur		
potjie	(spreek uit 'peukie') driepotige, gietijzeren pot		

Leven aan de rand van de zandzee: Sossusvlei

Engels

goedendag	hello
goedemorgen	good morning
goedenavond	good evening
goedenacht	good night
tot ziens	cheers/totsiens/goodbye
alstublieft/dank u	please/thank you
ja/nee	yes/no
hoe heet u?	what is your name?
ik heet …	my name is …

Onderweg

luchthaven	airport
vertrek	departure
herbevestigen	reconfirm
bagage	luggage
spoorweg-/busstation	train/bus station
terreinwagen	four-wheel drive
busje	minivan
camper	camper
benzine	petrol, fuel
benzinestation	petrol station
links	left/links
rechts	right
rechtdoor	straight on
hoofdweg	mainroad/hoofweg

Accommodatie

tweepersoons-/eenpersoonskamer	double/single room
… met eigen bad	… with private bath
douche	shower
wc	toilet
airconditioning	air condition

Noodgevallen/gezondheid

noodgeval	emergency
ongeval	accident
politie	police
ziekenwagen	ambulance
ziekenhuis	hospital
huisarts	general practitioner
tandarts	dentist
apotheek	pharmacy, apteek
pijn	pain/ache
pijnstiller	painkiller
koorts	fever, temperature

Belangrijke zinnen

Algemeen

Pardon!	Excuse me!
Het spijt me.	I am sorry.
Hartelijk dank!	Thank you very much/Baie dankie.
Ik begrijp het niet.	I don't understand.
Ik spreek geen Engels.	I don't speak English.
Spreekt u Duits?	Do you speak German?
Hoe gaat het met u?	How are you doing?
Dank u, goed.	Fine, and how are you?
Hoeveel kost het?	How much does it cost?

In het restaurant

Eet smakelijk!	Enjoy your meal!
De menukaart graag.	The menu, please.
Ik wil graag …	I would like to have …
Hoeveel kost …	How much does … cost?
De rekening graag!	The bill/check, please!
Waar is de wc?	Where are the toilets?

Op straat

Ik wil graag naar …	I want to go to …
Waar kan ik …	Where can I buy/kopen? get …?
Waar is …?	Where is …?
Welke bus/trein gaat naar …?	Which bus/train goes to …?

In het hotel

Hebt u nog kamers?	Do you have vacancies?
Ik heb een kamer gereserveerd.	I have booked a room.

Register

/Ae//Gams Festival 93
aalscholverkolonie 261
aardvarken 29
aardwolf 31
accommodatie 84
Africat Foundation 287
Afrikaanse wilde hond 31
Afrikaanse wilde kat 27
Afrikaners 69
Agate Beach 193
Ai-Ais 158, **166**
Ai-Ais/Richtersveld Transfrontier Park 38, 158, **168**
aids 47
alarmnummers 95
Albrecht, gebroeders 49
alcohol 95
ambassades 95
Ameib Ranch 277
Andersson, Charles 50
antilopen 34
apartheid 56, 60, 151
apen 32
apenbroodboom 318
apotheken 102
apps 105
Archer's Rock 249
architectuur 70
armoede 47
arts 102
Atlantische kust 222
Auas Game Lodge 138
Aus 173
Aussenkehr, natuurpark 167
autoverhuur 80
autoverhuurbedrijven 83

Bagani 349
Bakenkop 215
ballonvaart 210
basterdhartenbeest 35
Basters 150
Batokakloof 357
Baynes Mountains 314
B&B 84
Becker, Dörte 72
beerbaviaan 32
Bergpassenweg 217
Bergpos 215
bergzebra 33

besparingstips 107
Bethanie 155
bevolking 21, 66
Big Five 25
black faced impala 34
blanken 69
blauwe duiker 36
blauwe gnoe 34
Bloedkoppie 249
bloedvruchtboom 318
Bogenfels 181
Spookmijndorp 181
Bondelswarts 57
boomeekhoorn 30
Bosuapas 135
Botha, Louis 57
Botswana 10, **366**
Brandberg 272, **273**
breedlipneushoorn 25
bruine hyena 31
btw-teruggave 113
buffel 25
Buitepos 379
Bull's Party 277
Bumhill 352
Bumhillkampeerterrein 352
Burnt Mountain 270
Bushmanland 340
Bushman's Paradise 275
Bwabwata National Park 41, 349

Camp Halali 299
Cañon Lodge 163
Cañon Roadhouse 158
Cão, Diogo 48
Cão, Diogo, stenen kruis van 256
Cape Cross 254
Cape Cross Seal Reserve 256
Cape Town Vespa Club 160
Caprivi 24
Caprivi Art Centre 353
Capriviërs 69
Caprivistrook 347
caracal 27
carnaval 93
Centrale Hoogvlakte 23
Chobe National Park 353, 354, **363**

Chobe Road 364
civetkat 27
coloureds 67
Consolidated Diamond Mines (CDM) 44, 63
consulaten 95
creditcards 100
cultuur 70
Curt-von-François Fort 135

Daan Viljoen Game Park 134
Dalrymple, Alexander 231
Damara 48, 66
damaradikdik 36
Damaraland 251, **266**
Damaraland Camp 266, 268
damarastern 37
Daureb Mountain Guides 272
Dead Vlei 213
Demokratiese Turnhallen Alliansie (DTA) 62
Desert Express 142
diamanten 44, 112, 113
Diamanten-Sperrgebiet **170**, **180**
Dias, Bartholomeu 48
Diaz Point. 191, 193
dierenwereld 25, 199, 315, 342
Diescho, Joseph 73
Die Valle 215
Dik-Dik Drive 298
Divundu 347, 349
Dolphin Park 231
Dorob National Park 254
Dorslandtrekker Baobab 342
Dorslandtrekkers 69
do's-and-don'ts 96
douanebepalingen 76
drinken 88
drugs 98
duikerbok 36
duinhagedis 37
Duits protectoraat 51
Duits Zuidwest-Afrika 51, 57
Duma Tau Camp 363
Dunedin Star 264
Düsternbrook Guest Farm **136**, 141
duurzaam toerisme 46, 203
Duwisib Castle 153

Het hoofdartikel is met **vet** aangegeven.

Eberlanzgrot 193
economie 21, 42
ecotoerisme 28
EeS 73
elandantilope 35
elektriciteit 98
Elizabeth Bay 180
ellipswaterbok 35
enduro 92
Enjandostraatfeest 93
Epupa Falls 321
eten 88
Etosha Lookout 299
Etosha National Park **41**, **296**, 318
Etosha Pan 279, **296**
evenementen 93

feestdagen 98
feesten 93
films 105
Fish River Canyon **158**, **160**, 164
Fish River Canyon National Park 41
Fish River Canyon Park 168
Fish River Lodge 174
flamingo's 37, 377
Fly-insafari aan de Geraamtekust 258
fooi 98
Fort Sesfontein 331
fotograferen 98
fotosafari 302
François, Curt von 51, 248

Galton Gate 304
Gamsberg Pass 217
Garas Park 157
Garub 175
gastronomie 88
geelsnaveltok 40
gehandicapten 99
gehoornde ratelslang 37
Geingob, Hage 63
geld 99
geld opnemen 99
genetkat 27
geografie 20

Geraamtekust 251, **254**, 259, 264
geschiedenis 21, 48
gestreepte jakhals 31
gevlekte hyena 30
gewone duiker 36
gewone gnoe 34
gezondheid 100
Giant's Playground 156
giraf 33
Gocheganas 139
godsdienst 21
golf 91
Gondwana Cañon Park 158
grasland 317
Grasplatz 178
Great Limpopo Transfrontier Park 38
Griffith Bay 193
groene meerkat 32
grondstoffen 42
Grootfontein 292, 294, 340
Gross Barmen 285
Grosse Spitzkoppe 275
Grote Baai 193
grote koedoe 35
guano 49
guesthouses 84

hagedissen 37
Hahn, Theophilus 50
Haileka, Ndamininghenda 73
Halali 303
Halfmens Forest 169
Halifax Island 191, 193
Hardapnatuurreservaat 149
Hardapstuwmeer 149
Hartmanns bergzebra 33
Hartmann Valley 328, 329
heenreis 77
Helmeringhausen 154
helmparelhoen 40
hengelsport 91
Henties Bay 255
Herero 48, 50, 52, **68**, **284**, 314, 318
Hererodag 93
Heroes' Day 284
Himba **69**, **314**, 318, **320**
Hoanib 329, 330

Hoanibbedding 329
Hobameteoriet 293
Hobas 158
hoefdieren 316
Hoffmann, Giselher W. 73
homo's en lesbiennes 102
honingdas 30
hotels 84
Hottentotten 49
hyenahond 31
hyena's 30

impala 34
inentingen 100
infrastructuur 47
interneringskamp 171
Internet 102
ivoor 112

jachtluipaarden 26, 287, 316
jagen 91
jakhals 30
Jonker Afrikaner, Jan 49
Joseph Fredericks House 155

Kaapse grondeekhoorn 29
Kaapse hartenbeest 35
Kaapse klipdas 30
Kaapse pelsrob 256
kaarten 103
Kalahari 24
Kalahari Bush Breaks 379
kamelen 248
kamperen 86
Kaokoland 311, **314**
Karibib 277
Karpfen Cliff 218
Kasikili 351
katachtigen 26
Katima Mulilo 353
Kaudom Camp 345
Kaudom Game Park 41, **342**, 343
Kavango 24, 69
Kavango-Zambezi (Kaza) Transfrontier Park 39
Kaza Transfrontier Park 41
Keetmanshoop 148, **155**

Register

Kemmeta, Zephaniah 73
Kgalagadi Transfrontier Park 38, 39
Khoisancultuur 344
Khomas Hochland zie Khomashoogland
Khomas Hochland Hiking Trail 136
Khomashoogland **135, 136**
Khorixas 266, **271**
Khowaribkloof 330
kijksport 104
kinderen 107
Kirks dikdik 36
kleding 104
Klein-Aus Vista 172, 173
Kleine Spitzkoppe 275
kleurlingen 150
klimaat 104
klipspringer 36
Kokerboomwoud 156
Kolmanskop 175, **178**
kolonisatie 48
Kongola 349
Kopper, Simon 248
koritrap 40
Korn, Hermann 219
krokodillen 37
Kubu Island **375**, 377
Kudu Monument 124
Kuiseb 198
Kuiseb Canyon 218, 219
Kuiseb Pass 218
Kujeau, Jackson 73
Kulala Desert Lodge 207
Kunene 314, 322
kunst 70
kunstnijverheid 72
Kwando River 350
Kwanyama 58

Lady Luck Diamond Museum 181
Lake Guinas 295
Lake Oanob 148
Lake Otjikoto 294, **295**
landbouw 43
Langstrand 231
lechwe 36
Leeupan 345

leeuwen 25, 316
Le Mirage 202
lepelhond 32
Leutwein, Theodor von 53
Lewala, Zacharias 57
Liebighaus 135
lierantilope 35
links 105
literatuur 73, 105
litschiewaterbok 36
Living Desert Tour 242
Livingstone 355, **357**
Livingstone Island 357
Lizauli Traditional Village 349
lodges 84
logeerboerderijen 85
London Missionary Society 49
Long Beach 231
Lubowski, Anton 63
luchthaven Windhoek 78
Lüderitz 155, **184**, 200
 – Felsenkirche 185
 – Goerke-Haus 185
 – Lüderitz Museum 187
 – Woermann-Haus 187
Lüderitz, Adolf 50, 184
Lüderitzschiereiland 192
luipaarden 26, 287, 316

maatschappij 66
Madisia, Joseph 72
Mahango Game Park 347
Maherero, Samuel 50, 52, **54**, 285
Makgadikgadi Pans 373
malaria **101**, 351
Maltahöhe 152
Mandume, hoofdman 58
mangoesten 29
Marengo, Jakob 54
Marienfluss 325
Mariental 152
Martin, Henno 219
Masala, Tembo 72
maskerwever 40
maten en gewichten 106
Maun **371**, 372, 379
media 106
mirre 318

Mission Way 291
moerasantilope 36
mokolwanepalm 318
mopane 317
Moremi Game Reserve 366
Morris, Abraham 57
Mosi oa Tunya National Park 357
motor 92
mountainbiking 172
Mountain View Walk 291
Mudge, Dirk 62
Mudumu National Park 349
muggen 101
muziek 73

N/a'an ku sê Lodge & Wildlife Sanctuary 135
Nagola, Mvula Ya 73
Nama 50, 53, **66**, 248
Nama-Padloperroutes 171
Nambwa 352
Nambwakampeerterrein 352
Namdeb (Namibian De Beers) 185
Namib 22, 176, **195**
Namibian Arts Association 71
Namib-Naukluft 4x4 Trail 216
Namib-Naukluft Park 40, **198**
NamibRand Nature Reserve **200**, 207
Namib-Skeleton Coast National Park (NSCNP) 41
Namibwoestijn 176, **195**, 210
Namutoni 302
Namutoni Rest Camp 297
nationale parken 40, 86, 96
natuurbescherming 28, 38
Naukluft 198
Naukluftberge **213, 214**
Naukluft Hiking Trail 215
Ndevasia Muafangejo, John 71
neushoorns 25
Ngoma Bridge 364
nijlpaarden 27, 316
Nkasa Rupara National Park 352
Noordoewer 166
Norotshama River Resort 167
Nujoma, Sam 62, 63

Het hoofdartikel is met **vet** aangegeven.

Obias River 330
Okahandja 282
Okapuka Ranch 140
Okaukuejo 303
Okaukuejowaterpoel 299
Okauwa 324
Okavangodelta 337, **371**, 372
Okongwati 321, 323
Okonjima 286
olifanten 25, 268, 298, 316
Olive Trail 215
onafhankelijkheidsdag 93
Ongava Lodge 304
Ongongowaterval 330
openingstijden 107
Opuwo 318
Orange River (Oranjerivier) 166
Oranjemund 44
Oranjerivier, Raften op de 167
oribi 37
Orlam-Nama 49
Orupembe 325, 329
oryx 35
Otjawaja 329
Otjihende 324
Otjihipa Mountains 314
Otjijandjasemo 323
Otjinungwa 328
Otjitanda 323
Otjiveze 321
Otjiwarongo 288
outdooractviteiten 91
Outjo 273
Ovambo 58, 67
Ovamboland People's Organisation (OPO) 60

paardantilope 35
paardrijden 204
Palmwag Lodge **266**, 268
parelhoen 40
Peace Parks 38
Pelican Point 229
Penduka Crafts Centre 139
pensions 84
Petrified Forest 271
Phillip's Cave 277
poekoe 36
Pohamba, Hifikepunye Lucas 63
politiek 21, 42
Pomona 180
Popa Falls 347
Portugezen 48
post 107
praktische informatie 95
puntlipneushoorns 25, 317
Purros 329
Putte 215

quadrijden 91, 223

Radford Bay 192
raften **322, 358**
regatta 93
Rehoboth 148
Rehoboth Basters 58, 66, **150**
reisbudget 107
reisperiode 21, 104
restaurant 88
Rheinische Missionsgesellschaft 49
rivieren 24
roken 109
roodsnaveltok 40
rooibok 34
Rooidrom 329
Rosh Pinah 171
Rössing 249
rotstekeningen 48, 70, 269
Roy's Rest Camp 340
Ruacana 321
Ruacana Falls 321
ruiterstandbeeld 126
Rundu 340

sabelantilope 35
safari 297
Salt Works 229
San 48, **66, 344, 376**
San Camp 373
Sandwich Harbour 199, **229**, 230
savanne 317
Savimbi, Jonas 62
schistosomiasis 101
Schmelen, Heinrich 49

Schmelen House 155
Second Lagoon 193
secretarisvogel 40
Sendelingsdrift 169
serval 27
Sesfontein 329
Seshekebrug 354
Sesriem 198, **208**
Sesriem Canyon 213
Sikereti Camp 343
sitatoenga 36
Skeleton Coast National Park 254, **259**
slaapziekte 102
slangen 37
soeni 36
Solitaire 217
Sossuspoort 212
Sossusvlei 198, 212, 213
South West African People's Organisation (SWAPO) 60
souvenirs 113
Spitzkoppe 274
Spreetshoogte Pass 217
springbok 34
springhaas 30
Sprookjesbos 304
staatsinrichting 21
Stauch, August 44
steenbokantilope 37
steenbokkie 37
stekelvarken 32
steppezebra 33
stokstaartjes 29
struisvogel 37
Sturmvogelbucht 193
Susuwe Island Lodge 350, 351
Swakop 198
Swakopmund 231, **233**, 254
Swakopmund Saltworks Private Nature Reserve 254
SWAPO 60
Swartbooisdrift 321

tamarisken 318
telefoneren 109
Terrace Bay 259, **261**, 266

Register

tijd 113
toerisme 21, 43
toiletten 110
Toivo ja Toivo, Andimba 60, 62
Torra Bay 261
Trans-Kalahari Highway 379
Trotha, Lothar von 53
Tsams River 215
Tsau //Khaeb National Park 171
Tsumeb 292, 294
Tsumkwe 340, 341
Tswana 67
Tungeni Von Bach Dam Recreation Resort 282
Turnhalleconferentie 61
Twyfelfontein 269

Ugab Eye 260
Ugab Hiking Trail 260
Uis 274
uitgaan 110
uitrusting 104
Usakos 276

Van Wyk, Andrew 72
Van Zyl's Pass 324
varaan 37
vegetatie 316
veiligheid 82, 110
verantwoord reizen 46
Verbrande Berg 270
Versteend Bos 271
vervoer 76
verzekeringen 100
Victoria Falls 337, **354**, 357
Victoria Falls Bridge 360
Victoria Falls Hotel 360
Vingerklip 271, 273
visserij 43
vliegsafari 372
Vogelfederberg 218
vogels 37, 316
Vogelsang, Heinrich 50
vosmangoesten 29
vrouwen (alleen op reis) 111

Walvis Bay 218, **222**, 231
– lagune 229
wandelen 136, 164, 214, 260, 272, 290
water 111
Waterberg Plateau 279, 282, **289**
Waterberg Plateau Park **289**, 290
Waterberg Trail 291
Waterkloof Trail 215
watersport 92
wellness 111, 112
welwitschia 23
Welwitschia Drive 199
Welwitschiavlakte 246
White Lady 273
Wikar, Hendrik Jakob 49
wilde dieren 352
wilde honden 30, 31
wilde paarden 176
wildwatervaren 322
Wilhelm II, keizer 53
Windhoek 117, **120**, 282
– Alte Feste 126
– Christuskirche 125
– Clock Tower (Uhrturm) 121
– Erkrath-Haus 121
– Gathemann-Haus 121
– Heinitzburg 127
– Hochland Park 120
– Hofmeyer Walk 127
– Independence Avenue 120
– Independence Memorial Museum 126
– Katutura 120
– Klein Windhoek 120
– koloniale bouwstijl 121
– Kronprinzen-Haus 121
– Kudu Monument 124
– Leo's at the Castle 127
– Ludwigsdorf 120
– Luisen-Apotheke 121
– Meteoriten-Brunnen 121
– Namibia Craft Centre 126
– Namibian Breweries 127
– National Art Gallery 125
– New State House 125
– Old Breweries Craft Market 126
– Ovambo Campaign Memorial 124
– Owela Museum 125
– 'Poor Old Joe' 124
– Sanderburg 127
– Schwerinsburg 127
– stadscentrum 120
– State House 125
– State Museum 126
– St. George's Cathedral 125
– Tintenpalast 125
– Township Katutura, Op de fiets door 130
– TransNamib Railway Museum 121
– Turnhalle 124
– Uhrturm (Clock Tower) 121
– Zoopark 120
winkelen 112
wisselkoers 99
Witbooi, Hendrik 51, 53, 55
Wlotzkasbaken 254
woestijnlynx 27
wol 112
Wolwedans 204
Wolwedans Collection 200
Wolwedans Dunes Lodge 206
wrattenzwijn 32
Wyk, Hermanus van 150

Xigera Camp 366

Ya Otto, John 60

zadeljakhals 31
Zambezi 358
Zambia 354
zebra 33
zebramangoesten 29
Zuid-Afrika 10, 20, 48, 57, 59, 60, 344
Zuidwest-Afrika 57
zwarte paardantilope 35
zwartvoetpinguïn 40
zwemmen 113

notities

Colofon

Hulp gevraagd!
De informatie in deze reisgids is aan verandering onderhevig. Het kan dus wel eens gebeuren dat u ter plaatse een andere situatie aantreft dan de auteur. Is de tekst niet meer helemaal correct, laat ons dat dan even weten: anwbmedia@anwb.nl of
Uitgeverij ANWB, Postbus 93200, 2509 BA Den Haag

Omslagfoto: Sossusvlei (Elke Losskarn, Hout Bay (Zuid-Afrika); achterzijde omslag en rug: kudde giraffen (plainpicture Hamburg, Lanting)

Fotoverantwoording: Botswana Tourism Organisation, Berlin: blz. 31 r. (de la Harpe), 29 r. (Luck), 26 l. (Mazunga), 37 l.; Picture-Alliance, Frankfurt/Main: blz. 55 (akg-images); DuMont Bildarchiv, Ostfildern: blz. 19, 26 r., 30 l., 30 r.o., 32 l.o., 32 r., 34 r., 37 r.o., 116, 287, 302, 306/307 (Schulze); Glow Images, München: blz. 36 l. (Fotofeeling), 33 l. (Gardner/FLPA), 27 l. (Guffanti), 40 l. (Heeb), 27 r.b., 30 r.b. (Krabs), 31 l. (Lacz), 32 l.b. (Staebler); Huber Images, Garmisch-Partenkirchen: blz. 74 b. (Dörr), 82 (Foulkes), 94, 103, 108 b., 115 (Stockfood GmbH); laif, Köln: blz. 238 (Celentano), 74 m. (Denger), 220/221, 232/233, 284 (Emmler), 119, 132 (Le Figaro magazine/Martin), 156 (harscher), 288/289 (Heeb), 317 (hemis.fr/Mattes), 278 (Harding/Emmerson), 153 (Volk); Dieter Losskarn, Hout Bay (Zuid-Afrika): blz. 9, 87 l.b., 87 o., 159, 188/189, 332; Elke Losskarn, Hout Bay (Zuid-Afrika): blz. 22/23, 35 l., 37 r.b., 61, 67, 68, 71, 72, 79, 85, 92, 111, 112, 129, 138/139, 140, 141, 151, 170, 174/175, 179, 182, 194, 197, 199, 202, 206,208/209, 211, 217, 219, 226/227, 236, 241, 244/245, 247, 248, 250, 259, 262/263, 268, 270, 274/275, 276, 292, 297, 300/301, 305, 308/309, 310, 313., 315, 320, 322, 324/325, 326/327, 328, 331, 339, 342, 346, 349, 350, 356, 362, 365, 367, 368/369, 378/379, 384; Mauritius Images, Mittenwald: blz. 336 (age/Harrington), 374/375 (Alamy), 124 (Alamy/Cockrem), 358 (Alamy/Game), 100 (Alamy/Glyn), 36 r. (Alamy/Gozansky), 42 (Alamy/jbdodane), 34 l. (Alamy/de Ruiter), 28, 255 (Alamy/Toon), 93 (Alamy/Tribaleye Images/Marshall), 45 (Axiom Photographic), 90 (imagebroker/Bail), 29 l. (imagebroker//Dressler), 97 (imagebroker/Handl), 27 r.o. (imagebroker/Perry/FLPA), 35 r. (imagebroker/Schäfer), 40 r. (imagebroker/Sohns), 344 (Jaynes Gallery/Delimont), 48/49, 87 r.b. (Mint Images/Lanting), 108 b. (nature picture library/van den Heever), 295 (Prisma/Heeb), 33 r. (Harding/Pitamitz), 334 (roederPhotography), 74 o. (Siebig), 88 (Travel Collection/Lengler); Sam Cohen Library, Swakopmund: blz. 56; Axel Scheibe, Annaberg-Buchholz: blz. 214

Productie: Uitgeverij ANWB
Coördinatie: Els Andriesse
Tekst: Dieter Losskarn
Boekverzorging: de Redactie, Amsterdam
Vertaling: Johan de Bakker, Hester Colijn, Michiel Gussen, Ron de Heer en Dominique van der Lingen
Bewerking: Gerard M.L. Harmans
Eindredactie: Geert Renting, Dieren
Opmaak: Hubert Bredt, Amsterdam (binnenwerk); Atelier van Wageningen, Amsterdam (omslag)
Grafisch concept: Groschwitz, Hamburg
Ontwerp omslag: Yu Zhao Design, Den Haag
Cartografie: © DuMont Reisekartografie, Fürstenfeldbruck

© 2017 DuMont Reiseverlag, Ostfildern
© 2017 ANWB bv, Den Haag
Vijfde, herziene druk
ISBN: 978 90 18 04111 3

Alle rechten voorbehouden
Deze uitgave werd met de meeste zorg samengesteld. De juistheid van de gegevens is mede afhankelijk van informatie die ons werd verstrekt door derden. Indien de informatie onjuistheden bevat, kan de ANWB daarvoor geen aansprakelijkheid aanvaarden.

www.anwb.nl

Actief: Khomashoogland Hiking Trail 136
Auas Game Lodge 138
Gocheganas 139
Penduka Crafts Centre 139
Okapuka Ranch 140
Düsternbrook Guest Farm 141

Hoofdstuk 2 – Het zuiden

In een oogopslag: Het zuiden 146
Van Windhoek naar Keetmanshoop 148
Rehoboth 148
Hardapstuwmeer en -natuurreservaat 149
Mariental 152
Over de C 19/C 14 naar het zuiden 152
Keetmanshoop en omgeving 155

Het diepe zuiden 158
Fish River Canyon 158
Actief: Wandeling door de Fish River Canyon 164
Naar de Oranjerivier 166
Ai-Ais/Richtersveld Transfrontier Park 168
Langs het Diamanten-Sperrgebiet naar het noorden 170
Actief: Mountainbiking op Klein-Aus Vista 172
Fish River Lodge 174
Van Aus naar Kolmanskop 175
Spookmijndorp Kolmanskop 178
Actief: Trip naar het Diamanten-Sperrgebiet 180

Lüderitz en het Lüderitzschiereiland 184
Lüderitz 184
Actief: Boottocht naar Halifax Island 191
Uitstapje naar het Lüderitzschiereiland 192

Hoofdstuk 3 – De Namib

In een oogopslag: De Namib 196
In en rond het Namib-Naukluft Park 198
Geschiedenis en regio's 198
Dierenwereld in het Namib-Naukluft Park 199
Vanaf Lüderitz 200
NamibRand Nature Reserve 200

Actief: Rijtocht op Wolwedans. 204
Van het NamibRand Nature Reserve naar Sesriem. .207
Sesriem en Sossusvlei. 208
Door de Naukluftberge 213
Actief: Wandelen in de Naukluftberge. 214
Bergpassenweg 217
Kuiseb Canyon 218
Naar Walvis Bay. 218

Aan de Atlantische kust 222
Walvis Bay. 222
Actief: Quadrijden in de duinen 223
Uitstapjes vanuit Walvis Bay. 229
Actief: Terreinwagentrip naar Sandwich Harbour 230
Van Walvis Bay naar Swakopmund 231
Swakopmund 233
Actief: Living Desert Tour 242
Uitstapje naar de Welwitschiavlakte. 246
Bloetkoppie en Archer's Rock 249

Hoofdstuk 4 – Geraamtekust en Damaraland

In een oogopslag: Geraamtekust en Damaraland. 252
Geraamtekust 254
Van Swakopmund naar Cape Cross 254
Cape Cross Seal Reserve 256
Langs de Geraamtekust naar Terrace Bay 259
Actief: Op de Ugab Hiking Trail 260

Door Damaraland. 266
Van Terrace Bay naar Khorixas 266
Actief: In het spoor van de woestijnolifant. 268
Twyfelfontein. 269
Burnt Mountain. 270
Petrified Forest 271
Uitstapje naar de Vingerklip. 271
Actief: Met de Daureb Mountain Guides naar de Brandberg 272
Brandberg en White Lady. 273
Uis 274
Spitzkoppe 274
Usakos en Karibib. 276

Hoofdstuk 5 – Waterberg Plateau en Etosha Pan

**In een oogopslag: Waterberg Plateau en
  Etosha Pan** 280
Van Windhoek naar het Waterberg Plateau...................282
Tungeni Von Bach Dam Recreation Resort................................282
Okahandja...282
Gross Barmen...285
Okonjima..286
Otjiwarongo..288
Waterberg Plateau...289
Actief: Wandelen in het Waterberg Plateau Park 290
Via Grootfontein naar Tsumeb 292
Tsumeb 294
Lake Otjikoto 295

Etosha National Park 296
Op safari in het Etosha National Park.....................................297
Actief: Op fotosafari naar de drinkplaatsen van Etosha................302

Hoofdstuk 6 – Kaokoland

In een oogopslag: Kaokoland 312
Kaokoland 314
Landschap en klimaat/Bevolking...314
Fauna 315
Vegetatie..316
Offroadtrip naar de Himba...318
Actief: Wildwatervaren op de Kunene 322

Hoofdstuk 7 – Noordoost-Namibië, Victoria Falls en Okavangodelta

**In een oogopslag: Noordoost-Namibië, Victoria Falls en
  Okavangodelta**..338
Bushmanland...340
Van Grootfontein naar het oosten.......................................340
Tsumkwe..341
Dorslandtrekker Baobab 342
Kaudom Game Park 342

De Caprivistrook 347
Popa Falls en Mahango Game Park......................................347
Van Divundu naar het Mudumu National Park........................349
Mudumu National Park 349

Nkasa Rupara National Park 352
Katima Mulilo. 353

Victoria Falls en Chobe National Park 354
Via de Seshekebrug naar Zambia 354
Victoria Falls 354
Actief: Avontuurlijk raften op de Zambezi 358
Chobe National Park. 363
Chobe Road 364

Door Botswana terug naar Namibië. 366
Moremi Game Reserve. 366
Okavangodelta 371
Maun. 371
Makgadikgadi Pans 373
Actief: Op stap met de San 376
Van Maun naar grensovergang Buitepos 379

Culinair lexicon. 380
Woordenlijst 382

Register 386
Fotoverantwoording/colofon 392

Thema's

Natuurbescherming en ecotoerisme. 28
Peace Parks - natuurbescherming zonder grenzen 38
Hardheid 10 – diamanten. 44
De eerste vrijheidsstrijders – Witbooi en Marengo. 54
'Juweel van de woestijn' – treinreis in de Desert Express 142
Een gesloten gemeenschap – de Rehoboth Basters. .150
Mission impossible – per scooter door de Fish River Canyon. 160
Vrijheid op hoeven – de wilde paarden van de Namib. 176
'Als er oorlog komt, gaan we de woestijn in'. 219
Per schip door de woestijn – Duitse kameelruiters. .248
Noodlotskust– verdrinken of verdorsten? 264
Africat Foundation – rinkelen in plaats van schieten. 287
De toekomst van de Himbanomaden. 320
De cultuur van de San 344

Alle kaarten in een oogopslag

Windhoek en omgeving: Overzicht 119
Windhoek 122

Het zuiden: Overzicht 147
Naar Keetmanshoop..149
Het diepe zuiden 162
Fish River Canyon..164
Lüderitz 186
Omgeving van Lüderitz...192

De Namib: Overzicht 197
Namib-Naukluft Park...201
Walvis Bay 224
Rondom Walvis Bay..228
Swakopmund 234

Geraamtekust en Damaraland: Overzicht 253
Geraamtekust 257
Damaraland 267

Waterberg Plateau en Etosha Pan: Overzicht 281
Van Windhoek naar het Waterberg Plateau...........................283
Wandelen in het Waterberg Plateau Park.............................290
Etosha National Park...299

Kaokoland: Overzicht 313
Kaokoland..319

Noordoost-Namibië, Victoria Falls en Okavangodelta:
  Overzicht 339
Bushmanland...341
Kaudom Game Park 343
Caprivistrook 348
Victoria Falls en Chobe National Park.................................355
Moremi Game Reserve, Okavangodelta en Makgadikgadi Pans........370

Namibië – woestijn en worsten

Namibië behoort vanwege zijn rijke geschiedenis tot de meest fascinerende landen van Afrika. Bovendien is het landschap bijzonder gevarieerd en van een betoverende schoonheid, van de Namib- en Kalahariwoestijn in het zuiden tot het tropische noorden. Het land is bijna twintig keer zo groot als Nederland, maar telt slechts 2,3 miljoen inwoners, waarvan 80% in het noorden leeft.

Wie uit het overvolle Europa komt, zal zich in eerste instantie door de enorme uitgestrektheid van Namibië wat vervreemd voelen. De wegen, vaak stoffig en onverhard, strekken zich uit tot aan de horizon, en als u die hebt bereikt, ziet alles er precies zo uit als het zojuist afgelegde stuk. U krijgt het gevoel stil te staan, terwijl het overweldigende landschap voortrolt onder uw wielen.

Het zuiden wordt gedomineerd door twee grote droge gebieden, de Kalahari in het oosten en de Namibwoestijn langs de Atlantische Oceaan, de oudste woestijn van de wereld. Aan de door de koude Benguelastroom vaak in nevel gehulde kust ligt de rijkdom van het land: diamanten. De Oranjerivier (Orange River) heeft ze ooit op zijn lange weg van de Zuid-Afrikaanse Drakensberge meegebracht en afgezet in de oceaan, waar ze door zeestromingen naar het noorden werden gevoerd. Van het zeer Duits aandoende stadje Lüderitz, met huizen uit de tijd van keizer Wilhelm II zijn excursies naar het Diamanten-Sperrgebiet te maken. Andere Namibische attracties zijn het spookmijndorp Kolmanskop en de Fish River. De rivier heeft in het woeste zuiden van het land een kloof uitgesleten waarvan de afmetingen slechts worden overtroffen door de canyons in Arizona en Mexico. Vooral bij zonsondergang toveren de aloë's in dit gebied met hun wijd uitstaande bladeren een fascinerend schaduwspel tegen de roodpaars getinte avondlucht.

Het Namib-Naukluft Park is met zijn oppervlakte van ongeveer 50.000 km² het grootste beschermde natuurgebied van Afrika en het op drie na grootste van de wereld. In het zuiden overheersen kiezelvlaktes, het midden lijkt een eindeloze zee van zand, die ten noorden van de Kuiseb River weer door een stenige vlakte wordt afgelost. Het hoogtepunt is de imponerende zee van duinen van Sossusvlei. Rond de hoogste duinen van de wereld liggen de mooiste lodges en *camps* van Namibië.

Het aan de Atlantische kust gelegen Swakopmund is niet alleen nog Duitser dan Lüderitz, maar ook groter. Ook hier is de architectuur weer verrassend misplaatst. Achter de rijkversierde gevels loert de woestijn, naast de zorgvuldig aangelegde voetpaden hoopt het zand zich op. Swakopmund is Namibiës centrum voor extreme sporten – van duinsurfen tot quadrijden.

Ten noorden van Swakopmund begint de ongastvrije Geraamtekust (Skeleton Coast), met vanaf Cape Cross, met zijn luidruchtige pelsrobbenkolonie, het 16.000 km² grote, in 1971 geopende Skeleton Coast National Park. Toeristen met een vergunning kunnen het nationaal park in trekken tot het voormalige mijnwerkersdorp Terrace Bay.

Bij Twyfelfontein in Damaraland ligt het grootste openluchtmuseum ter wereld, in

2007 door de UNESCO uitgeroepen tot Werelderfgoed, het eerste in Namibië. Het telt duizenden rotsschilderingen en -gravures van de San, sommige meer dan 6000 jaar oud. In de droge rivierbeddingen in deze regio leeft de uiterst zeldzame, aan de harde klimatologische omstandigheden aangepaste woestijnolifant.

In het uitsluitend per terreinwagen toegankelijke Kaokoland leven de Himba, die tot de laatste seminomaden van Afrika behoren. De vrouwen zien er met hun rood geverfde lichamen uit alsof ze uit een andere wereld afkomstig zijn. Een andere avontuurlijke offroadbestemming is het Kaudom Game Park in het noordoosten, dat zonder grenzen of hekken overgaat in Botswana.

Wereldberoemd is het Etosha National Park in het noorden, dat met een oppervlakte van 22.270 km² ruim de helft van Nederland is. Al in 1907 riep de eerste gouverneur van de Duitse regering, Friedrich von Lindequist, grote delen van het noorden van Namibië, met inbegrip van de Etosha Pan, uit tot nationaal park, om de plaatselijke fauna te beschermen tegen jagers en stropers.

De Caprivistrook wijst als een vinger naar de tropen en zorgt ervoor dat Namibië ook aan de Zambezi en Zambia grenst. Vanhier is het nog maar een kleine sprong naar de wildrijke Okavangodelta en het Moremi Game Reserve in Botswana en de Victoria Falls in Zambia, die inmiddels volledig door asfaltwegen worden ontsloten.

De hoofdstad van Namibië, Windhoek, met ongeveer 320.000 inwoners, wekt bij toeristen de indruk van een Duitse provinciestad. In het centrum liggen gezellige cafés. In de voorsteden Khomasdal en Katutura, waar het grootste deel van de gekleurde en zwarte bevolking leeft, klopt het Afrikaanse hart van de stad.

De schrijver

Dieter Losskarn
www.dumontreise.de/magazin/autoren
www.facebook.com/dieter.losskarn

Journalist en fotograaf Dieter Losskarn emigreerde in 1994 naar het Zuid-Afrikaanse Kaapstad. Sindsdien publiceerde en illustreerde hij talrijke boeken en artikelen over zuidelijk Afrika. Losskarn schrijft en fotografeert voor Duitse en internationale tijdschriften. Hij voelt zich verbonden met de natuur, maar heeft ook een voorliefde voor minder milieuvriendelijke zaken: auto's. Hij is al geruime tijd autoredacteur van de Zuid-Afrikaanse editie van het mannentijdschrift GQ. Als er een nieuwe terreinwagen of SUV moet worden getest, kan hij dat combineren met research in buurland Namibië en een paar prachtige wegen verkennen. Daarbij ontdekt hij voortdurend nieuwe lodges, hotels en restaurants – en eet *Schwarzwälder Kirschtorte*.

Namibië als reisbestemming

Er zijn maar weinig landen op de wereld waar zulke gevarieerde landschappen direct naast elkaar liggen. Het noorden wordt gekenmerkt door een tropisch-weelderige veelzijdigheid, het zuiden door de onherbergzame, droge Kalahari- en Namibwoestijn, de grillige Atlantische kust door de beruchte Geraamtekust en het uiterste zuiden door de gapende Fish River Canyon. Daartussen strekken zich prachtige nationale parken uit, van het wereldvermaarde Etosha Park tot het minder bekende Waterberg Plateau National Park, waar wandelaars hun hart kunnen ophalen.

Natuurparadijs Namibië

Veel bezoekers van Namibië landen een paar kilometer ten oosten van de hoofdstad Windhoek. Door de ligging in de heuvels kon in de buurt van de stad geen internationale luchthaven worden aangelegd. Wie Namibië voor het eerst bezoekt, krijgt vooral duinen en woestijn te zien. Maar de Namibische natuur heeft zo veel meer te bieden. Er zijn vier belangrijke landschappen die typerend zijn voor Namibië, van karige woestijnvegetatie tot papyrusmoerassen en tropische sequoia's. De ooit zo soortenrijke fauna is drastisch ingeperkt, maar in nationale parken als Etosha zijn de belangrijkste Afrikaanse diersoorten nog altijd vertegenwoordigd. Heel bijzonder is de woestijnolifant in Damaraland en Kaokoland.

Het land is van west naar oost onder te verdelen in duidelijk van elkaar te onderscheiden landschappen. Achter de Atlantische kust begint de Namibwoestijn. De soms wel tweeduizend meter hoge woestijnrand loopt door tot het centrale plateau. In het noordoosten kon door een overvloed aan water een compleet andere biotoop ontstaan. Veel mensen kennen het beeld van de Namibwoestijn met zijn reusachtige gele zandduinen uit fotoboeken en documentaires. Hier is Sossusvlei de topattractie.

De tweede grote woestijn van Namibië is de Kalahari, waar de vegetatie dankzij wat meer neerslag weelderiger is. Karakteristiek zijn de begroeide en door ijzeroxide rood gekleurde zandduinen.

In het noorden en noordoosten is het landschap totaal anders dan in de droge savanne en woestijn. In de Kavango en Caprivi domineert het klimaat van de vochtige savanne. In deze neerslagrijke regio's wonen de meeste Namibiërs. De slechts 50 km brede Caprivi loopt als een 450 km lange strook land tussen Angola en Zambia in het noorden en Botswana in het zuiden bijna tot aan de vermaarde Victoriawatervallen in Zimbabwe, waarnaar in deze gids een excursie wordt beschreven.

Het land ligt tussen twee grote rivieren. In het zuiden vormt de krokodilvrije Oranjerivier de grens met Zuid-Afrika en in het noorden staat de Kunene – mét krokodillen – op de grens met Angola garant voor raftavonturen.

Culturele topattracties

Duizenden jaren geleden vestigde het San-volk zich in zuidelijk Afrika, waarvan nu nog maar enkele leden in de Kalahari leven. Diverse lodges bieden natuurexcursies met de San aan: een bijzondere reiservaring. Met de daarmee gegenereerde inkomsten kunnen de oorspronkelijke bewoners hun unieke cultuur in stand houden.

Historische Namibische kunstschatten zijn vooral bij Brandberg en in Twyvelfontein te vinden. De rotsschilderingen en -gravures documenteren op fascinerende wijze millennia van menselijke beschaving en behoren tot de belangrijkste openluchtmusea ter wereld. Ze zijn qua stijl en motieven met geen andere kunstwerken te vergelijken.

Een jonger cultureel erfgoed komt van de zwarte bevolking van Namibië, die in verschillende stammen is onderverdeeld. Het grootste deel van de plaatselijke kunstnijverheid bestaat uit gevlochten manden, aardewerk, houtsnijkunst, weefwerk en lederwaren.

Hoewel de Duitse koloniale tijd tot het verleden behoort en korter duurde dan de Zuid-Afrikaanse overheersing, speelt de Duitse taal en architectuur vooral in het zuiden van het land nog een rol van betekenis. Schoolvoorbeelden zijn het steeds populairder wordende Swakopmund, dat wel de zuidelijkste badplaats van Duitsland wordt genoemd, en Lüderitz. Voor de stad ligt de diamantenspookstad Kolmanskop, waar is te zien hoe de Duitsers rond 1900 in de woestijn wisten te overleven.

Alleen of georganiseerd?

Om de eerder genoemde afgelegen gebieden in Namibië, zoals Kaokoland, de Kalahari en Kaudom, te bereiken, is een fourwheeldrive onontbeerlijk. De trips zijn alleen geschikt voor ervaren en avontuurlijke reizigers die er graag alleen op uit trekken. Het belangrijkste onderdeel van de uitrusting is de gps. In Windhoek zijn fourwheeldrives te huur. Het alternatief zijn grensoverschrijdende arrangementen in Zuid-Afrika, inclusief huur van een volledig uitgeruste terreinwagen. Populair en praktisch zijn de *one way rentals* tussen Kaapstad en Windhoek.

Het is bovendien mogelijk om met een kleine groep aan een excursie deel te nemen. De trip wordt op uw wensen afgestemd en u wordt in de meeste gevallen per kleine bus vervoerd. De excursie staat onder leiding van een professionele gids, die over het algemeen de Engelse taal beheerst. U kunt ook zelfstandig een huurauto en accommodatie op de gewenste route reserveren en alleen op pad gaan.

Combinatie met Zuid-Afrika en Botswana

Handig en populair is de combinatie van een verblijf in Namibië, Zuid-Afrika en Botswana. U vliegt naar Windhoek en rijdt (op basis van een *one way rental)* naar Kaapstad of omgekeerd van Kaapstad langs de Afrikaanse westkust noordwaarts naar Namibië. Of van Windhoek naar het oosten, naar de Okavangodelta in Botswana. Als u van Namibië naar Zuid-Afrika reist, steekt u bij Vioolsdrift/Noordoewer de grens over. Na 74 km bereikt u Steinkopf, de eerste plaats in Zuid-Afrika. Even later komt u aan in Springbok, een groter stadje met een aantal overnachtingsmogelijkheden en restaurants. De auteur van deze gids schreef ook de gidsen over Zuid-Afrika en Botswana in deze reeks.

BELANGRIJKE VRAGEN OVER DE REIS

Wat zijn de beste plaatsen om de **Big Five** te zien? Zie blz. 25

Welke **documenten** hebt u op de heenreis en tijdens de reis nodig? Zie blz. 76

Waar kunt u een volledig uitgeruste **terreinwagen** huren? Zie blz. 83

Kunt u het best voor vertrek **geld** wisselen of in Namibië? Zie blz. 99

Welke inentingen worden aangeraden en hoe groot is het **risico op malaria**? Zie blz. 100

Welke **kleding** neemt u mee? Zie blz. 104

Met welk **budget** moet u voor een vakantie in Namibië rekenen? Zie blz. 107

Hoe is het met de **veiligheid** in Namibië gesteld? Zie blz. 110

Hulp bij het plannen van uw reis

Planning van uw reis

Bij de volgende reisplanningen is rekening gehouden met reizigers die over voldoende tijd beschikken.

 Cultuurtip   *Natuurtip*

De hoofdstukken in deze gids

1. **Windhoek en omgeving:** blz. 117
2. **Het zuiden:** blz. 145
3. **De Namib:** blz. 195
4. **Geraamtekust en Damaraland:** blz. 251
5. **Waterberg Plateau en Etosha Pan:** blz. 279
6. **Kaokoland:** blz. 311
7. **Noordoost-Namibië, Victoria Falls en Okavangodelta:** blz. 337

1. Windhoek en omgeving

Windhoek is beslist de gezelligste en meest overzichtelijke hoofdstad van Afrika. Vanwege het kleine tijdverschil met Nederland en België hebt u geen last van een jetlag en dus kunt u kort na de landing al een wandeling door de grootste stad van Namibië maken. In en om Windhoek is een aantal lodges te vinden, met direct contact met wilde dieren, geweldige overnachtingsmogelijkheden, verzorgde restaurants en uitzicht op grandioze landschappen. Bovendien is de stad een paradijs voor liefhebbers van traditioneel Afrikaanse kunstnijverheid. De bezienswaardigheden van de stad liggen op loopafstand van elkaar. Topattracties zijn de Christuskirche, het historische fort en de hoofdstraat met karakteristiek Duitse gebouwen. De georganiseerde Township Tour door Katutura maakt een bezoek aan Windhoek compleet.

 Windhoek   *Düsternbrook Guest Farm*

Goed om te weten: Windhoek behoort binnen de in deze gids beschreven regio's tot de veiligste metropolen van Afrika. Toch doet u er goed aan bepaalde voorzorgsmaatregelen te treffen (zie blz. 110 en verder).
Tip: Een bezoek aan Joe's Beerhouse maakt een bezoek aan Windhoek helemaal af. Avontuurlijke gastronomie staat in deze zaak hoog in het vaandel. Sinds jaar en dag een begrip in Windhoek.

Tijdschema
Windhoek	1-2 dagen
Excursies in de omgeving	3 dagen

2. Het zuiden

Deze regio lokt met landschappelijke en culturele attracties, van de kokerboombossen bij Keetsmanhoop tot het Diamanten-Sperrgebied bij Lüderitz en Kolmanskop. De combinatie van de geïsoleerde ligging van de stad en de Duitse architectuur heeft bijna iets naargeestigs, vooral als de nevel boven de Atlantische Oceaan in het stadje hangt. En daartussen liggen het grensoverschrijdende Ai-Ais/Richtersveld Transfrontier Park en de Fish River Canyon, de op twee na grootste kloof op aarde. Hier strekken zich ook twee woestijnen uit, de Namib aan de kust en de Kalahari met zijn rode zand. Uniek in deze regio zijn de door mythen omgeven woestijnpaarden.

 • *Spookstad Kolmanskop*
• *Lüderitz*
 • *Kokerboombos*
• *Fish River Canyon*

Goed om te weten: Tussen Aus en Lüderitz loopt door een prachtig natuurgebied een aantal ongeasfalteerde secundaire wegen: de Nama Padloper Route. Deze route is geschikt voor reizigers die iets meer tijd hebben.
Tip: Overnachten in het schitterend ingerichte Cañon Roadhouse.

Tijdschema
Fish River Canyon	2 dagen
Lüderitz/Kolmanskop	2-3 dagen

3. De Namib

De reusachtige rode zandduinen van Sossusvlei zijn de belangrijkste landschappelijke bezienswaardigheid van Namibië. Dit schouwspel wordt zelfs nog fraaier als de Tsauchab River eens in de paar jaar de zandvlaktes voor de duinen in gigantische meren verandert. Naast zandduinen liggen in de Namib ook uitgestrekte rolsteenvlaktes met een verrassend soortenrijke flora en fauna. In deze regio ligt bovendien het grootste beschermde natuurgebied van Afrika: het Namib-Naukluft National Park. Aan de oostrand van het park ligt het grootste particuliere natuurreservaat van Afrika: het NamibRand Nature Reserve. Hier vindt u de mooiste tentenkampen en lodges van Namibië. Aan de Atlantische Oceaan waant u zich opnieuw in Duitsland. In Swakopmund zijn namelijk bier van de tap, varkenspoten en *Schwarzwälder Kirschtorte* te krijgen. Om deze caloriënbommen te lijf te gaan, kunt u in het stadje een groot aantal avontuurlijke sporten beoefenen.

 • *Sossusvlei*
• *Sandwich Harbour*

Goed om te weten: Om de geheimen van de Namib te ontrafelen, kunt u in Swakopmund aan een van de georganiseerde Living Desert Tours deelnemen. Bij terugkeer weet u dat de woestijn inderdaad leeft.
Tip: Een ballonvaart boven de duinen van de Namib is een rustgevende en onvergetelijke ervaring.

Tijdschema

NamibRand	2-3 dagen
Sossusvlei	3-4 dagen
Swakopmund en omgeving	3-4 dagen

4. Geraamtekust en Damaraland

De Atlantische kust dankt zijn roemruchte reputatie aan nevel en stormen. Vliegtuigen storten neer en schepen lopen aan de grond. Wie er toch in slaagt dergelijke rampen te overleven, komt om van de dorst in de Namib, waarvan de zandduinen direct achter het strand beginnen. Vandaar de onheilspellende naam Geraamtekust. Sinds 2010 is de hele kust beschermd natuurgebied. Aan Cape Cross komen tussen november en december soms wel 250.000 Kaapse pelsrobben bijeen. In het oosten grenst Damaraland aan de Geraamtekust. Hier zijn zowel geologische als archeologische topattracties aan te treffen. De Brandberg is de hoogste berg van Namibië en de Spitzkoppe is fotogeniek verweerd. U vindt er bovendien versteende bossen, de monumentale Vingerklip en het grootste Afrikaanse openluchtmuseum met de rotsschilderingen en -gravures van de San bij Twyfelfontein. Een ontmoeting met woestijnolifanten op de droge rivierbeddingen van Damaraland behoort tot de mooiste natuurervaringen in Namibië. Bovendien leven er antilopes, giraffen, zebra's en de met uitsterven bedreigde zwarte neushoorn.

 Twyfelfontein

 Cape Cross Seal Reserve

Goed om te weten: De Daureb Mountain Guides, autodidactische berggidsen, begeleiden bezoekers op de Brandberg en vertellen over de flora en fauna van de regio.
Tip: De camping Aba-Huab in Twyfelfontein is een goed voorbeeld van duurzaam toerisme. De lokale bevolking genereert inkomsten met dit prachtig gelegen kampeerterrein aan een geregeld door olifanten bezochte opgedroogde rivier.

Tijdschema

Geraamtekust	2-3 dagen
Brandberg/Spitzkoppe	3 dagen
Damaraland	3 dagen

5. Waterberg Plateau en Etosha Pan

In deze regio liggen twee bijzonder fraaie en verschillende nationale parken vlak bij elkaar: het weinig bekende Waterberg Plateau en het wereldvermaarde Etosha National Park. Het laatste is met ongeveer 130.000 bezoekers per jaar de belangrijkste bezienswaardigheid van Namibië. Hier zijn de mooiste safari's van het land te maken. Maar ook in het wandelparadijs Waterberg Plateau leven niet minder dan negentig soorten zoogdieren, waaronder zeldzame en met uitsterven bedreigde, zoals roan-, sabel- en elandantilope, de blauwe gnoe, de witte en de zwarte neushoorn, de luipaard en de cheeta. Dierenvrienden komen in dit hoofdstuk dus aan hun trekken. Voor hen is ook de struisvogelfarm Ombo bij Okahandja en Okonjima een aanrader. In Okonjima is de Africat Foundation gevestigd, die sinds jaar en dag grote katachtigen beschermt.

 *Etosha National Park*

Goed om te weten: Sinds enige tijd is ook het in het verleden ontoegankelijke westen van Etosha National Park opengesteld voor publiek. In 2014 werd in het park de eerste (door de staat gedreven) 'Nur'-camping geopend.

Tip: Overnachten in een van de Waterhole Chalets van staatscamping Okaukuejo Camp in het Etosha Park. Geniet op het balkon van het uitzicht op de verlichte drinkplaats: een 'live-uitzending' van Discovery Channel.

Tijdschema
Waterberg Plateau National Park	2-3 dagen
Etosha National Park	6-7 dagen

6. Kaokoland

De meest afgelegen en avontuurlijkste regio in deze Wereldreisgids is een aanrader voor ervaren terreinwagenbestuurders. Om het prachtige oorspronkelijke landschap te bedwingen is voldoende proviand en benzine nodig. Er moet altijd met minimaal twee fourwheeldrives met gps worden gereden, en beide auto's moeten met twee reservewielen zijn uitgerust. De beloning is een van de laatste grandioze oorspronkelijke landschappen van Afrika, waar de seminomadische Himba nog leven als in het vorige millennium. Met extra water en benzine is ook de fascinerende Hartmann Valley te verkennen. Kortom: een avontuur voor ervaren Namibiëgangers. De tocht is ook te maken met een groep fourwheeldrives en een ervaren gids, die niet alleen over de flora en fauna vertelt, maar ook goede tips voor terreinwagenbestuurders geeft.

 Bezoek aan de nomadische Himba

Goed om te weten: De legendarische Van Zyl's Pass kan bergaf alleen met een terreinwagen met een hoge wielophanging worden bedwongen.

Tip: Overnachten in het exclusieve en luxueuze Serra Cafema Camp van Wilderness Safaris aan de Kunene River. Als individuele reiziger bent u een vreemde eend in de bijt, want bijna alle gasten hebben een fly-insafari geboekt.

Tijdschema
Wild Coast	4-5 dagen
Durban	1-2 dagen

7. Noordoost-Namibië, Victoria Falls en Okavangodelta

Chobe National Park staat wereldwijd bekend als olifantenparadijs. In het op twee na grootste nationaal park van Botswana leven 100.000 dikhuiden. Een andere attractie van Botswana zijn de Makgadikgadi Pans, reusachtige, fascinerende zoutpannen met een van de mooiste accommodaties van Afrika. Absolute aanrader: de excursie van Namibië naar de buurlanden Zambia en Zimbabwe, waar de wereldberoemde en schitterende Victoria Falls zijn te bewonderen. Een van de hoogtepunten op deze tocht gaat met de zeer authentiek Afrikaans ogende Kazungula-veerboot over de Zambezi, die Zambia met Botswana verbindt. Er zijn plannen voor een brug, dus maak de overtocht zolang het nog kan.

- *Victoria Falls*
- *Okavangodelta*
- *Makgadikgadi Pans*

Goed om te weten: Het is een wonder dat tot op heden nog geen toerist in de Devil's Pool aan de Zambiaanse kant van de Victoria Falls is verdronken. Het bassin ligt exact op de plaats waar de immense watervallen zich over een smalle rotswand omlaag storten. De gids gaat als eerste het water in, daarna volgen de toeristen. Wie over de rand glijdt, overleeft het niet.

Tips: Vlucht met een sportvliegtuig boven de Victoria Falls en zwemmen in de Devil's Pool.

Tijdschema
Makgadikgadi Pans	3-4 dagen
Chobe National Park	3-4 dagen
Excursie naar de Victoria Falls	4-5 dagen

Suggesties voor rondreizen

▬▬ Van Kaapstad naar de Fish River Canyon (10 dagen)

Maak deze avontuurlijke reis naar de Fish River Canyon per terreinwagen. Rijd van Kaapstad noordwaarts door het grillige Cedergebergte en het dal van de Olifantsriver bij Clanwilliam. Ten noorden van Springbok gaat de rit via Steinkopf naar het Richtersveld, een van de meest boeiende en afgelegen regio's van Zuid-Afrika. In Sendelingsdrift steekt u de Orange River over met een pontje waarop twee terreinwagens passen. Daarna is Aus vanuit Rosh Pinah snel te bereiken. Na een omweg naar Lüderitz komt u bij de Fish River Canyon.

Dag 1: Van Kaapstad naar Clanwilliam.
Dag 2: Van Clanwilliam naar Calvinia.
Dag 3: Van Calvinia naar Springbok.
Dag 4: Van Springbok naar Sendelingsdrift.
Dag 5: Van Sendelingsdrift naar Aus.
Dag 6: Van Aus naar Lüderitz.
Dag 7: Verblijf in Lüderitz en de spookstad Kolmanskop.
Dag 8: Van Lüderitz naar de Fish River Canyon.
Dag 9/10: Fish River Canyon.

▬▬ Van Windhoek naar Swakopmund en de Namib (12 dagen)

De goed onderhouden C 28 is zeer geschikt voor een Namibisch offroad-avontuur, maar laat zich voorzichtig ook met een personenauto bedwingen. Wie de hitte van de Namib achter zich heeft gelaten, ziet zo'n 10 km van Swakopmund de wolkenbank boven de Atlantische Oceaan. Daar is het vaak 10-15 °C koeler. De attracties langs deze route zijn Sossusvlei, Dead Vlei, Wolwedans en Schloss Duwisib.

Dag 1: Van Windhoek naar Swakopmund.
Dag 2-4: Swakopmund en uitstapje naar Walvis Bay.

maar een bezoek aan de kolonie is een aanrader. In het binnenland wordt het weer heet en zonnig. Brandberg en de Spitzkoppe behoren tot de mooiste bergen van Namibië en de rotsschilderingen van de oorspronkelijke bewoners bij Twyfelfontein zijn legendarisch.

Dag 1: Van Swakopmund naar Cape Cross.
Dag 2: Van Cape Cross via Ugabmund naar de Spitzkoppe en de Brandberg.
Dag 3/4: Spitzkoppe en Brandberg.
Dag 5: Van de Brandberg naar Twyfelfontein.
Dag 6: Verblijf in Twyfelfontein.
Dag 7: Van Twyfelfontein naar de Grootberg Lodge.
Dag 8: Van de Grootberg Lodge naar Otjiwarongo.

Dag 5: Van Swakopmund via Vogelfederberg, Kuiseb Canyon en Solitaire over de C14 naar Sossusvlei.
Dag 6-8: Sossusvlei, Sesriem Canyon en Dead Vlei.
Dag 9: Van Sossusvlei naar Wolwedans.
Dag 10: Verblijf in Wolwedans.
Dag 11: Van Wolwedans naar Duwisib Castle en Helmeringhausen.
Dag 12: Van Helmeringhausen terug naar Windhoek.

Geraamtekust en Damaraland (8 dagen)

De vaak in nevel gehulde kustroute naar Cape Cross is een vastgereden, harde zoutweg door een onherbergzaam gebied. De talloze Kaapse pelsrobben bij Cape Cross maken veel kabaal en verspreiden een penetrante geur,

Van de Caprivistrook naar de Victoria Falls (8 dagen)

De wereldberoemde Victoria Falls storten niet in Namibië omlaag, maar u mag de trip door het noorden van het land eigenlijk niet overslaan. Op de tocht per eigen auto – voor Afrikaanse begrippen relatief eenvoudig af te leggen – passeert u de grens met Botswana, Zambia en Zimbabwe. U wordt beloond met een van de natuurwonderen van Afrika.

Dag 1: Van Rundu naar de Popa Falls.
Dag 2: Van de Popa Falls naar Mudumu National Park en Nkasa Rupara National Park.
Dag 3: Voortzetting van de reis naar Katima Mulilo en Kazungula.
Dag 4: Van Kazungula naar Livingstone (Zambia) en de Victoria Falls (Zimbabwe).
Dag 5-8: Victoria Falls.

Land, volk en cultuur

'Alleen door vooruit te gaan, bereikt u het eindpunt van de reis.'
Spreekwoord van de Ovambo

De oryx is een van de weinige grote dieren die zich aan de omstandigheden in de Namibische woestijn heeft weten aan te passen

Namibië in het kort

Feiten en cijfers
Naam: Namibië
Oppervlakte: 824.292 km²
Hoofdstad: Windhoek, 320.000 inw. (2015)
Officiële taal: Engels
Inwoners: 2,43 miljoen (2016)
Bevolkingsgroei: ca. 0,87% (2015)
Levensverwachting: ca. 52 jaar
Analfabetisme: 11,2%
Valuta: Namibische dollar (N$)
Tijsverschil: apr.-okt. -1 uur; nov.-mrt. 0 uur
Landnummer: 00 264

Vlag: Op 21 maart 1990, bij het uitroepen van de onafhankelijkheid van Zuid-Afrika, werd de huidige vlag officieel gehesen. De vlag wordt in tweeën gedeeld door een witomrande, schuine rode baan. Linksboven prijkt in een blauwe driehoek een gele zon met twaalf stralen en een blauwe ring, rechtsonder is een groene driehoek zonder toevoegingen te zien. Het blauw symboliseert de lucht, de oceaan, regen en water, de gele zon betekent levenskracht. Rood staat voor het volk, wit voor het vredig samenleven van de verschillende bevolkingsgroepen en voor eenheid en vrede. Groen is het symbool van de begroeiing en de vruchtbaarheid. De vlag is gebaseerd op de kleuren van de vlag van de SWAPO (horizontale strepen blauw, rood en groen), de politieke beweging die Namibië naar de onafhankelijkheid heeft geleid. De smalle witte strepen en de gele zon zijn toegevoegd zodat ook de kleuren van andere partijen vertegenwoordigd zijn. De twaalf zonnestralen staan voor de twaalf etnische groepen in het land.

Geografie

Namibië ligt in de droge gordel van het zuidelijk halfrond in het zuidwesten van het Afrikaanse continent en strekt zich uit tussen 17° en 29° zuiderbreedte en 12° en 25° oosterlengte. Het land is bijna twintig keer zo groot als Nederland. Zoals bij vrijwel alle landen van Afrika zijn de landsgrenzen van Namibië in de koloniale tijd getrokken.

In het westen grenst Namibië aan de Atlantische Oceaan, in het noorden aan Angola en Zambia, in het oosten aan Botswana en in het zuiden aan Zuid-Afrika.

Van west naar oost is het land onder te verdelen in een 50 tot 140 km brede kustvlakte, de Namibwoestijn, die aan de andere kant van de 2000 m hoge Great Escarpment overgaat in de Centrale Hoogvlakte, die met zijn gekloofde bergketens en rotsformaties, zijn met zand gevulde dalen en eindeloze vlaktes het land van het noorden naar het zuiden doorsnijdt en die een gemiddelde hoogte van 1000 tot 2000 m heeft.

Dit plateau gaat in het oosten over in de rotsachtige Kalahari, de tweede woestijn van Namibië. Hier in het binnenland valt dankzij de geografische omstandigheden meer neerslag, waardoor er een relatief dichtere vegetatie is ontstaan.

Het noorden en noordoosten, Kavango en Caprivi, zijn met relatief veel regen gezegende, bevolkingsrijke gebieden, traditioneel bewoond door Ovambo en andere volken die Bantoetalen spreken.

De hoogste berg van Namibië is de Brandberg (2574 m) in de centrale regio Erongo. Daar verrijzen ook de indrukwekkende toppen van de Grosse en Kleine Spitzkoppe (1728 m, resp. 1584 m). De Moltkeblick (2480 m), in de Auasberge bij Windhoek, is de op een na hoogste, en de Mount Etjo (2086 m), ten zuiden van Otjiwarongo, de op twee na hoogste berg van het land. Rivieren zijn vooral te vinden aan de landsgrenzen: de Oranjerivier in het zuiden, de Kunene, Okavango en Zambezi in het noorden en tot slot het rivierstelsel van de Kwando, Linyanti en Chobe, die gezamenlijk de grens tussen Oost-Caprivi en Botswana vormen.

Geschiedenis

De eerste bewoners van het land waren de San, door de blanken ooit Bosjesmannen genoemd, die al duizenden jaren in zuidelijk Afrika woonden. Uit Oost-Afrika kwamen daar zwarte veehoeders bij. Aan het einde van de 15e eeuw waren Portugese zeelieden de eerste Europeanen die voet op Zuidwest-Afrikaanse grond zetten. Later volgden blanken uit de Kaapprovincie. Tot de Eerste Wereldoorlog was Zuidwest-Afrika een Duitse kolonie. Daarna kwam het onder Zuid-Afrikaans bestuur. In deze periode werd ook de apartheidspolitiek ingevoerd. In 1990 verkreeg Namibië de onafhankelijkheid, waarvoor de SWAPO vooral in het noorden van het land jarenlang heeft gevochten.

Staatsinrichting en politiek

Namibië riep op 21 maart 1990 de onafhankelijkheid uit. Het parlement, bestaande uit 72 afgevaardigden, wordt steeds voor vijf jaar gekozen. De verschillende etnische groepen vormen een Raad van Traditionele Leiders, die advies geeft aan de president. Sinds 2005 ligt deze taak bij de Hifikepunye Pohamba (SWAPO), die in 2009 voor een tweede, tot 2014 durende ambtsperiode werd herkozen. Op 21 maart 2015 werd Hage Geingob als derde president van Namibië beëdigd. In 1992 verving een bestuurlijke herindeling in dertien regio's de indeling in thuislanden.

Economie en toerisme

De pilaren waar de Namibische economie op rust zijn mijnbouw, visserij, toerisme, landbouw en veeteelt. Van deze economische takken is het toerisme de snelst groeiende sector. Met diamanten verdient Namibië nog altijd het meeste geld. Hoewel het land slechts een middelgrote producent is, hebben de diamanten de hoogste gemiddelde karaatwaarde ter wereld. Verreweg de meeste diamanten worden intussen voor de kust in zee gewonnen en niet meer aan land.

Beste reistijd

Windhoek en omgeving zijn het best van mei tot september te bezoeken; het is er dan koel en droog. Hetzelfde geldt voor Zuid-Namibië en de Sossusvlei, maar vanaf september kan het 's nachts kouder worden. De beste reistijd voor Swakopmund en Walvis Bay is oktober-maart, voor Etosha National Park april-september en voor Kaokoland mei-augustus. Voor een bezoek aan het noorden van Namibië en de Victoria Falls is de periode april-oktober ideaal.

Bevolking en godsdienst

De huidige bevolkingssamenstelling laat zich als volgt in getallen vatten: zwarten 87,5%, blanken 6% en kleurlingen 6,5%. Bijna de helft van de bevolking hoort tot de Ovambo, 9% tot de Kavango, 7% tot de Herero, 7% tot de Damara, 5% tot de Nama, 4% tot de Caprivi, 3% tot de San, 2% tot de Rehoboth-Basters en 0,5% tot de Tswana. Tot de Himba, een van de laatste nomadische volken van Afrika, horen nog zo'n 5000 mensen.

Rond 82% van de bevolking is christen (onder wie 62% protestanten en 20% katholieken). De Caprivi, San, Himba en Tjimba hangen Afrikaanse godsdiensten aan.

Natuur en milieu

Niets dan zandduinen en woestijn? In de vier kenmerkende landschappen van Namibië reikt de bandbreedte van de vegetatie van droogteresistente woestijngewassen tot papyrusmoerassen en tropische bomen. De vroegere faunastand is sterk gedecimeerd, maar u kunt talrijke grote vertegenwoordigers van de Namibische dierenwereld aantreffen in de beschermde gebieden, vooral in het wereldberoemde Etosha National Park in het noorden.

Landschappen en plantenwereld

Namibië bestaat van west naar oost uit duidelijk te onderscheiden landschappen. Langs de kust van de Atlantische Oceaan ligt de Namibwoestijn. De op sommige plaatsen 2000 m hoge Great Escarpment vormt de overgang tot de Centrale Hoogvlakte, die weer overgaat in de hoogvlakte van de Kalahari. De relatief grote rijkdom aan water heeft het noordoosten van het land een compleet ander aanzien gegeven.

De Namib

Als er één landschapstype is dat het karakter van Namibië bepaalt, dan is het dat van de Namib of Namibwoestijn. De circa 1500 km lange en 50 tot 140 km brede kustvlakte strekt zich met zijn duinen, droge rivierbeddingen en diepe dalen uit langs de oceaan. Het zuidelijke deel en het noorden is een zand-/steengruiswoestijn, maar het midden, het gebied van het Namib-Naukluft Park met de beroemde duinen van de Sossusvlei, wordt gekenmerkt door uitgesproken fijn zand. De

Het duinlandschap van Sossusvlei in de avondzon

Landschappen en plantenwereld

kustvlakte loopt naar het binnenland op tot 800 m, tot ze bij de Great Escarpment uitkomt.

De Namib is net als de Atacama in Chili en Peru een zogeheten kustwoestijn. Met een leeftijd van 20 miljoen jaar is hij de oudste en met slechts 20 mm neerslag per jaar een van de droogste woestijnen ter wereld. Hij dankt zijn ontstaan aan een verschuiving van Antarctica, waardoor de koude Benguelastroom in zuid-noordrichting langs de kust van zuidelijk Afrika kwam te liggen. Door de lage temperatuur van het zeewater is er weinig verdamping, waardoor er aan de kust van Namibië nauwelijks neerslag valt. Planten en dieren overleven uitsluitend dankzij het vocht van de mist, die zo'n honderd dagen per jaar boven de kuststrook hangt.

In en om Lüderitz gedijen zeer veel vetplanten, terwijl in de Namib zo'n honderd verschillende soorten korstmos groeien, waarvan vele uitsluitend in dit gebied voorkomen. Waarschijnlijk de bekendste woestijnplant van Namibië is de **welwitschia**, die uitsluitend in Namibië en Angola voorkomt, tot 2000 jaar oud kan worden en pas in 1859 is ontdekt (zie blz. 249). Sommige woestijnplanten nemen vocht op met hun bladeren, andere hebben een wijdvertakt wortelstelsel, dat ze in staat stelt de uit de oceaanmist gecondenseerde dauw op te zuigen.

Onder de inheemse dieren van de Namib domineren de vele soorten antilopen, vooral koedoes en springbokken, maar er leven ook struisvogels en kleine zoogdieren. Giraffen en zebra's, die door overbejaging bijna waren uitgeroeid, zijn weer geïntroduceerd.

De Centrale Hoogvlakte

De tot circa 2000 m hoge Great Escarpment, omzoomd door steile erosieranden en parallel aan de kust verlopend, scheidt de Namib van de Centrale Hoogvlakte. Het geleidelijkst is de overgang naar het plateau in het noorden van het land; in het zuiden vormen de Khomashoogvlakte, de Naukluft- en de Tsarisberge, Schwarzrand en Tiras Mountains een scherpe grens. De hoogste berg van Namibië, de Brandberg (2579 m), maakt geen deel uit van de Great Escarpment.

De hoogvlakte in het binnenland, die zich van noord naar zuid parallel aan de kustvlakte uitstrekt, is gemiddeld 1000 tot 2000 m hoog. In het noorden wordt hij gekenmerkt door gekloofde bergketens en rotsformaties,

Natuur en milieu

terwijl eindeloze vlaktes het zuiden van de Centrale Hoogvlakte bepalen. De Fish River Canyon, in grootte de derde canyon van de wereld en een bezienswaardigheid van de eerste orde, legt hier een bijzonder accent. Van noord naar zuid liggen in het binnenland de steden Tsumeb, Otjiwarongo, Windhoek, Mariental en Keetmanshoop, die zo de ruggengraat van het land vormen.

Er zijn ruim 120 soorten bomen in het land gedetermineerd, van de **kameeldoornacacia** *(Acacia erioloba)*, met zijn schermachtige kroon die geel bloeit en in het hele land voorkomt, tot de **anaboom** *(Faidherbia albida)*, waarvan de peulen een belangrijke voedingsbron voor dieren zijn. Deze groeit voornamelijk in de droge rivierbeddingen in het noordwesten, is eveneens een acacia en wordt naar aanleiding van zijn lichte kleur vaak 'without' genoemd.

Karakteristiek voor het noorden zijn **makalanipalmen**, **vijgen** en **apenbroodbomen**. De hardhoutsoorten *kiaat*, *tamboti* en Transvaals teak worden commercieel benut.

In het zuiden vindt u de fotogenieke **kokerboom** (zie blz. 156), die eigenlijk geen boom, maar een aloësoort is. Andere opvallende planten zijn de **olifantsvoet** en de **halfmens**, die er uit de verte en met tegenlicht inderdaad uitziet als een mens. Beide planten komen voor aan de Oranjerivier in het uiterste zuiden tegen de grens met Zuid-Afrika.

In de bergen van de Centrale Hoogvlakte kunnen luipaarden zich veilig terugtrekken. Ze jagen er op de daar levende bavianen, klipspringers en springbokken.

Kalahari

De Centrale Hoogvlakte wordt naar het oosten toe steeds vlakker en lager en gaat dan geleidelijk over in de rotsachtige Kalahariwoestijn, die toch nog altijd 1000 tot 1200 m boven de zeespiegel ligt. De Kalahari is de tweede grote droge zone van Namibië. Dankzij de ligging in het binnenland valt er echter meer neerslag dan in de Namib, wat tot meer begroeiing heeft geleid. Karakteristiek voor de Kalahari zijn de begroeide, in oost-westrichting liggende, door ijzeroxide rood gekleurde lengteduinen.

Bijna 60% van het landoppervlak van Namibië is bedekt met savanne, die in het zuiden met dwergstruiken, in het oosten met kameeldoornacacia's en in het noorden met *mopane*- bomen en -struiken is begroeid.

Typerend voor de duinen van de Kalahari zijn de extreem goed aan de woestijn aangepaste, beeldschone oryxen of spiesbokken.

Kavango en Caprivi

Geheel andere klimatologische omstandigheden dan in de droge savanne en de woestijn heersen er in het noorden en noordoosten van Namibië. In Kavango en de Caprivistrook domineert een vochtigesavanneklimaat. Deze landstreek, waar het betrekkelijk vaak regent, is een relatief dichtbevolkt gebied, van oudsher bewoond door Ovambo en andere volken die een Bantoetaal spreken.

De slechts 50 km brede Caprivistrook strekt zich over een lengte van zo'n 450 km uit als een smalle vinger tussen enerzijds Angola en Zambia in het noorden en anderzijds Botswana in het zuiden, en reikt haast tot aan de Victoria Falls in Zimbabwe. In het Helgoland-Zanzibarverdrag, waarin het Duitse Rijk en Groot-Brittannië in 1890 hun koloniale belangen regelden, werd dit strookje land toebedeeld aan het huidige Namibië.

Het dichte, weelderig groene bosland in het noordoosten staat in schril contrast tot de dorre Namib. Het moeraslandschap in het oosten van de Caprivistrook doet denken aan de Okavangodelta in Botswana.

Als gevolg van de hoge bevolkingsdichtheid hebben zich in deze streek buiten de nationale parken nauwelijks wilde dieren weten te handhaven.

Rivieren

Er zijn vijf permanent watervoerende rivieren in Namibië: de Oranjerivier vormt in het zuiden de grens met Zuid-Afrika, de Kunene, Okavango en Zambezi markeren gedeeltelijk de grenzen met Angola en Zambia, en het rivierstelsel van de Kwando, Linyanti en Chobe loopt tussen Oost-Caprivi en Botswana. In alle rivieren van het noorden komen krokodillen voor; alleen de Oranjerivier in het zuiden is krokodilvrij.

Karakteristiek voor het klimaat van Namibië zijn de lange perioden van droogte, die vaak volstrekt onverwacht door hevige regenbuien worden onderbroken. Dan worden de droge rivierbeddingen *(riviere* in het Afrikaans) gevuld en veranderen in woeste stromen die alles meesleuren – reden waarom de bevolking zelf nooit bivak zal opslaan in een droge rivierbedding. Het kan gebeuren dat de lucht blauw en volstrekt onbewolkt is, maar dat het ergens in de bergen regent en de watermassa bliksemsnel naar beneden raast, een muur van ontwortelde bomen, stenen en modder voor zich uit schuivend. Dit fenomeen leidt ertoe dat de Etosha Pan en de komvormige kleipannen van de Sossusvlei af en toe onder water komen te staan.

De Tsauchab River, die eenmaal in de 10 jaar in de duinen bij de Sossusvlei afwatert en dan een fascinerend meer vormt, mondde 60.000 jaar geleden uit in de Atlantische Oceaan. Daarna is zijn weg geblokkeerd door oprukkend zand.

Dierenwereld

Ondanks het droge savanne- en woestijnklimaat dat in een groot deel van het land heerst – alleen in het noorden en noordoosten heerst een vochtig savanneklimaat – hebben veel soorten dieren zich weten te handhaven. Zo heeft bijvoorbeeld de olifant, als een van de Big Five (behalve olifanten behoren daartoe ook neushoorns, leeuwen, luipaarden en buffels), zich aangepast aan het extreme woestijnklimaat.

De 'Big Five'

Olifant

De machtigste vertegenwoordiger van de Namibische dierenwereld is de olifant *(elephant)*, die u vooral in het Etosha National Park en in oostelijk Caprivi (Mudumu National Park aan de Linyanti en de Chobe River) kunt observeren. De grootste populatie van Afrika, meer dan 35.000 exemplaren, leeft echter in het buurland Botswana, in het Chobe National Park. In de droge rivierbeddingen in zuidelijk Kaokoland en in noordelijk Damaraland leven enkele zeldzame, aan de barre omstandigheden aangepaste woestijnolifanten *(desert elephants)*. Het is een van de hoogtepunten van een reis naar Noordwest-Namibië om ze te zien te krijgen.

Neushoorn

De uiterst zeldzame **zwarte** of **puntlipneushoorn** *(black rhino)* leeft solitair, terwijl de **witte** of **breedlipneushoorn** *(white rhino)* in kleine groepen door het Etosha National Park trekt. Aangezien in Aziatische landen nog altijd wordt gedacht dat de gemalen hoorn van deze dieren de potentie verhoogt, worden er nog steeds gigantische prijzen voor betaald en worden er steeds opnieuw neushoorns afgeknald door stropers met automatische geweren. Zelfs jongen met piepkleine hoorntjes worden niet gespaard. De Namibische *Save the Rhino Trust* heeft in samenwerking met de natuurbescherming veel van de dieren laten verdoven en onthoornen, om ze voor stropers oninteressant te maken. Uit woede en frustratie hebben de *poachers* er alsnog enkele gedood.

Buffel

De buffel *(buffalo)* laat zich in het beste geval zien in het Linyantimoeras, in het oosten van de Caprivistrook, in het Moremi Game Reserve of in de Okavangodelta. Vooral oudere, door de kudde uitgestoten buffelstieren kunnen gevaarlijk zijn: ze naderen meestal van achteren en zetten zonder waarschuwing de aanval in.

Leeuw

Minder vaak te zien zijn de grote katachtigen, die daarom boven aan de safariwenslijst van de meeste bezoekers prijken – en dan met name natuurlijk de leeuw *(lion)*. Het

Natuur en milieu

grootste katachtige roofdier van Afrika (mannetje 190 kg, vrouwtje 130 kg) is de enige kat die in grote groepen (tot wel dertig stuks) kan samenleven en jagen. Kleinere groepen komen echter vaker voor. Jonge mannetjes blijven lange tijd rustig in de groep, tot zij het gevoel krijgen het te kunnen opnemen tegen het dominante mannetje. Als dat mislukt, gaan zij er vandoor en zoeken aansluiting bij een andere groep. Verjaagt een leeuw het dominante mannetje, dan doodt hij ook diens welpen, dus het rivaliserende genetisch materiaal. Het vrouwtje wordt daarop meteen vruchtbaar. Als de jongen groter zijn, zullen ze proberen om zich samen met de moeder te verweren tegen de indringer. Mannetjesleeuwen zijn dominant in de groep, ook bij het eten. Zo kan het gebeuren dat leeuwinnen een antilope doden, om deze meteen daarna af te staan aan het mannetje. Als mannetjesleeuwen met elkaar samenleven, gaan ze zelf op jacht en zijn dan net zo handig en succesvol als de vrouwtjes.

Luipaard

De mooiste katachtige is ongetwijfeld de luipaard *(leopard)*. Dit is een echt solitair dier: alleen de vrouwtjes trekken op met hun welpen, tot deze volwassen zijn. Mannetjes wegen 20 tot 90 kg, vrouwtjes 17 tot 60 kg. In heel zuidelijk Afrika, of het nu in de bergen, de woestijn of het oerwoud is, hebben luipaarden zich heel goed aangepast aan de mensen. Dat ligt aan hun vermogen zich vrijwel onzichtbaar te maken. Vaak dringen ze 's nachts geruisloos nederzettingen binnen en doden honden, katten en vee.

Recent onderzoek heeft twee vooroordelen uit de weg geruimd. Ten eerste vallen luipaarden zelden bavianen aan – ooit dacht men dat deze apen hun voornaamste prooi waren. Ten tweede leeft dit gevlekte roofdier meestal op de grond en niet in bomen. Daar trekt hij zich alleen terug om zijn buit tegen leeuwen en hyena's te beschermen, een beter uitzicht te hebben of op meerkatten te jagen, die hij met wijd uitgespreide klauwen tot op de dunne buitenste takken achternazit.

Andere katachtigen

Jachtluipaard

De jachtluipaard *(cheetah)* wordt vaak verward met de luipaard, hoewel hij er heel anders uitziet. Hij is kleiner (40-60 kg), slanker en heeft een langere staart en langere poten. Bovendien bestaan zijn vlekken uit zwarte stip-

pen, die van de luipaard uit zwarte rozetten. Het snelste landdier ter wereld trekt zijn nagels niet in bij het rennen, zodat hij meer grip heeft als hij zijn prooi op de vlakte met een snelheid van 100 km/u achtervolgt, waarbij zijn lange staart als roer functioneert. Dit tempo houdt hij echter niet lang vol en daarna is hij vaak zo uitgeput dat hyena's, luipaarden, wilde honden en leeuwen hem zijn buit afhandig maken en hem niet zelden zelf doden. De jachtluipaard jaagt daarom meestal overdag, omdat de andere roofdieren vrijwel uitsluitend 's nachts actief zijn. De meeste jachtluipaarden in Namibië leven net als luipaarden op particulier boerenland, omdat leeuwen en bruine hyena's daar compleet zijn

Dierenwereld

uitgeroeid. Daardoor is er minder concurrentie en zijn de levensomstandigheden verbeterd. De voornaamste vijand van luipaard en jachtluipaard is nu de mens.

Caracal

Ook de caracal of **woestijnlynx** *(caracal)* wordt door veehouders als een probleem gezien. Hij mijdt mensen waar hij kan en jaagt uitsluitend 's nachts. De vacht van het slanke, krachtige, ongeveer 10 tot 20 kg zware dier is koperkleurig met oranje vlekken. Karakteristiek zijn de zwarte randen op de kop en de oren met de zwarte haarpluimpjes. De caracal sluipt langzaam op zijn prooi af, om dan de laatste meters krachtig te exploderen. Met zijn sterke achterpoten kan hij vanuit zittende positie sprongen van 4 tot 5 m in de lucht maken. Vroeger dacht men dat de caracal alleen maar kleine prooidieren als muizen en

ratten kon vangen. Nu weet men dat hij ook springbokken en reebokantilopen *(grey rheboks)* buitmaakt, die tot twee keer zo zwaar zijn als hijzelf.

Civetkat

De 9 tot 15 kg wegende Afrikaanse civetkat *(African civet,* zie rechts) is een sterke, 's nachts actieve, solitaire vleeseter, die uitsluitend voorkomt in de Caprivistrook en de Okavangodelta. Het opvallende zwarte masker doet meer aan een wasbeer dan aan een kat denken. Bijzonder is dat hij vrijwel alleen giftige prooidieren eet, die andere roofdieren versmaden, zoals duizendpoten, padden en zelfs gifslangen als pofadders.

Genetkat

De genetkat *(genet,* zie boven) is veel kleiner, weegt 2 tot 3 kg, heeft een gestippelde vacht en een lange staart met ringen erop. Hij leeft solitair en is uitsluitend 's nachts actief.

Serval

De 8 tot 10 kg zware serval *(serval)* ziet er op het eerste gezicht uit als een jachtluipaard, maar is veel kleiner en heeft een veel kortere staart en grotere oren. Hij leeft in principe langs rivieren.

Afrikaanse wilde kat

De Afrikaanse wilde kat *(African wild cat)* onderscheidt zich enkel van huiskatten door zijn langere poten en roodbruine oren. Hij is de vorouder van de 6000 jaar geleden door de Egyptenaren gedomesticeerde huiskat.

Nijlpaarden

Het plompe nijlpaard *(hippopotamus)* is in Afrika verantwoordelijk voor de dood van meer mensen dan enig ander dier. De tonnen

Natuurbescherming en ecotoerisme

Namibië is het eerste land ter wereld dat natuurbescherming in de grondwet heeft opgenomen. Artikel 95 luidt: 'De staat moet actief voor het welzijn van de mensen zorgen door een beleid dat onder andere beoogt de ecosystemen en biologische verscheidenheid van Namibië te behouden.'

Een niet altijd eenvoudig te verwezenlijken voornemen in de jonge democratie Namibië, want het komt steeds opnieuw tot conflicten tussen economische exploitatie en natuurbehoud. Een voorbeeld is de omstreden aanleg van een stuwdam in de Kunene, bij Angola, die de Epupa Falls en het weidegebied van de Himbanomaden zou verwoesten.

Ook wordt er over gespeculeerd of de regering niet heimelijk heeft ingestemd met een definitieve opslagplaats voor atoomafval, wat miljoenen Namibische dollars, maar ook evenzovele problemen voor het land zou opleveren.

Zo'n 15% van het landoppervlak van Namibië is beschermd als natuur- of wildreservaat, recreatiegebied of behoort tot het Diamanten-Sperrgebiet. Vrijwel alle verschillende biotopen – van de woestijn tot de kust – zijn in deze regio's vertegenwoordigd. De bescherming van bedreigde diersoorten nam al in 1907 een aanvang met de stichting van het Etosha National Park.

Een zeer positieve ontwikkeling is dat de lokale bevolking wordt betrokken bij de natuurbescherming *(community based eco-tourism)*. Inheemse mensen worden aangesteld in lodges en *camps* als ranger, kok of in het management, waardoor hun gezinnen van het toerisme kunnen leven. Daardoor worden wilde dieren opeens niet meer als bedreiging van de oogst gezien of als leveranciers van vlees, maar als te beschermen bedrijfsmiddelen, die als toeristische attractie een regelmatig inkomen garanderen.

Veel boeren hebben zich de afgelopen jaren aaneengesloten om samen aan de bescherming van de flora en fauna op hun land te werken. Dit principe is overgenomen van de Zuid-Afrikaanse provincie KwaZulu/Natal, waar een gebied van meer dan 1000 km^2 toevalt aan deze *conservancies*. Er zijn inmiddels 23 commerciële en 59 staats-*conservancies* en dertien staatsbossen. Hiertoe behoren naast kleinere gebieden de 1000 km^2 grote Ngarangombe Conservancy ten zuiden van Rietfontein, de 900 km^2 grote Khomas Hochland Conservancy in de omgeving van Windhoek en de Waterberg Conservancy, die ten zuiden van het Waterberg Plateau Park een bufferzone van zo'n 1500 km^2 vormt.

Een andere stap in de richting van ecotoerisme was de stichting van het grensoverschrijdende Ai-Ais/Richtersveld Transfrontier Park, dat Zuid-Afrika en Namibië nu door één beschermd natuurgebied verbindt.

Dierenwereld

wegende giganten zijn op het land ongelooflijk snel. Ze beginnen pas met grazen wanneer de zon is ondergegaan en komen dan uit de rivieren en plassen waar ze in grote groepen leven, omdat de zon overdag hun gevoelige huid verbrandt. Wie tussen nijlpaard en het water terechtkomt, loopt de kans vertrapt te worden.

Kleine zoogdieren

Mangoesten

Wie zijn ogen de kost geeft, kan dicht bij de grond vaak **zebra-** en **vosmangoesten** (*banded mongoose* en *yellow mongoose*) observeren. Terwijl de laatste er over het algemeen een solitaire levensstijl op nahoudt, komen de zebramangoesten voor in groepen tot veertig dieren. Zo kunt u zien hoe de roofdiertjes samen in een boom klimmen om een door een arend gevangen kameraad te bevrijden. Als de zebramangoest bij mensen opgroeit, ontwikkelt hij zich tot een zeer aanhankelijk huisdier.

Stokstaartje

Dat geldt ook voor de 45 cm lange en 600 tot 900 g wegende stokstaartjes (*suricate*), die als een hond kunnen worden afgericht. De beestjes onderscheiden zich door op hun achterpoten te gaan staan om een beter overzicht te krijgen. Stokstaartjes, die tot de sociaalste zoogdieren ter wereld kunnen worden gerekend, zijn zowel vleesetende jagers als prooi voor andere dieren, omdat ze zo klein zijn. Ze voeden zich met kevers en reptielen als gekko's, terwijl groepsgenoten hemel en aarde afspeuren op de uitkijk naar aanvallers. Dat gaat vaak zo ver dat een van de stokstaartjes de taak van wachter krijgt, hoog op een rots of een termietenheuvel gaat zitten en piepende geluidjes maakt, ten teken dat de anderen ongestoord voedsel kunnen zoeken. De wachter wordt regelmatig afgelost door een andere 'vrijwilliger'. Als er een jakhals nadert, gaan alle stokstaartjes op een rij staan, zetten hun haren overeind en wippen met geopende bek van voor naar achter, wat veel aanvallers afschrikt.

Aardvarken

Het 40 tot 60 kg zware aardvarken (*antbear* of *aardvark*) is niet verwant aan varkens, noch aan beren (wat de eerste Engelse naam doet vermoeden). Het is de enige soort van een hele orde in het dierenrijk (buistandigen), die verder geheel is uitgestorven. De snuit is langwerpig, de oren zijn enorm en de achterpoten duidelijk beter ontwikkeld dan de voorpoten. Het aardvarken komt veel voor. Het voedt zich voornamelijk met mieren en termieten, die het met zijn lange neus opspoort en met zijn sterke klauwen uitgraaft.

Kaapse grondeekhoorn

De Kaapse grondeekhoorn (*Cape ground squirrel*) is de enige eekhoorn in zuidelijk Afrika die in grote groepen van tot dertig stuks samenleeft. Tijdens de hitte van de dag gebruikt hij zijn staart als parasol. Als er een slang nadert, begint de grondeekhoorn met

Natuur en milieu

zijn staart te kronkelen als een slang, wat het reptiel in verwarring brengt en hem meestal doet terugtrekken.

Boomeekhoorn

De bruingele boomeekhoorn *(tree squirrel)* leeft, zoals de naam doet vermoeden, in bomen op het *bushveld*. Zijn schrille waarschuwingskreten zijn van verre te horen en duiden op roofdieren en roofvogels in de buurt.

Springhaas

Een ander komisch knaagdiertje, dat u voornamelijk in de avondschemering kunt zien, is de als een kangoeroe rondhuppende springhaas *(springhare)*.

Kaapse klipdas

Zo groot als een marmot, maar verbazingwekkend nauw verwant aan de olifant, is de 3 tot 4,5 kg wegende Kaapse klipdas *(rock dassie)*, een verwoede vechter. Men heeft wel gezien hoe twee jonge mannetjes tijdens een gevecht van een 8 m hoge rots vielen en on-

verstoorbaar en zonder onderbreking verder gingen met vechten. Net als de stokstaartjes stellen ze wachters op, die opletten als de groep op zoek gaat naar voedsel.

Honingdas

Veel dieren worden pas actief als het donker en koeler wordt. Daartoe behoort vooral ook de **honingdas** *(honey badger)* met zijn zilverwit-zwarte vacht. Hij leeft alleen of in paren en kan snel en diep graven om aan mollen en ander kleine dieren en insecten te komen. Daarnaast klimt hij in bomen om, zoals zijn naam al suggereert, naar honing te zoeken.

Soms scheurt hij de bast van een boom los om de daaronder levende reptielen te vangen.

Hyena's, wilde honden en jakhalzen

Gevlekte en bruine hyena

Gevlekte hyena's *(spotted hyaena)* werden vroeger als laffe aaseters beschouwd. Recent onderzoek heeft aan het licht gebracht dat het om uitstekende jagers gaat, die er niet voor terugschrikken om met een leeuw te vechten om buit of om de jongen te verdedigen. Ook zijn er gevlekte hyena's gezien die buffels, elandantilopen en zelfs oryxen aanvielen, die met hun scherpe, lange hoorns toch gevaarlijke tegenstanders zijn. Een gevlekte hyena houdt jachtsnelheden van 60 km/u zonder problemen wel 3 km vol. Hij is zeer mobiel: 70 km per nacht afleggen is heel gewoon. Zijn gedrag wisselt en is zeer

Dierenwereld

onvoorspelbaar. De ene dag gaat hij in zijn eentje op zoek naar aas, de volgende dag jaagt hij met drie soortgenoten op levende prooi en een andere keer verjaagt hij met een grote groep een roedel leeuwen en pakt hun buit af. Veel biologen beschouwen de gevlekte hyena als de eigenlijke koning van Afrika. Van alle zoogdieren is hij het recentst, waardoor hij het best is aangepast aan de heersende omstandigheden. Met zijn kaken, de sterkste van het dierenrijk, kan hij zware botten kraken als waren het noten, om aan het voedzame merg te komen. Het zogenaamde lachen behoort tot de typische geluiden van de Afrikaanse bush. De kleinere en lichtere **bruine hyena** *(brown hyaena)* is lang niet zo'n bekwaam jager en meer aangewezen op aas of andere voedingsbronnen, zoals woestijnmeloen *(nara)* en struisvogeleieren.

Aardwolf

De ongeveer 9 kg wegende aardwolf *(aardwolf)* voedt zich vrijwel uitsluitend met ter-

mieten, die hij met zijn lange, brede tong oplikt uit een termietenheuvel. In een nacht kan hij er zo'n 250.000 opeten. Het voor andere dieren zo schadelijke gif van de termietensoldaten doet hem niets. Dat komt voort uit zijn sterke verwantschap met de hyena, die ook in staat is vlees in een vergevorderd stadium van verrotting te verteren. Als het kouder wordt, brengt de aardwolf lange tijden van nietsdoen door in zijn hol, ongeveer een meter onder de grond, waar de temperatuur nooit lager dan 12 °C wordt.

Wilde of hyenahond

De Afrikaanse wilde hond of hyenahond *(Cape hunting dog* of *wild dog)* is een van de meest bedreigde zoogdieren van Afrika. Hij is slank, heeft lange poten, grote, ronde oren en een rechte rug. De vacht is bruin, zwart of wit gevlekt. In het noordoosten van Namibië, met name in het Kaudom Game Park, overleven nog enkele exemplaren. De grootste kans om deze dieren te zien te krijgen hebt u in het Mombo Camp, in de Okavangodelta van Botswana. Ze leven in roedels van zes tot vijftien volwassen dieren met hun jongen. Wilde honden zijn overdag actief en jagen hun prooi gezamenlijk de dood in.

Zadeljakhals

De zadeljakhals *(black-backed jackal)* komt overal in zuidelijk Afrika en in geheel Namibië in groten getale voor. Zijn vacht is roodbruin, met op de rug een kenmerkend zilverzwart zadel. De dieren voeden zich met insecten, aas, kleine zoogdieren van maximaal zo groot als een impalajong, en met vruchten en bessen. Het liefste houden ze zich op in droge, open gebieden.

Gestreepte jakhals

De gestreepte jakhals *(side-striped jackal)* leeft alleen in het uiterste noorden van Namibië. Hij heeft een grijze vacht, maar het puntje van zijn staart is wit. De oren zijn kleiner dan die van de zadeljakhals. In tegenstelling tot die laatste leeft de gestreepte jakhals voornamelijk in beboste gebieden en in de moerassige delta's van de Kunene en de Okavango. De gestreepte jakhals is 's nachts actief.

Natuur en milieu

Lepelhond

Nog iets kleiner is de charmante grootoorvos of lepelhond *(bat-eared fox)* met zijn gigantische oren. Hij komt net als de zadeljakhals in heel Namibië voor.

Stekelvarken en wrattenzwijn

Wrattenzwijn

Het knobbel- of wrattenzwijn *(warthog)* is overdag actief, waardoor hij vaak is waar te nemen. Het meest opvallende kenmerk zijn de enorme slagtanden. Daarvan zijn de kleinere van de onderkaak veel gevaarlijker dan de lange van de bovenkaak, aangezien ze bij het eten voortdurend worden geslepen door de bovenslagtanden, iets wat al aan veel luipaarden het leven heeft gekost. Het dier dankt zijn naam aan de twee grote knobbels onder de ogen. Vermoedelijk beschermen deze het gezicht bij gevechten. Bij het eten zakt het knobbelzwijn door de voorpoten, wat er heel grappig uitziet. Als het warm wordt, zoekt het dier verkoeling in modder-

poelen. Het knobbelzwijn is een volhardende, moedige vechter. Zijn belangrijkste tegenstanders zijn leeuwen en luipaarden – die het hebben voorzien op de biggen, niet op volwassen dieren.

Stekelvarken

Het stekelvarken *(porcupine)* is een strikte vegetariër. Het voedt zich hoofdzakelijk met knollen en wortels. Zijn zwart-witte stekels, vaak los te vinden in het veld, zijn uiterst decoratief. Aangezien het dier overdag goed verstopt rust, is het moeilijk te observeren.

Apen

De enige twee in Namibië voorkomende apen zijn de **Kaapse** of **beerbaviaan** *(chacma baboon)* en de **groene meerkat** *(vervet monkey)*. Terwijl de laatste uitsluitend langs rivieren en watervlakten leeft, voelen beer-

bavianen zich, afgezien van de Geraamtekust, thuis in heel zuidelijk Afrika. Een interessant aspect van de 4 tot 6 kg zware groene meerkat is het primitieve voorstadium van een taal. De apen beschikken over wisselende waarschuwingsgeluiden voor verschillende roofdieren. Terwijl ze bij het 'slangengeluid' onmiddellijk hun nabije omgeving op de grond afzoeken, gaan ze bij het 'adelaargeluid' ogenblikkelijk in dekking en kijken naar boven in de lucht. Deze taal moet geleerd worden. Jonge meerkatten slaken ook een 'adelaarsgeluid' als ze een zangvogel zien of als er een blaadje van de boom waait.

Dierenwereld

De beerbaviaan is met een grootte van 1,5 m (inclusief de staart) na de mens de grootste primaat van zuidelijk Afrika. Net als mensen voelt hij zich thuis in veel verschillende ecosystemen. Groepen bestaan uit dertig tot veertig dieren en staan onder leiding van een dominant mannetje. Het voedsel van deze apen bestaat voornamelijk uit vruchten, insecten en wortelknollen. Als hij de kans krijgt, verschalkt de beerbaviaan ook graag kleine zoogdieren of vogeltjes.

Giraffen en zebra's

Giraf

Een opvallende inwoner van Namibië is het hoogste landzoogdier, de giraf *(giraffe)*. Hij voedt zich vrijwel uitsluitend met de blaadjes van de doornacacia. Met zijn goede neus ruikt hij de jonge loten boven in de kruinen, die hij exclusief voor zichzelf heeft omdat de andere dieren er niet bij kunnen. Bovendien kan de giraf dankzij zijn lange nek beter uitkijken over de savanne waar hij leeft. Als een groep giraffen gebiologeerd in een bepaalde richting staart, zijn er gegarandeerd leeuwen in de buurt, hun belangrijkste vijand. Jonge dieren vallen daarnaast ook vaak ten prooi aan hyena's, hoewel de moederdieren hun jongen met ferme trappen verdedigen. Kenmerkend voor jonge stieren is het *necking*, waarbij twee tegenstanders schouder aan schouder staan en als in slow motion de lange nekken tegen elkaar slaan. Mannetjes worden tot 5 m hoog en vrouwtjes tot 4 m, ze wegen 1200, respectievelijk 820 kg. Jongen worden geboren terwijl de moeder staat en moeten dus van alle zuigelingen het diepst vallen. Een ingewikkeld systeem van kleppen in de bloedvaten stelt de giraf in staat te drinken zonder dat het bloed hem naar de kop stroomt en tot een hersenbloeding leidt.

Zebra

Niet weg te denken uit het Afrikaanse savanne- en berglandschap zijn de aantrekkelijke zebra's, waarvan er in Namibië twee soorten leven: de **steppe-** *(Burchell's zebra)* en de veel zeldzamere **bergzebra** *(Hartmann's zebra)*. Bij beide soorten is het streepjespatroon een identificatiemiddel, net als een vingerafdruk bij mensen. Elk patroon is anders. Pasgeboren veulens worden door hun moeder enkele dagen van de kudde afgeschermd, om het te laten wennen aan haar specifieke strepen. Steppezebra's houden zich in de buurt van water graag op bij antilopen, vooral gnoes, die op hun beurt profiteren van het uitstekende gehoor, reuk- en gezichtsvermogen van de gestreepte dieren. Steppezebra's verdedigen zich tegen jachtluipaarden, lepelhonden en gevlekte hyena's door te trappen en te bijten. Zelfs leeuwen hebben vaak moeite om een volwassen zebra te overmeesteren. Als een kudde wordt aangevallen, gaat het dominante mannetje voor de andere dieren staan.

Hartmanns bergzebra – in totaal zijn er zo'n 13.000 exemplaren – komt uitsluitend voor in Namibië, tussen de Namib en de Centrale Hoogvlakte. Net als de steppezebra weet de bergzebra zich krachtig te verweren.

Natuur en milieu

Antilopen

Impala

Een van de antilopes die een bezoeker aan Namibië het meest zal zien is de **impala** of **rooibok** *(impala)*. De ondersoort **black faced impala**, met een zwarte tekening in het gezicht, komt uitsluitend voor in het

noordwesten van Namibië, en nergens anders in zuidelijk Afrika. 'Gewone' impala's leven in grote kuddes in het Etosha National Park. Ze kunnen zich goed aanpassen en weten zelfs te overleven op voormalige landbouwgrond die veel schade heeft geleden. Maar ze beconcurreren ook het grondgebied van antilopesoorten met minder aanpassingsvermogen, zodat het impalabestand in sommige gebieden door de jacht onder controle moet worden gehouden. Karakteristiek voor de impala is het diepe burlen van bronstige mannetjes, dat u misschien niet zou verwachten van zulke elegante dieren. De impala is roodbruin met een witte buik. Van de romp loopt over de achterpoten een zwarte streep. Alleen de mannetjes hebben hoorns.

Springbok

De tweede frequent voorkomende antilopesoort is de springbok *(springbok)*, die bezoekers in het begin vaak verwisselen met de impala, omdat ook hij in grote kuddes leeft. Hij is ongeveer even groot, maar onderscheidt zich door de karakteristieke kleur van zijn vacht: een kaneelkleurige rug, donkerbruine brede strepen opzij en een witte buik. Zowel mannetjes als vrouwtjes dragen hoorns. Voor de komst van de blanken trokken er nog kuddes van honderdduizenden springbokken over de savanne. Tegenwoordig telt de grootste kudde, in de Kalahari, zo'n duizend dieren. In tegenstelling tot de impala kan de springbok het hele jaar door jongen krijgen. In droge perioden wordt er één kalf per jaar geboren; zijn de voedselomstandigheden ideaal, dan worden dat er twee.

Meer dan 80% van alle springbokken die sneuvelen in het Etosha National Park staat op het conto van de jachtluipaard. De bejaagde dieren hebben een bijzondere tactiek ontwikkeld om achtervolgers af te schudden. Hyena's en lepelhonden jagen op springbokkuddes door zich op een bepaald dier te concentreren. De springbokken springen dan hoog in de lucht, houden hun kop omlaag, strekken hun rug en zetten de witte buikharen op. De dieren die het hoogst en het verst springen komen fitter en sneller over op de roofdieren, die zich daarop bij de jacht zullen richten op een zwakker lid van de kudde.

Blauwe gnoe

De blauwe of gewone gnoe *(blue wildebeest)* trok ooit in enorme kuddes door zuidelijk Afrika. Zijn bestand is sterk afgenomen door illegale jacht en de aanwezigheid van runderen. Vaak sterven de dieren bij droogte in groten getale, omdat afrasteringen voor vee de traditionele paden naar drinkplaatsen blokkeren.

Dierenwereld

Kaaps hartenbeest en lierantilope

Net als de gnoe heeft het **Kaapse hartenbeest** *(red hartebeest)* door het neerzetten van omheiningen een groot deel van zijn bestand verloren. Ook hij is regelmatig aangewezen op migratie – zij het niet in dezelfde mate als de gnoe. Ook het hartenbeest heeft een aflopende rug, wat hem in staat stelt in een huppende gang, die veel minder energie kost dan een draf, een sprint te trekken van zo'n 70 km/u. Nauw verwant aan de gnoe en het hartenbeest is de **lierantilope** of **basterdhartenbeest** *(tsessebe)*. Dit is een van de snelste antilopen.

Oryx

De wonderschone oryx of spiesbok *(gemsbok)* siert het wapen van Namibië met zijn lange, spitse en symmetrische hoorns. Omvangrijke kuddes oryxen leven in de duinen van de Namib en de Kalahari en in het zuidelijke Kaokoland. Wanneer zij zich moeten verdedigen zijn de puntige hoorns dodelijke wapens, wat al een groot aantal vijanden, waaronder vooral leeuwen en stropers, duur is komen te staan.

Elandantilope

De elandantilope *(eland)* is met een gewicht van 460 kg (vrouwtjes) tot 840 kg (mannetjes) de grootste Afrikaanse antilopesoort. Net als de oryx is de elandantilope voortreffelijk aangepast aan het droge klimaat. Overdag kan hij zijn lichaamstemperatuur verhogen om vochtverlies door zweten tegen te gaan. De opgeslagen warmte wordt later afgegeven aan de koelere nachtlucht. Bovendien grazen de dieren 's nachts, omdat het gras dan meer vochtigheid bevat door de dauw.

Sabel- en paardantilope

Een majestueuze aanblik biedt de **sabelantilope** of **zwarte paardantilope** *(sable antelope)*, die vanwege zijn tot 120 cm lange, naar achteren gebogen hoorns een geliefde jachttrofee vormt. Het dier is aanvankelijk bruin en wordt naarmate hij ouder wordt steeds zwarter. Heruitzetting van deze antilopes functioneert goed. In Namibië is deze antilopesoort te zien in de Caprivistrook. De **paardantilope** *(roan antelope)* lijkt op de sabelantilope, maar is wat groter, lichter van kleur en voorzien van iets kortere hoorns.

Grote koedoe

Een veelvoorkomende antilope is de grote koedoe *(greater kudu)*. De hoorns van het mannetje zijn spiraalvormig en kunnen wel 1,80 m lang worden. Koedoes staan bekend om hun sprongkracht. Ook omheiningen van twee meter hoog vormen geen probleem – ze worden vanuit stand genomen.

Ellipswaterbok

De krachtig gebouwde ellipswaterbok *(waterbuck)* leeft in waterrijke gebieden en komt in Namibië uitsluitend voor in de Caprivistrook. Karakteristiek is de witte kring op zijn achterste. Als de kudde op de vlucht slaat, kunnen zijn soortgenoten aan deze markering zien welke richting ze moeten nemen.

Natuur en milieu

Sitatoenga, litschiewaterbok en poekoe

Drie zeer zeldzame antilopen leven uitsluitend in het Linyantimoeras en aan de Chobe River, in het oostelijke deel van de Caprivistrook, en in de Okavangodelta in Botswana. Alle drie – poekoe, litschiewaterbok en sitatoenga – zijn prima aangepast aan de drassige ondergrond. Ze zwemmen vaak heen en weer tussen Namibië en Botswana.

De **poekoe** (puku) komt alleen voor in een heel klein gebied in het rivierstelsel van de Kwando, Linyanti en Chobe. De fraaie, sterke, roodbruine dieren zijn de minst bestudeerde antilopen van zuidelijk Afrika.

De **sitatoenga** of **moerasantilope** (sitatunga) heeft met 18 cm de langste hoeven. Als hij loopt, spreidt hij de beide helften van de hoeven, waardoor hij niet wegzinkt in de zachte bodem. Maar wanneer hij moet vluchten over harde grond, beweegt de sitatoenga zich heel onbeholpen. Zijn vacht is wat vettig, omdat deze met een waterafstotende laag is geïmpregneerd.

Net als sitatoenga's vlucht ook de **litschiewaterbok** of **lechwe** (red lechwe) bij gevaar naar het water, waar hij zich in tegenstelling tot op het land ongelofelijk snel kan verplaatsen. Uit de verte lijkt hij wel wat op een impala, maar hij is robuuster gebouwd en zijn vacht is langer en dikker.

Kirks dikdik

De ranke **Kirks dikdik** of **damaradikdik** (damara dik-dik) met zijn grote ogen is met ruim 5 kg naast de **blauwe duiker** (blue duiker) en de **soeni** (suni) de kleinste antilope van zuidelijke Afrika. In Namibië hebt u de beste kans deze diertjes te zien in het Etosha National Park, aan de Dik-Dik Drive bij Namutoni.

Gewone duiker

De gewone duiker of duikerbok (common duiker) behoort tot de wijdst verbreide antilopen in zuidelijk Afrika en kan zelfs overleven in de buurt van stedelijke buitenwijken of agrarische gebieden. Zijn naam dankt hij aan de eigenschap bij gevaar in het struikgewas weg te duiken. Daar blijft hij dan liggen zonder zich te verroeren, om er pas zigzaggend vandoor te gaan als mens of roofdier vlakbij is. De duiker wordt slechts 50 cm hoog. Vrouwtjes zijn iets groter en wegen 16 tot 21 kg, mannetjes 15 tot 18 kg. Alleen de mannetjes hebben hoorns. Deze zijn ca. 10 cm lang.

Klipspringer

De klipspringer (klipspringer) is een uitstekend klimmer, die zelfs niet uit de weg gaat voor steile rotswanden. Twee aanpassingskenmerken onderscheiden hem van alle andere antilopen. Ten eerste zijn de haren niet alleen dik en grof, maar ook hol als een pennenschacht. De dikke vacht beschermt hem bij een eventuele val en isoleert tegen de vaak lage temperaturen in de bergen. De eerste kolonisten wisten dit al tot hun voordeel aan te wenden, door hun zadels te bekleden met klipspringervachten. Het tweede kenmerk is de vorm van de hoef. De twee tenen van de

Dierenwereld

klipspringer zijn zo gebogen dat het lijkt of deze antilope op de toppen van zijn hoefjes loopt. Deze slijten af tot de hoef een cilindrische vorm krijgt, wat een karakteristiek, dubbel ovaal spoor achterlaat. De hoeven werken als spikes en geven de klipspringer meer houvast op gladde stenen.

Steenbokantilope

De kleine steenbokantilope of steenbokkie *(steenbok)* komt veel voor in heel zuidelijk Afrika en wordt vaak verward met de **oribi** *(oribi)*, die met uitsterven wordt bedreigd. Zijn oren zijn echter duidelijk veel groter. Boven-

dien heeft hij een zwarte markering over de neus en gezichtsklieren onder de ogen, die eruitzien als zwarte tranen.

Krokodillen, hagedissen en slangen

In alle rivieren in Noord-Namibië, vooral in de Kunene, wemelt het van de **krokodillen**.

Van de in de duinen van de Namib levende hagedissensoorten zijn er dertig uniek voor dit gebied. Bijzonder opvallend is de **duinhagedis** *(sand-diving lizard)*. De grootste hagedis is de **varaan** *(monitor lizard,* zie rechtsboven).

De 20-25 cm lange **gehoornde ratelslang** *(sidewinder)* dankt zijn naam aan zijn zijwaartse voortbeweging, waarbij hij S-vormige sporen maakt. De slang is zelden te zien, omdat hij zich ingraaft en alleen zijn loerende ogen uit het zand steken.

Vogels

Behalve zoogdieren en reptielen zijn er heel veel vogels. Ongeveer 620 van de 887 voor zuidelijk Afrika geregistreerde soorten komen voor in Namibië. Zo'n 500 daarvan broeden er ook, de andere zijn trekvogels; ongeveer 400 soorten broeden in de waterrijke Caprivistrook. Ook de voedselrijke wateren voor Walvis Bay trekken veel vogels, bijvoorbeeld de elegante **flamingo**. Enkele van de elf endemische soorten van Namibië leven zelfs in de woestijn, zoals de met uitsterven bedreigde **damarastern** *(damara tern)*.

Struisvogel

De **struisvogel** *(ostrich)* wordt op boerderijen gefokt vanwege zijn heerlijke, cholesterolvrije vlees en het zachte leer, maar hij komt op sommige plaatsen in het land ook in het wild voor, met name in het Etosha National Park. De loopvogel is met een hoogte van 2 m de grootste vogel ter wereld.

Peace Parks – natuurbescherming zonder grenzen

Het idee om door grensoverschrijdende natuurparken effectief aan natuurbescherming te doen is niet nieuw. Al in de jaren 80 waren er bij de International Union for Conservation of Nature and Natural Resources (IUCN) zo'n zeventig transnationale natuurparken bekend. Vanwege de politieke situatie leek het lange tijd onmogelijk in zuidelijk Afrika iets vergelijkbaars van de grond te krijgen. Maar het einde van de apartheid hield ook voor de natuurbescherming nieuwe kansen in.

Op 1 februari 1997 werd de Peace Park Foundation opgericht, onder beschermheerschap van de Zuid-Afrikaanse president Nelson Mandela en prins Bernhard der Nederlanden; daarbij speelde ook de Zuid-Afrikaanse grootindustrieel Anton Rupert een belangrijke rol. Deelnemende landen waren Angola, Botswana, Congo-Kinshasa, Lesotho, Malawi, Mozambique, Namibië, Swaziland, Tanzania, Zambia, Zimbabwe en Zuid-Afrika. Deze staten zegden toe te streven naar de instelling van zogeheten Transfrontier Conservation Areas. Ze ondersteunen in zuidelijk Afrika inmiddels achttien grensoverschrijdende parken (www.peaceparks.org).

Het concept van de Peace Park Foundation heeft in de eerste plaats als doel de hekken langs de grenzen weg te halen, zodat mensen en dieren hier weer vrij kunnen bewegen. De huidige grenzen verdelen ecosystemen, versperren trekroutes van dieren en verdelen etnische groepen. Met het verdwijnen van de grenzen kunnen de dieren opnieuw hun vertrouwde trekroutes volgen en hebben de inheemse bewoners weer toegang tot hun bronnen van levensonderhoud en drinkwater.

Het is de bedoeling dat de projecten gedeeltelijk worden bekostigd uit het toenemende ecotoerisme. Ook de in de parken levende bevolking moet bij de opzet betrokken worden en een deel krijgen van de opbrengsten. Verder wordt rekening gehouden met de eigendomsaanspraken van alle mensen die als gevolg van de apartheidspolitiek uit hun oorspronkelijke woongebieden zijn verdreven. En tot slot wordt gehoopt dat de nauwe contacten in een samenwerkingsorgaan voor lange tijd een goede verstandhouding tussen de staten zal bevorderen.

Als eerste *peace park* werd in mei 2000 het **Kgalagadi Transfrontier Park** geopend. Dit is een samenvoeging van het Zuid-Afrikaanse Kalahari Gemsbok National Park en het Gemsbok National Park in Botswana. Het nieuwe areaal beslaat bijna 38.000 km² en wordt als ecologische eenheid beheerd. Sindsdien zijn er nog meer *peace parks* ingesteld, maar het Kgalagadi Park is tot nu toe het enige waarin reizigers zich vrij kunnen bewegen zonder grenscontroles. Alleen wie in het ene land het park inreist en dat in het andere weer verlaat, wordt gecontroleerd. Om de grensovergangen te kunnen gebruiken, moeten bezoekers kunnen aantonen dat ze in het park overnachten. Deze regeling werd ingesteld om commercieel grensverkeer te voorkomen.

In 2001 werd met het **Ai-Ais/Richtersveld Transfrontier Park** (zie blz. 168) een tweede *peace park* ingesteld. Het omvat het Zuid-Afrikaanse Richtersveld en grote delen van het op Namibische bodem aangrenzende natuurpark Fish River Canyon. In hetzelfde jaar volgde de opening van het **Great Limpopo Transfrontier Park**, dat bij het drielandenpunt van Zuid-Afrika, Mozambique en Zimbabwe de nationale parken Krüger, Gonarezhou en Limpopo omvat. De aansluiting van andere gebieden is in voorbereiding.

Het nieuwste en tegelijk grootste *peace park* is het in 2010 geopende **Kavango-Zambezi (Kaza) Transfrontier Park** (zie blz. 41), dat zich op het grondgebied van Angola, Botswana, Namibië, Zambia en Zimbabwe uitstrekt. Het beslaat een areaal van bijna 280.000 km², wat overeenkomt met ongeveer zeven keer de oppervlakte van Nederland of bijna dezelfde oppervlakte als die van Italië.

Naast de drie inmiddels gerealiseerde *peace parks* staan er nog eens zes op stapel, ondersteund door officiële intentieverklaringen, en nog negen zijn in de planningsfase. Van de achttien *peace parks* reiken er elf over twee, zes over drie en één over vijf staatsgrenzen. De ontwikkeling van *peace parks* is in zuidelijk Afrika het verst voortgeschreden, maar ook in andere Afrikaanse landen, waaronder Liberia en Sierra Leone, staan inmiddels vergelijkbare projecten op de planning.

Op Namibisch grondgebied liggen delen van het Ai-Ais/Richtersveld en het Kavango-Zambezi (Kaza) Transfrontier Park, maar sinds de heropening van de grensovergang Mata Mata is ook een bezoek aan het **Kgalagadi Transfrontier Park** mogelijk. Om commercieel doorgangsverkeer te beperken, is een verblijf van minimaal twee nachten in het park verplicht voor wie de grensovergang passeert. De grensformaliteiten worden in het Zuid-Afrikaanse *rest camp* Twee Rivieren afgehandeld.

In het Kgalagadi Park kunt u het beroemde duinlandschap van de Kalahari 'ervaren'. Voorwaarde daarvoor zijn een fourwheeldrive en een gps, vooral voor wie de beroemde Wilderness Trail (277 km) in het Botswaanse deel van het park wil rijden. De tocht over de Wilderness Trail moet vooraf worden aangemeld bij de parkwachters. Bovendien mogen alle *trails* in Botswana alleen worden bereden door groepen van minimaal twee voertuigen.

De wegen in het Zuid-Afrikaanse deel van het park zijn met steenslag bestrooid en deels met een normale auto te berijden. Ze lopen langs de drooggevallen beddingen van de rivieren Auob en Nossob. Als gevolg van de spaarzame vegetatie in de Kalahari laten de dieren zich goed observeren. Een hoogtepunt wordt gevormd door de kalaharileeuwen met hun zwarte manen. Andere roofdieren zijn jachtluipaarden en de hen steeds op de voet volgende zadeljakhalzen. Hun prooidieren zijn graseters als gnoes, springbokken, elandantilopen en hartenbeesten.

In het Zuid-Afrikaanse deel beschikt het Kgalagadi Park over zes *camps* met verschillende prijzen en voorzieningen (www.sanparks.org). In de drie traditionele *rest camps* kunt u noodzakelijke artikelen en benzine kopen. De drie *wilderness camps*, zonder omheining, brengen de rust en weidsheid van Afrika (en eventueel de indrukwekkende kalaharileeuwen) tot in uw tent. De traditionele *rest camps* zijn **Twee Rivieren**, **Mata Mata** en **Nossob**; de *wilderness camps* zijn **Bitterpan**, **Grootkolk** en **Kalahari Tent Camp**.

Overnachten in Botswana is niet alleen mogelijk op de kampeerterreinen in **Polentswa**, **Rooiputs**, **Two Rivers** en **Mabuasehube**, maar ook in twee lodges (geopend in 2013). Reserveren voor de Wilderness Trail kan bij het Department of Wildlife & National Parks (DWNP), tel. 002 67 397 14 05, www. botswanaparks.com/dwnp.htm. Boeking van een lodge: Ta Shebube, tel. 002 67 316 16 96, www.tashebube.com.

Wie van het ene *camp* naar het andere rijdt, moet vóór 12 uur vertrekken om voor zonsondergang aan te komen – ritten bij duisternis zijn in het park niet toegestaan. De *gates* zijn in de zuidelijke zomer van 6-19.30 uur en in de winter van 7.30-18 uur geopend.

Natuur en milieu

Secretarisvogel

De secretarisvogel *(secretary bird)*, een zwart-witte vogel met oranje gezicht, is vaak in paren te zien, vooral in uitgestrekte gras- en doornstruikvlaktes, waar hij zich voedt met slangen en andere reptielen.

Parelhoen en koritrap

Het zeer veel voorkomende **helmparelhoen** *(helmeted guineafowl)* heeft een blauw-rode kop en een donkerbruine helm. 's Avonds verzamelen zich grote aantallen van de bijna 60 cm lange vogel aan het water. Eveneens in heel Namibië frequent aan te treffen is de **koritrap** *(kori bustard)*, die zo'n 135 cm lang en 1 m hoog kan worden en te vinden is in bossen, struiken en grasland.

Maskerwever, geelsnaveltok en zwartvoetpinguïn

De knalgele **maskerwever** *(masked weaver)* bouwt kogelronde nesten in de buurt van stromend water, terwijl de onopvallende, bruin-witte republikeinwever *(sociable weaver)* enorme gemeenschappelijke nesten in bomen aanlegt. Beide vogels zijn ongeveer 15 cm lang.

De **geelsnaveltok** en de **roodsnaveltok** *(yellowbilled hornbill* en *redbilled hornbill)* wagen zich vaak vlak in de buurt van wildkampeerders, om ze hun ontbijt afhandig te maken. De 40 tot 60 cm lange vogels met hun enorm snavel zoeken verder vooral op de grond naar voedsel.

Op enkele in de oceaan gelegen eilanden leven grote kolonies van circa 50 cm grote, zwart-witte **zwartvoetpinguïns** *(African penguins)*.

Nationale parken

Ongeveer 18% van het oppervlak van Namibië is beschermd natuurgebied. Behalve door de staat beschermde nationale parken is er een aantal particuliere parken en zogeheten *conservancies*. Op de Centrale Hoogvlakte ligt een aantal kleinere nationale parken, maar de belangrijkste nationale parken liggen aan de rand van het land.

Namib-Naukluft Park

Het met een oppervlakte van ongeveer 50.000 km² grootste natuurpark van Namibië is een reusachtig woestijngebied, dat zich uitstrekt tussen Lüderitz en Swakopmund aan de Atlantische Oceaan. De grootste attractie vormen de indrukwekkende zandduinen, met name in het gebied rond de Sossusvlei. Daarnaast groeit hier een zeer bijzondere plant, de welwitschia, die tot 2000 jaar oud kan worden. Af en toe zijn antilopen zoals de oryx te zien. Het in 2008 tot natuurreservaat uitgeroepen Diamanten-Sperrgebiet tussen Lüderitz en Oranjemund maakt deel uit van het Namib-Naukluft Park.

Skeleton Coast National Park

In het noordwesten ligt langs de Geraamtekust het ruim 16.000 km² grote Skeleton Coast National Park, genoemd naar de 'skeletten' van in de mist gestrande schepen. Het is een zeer verlaten kiezelwoestijn, waar strenge beperkingen voor de toegang gelden.

Nationale parken

Etosha National Park

Dit circa 22.000 km² grote nationaal park in het noorden is vanwege de mogelijkheden wild te observeren een van de grootste bezienswaardigheden van het land. De kern van het park is een grote zoutpan (de Etosha Pan) met veel drinkplaatsen. In het park leeft de grootste concentratie wilde dieren van het land, zoals leeuwen en olifanten.

Bwabwata National Park

In het uiterste noordoosten neemt het Bwabwata National Park de landstrook Caprivi in beslag. Het park, dat de voormalige beschermde gebieden Caprivi Game Park en Mahango Game Park omvat, is ruim 5000 km² groot. Ook hier vormt de dierenwereld van zuidelijk Afrika de grootste attractie. Er leven olifanten, nijlpaarden, buffels en antilopen.

In Oost-Caprivi liggen twee kleinere nationale parken, namelijk het Mamili National Park en het Mudumu National Park. Deze werden in 2014 samengevoegd tot het Nkasa-Rupara National Park. Een bezoek aan een van de twee parken is goed te combineren met een excursie naar het Chobe National Park in Botswana.

Kaudom Game Park

Dit park in het noordoosten van het land, vlak bij het begin van de Caprivistrook en langs de grens met Botswana, biedt 4000 km² struiksavanne en goede mogelijkheden om dieren te observeren. Er komen hier vooral olifanten, buffels en antilopes voor.

Fish River Canyon National Park

Dit park met een oppervlakte van 3500 km² in het uiterste zuiden van het land maakt indruk met zijn unieke landschap. De Fish River Canyon is namelijk de op twee na grootste canyon ter wereld. Samen met het Richtersveld National Park in Zuid-Afrika, aan de andere kant van de Oranjerivier, vormt dit natuurgebied het grensoverschrijdende *peace park* Ai-Ais/Richtersveld Transfrontier Park.

Kaza Transfrontier Park

In het jaar 2010 werd nog een grensoverschrijdend beschermd natuurgebied ingesteld. Het 278.132 km² grote *peace park* (Kaza staat voor Kavango-Zambezi Transfrontier Conservation Area) verbindt Namibië in het noorden met zijn buurlanden Botswana, Zambia, Zimbabwe en Angola en omvat de Okavangodelta, Chobe National Park, de Victoria Falls, de Zambeziregio en de Caprivistrook. Het gebied – 7 keer zo groot als Nederland – herbergt een populatie van 120.000 olifanten, de grootste ter wereld. De trek van de gnoes in West-Zambia en Oost-Angola doet niet onder voor zijn beroemdere evenknie in Kenia en Tanzania. De achtergrond van het gigantische natuurbeschermingsproject was het idee om gefragmenteerde reservaten met elkaar te verbinden in een aaneengesloten natuurgebied, zonder grenzen en hekken, waar de dieren weer ongehinderd heen en weer kunnen trekken (zie Thema blz. 38).

Namib-Skeleton Coast National Park (NSCNP)

Dit fraaie beschermde natuurgebied is in 2011 ingesteld. Daarmee werd de hele Namibische kust, van de monding van de Kunene in het noorden tot de Oranjerivier in het zuiden, nationaal park – een afstand van 1570 km en een oppervlak van 107.540 km². Het park bestaat uit vier delen: het Sperrgebiet National Park in het zuiden, het Namib-Naukluft Park, het Skeleton Coast Park en het Dorob National Park in het noorden. Het park is het smalst ter hoogte van de Geraamtekust, waar de grens zo'n 25 km landinwaarts ligt, en het breedst rond de Naukluftberge, waar de grens van het park op 180 km van de kust over de hoogvlakte loopt. In het zuiden grenst het Namibische reservaat aan het Zuid-Afrikaanse Richtersveld National Park, in het noorden aan het Iona National Park in Angola.

Economie, maatschappij en politiek

Landbouw, visserij en mijnbouw zijn de belangrijkste sectoren van de economie van Namibië. Nog altijd zijn de structurele zwakheden te zien van een economie die is bepaald door een lange periode van koloniale afhankelijkheid.

De economie van Namibië

Geruime tijd was Namibië een soort aanhangsel van buurland Zuid-Afrika en de afhankelijkheid van de Zuid-Afrikaanse economie duurt voort tot op dag van vandaag. Zo is de Namibische dollar nog altijd gekoppeld aan de Zuid-Afrikaanse rand. De groei van de Namibische economie lag in 2015 op 5,6% en was dus iets groter dan in 2014 (5,3%) en in 2013 (5,1%).

De wereldwijde crisis heeft ook Namibië niet onaangeroerd gelaten. Bovendien heerst sinds 2012 in het noorden van het land droogte, met catastrofale gevolgen voor mens, dier en landbouw.

Grondstoffen

Vanwege de rijkdom aan grondstoffen is de belangrijkste pijler onder de Namibische economie al sinds jaar en dag de mijnbouw, die in 2015 circa 11,6% aan het bruto binnenlands product (bbp) bijdroeg. Na de sterke prijsdaling van diamanten en uranium tot 2010 heeft de markt zich in deze sector weer prima hersteld. De heropening van gesloten kopermijnen gaf de mijnbouwindustrie bovendien een nieuwe impuls. In 2015 verdubbelde Namibië zijn uraniumexport en ging

In de Arandismijn wordt uranium gewonnen

De economie van Namibië

het aanzienlijk beter met de verkoop van diamanten.

Terwijl Namibië in 2006 nog ruim 2 miljoen karaat diamanten van juwelenkwaliteit exporteerde, zorgde de mondiale economische crisis eind 2008 voor een voorlopige ontginningsstop. Pas in het tweede kwartaal van 2009 werd de diamantwinning hervat en in 2010 steeg de diamantprijs sterk. De economische groei houdt tot op heden aan, zodat ook in 2015 hoge winst kon worden behaald.

Namibië is de op drie na grootste uraniumproducent ter wereld en zal de productie met de ingebruikneming van nog meer mijnen de komen jaren kunnen verviervoudigen. De Rössingmijn ten noordoosten van Swakopmund is momenteel de grootste uraniummijn ter wereld. Naast diamanten en uranium worden er in Namibië ook grote hoeveelheden koper, tin, lood en aardgas gevonden

Onder de gebieden met veel mineralen in de bodem vallen de zandduinen aan de monding van de Oranjerivier op, aangezien die de rijkste voorraad ter wereld herbergen van zogeheten alluviale, dat wil zeggen door een rivier meegevoerde, diamanten. Naast de bekende ontginningsgebieden worden er ook nieuwe grondstoffen ontsloten. Zo is een paar jaar geleden in de oceaan bij de monding van de Oranjerivier, zo'n 170 km van Oranjemund, het Kudugasveld ontdekt. Na de ontsluiting van het gasveld voedt het aardgas vanaf 2017 een energiecentrale in Oranjemund en voorziet daarmee zowel Namibië als Zuid-Afrika van elektriciteit.

Landbouw, veeteelt en visserij

De agrarische sector droeg ook in 2015 ongeveer 9% bij aan het bbp, maar verschafte werk aan meer dan 50% van de bevolking. Op grote commerciële boerderijen, die voor het grootste deel in handen zijn van blanken, wordt op 44% van het agrarisch bruikbare areaal van Namibië overwegend extensieve, op de export gerichte veeteelt (onder meer runderen en schapen) bedreven, die 4,2% bijdraagt aan het bbp. In de dorpsgemeenschappen (ongeveer 41% van het landbouwareaal, dat echter niet overal volledig te benutten is) leven kleine boeren die zelfvoorzienende landbouw beoefenen. Hun aandeel in het bbp bedraagt ongeveer 1%.

Al met al speelt de akkerbouw vanwege de klimatologische omstandigheden en het watergebrek een ondergeschikte rol. Sinds een aantal jaren wordt de natuurlijke hongerstiller *hoodia* met veel succes commercieel verbouwd in het zuiden van het land. Reeds de San gebruikten de *hoodia*-plant om in tijden van voedselschaarste het knagende hongergevoel te onderdrukken. De plant, die bij ons in natuurvoedingswinkels verkrijgbaar is, helpt nu ook om mensen met overgewicht een paar pondjes te laten afvallen.

De veeteelt is het belangrijkste onderdeel van de commerciële landbouw. Het land exporteert niet alleen vers rund- en schapenvlees, maar ook huiden, vachten en wol. Vanwege het karige voedselaanbod hebben de kuddes runderen en schapen wel enorm veel weidegrond nodig, wat ertoe heeft geleid dat vele boerderijen vaak duizenden hectaren groot zijn.

Vanwege de aanhoudende perioden van droogte en de daaropvolgende verminderde oogst en het verlies van vee hebben veel Namibische boeren een andere bron van inkomsten gezocht. Sommige houden antilopen, hetzij om uit te zetten in jachtgebieden, hetzij voor de verkoop aan restaurants. Ook zijn er de afgelopen tijd steeds meer logeerboerderijen *(guest farms)* geopend.

Namibië behoort tot de toptien van landen met de grootste visvangst ter wereld. De visserij is hoofdzakelijk gebaseerd op de vangst van ansjovis en sardine, die zich goed thuisvoelen in de koude Benguelastroom. De oceaan herstelt zich langzaam van jarenlange overbevissing.

Toerisme

Het toerisme is na de mijnbouw de belangrijkste bron van inkomsten van Namibië. In 2015 stond deze sector garant voor 17,4% van het bbp. Het verblijf van het bekende

Hardheid 10 – diamanten

Bijna alle in Namibië gewonnen diamanten hebben genoeg kwaliteit voor sieraden en zijn daarmee over de hele wereld gewild. Verantwoordelijk voor hun kwaliteit is de lange weg die ze achter de rug hebben, die alleen de hardste en beste stenen doorstonden.

De oude Grieken noemden het hardste mineraal ter wereld *adamas* – onoverwinnelijk. Diamanten, bij uitstek het symbool voor rijkdom, bestaan in feite uit niets anders dan simpele koolstof, dat op 150-200 km diepte is blootgesteld aan hoge druk en temperaturen tot 1300 °C. Door vulkanische activiteit kwamen de diamanten vervolgens naar het aardoppervlak. Ze zijn te vinden en te winnen in zogeheten *pipes*, gestolde vulkanische kraterpijpen. Wanneer de kraterpijpen eroderen, wordt het aldus ontstane diamanthoudende gesteente door rivieren naar nieuwe, secundaire afzettingen getransporteerd. Deze kunnen in de rivier zelf liggen, maar ook op de bodem van de zee. Een voordeel ten opzichte van primaire afzettingen in kraterpijpen is dat ruwe diamanten uit rivieren of zee veel groter zijn, een betere vorm hebben en geschikter zijn voor verwerking in sieraden. In Namibië worden de meeste diamanten gewonnen in secundaire afzettingen.

Neem bijvoorbeeld de Oranjerivier. Die ontspringt in de Drakensberge van Zuid-Afrika, duizenden kilometers verderop. Vandaar heeft hij de kostbare edelstenen naar de Atlantische Oceaan gevoerd, waar noordelijke zeestromingen ze hebben afgezet voor de hele kust tot aan de Lüderitzbaai.

Bij Oranjemund, waar de brede Oranjerivier uitmondt in de Atlantische Oceaan, werden en worden diamanten gewonnen. Betonnen golfbrekers proberen de oerkrachten van de oceaan te temmen, terwijl gigantische baggermolens, de grootste ter wereld, het zandstrand tot op het grondgesteente afgraven en achter zich optasten tot hoge duinen. Daarna beginnen zorgvuldig geselecteerde werknemers de rotsspleten in zee af te zoeken naar diamanten. Omdat de zee zich in de loop van duizenden jaren steeds verder heeft teruggetrokken en daarbij diamanten heeft achtergelaten in en op verschillende zandterrassen, worden ook in het binnenland van het zogeheten Diamanten-Sperrgebiet diamanten gevonden.

Diamantduikers hebben een van de gevaarlijkste – en daarom ook extreem goed betaalde – banen ter wereld. Het zijn vaak jonge surfers, die met het loon hun hobby en hun toekomst willen financieren. Sommigen komen zonder een cent op zak met hun surfplank onder de arm naar Lüderitz en zijn na vijf jaar in het bezit van twee huizen en een zeiljacht. Maar het voortdurende duiken is wel slecht voor de gezondheid.

In Oranjemund wordt dagelijks zo'n 6000 karaat gewonnen. Daarvoor moet de grootste dagbouwmijn ter wereld jaarlijks 30 miljoen ton zand en aarde wegscheppen. De stenen worden in Namibië zelf niet verder verwerkt.

De spoorwegarbeider Zacharias Lewala bracht in 1908 een diamant, die hij bij het onderhoud van de rails had ontdekt, naar zijn baas, de amateurgeoloog August Stauch. Dat was het begin van de diamantkoorts in Zuidwest-Afrika. Met de Eerste Wereldoorlog stortten de prijzen in en werden de negen Duitse ontginningsmaatschappijen opgekocht door de Zuid-Afrikaanse Consolidated Diamond Mines (CDM). Het waren hun geologen die de diamanten bij Oranje-

*In de voormalige diamantenstad Kolmanskop
verovert het zand terrein terug*

mund ontdekten. In 1936 ontstond daar de gelijknamige stad, waar in de hoogtijdagen 2 miljoen karaat per jaar werd gewonnen.

In 2008 werd het Diamanten-Sperrgebiet uitgeroepen tot nationaal park, sinds 2009 onderdeel van het Namib-Naukluft Park. Zelfs de ooit verboden stad Oranjemund staat sinds enige tijd open voor toeristen. Ondanks de extreem strenge veiligheidsmaatregelen zijn er altijd weer pogingen geweest de waardevolle stenen uit de mijnen te stelen, hoewel daar zware straffen op stonden. Zo werden, als een arbeider op diefstal was betrapt, ook al zijn vrienden en bekenden in de mijnen ontslagen. Een bijzonder fantasierijke dief smokkelde ooit een postduif in zijn lunchtrommel mee de mijn in, bond hem een leren zakje met daarin enkele diamanten om en liet hem vliegen. Helaas was hij te hebberig geweest. Het zakje was te zwaar, de duif werd moe en landde voor de voeten van beveiligers, die een list verzonnen. Ze namen de diamanten in beslag en volgden de wegvliegende duif met motoren en terreinwagens dwars door de velden. Gezeten naast de duiventil wachtten agenten de ongelukkige diamantdief op.

Economie, maatschappij en politiek

Hollywoodpaar Brad Pitt en Angelina Jolie in mei/juni 2006 enthousiasmeerde toeristische managers. Opgejaagd door paparazzi brachten de twee enkele weken door in Namibië en kregen er zelfs hun eerste kind, Shiloh Nouvel Jolie-Pitt.

Vergeten is het seizoen 2000/2001, toen er een duidelijke daling in de toeristische belangstelling viel te bespeuren. Het kwam tot onlusten toen de Namibische regering het streven naar onafhankelijkheid van de in de Caprivistrook levende volken met geweld wilde onderdrukken. Daarnaast stond Namibië toe dat Angolese troepen hun strijd tegen Unitarebellen voortzetten op Namibisch grondgebied, wat tot gewapende schermutselingen en aanvallen op toeristen leidde. Met de dood van Unitaleider Jonas Savimbi kwam er een einde aan het grensoverschrijdende geweld.

Sindsdien is het weer rustig en vreedzaam in Namibië. De terroristische aanslagen over de hele wereld sinds 11 september 2001 hebben er met de tsunami in Azië in 2004 toe bijgedragen dat zuidelijk Afrika zich kon profileren als veilige en voordelige reisbestemming. Door de politieke onrust en terreuraanslagen van september 2013 in Kenia verplaatste het safaritoerisme in zuidelijk Afrika zich vooral naar Namibië, Zuid-Afrika en Botswana.

In het jaar 2014 bezochten 1,5 miljoen toeristen het land en deze tendens zet zich voort. Onder de Europese bezoekers liggen de Duitsers met afstand op de eerste plaats, gevolgd door de Britten. In 2014 bezochten ruim 100.000 Duitse vakantiegangers het land. Namibië is tegenwoordig een populaire bestemming van liefhebbers van avontuurlijke vakanties.

Voor een verdere toeristische ontwikkeling mag van de vestiging van grensoverschrijdende natuurgebieden, de zogenaamde Trans Frontier Conservation Areas (TECA), een positief effect worden verwacht. Ze worden zowel door de staat als privé-ondernemingen geleid en zijn gefinancierd door milieubeschermingsorganisaties over de hele wereld.

In 1994 is duurzaam toerisme in de Namibische grondwet opgenomen. Toch doet de overheid maar weinig om dit te stimuleren. Ecotoerisme wordt in Namibië bijna alleen op particulier initiatief bedreven. Voorop lopen de Gondwana Group en met name Wolwedans, met een bezienswaardige zonne-installatie van € 400.000. Een groot deel van de in de lodges gebruikte kruiden, sla en groenten wordt in kassen geteeld. Varkens ruimen het keukenafval op en eindigen op zeker moment als diner op tafel.

VERANTWOORD REIZEN

Het milieu beschermen, de lokale economie stimuleren, intensieve contacten mogelijk maken, van elkaar leren – wie verantwoord reist voelt zich verantwoordelijk voor het milieu en de maatschappij. De volgende websites geven tips hoe u op verantwoorde wijze kunt reizen.

www.fairtourism.nl: De naam zegt het al, Fair Tourism streeft naar eerlijker toerisme, waarbij de natuur ontzien wordt en de lokale bevolking actief betrokken is. De website is interactief, met veel verhalen over ervaringen met duurzaam toerisme in de hele wereld.

www.mvonederland.nl/mvo-netwerk-toerisme: Landelijk netwerk voor duurzame ontwikkeling van uitgaand toerisme. In het netwerk hebben zitting: bedrijfsleven, maatschappelijke organisaties, onderwijs en overheid. Met een hele lijst van deelnemers om op door te klikken.

www.duurzaam-toerisme.com: Info over duurzaam toerisme en rondreizen

www.fairtrade.travel/namibia: Campings, vakantiedorpen, lodges en andere accommodatie in Namibië waar duurzaam toerisme wordt bedreven. Ook worden de zes principes van fair-tradetoerisme toegelicht.

Infrastructuur

Door de voltooiing van de Caprivi Highway en de Trans-Kalahari Highway is Namibië nu nauwer verbonden met Zimbabwe en Zuid-Afrika. Daarmee zijn de havens van Durban (Zuid-Afrika) en Maputo (Mozambique) potentiële toegangspoorten voor Namibië geworden. Tegelijkertijd is op dezelfde manier Walvis Bay (Walvisbaai), sinds mei 1995 een vrijhandelsgebied, opgewaardeerd tot belangrijke doorvoerhaven naar de Zuid-Afrikaanse industriële provincie Gauteng. De trans-Kalahariweg verkort de afstand tussen Windhoek en de provincie Gauteng met zo'n 500 km.

In vergelijking tot de rest van Afrika heeft Namibië een uitgebreid net van geasfalteerde wegen. Daarbij komen de vele onverharde *pads*, die in de meeste gevallen goed berijdbaar zijn.

Grote uitdagingen voor de politiek

Bestrijding van de armoede

De SWAPO, jarenlang voorvechter van de onafhankelijkheid van Namibië, is de sterkste partij van het land en levert de president (zie Geschiedenis, blz. 63). De partij zet in op een vreedzame oplossing van alle economische en sociale problemen die zijn ontstaan door de koloniale tijd en de Zuid-Afrikaanse apartheidspolitiek. De regering mikt daarnaast op een ontwikkeling tot markteconomie.

Meer dan de helft van de Namibische bevolking leeft op of onder de armoedegrens. Slechts een klein deel heeft een Europese levensstandaard en de inkomens zijn nog altijd zeer ongelijk verdeeld. Ongeveer 10% van de bevolking verdient 55% van het totale inkomen. De verdeling van de grond is een van de grootste uitdagingen voor de politiek. Zo'n 3000 blanken hebben commerciële boerderijen en bezitten 45% van het agrarische land. Ze vormen een belangrijke steun voor de Namibische economie en zijn grote werkgevers op het platteland. Enkele honderden boerderijen behoren toe aan zwarte Namibiërs – vaak hoge staatsambtenaren. Wat sinds de onafhankelijkheid steeds opnieuw is beloofd, een eerlijker verdeling van de grond, wordt nu versneld doorgezet. De overheid kiest bepaalde boerderijen uit en onteigent ze tegen een vergoeding. De eerste onteigening vond plaats in 2005.

In 1990 beloofde de regering een landhervorming – maar een blik op Zimbabwe toont wat voor economisch en sociaal wespennest er aan deze kwestie vastzit. In Namibië wordt de herverdeling van land tot nu toe behoedzaam aangepakt, maar toch zijn veel blanke boeren onzeker over de toekomst. Bij de verkoop van een boerderij heeft de staat een voorkeursrecht en onbebouwd land kan worden onteigend. Zwarte Namibiërs krijgen gunstige leningen voor het kopen van land.

Een probleem is de hoge werkloosheid (ongeveer 30%). De afgelopen jaren zijn er arbeidsplaatsen bijgekomen in het toerisme. In de nieuwe lodges en in particuliere wildreservaten zijn inmiddels veel mensen uit de omliggende gemeenschappen aangesteld en opgeleid.

Aids

Net als Zuid-Afrika heeft Namibië te kampen met hiv/aids. Ook hier is voorlichting in de landelijke gebieden het eerste en voornaamste doel van de overheid. Namibië behoort tot de landen die het sterkst getroffen zijn door deze epidemie: ongeveer 14% van de Namibiërs was in 2015 hiv-positief (vooral in het noorden van het land is de situatie ernstig). Bovendien is het aantal nieuwe besmettingen onrustbarend hoog. Aids is de eerste doodsoorzaak in het land geworden en heeft gezorgd voor een gemiddelde levensverwachting van amper 52 jaar. Ook de schade voor de economie is enorm, omdat ook vakmensen niet gevrijwaard blijven van de ziekte.

Geschiedenis

Het huidige Namibië werd al meer dan 25.000 jaar geleden bewoond. De San werden verdrongen door stammen uit het noorden, en daarna door Europeanen. De Duitsers noemden hun kolonie Zuidwest-Afrika. Daarna nam Zuid-Afrika de macht over en introduceerde er zijn apartheidspolitiek. In 1990 werd het land onafhankelijk.

Voor de eerste Europeaan voet op Zuidwest-Afrikaanse bodem had gezet, was het land al millennia bewoond. Skeletresten van verre voorouders van de moderne mens, die op een ouderdom van 12-15 miljoen jaar worden geschat, duiden erop dat de wieg van de mensheid mogelijkerwijs in het huidige Namibië heeft gestaan. De vroegste dateerbare rotstekeningen zijn volgens de recentste inzichten ruim 25.000 jaar oud. Ze zijn gemaakt door jager-verzamelaars behorend tot de San en Damara, de oudste bekende volken van het land. Deze oerinwoners werden in de loop van vele eeuwen echter verdrongen door Bantoeclans die vanuit het noorden arriveerden, en door de Nama die uit het zuiden kwamen. In de 16e eeuw vestigde ook het herdersvolk van de Herero, op zoek naar betere weidegronden, zich in het huidige Namibië.

Kolonisatie

De eerste blanken die op de onherbergzame kust van Zuidwest-Afrika landden, waren Portugezen. Op zijn tweede reis, in 1486, richtte de zeevaarder Diogo Cão ten noorden van het huidige Swakopmund bij Cape Cross (Kaap Kruis) een stenen kruis *(padrão)* op, om de aanspraken van de Portugese kroon op het gebied te bekrachtigen. Tegenwoordig staat op deze plek een replica van het kruis; het origineel staat op de binnenplaats van het Deutsches Historisches Museum in Berlijn.

Een jaar na Cão arriveerde zijn landgenoot Bartholomeu Dias, die met zijn drie karvelen beschutting voor een storm zocht in de tegenwoordige Lüderitzbaai, die hij de naam *Angra das Voltas* (Baai van de Manoeuvres) gaf. Toen Dias twee jaar later terugvoer van Kaap de Goede Hoop, plaatste hij op 25 juli 1489 een stenen kruis op de later naar hem genoemde bergtop bij de baai voor Angra Pequena (Kleine Baai), de huidige Lüderitzbaai.

De Portugezen beschouwden het gebied, dat er vanaf zee uiterst ongastvrij uitzag, als ongeschikt om zich er te vestigen. Na hen

Kolonisatie

kwam er lange tijd niemand meer. Pas in 1723 drongen enkele Nederlanders op zoek naar bodemschatten vanaf Kaapstad door in de regio, waar ze de oever van de Oranjerivier bereikten. De rivier vormt nu de zuidgrens.

Ruim een halve eeuw later gaf de Fins/Zweedse ontdekkingsreiziger Hendrik Jakob Wikar, die in dienst was geweest van de Vereenigde Oost-Indische Compagnie in Kaapstad, maar ontslag had genomen, in zijn dagboek uitvoerige informatie over de Ovambo, Herero en andere volken in Zuidwest-Afrika.

En toen ging de ontwikkeling plotseling heel snel. In 1806 vestigden de gebroeders Albrecht van de London Missionary Society in Warmbad de eerste zendingspost in de regio. Sindsdien staat in die plaats het oudste in Europese stijl gebouwde huis van Namibië. Acht jaar later volgde de stichting van de zendingspost Bethanien door Heinrich Schmelen, die eveneens tot de London Missionary Society behoorde.

Omdat het door de blanken bewoonde gebied rond Kaap de Goede Hoop begin 19e eeuw steeds groter werd, verlieten de Afrikaanssprekende Orlam-Nama, die door de Nederlanders Hottentotten werden genoemd, hun Zuid-Afrikaanse geboortegrond en trokken naar het binnenland van Namibië. Hun leider, Jan Jonker Afrikaner, stichtte in 1840 in een bronrijk dal op de Centrale Hoogvlakte een nederzetting, die hij ter herinnering aan zijn geboortegrond Klein Winterhoek noemde. Daarmee was de basis voor Windhoek gelegd. Jonker Afrikaner slaagde erin enkele Namastammen onder zijn leiding te verenigen. Met behulp van moderne, van de blanken verkregen wapens overwon hij de Herero, die hij schatplichtig aan de Nama maakte. Twee jaar na de stichting van de nederzetting arriveerden ook de eerste zendelingen van de Rheinische Missionsgesellschaft – Hahn, Kleinschmidt en Bam – in Windhoek.

In 1844 begon de economische exploitatie van het land. Voor de kust van Angra Pequena lagen in augustus van dat jaar ruim 300 schepen om op de eilandjes guano te verzamelen, die in Europa als mest werd verkocht.

Rotskunst op het UNESCO Werelderfgoed in Twyfelfontein

Geschiedenis

De strijd tussen de Herero en de Nama

Er ontstond een nieuwe situatie toen de Herero onder hun hoofdman Maherero in 1864 de ontdekkingsreiziger en handelaar Charles Andersson als krijgsaanvoerder aanstelden. Met aanvullende militaire steun van twee Britse avonturiers versloegen ze Jonker Afrikaners mannen, waarna ze enige tijd zelfs de baas waren over de Nama.

In de jaren hierna kwam het steeds weer tot conflicten en gevechten tussen de Herero en Nama. Daardoor konden zendelingen en handelaars zich in deze periode ongehinderd in het land vestigen. Nu eens leverden de handelaars wapens aan de ene partij, en dan weer aan de andere. Ook verkochten ze alcoholische dranken en andere goederen, of ruilden die tegen het vee van de Nama en Herero. Om nieuwe dieren te bemachtigen vielen de twee stammen elkaar telkens weer aan. Als vergelding voor zijn steun aan de Herero overvielen de Nama ten slotte Anderssons winkel. Ook de zendingspost van de Rheinische Mission werd aangevallen, die daarop de koning van Pruisen om bescherming verzocht. Voordat het inmiddels gestichte Duitse Rijk zich echter intensief met Afrika ging bezighouden, zouden er nog enkele jaren verlopen.

Intussen kwam het zuidwesten van Afrika steeds meer onder de aandacht van de Europese mogendheden. Op 12 maart 1878 annexeerde Groot-Brittannië de zeehaven Walvis Bay, waarmee het tijdperk van de formele koloniale overheersing was begonnen. Een jaar later publiceerde Theophilus Hahn de eerste landkaart van Zuidwest-Afrika.

Begin van de Duitse tijd

Na nog eens twee jaar werd uiteindelijk de grondslag van de Duitse koloniale heerschappij gelegd: op 12 mei 1883 hees Heinrich Vogelsang, zaakgelastigde van de Bremer koopman Adolf Lüderitz, voor de eerste maal de Duitse vlag in Angra Pequena, nadat hij het land had 'gekocht' van de Namahoofdman Joseph Fredericks.

Op 11 oktober arriveerde Adolf Lüderitz zelf in Zuidwest-Afrika, waar hij Angra Pequena zijn eigen naam gaf. Uit angst achter het net te vissen was het Duitse Rijk op het laatste moment – en volledig tot verrassing van de Britten en Fransen – gaan meedoen aan de *scramble for Africa* (race om Afrika).

Hoe was het tot deze ommezwaai in de politiek van Bismarck gekomen, die tot dan toe op geen enkele manier had laten merken dat zijn land koloniale interesses had? De belangrijkste reden was de koloniale koorts die zich van de Duitse bevolking had meester gemaakt. In 1882 was de Deutsche Kolonialverein gesticht. Deze telde slechts een paar duizend leden, maar de ideeën van de vereniging verspreidden zich als een veenbrand. Velen hechtten geloof aan verhalen dat er in de Britse en Franse kolonies grote schatten te vinden waren – wat voor een deel inderdaad het geval was. Waarom zou Duitsland, immers de 'machtigste natie' van Europa, niet ook een deel van de koek opeisen?

Steeds meer Duitse kooplieden met belangen op de Afrikaanse kust – onder wie de machtige reder Adolf Woermann – waarschuwden voor de expansie van Frankrijk, Groot-Brittannië en Portugal, maar rijkskanselier Otto von Bismarck bleef aanvankelijk voorzichtig. Nog maar in februari 1883 had hij een verzoek van Adolf Lüderitz om bescherming door de Duitse vlag afgewezen. In plaats daarvan had hij Londen ervan op de hoogte gesteld dat Duitsland geen interesse had in overzeese projecten en het zou verwelkomen als Engeland de bescherming van de Duitse kolonisten op zich nam.

Omdat er echter geen antwoord kwam uit Londen, gaf Bismarck in augustus 1883 de Duitse consul in Kaapstad de opdracht om de koopman Lüderitz in Angra Pequena consulaire bijstand te verlenen. Deze 'royale hulp' werd gepubliceerd in de Duitse kranten en veroorzaakte een uiterst positieve reactie in de Duitse publieke opinie.

Nadat Londen zich in maart 1884 nog steeds niet had uitgelaten over de status van Angra Pequena, verloor de rijkskanselier zijn geduld. Zijn laatste twijfel – of zo'n kolonie eigenlijk wel te financieren viel – was weggenomen door Heinrich von Kusserow, een expert binnen het Duitse ministerie van Buitenlandse Zaken: zoals Groot-Brittannië India en Noord-Borneo uitbuitte, zo kon Duitsland handelen met zijn koloniën. En hij adviseerde ook om Lüderitz het gebied langs de zuidwestkust van Afrika te laten besturen.

Zo werd uiteindelijk, op 24 april 1884, het plaatsje Angra Pequena inclusief omgeving door rijkskanselier Bismarck uitgeroepen tot Duits protectoraat. Op 7 augustus werd de Duitse vlag er officieel gehesen, zoals hetzelfde kort ervoor ook al was gebeurd in Togo en Kameroen. Duits Zuidwest-Afrika was geboren.

Adolf Lüderitz had daarmee weliswaar een aanzienlijk succes geboekt, maar de pijlsnelle economische opbloei van 'zijn' kolonie door de diamant-*boom* aan het begin van de 20e eeuw heeft hij niet meer meegemaakt: in 1886 verdronk hij tijdens een boottocht op de Oranjerivier.

De grenzen worden afgebakend

In de daaropvolgende jaren kwam Duitsland met Portugal tot overeenstemming over de grens met de Portugese kolonie Angola. Door het Helgoland-Zanzibarverdrag met Groot-Brittannië werd het protectoraat in 1890 uitgebreid met de Caprivistrook, die tot de Zambezi liep. Ook de zuid- en oostgrenzen van de Duitse kolonie werden nu vastgelegd.

De Duitse kolonisten begonnen in deze tijd een eigen landsbestuur op te bouwen. Terwijl de Herero een protectieverdrag met de Duitsers sloten, weigerden de Nama hetzelfde te doen. De conflicten tussen de Nama en Herero bleven bestaan. Zo overviel Namahoofdman Hendrik Witbooi de Herero in Otjimbingwe, waarna op 8 juli 1888 de eerste Duitse koloniale troepen aldaar werden gestationeerd: twee officieren en negentien soldaten, veel te weinig om de Herero de bescherming te geven die in het verdrag toegezegd was.

Het jaar daarop werd bij Tsaobis de eerste Duitse vesting – Wilhelmsfeste – gebouwd. In 1890 werd de afdeling koloniale troepen uitgebreid tot 50 man. Verder werd een militaire post gevestigd in Windhoek, onder bevel van kapitein Curt von François. Bij een verrassingsaanval van de Duitse troepen op de Orlam-Nama kwamen negentig mensen – vooral vrouwen en kinderen – om het leven. Hendrik Witbooi was echter ontsnapt. Hij wist nog enkele jaren met zijn mensen te ontkomen aan de Duitse troepen, maar moest zich ten slotte in 1894 in de Naukluftberge overgeven aan majoor Theodor von Leutwein.

Bittere jaren voor de Herero

In 1897 legden de Duitsers een spoorlijn aan van Swakopmund naar Windhoek, aangezien zo goed als alle trekossen gestorven waren aan de runderpest. Ook het vee van de Herero, voor zover dat nog niet door de Duitsers was geconfisqueerd, ging verloren als gevolg van de epidemie, waardoor aan de Herero de grondslag van hun bestaan was ontrukt. In het tijdsbestek van een jaar verloren ze bijna al hun vee, in totaal bijna 250.000 stuks, en hun dorpen raakten verlaten. Vertwijfeld gingen ze ertoe over hun land en laatste vee aan Duitse kolonisten te verkopen om zichzelf en hun familie in leven te kunnen houden. Hierdoor kwamen de weinige Duitse kolonisten al snel na de ramp weer in het bezit van zo'n 40.000 runderen.

Na de runderpest volgden malaria en tyfus. Bovendien werd het gebied geteisterd door sprinkhanenplagen. De Herero kregen het gevoel dat de 'God van de Duitsers' hen wilde verdelgen. De gedoopte Herero voelden zich in de steek gelaten, maar anderen stroomden juist naar de zendingsposten toe om tot het christendom over te gaan in ruil voor iets te eten. Voor majoor Von Leutwein waren de

Geschiedenis

epidemieën 'geschenken uit de hemel'. In plaats van een opstand onder de inheemse bevolking teweeg te brengen, hielpen de rampen de Duitsers juist bij hun kolonisatie.

De Duitse kolonistengemeenschap groeit

Na de epidemieën nam het aantal Duitse kolonisten snel toe: van 2000 in 1896 tot 4700 slechts 7 jaar later. Vergeleken met de Britse Kaapkolonie, waar in dezelfde tijd ruim 700.000 Europeanen leefden, was de kolonie echter zeer klein. Behalve Duitsers woonden er op dat moment naar schatting 200.000 inheemse bewoners in Zuidwest-Afrika – met inbegrip van de Ovambo, die echter zo krijgshaftig waren dat de Duitse troepen hun woongebied in het uiterste noorden niet durfden te betreden.

Op 13 april 1899 werd tussen Swakopmund en Duitsland een directe telegraafverbinding per onderzeese kabel in gebruik genomen en op 1 juli 1902 werd de spoorlijn tussen Swakopmund en Windhoek, die na de runderpest en de dood van alle trekossen onmisbaar was, opengesteld.

Na tien jaar in het ambt voelde majoor Leutwein zich zeker van zijn zaak. Hij telegrafeerde naar Berlijn dat de Herero zich hadden aangepast en zich konden vinden in hun nieuwe rol als landarbeiders. De Herero leken 'getemd' te zijn zonder dat hij tegen hen had hoeven strijden. Leutwein had steeds geweigerd in te gaan op verzoeken van de kolonisten om de Herero te ontwapenen, om geen oorlog te hoeven voeren. Hij behandelde de Hererohoofdman Maherero uiterst hoffelijk, om hem de indruk te geven dat hij nog altijd een eigen beslissingsbevoegdheid had.

De kolonisten gingen echter minder vriendelijk om met de inheemse bewoners. Stokslagen, moord en verkrachting van Hererovrouwen waren aan de orde van de dag en werden zelden of nooit bestraft. In een verzoekschrift aan de Duitse regering schreven de kolonisten: 'Het is bijna onmogelijk hen als menselijke wezens te zien.' Leutwein keurde deze houding af, maar meende ook dat ze onvermijdelijk was: 'Duitsers riskeren hun leven en gezondheid in Afrika tenslotte niet om inboorlingen te helpen,' zo zei hij ooit tegen Britse politici.

De Herero slaan terug

De druk op de Herero werd uiteindelijk te groot. Hun hoofdman Samuel Maherero, een liefhebber van Europese kostuums, boerenhoeden en vooral Duitse brandewijn, moest tot actie overgaan – alleen al om zijn gezicht te redden. Plotseling waren de telegrammen die de Duitse regering in Berlijn uit Windhoek bereikten niet meer zo positief – ze waren eerder verontrustend. Er kwamen voortdurend berichten binnen over veediefstal en ongehoorzaamheid. Het verdachtst waren de gebeurtenissen in Okahandja. Daar begonnen de Herero in januari 1904 ineens alle paarden, zadels en kleding die er maar voorhanden waren op te kopen. De prijs maakte hun niet uit. Ze deden hun aankopen immers meestal op krediet bij de handelaars.

De opstand begon op 12 januari, zonder enige waarschuwing. Maherero maakte handig gebruik van de afwezigheid van Leutwein, die juist een opstand van de Nama in het zuiden aan het neerslaan was. Hij mobiliseerde de overige Hererohoofden en probeerde zelfs zijn oude vijand Hendrik Witbooi tot bondgenoot te maken. Kort voor de opstand deed hij Witbooi een brief toekomen: 'Al onze gehoorzaamheid en lijdzaamheid tegenover de Duitsers levert ons niets op; elke dag schieten ze zonder reden op ons. Daarom roep ik u, mijn broeder, op om niet voor een opstand terug te schrikken maar uw stem te laten horen, zodat heel Afrika de wapens tegen de Duitsers opneemt. Laten we in de strijd sterven, niet door een slechte behandeling, in de gevangenis of door andere rampen. Zeg de hoofdmannen in het zuiden dat ze in opstand komen en ten strijde moeten trekken.'

Maherero's oproep vond echter geen gehoor. Erger nog: een Namahoofdman die de brief aan Hendrik Witbooi had moeten doorzenden, gaf hem aan de Duitsers. Witbooi hield zich aan het verdrag met de koloniale heersers dat hij na zijn overgave in de Naukluftberge op 15 september 1894 had moeten sluiten, en stelde zelfs honderd van zijn krijgers ter beschikking om met de Duitse troepen tegen zijn aartsvijand Maherero te strijden – een fatale vergissing.

Zwaarbewapende Hererokrijgers overvielen al snel afgelegen boerderijen en staken of sloegen alle Duitse mannen die wapens konden dragen dood. Sommige Duitsers werden als vergelding voor geleden onrecht in macabere ritualen gefolterd. Vrouwen, kinderen, zendelingen, Britten en uit de Kaapkolonie afkomstige Boeren werden uitdrukkelijk gespaard. Binnen een paar dagen werden meer dan honderd Duitsers vermoord, vooral veel van de gehate handelaars. De telegraafdraden werden doorgesneden. In Berlijn kwamen geen berichten meer binnen uit het verre Afrika.

Als reactie grepen de kolonisten elke zwarte die ze te pakken konden krijgen – ook als die niets met de opstand te maken had – en lynchten hem zonder enige vorm van proces. De Herero behaalden aanvankelijk enkele successen tegen de Duitse troepen. Tot 23 januari beheersten ze het slagveld, maar daarna keerde het tij: de versterking van de Duitse troepenmacht, waarvoor de Rijksdag in Berlijn 2,8 miljoen mark beschikbaar had gesteld, zette voet aan wal – en daarmee arriveerden ook de machinegeweren van Maxim en Krupp.

De eerste oorlog van de Duitse keizer

De oorlog tegen de Herero was weliswaar 'onbelangrijk', maar het was de eerste tijdens het bewind van keizer Wilhelm II en de eerste kans voor het nationalistische Duitsland om een demonstratie van de aanvalskracht van het leger te geven, toentertijd na het Russische het sterkste ter wereld. De Frans-Duitse Oorlog had alweer 33 jaar geleden plaatsgevonden en vrijwel niet één officier en nog minder soldaten hadden ooit een schot in de strijd gelost. Afgezien van het neerslaan van de Bokseropstand in China in 1900-1901 had het leger een generatie lang geen zege behaald op het slagveld. Geen wonder dat duizenden soldaten zich vrijwillig aanmeldden, alsof het vaderland bedreigd werd door een geweldige militaire macht. De keizer koos de kant van de kolonisten en beschouwde de onderdrukking van de opstand als een persoonlijke aangelegenheid.

Op 11 juni 1904 moest de als 'te menselijk' geldende kolonel en gouverneur Theodor von Leutwein het militaire commando op het Zuidwest-Afrikaanse strijdtoneel overdragen aan de genadeloze luitenant-generaal Lothar von Trotha. Het was de persoonlijke wens van de keizer dat deze de opstand zou neerslaan. Von Trotha was echter van plan nog een stap verder te gaan: hij wilde de Hererogemeenschap compleet uitroeien.

Op 2 oktober zond Von Trotha de volgende boodschap aan de Herero: 'Ik, de grote generaal van de Duitse soldaten, zend deze brief aan de Herero. De Herero zijn vanaf heden geen Duitse onderdanen meer. Ze hebben gemoord, gestolen, van gewonde soldaten de oren en andere lichaamsdelen afgesneden en weigeren nu laf verder te strijden. Ik heb hun het volgende te zeggen: de Herero moeten het land verlaten. Anders zal ik hen daartoe met wapengeweld dwingen. Binnen de Duitse grenzen wordt elke Herero, met of zonder geweer, met zonder vee, doodgeschoten. Ik verleen geen onderdak meer aan vrouwen en kinderen; ik drijf hen terug naar hun volk of laat op hen schieten.' Deze aankondiging bleek niet overdreven: van de indertijd ongeveer 80.000 Herero overleefden er slechts 15.130. Von Trotha maakte geen gevangenen.

De onderwerping van de Nama

In oktober 1904 verklaarde de inmiddels tachtigjarige Hendrik Witbooi opnieuw de oorlog aan de Duitse bezettingsmacht. Hij bevestigde de witte veer, het oorlogsteken van de

De eerste vrijheidsstrijders – Witbooi en Marengo

Hendrik Witbooi en Jakob Marengo gelden als de eerste vrijheidsstrijders van het nieuwe Afrika, dat zich wilde bevrijden uit de boeien van de Europese koloniale mogendheden. Met hun taaie guerrillatactiek trotseerden ze een tijdlang de getalsmatig en technisch superieure Duitse koloniale troepen.

Tegenwoordig siert het portret van Hendrik Witbooi alle Namibische bankbiljetten. Nog als tachtigjarige streed hij tegen de Duitse soldaten. Al in 1898 was hij zo bekend dat zijn naam werd opgenomen in de encyclopedie van Brockhaus. Hendrik was een zoon van kapitein (hoofdman) Moses Witbooi, de kleinzoon van Kido (Cupido) Witbooi, die als christen gedoopt was met de naam Daniël en ooit zijn volk van de Kaap naar het noorden had geleid. Hendrik had een kleine, pezige gestalte met een 'mosterdbruine huidskleur, kort, grijs kroeshaar en een baard. Vastberadenheid en meedogenloze energie spreken uit zijn gezicht. Zijn zwarte ogen gloeien van fanatisme, maar tegelijk is zijn blik verstandig en rustig' – aldus de etnoloog Hugo von François. Hij was getrouwd met een kleurlinge en had vijf dochters en zeven zoons. Voor zijn krijgers, 'die in het licht liepen', introduceerde hij de witte, om de breedgerande hoed gewikkelde doek met de punt in het midden omhooggericht, en hij gaf hun de naam Witkamps, Lichtstrijders.

Na de dood van zijn vader werd hij de enige hoofdman van de clan der Witboois. Op een zeker moment vertrouwde hij een zendeling toe: 'Caesar, Alexander en Napoleon zijn grote mannen geweest voor hun volk, ze hebben uitgestrekte landen veroverd en hun vaderland roem en eer gebracht. Nu is het tijd geworden dat ook het volk der Hottentotten een heerser krijgt die met hen te vergelijken is.'

Witbooi was de eerste inheemse leider die besefte dat er iets fundamenteels was veranderd in het land. Al op 30 mei 1890 schreef hij zijn beroemde brief aan de Hererohoofdman Maherero, die eerder een protectieverdrag met de Duitsers had gesloten: 'Op een dag zult u het bitter berouwen dat u uw land en uw onafhankelijkheid aan de blanken hebt verkwanseld.' Twee jaar later kwam het tot een vredesakkoord tussen Witbooi en Maherero, een historisch moment in de geschiedenis van Namibië, omdat nu voor het eerst Afrikanen uit verschillende volken gemeenschappelijk een koloniale macht tegemoet traden. Tussen 1894 en 1897 braken de Duitsers het verzet van Witbooi en zijn onderhoofdmannen. De bezittingen van de Nama en Herero werden onteigend en hun land en vee vielen in handen van Duitse kolonisten.

Nu verscheen er een leidersfiguur op het toneel die in bronnen uit de periode nauwelijks wordt vermeld: Jakob Marengo, die aanvankelijk ten onrechte als Jakob Morenga was geregistreerd door de Duitse militairen. In 1903 streed hij aan de kant van de Bondelswarts (een Namaclan) tegen de Duitsers. Hij was de zoon van een Hererovrouw en een Namaman, had een opleiding op een zendingsschool genoten en werkte een tijdlang in een mijn. Het is vrijwel zeker dat hij in gezelschap van een zendeling naar Europa reisde en zo'n achttien maanden in Duitsland doorbracht.

In tegenstelling tot de andere aanvoerders in de grote opstand, zoals Maherero en Witbooi, die traditionele hoofdmannen waren, behoorde Marengo tot het gewone volk. Tijdens zijn

Vastberaden in het gezelschap van zijn onderkapiteins en met zijn karakteristieke hoofddeksel: Hendrik Witbooi

korte loopbaan beijverde hij zich steeds om de verschillende stammen te verenigen tegen de Duitsers. Zijn leger bestond uit 600 bewapende mannen, afkomstig van beide zijden van de Oranjerivier. Er behoorden zowel Nama en Herero, als Xhosa en andere Zuid-Afrikaanse arbeiders uit Namakwaland toe. Een tijdlang waren hij en zijn mannen meer dan 15.000 Duitse soldaten de baas.

Aangemoedigd door Marengo's successen trok ook de oude Hendrik Witbooi weer ten strijde, met Marengo als een van zijn onderbevelhebbers. De Duitse officieren vergeleken hun guerrillastrategie met die van de beste generaals van de Zuid-Afrikaanse Boeren. In een interview met de dagelijks in Kaapstad verschijnende Zuid-Afrikaanse krant *Cape Times,* op 29 mei 1906, gaf Marengo als antwoord op de vraag van de journalist of hij wel wist dat Duitsland een van de machtigste staten ter wereld was: 'Ja, daarvan ben ik me goed bewust, maar de Duitsers kunnen geen oorlog voeren in ons land. Ze weten niet hoe ze aan water moeten komen en ze begrijpen niets van een guerrillaoorlog.'

Toen Hendrik Witbooi uiteindelijk in 1905 op het slagveld stierf, was het Marengo die de overgebleven strijders weer verenigde en hen tegen de Duitsers aanvoerde. Zijn faam bereikte zelfs het Britse Zuid-Afrika. Toen Marengo zich in de Kalahari bij de guerrillaleider Simon Kopper wilde voegen, werd hij achtervolgd door een Britse legereenheid, die hem op 20 september 1907 doodschoot. De Britten waren ervan overtuigd dat Marengo de soort leider was die erin kon slagen alle zwarten in Zuid-Afrika in een revolutie tegen de koloniale overheersers te leiden.

Geschiedenis

Nama, op zijn hoed, verenigde een aantal stammen en begon een guerrillaoorlog tegen de Duitsers, die ongeveer een jaar zou duren. Militair gezien was dat volledig zinloos, want hij kon geen hulp meer bieden aan de duizenden stervende Herero in Omaheke (het Zandveld, nabij de Kalahari). Zijn weinige, slecht bewapende mannen moesten het opnemen tegen een enorme overmacht van modern uitgeruste Duitse soldaten. Desondanks slaagden 300 Namastrijders erin ruim 15.000 Duitse soldaten in de Kalahari de baas te blijven. Daarop verloren de autoriteiten in Berlijn hun geduld en werd Von Trotha teruggeroepen. In november 1905 keerde hij terug naar Duitsland.

Op 29 oktober 1905 raakte Hendrik Witbooi, de charismatische aanvoerder en belangrijkste Namapoliticus, bij een overval op een Duitse proviandwagen bij Vaalgras dodelijk gewond. Von Trotha's reactie is bekend: 'Een schitterend bericht.' Tijdens deze conflicten kwam in totaal de helft van alle Nama in het protectoraat, ongeveer 10.000 mensen, om het leven. Aan Duitse zijde sneuvelden tijdens de opstanden van de Herero en Nama 1659 manschappen; 689 stierven aan ziekten, vooral tyfus. De Duitse belastingbetaler moest opdraaien voor de kosten van de koloniale oorlog: 405 miljoen mark. In strijd met het vredesverdrag werden in 1906 ongeveer 1800 Nama – leden van de Witbooiclan en Bethaniërs (Orlam-Nama) – uit kampen bij Windhoek overgebracht naar het Haifischinsel bij Lüderitz, waar de meesten als gevolg van het vochtige en koude klimaat stierven of ernstig ziek werden. Binnen zeven maanden verloren 1032 van de 1732 gevangenen het leven.

Duitse apartheidspolitiek

Met het neerslaan van de Namaopstand hadden de Duitsers weliswaar het laatste verzet in het land de kop ingedrukt, maar ze moesten uiteindelijk erkennen dat hun vernietigingspolitiek ten koste ging van de beschikbaarheid van goedkope arbeidskrachten – en daardoor een bedreiging vormde voor een winstgevende exploitatie van de kolonie. Er kwam een eind aan het doden. De overlevenden werden voortaan gedwongen te

Kameelrijderseenheid van het Duitse koloniale leger

werken voor de koloniale meesters. Er werd een passenstelsel ingevoerd, en wie niet voor de blanken wilde werken, werd bestraft – een vroege vorm van de latere Zuid-Afrikaanse apartheidspolitiek. De Herero, een herdersvolk, hadden al hun runderen verloren en mochten geen vee meer houden.

Duits Zuidwest-Afrika maakte een snelle economische opbloei mee toen de zwarte spoorwegarbeider Zacharias Lewala in 1908 bij Lüderitz de eerste diamanten vond, waarmee een ware diamant-*boom* werd ingeluid (zie blz. 44).

Het einde van de Duitse koloniale tijd

De Duitsers konden echter maar kort genieten van hun nieuwe rijkdom. Na het uitbreken van de Eerste Wereldoorlog rukten Zuid-Afrikaanse troepen onder bevel van generaal Louis Botha Duits Zuidwest-Afrika binnen. Voor de Duitse kolonisten kwam deze inval als een verrassing, omdat op de Conferentie van Berlijn in 1884-1885 was afgesproken dat het Kongobekken en heel zuidelijk Afrika neutraal zouden blijven als het tot krijgshandelingen tussen de deelnemende staten kwam.

De 2000 man sterke Duitse *Schutztruppe,* versterkt met ongeveer 1000 strijdvaardige boeren, stonden tegenover 100.000 blanke en gekleurde Zuid-Afrikanen, die zelfs over auto's en vliegtuigen beschikten. Allereerst namen ze Swakopmund in, waarmee de Duitse bevoorrading werd afgesneden. Windhoek viel op 11 mei 1915. Op 9 juli capituleerden de Duitse troepen in Khorab bij Tsumeb uiteindelijk voor de overmacht van het Zuid-Afrikaanse leger. Het grootste deel van de Duitsers werd bij Aus geïnterneerd. De soldaten mochten hun handvuurwapens behouden, maar zonder munitie.

De laatste op het toneel verschenen Europese koloniale mogendheid was daarmee de eerste die zijn aanspraken op Afrika weer moest opgeven. Na slechts 31 jaar kwam er een eind aan de Duitse heerschappij, maar nergens anders ter wereld zijn de sporen van Duitse aanwezigheid zo sterk bewaard gebleven als in Zuidwest-Afrika. Daaraan kon ook de 75-jarige Zuid-Afrikaanse controle over het land niets veranderen. Veel straten dragen ook tegenwoordig nog Duitse namen. Duitse architectuur en gastronomie – inclusief Duitse koffie en gebak en Duitssprekende zwarte kelners – zijn alomtegenwoordig.

Na de wapenstilstand van 11 november 1918 verliet de helft van de Duitse bevolking Duits Zuidwest-Afrika. Bij het Verdrag van Versailles verloor Duitsland definitief al zijn kolonies.

Onder Zuid-Afrikaans bestuur

In overeenstemming met het Verdrag van Versailles riep de Volkenbond op 17 december 1920 Duits Zuidwest-Afrika uit tot mandaatgebied van Zuid-Afrika. De hoop van de zwarten dat ze nu eindelijk hun land zouden terugkrijgen, werd echter niet bewaarheid. Het stelsel van blanke overheersing en uitbuiting van de zwarte arbeiders werd door Zuid-Afrika ook toegepast in Zuidwest-Afrika. In plaats van het door de Duitsers geconfisqueerde land terug te geven aan de oorspronkelijke bezitters, werd het op naam van blanke Zuid-Afrikanen gezet – gesubsidieerd door de regering in Pretoria.

Begin van het verzet tegen Zuid-Afrika

De Zuid-Afrikaanse troepen die in 1914 Zuidwest-Afrika waren binnengetrokken, hadden daarbij hulp gekregen van Abraham Morris, een hoofdman van de Bondelswarts die voor de Duitsers naar Zuid-Afrika was gevlucht. De Zuid-Afrikanen waren hem hiervoor echter in het geheel niet dankbaar.

De Bondelswarts hadden als gewoonte om naast het boerenbedrijf met honden te jagen. Om hun economische onafhankelijkheid te breken en hen zo tot arbeid voor de blanken te dwingen, verviervoudigde de nieuwe regering de hondenbelasting die door de Duitsers

Geschiedenis

was ingevoerd. De Bondelswarts leefden al op de rand van de armoedegrens en leden honger. Ze probeerden de belasting op te brengen door hun vee te verkopen. Velen kregen het geld niet bij elkaar; 140 Bondelswarts werden erom opgepakt en bestraft.

Ook Abraham Morris verscheen weer op het toneel. Omdat hij geen pas bij zich droeg, wilden de Zuid-Afrikanen hem arresteren. De Bondelswarts weigerden echter hem uit te leveren. Daarop greep het Zuid-Afrikaanse leger in en bombardeerde in 1922 hun nederzetting vanuit vliegtuigen. Na vijf dagen capituleerden de Bondelswarts. Drie jaar later rebelleerden de Rehoboth-Basters. Hun opstand werd eveneens met oppermachtig wapengeweld neergeslagen.

Hoofdman Mandume

Ook onder de zwarten was er al vroeg verzet tegen de Zuid-Afrikaanse overheersing – onder aanvoering van een jonge hoofdman, die net als Jakob Marengo (zie blz. 54) nauwelijks aandacht krijgt in de geschiedenisboeken. In 1911 kreeg Mandume de leiding over de machtige Kwanyama, een stam van de Ovambo in het noorden van Zuidwest-Afrika. De zes jaar dat hij hoofdman was, vormden een periode van strijd om de onafhankelijkheid en eenheid van zijn volk te bewaren, terwijl de koloniale mogendheden de stamstructuren juist probeerden te vernietigen.

De Kwanyama leefden voornamelijk op land waar de Portugezen aanspraak op maakten als deel van hun kolonie Angola, en in Duits Zuidwest-Afrika, meteen zuidelijk van Angola. Toen de Zuid-Afrikanen in 1915 de controle over de Duitse kolonie kregen, was Mandume begin twintig. Hij kleedde zich Europees, maar voegde daar ook enkele eigen stijlelementen aan toe. Een bron uit die periode beschrijft hem als volgt: 'Mandume bereed een zeer fraai paard, [...] bezat een troep van vijftien jachthonden, [...] was zeer goed gekleed, [...] droeg een kakibroek, een tweedjas, rijglaarzen en een vilthoed met een opvallende witte vedertooi.' Hij schafte ook andere Europese goederen aan, zoals wapens en paarden. Tegelijkertijd was hij echter zeer verontrust over de koloniale expansie, omdat deze een gevaar vormde voor zijn politieke gezag. In 1912 liet hij een katholieke missiepost platbranden om een einde te maken aan de invloed die deze naar zijn mening op zijn volk had. Zijn koninkrijk had in de eerste plaats gevaar te duchten van de Portugezen, aangezien de Duitsers zich niet in Ovamboland waagden.

Met het uitbreken van de Eerste Wereldoorlog kwam het in 1914 tot de eerste gevechten tussen Mandume's strijders en de Portugezen. De successen van de Ovambo waren spectaculair. Ze maakten wapens buit, en een missionaris merkte op: 'Als de inboorlingen met Europese methoden zouden strijden, zouden de Portugezen binnen 24 uur uitgeschakeld zijn.'

Uiteindelijk zetten de Portugezen een expeditieleger van 6000-7000 blanke soldaten met zware wapens in, onder generaal Pereira d'Eça, om de strijdmacht van Mandume te verpletteren. Deze vluchtte naar het huidige Namibië, waar hij bescherming vroeg van de Zuid-Afrikanen. Deze verkreeg hij – onder voorwaarde dat hij geen Portugees gebied meer zou betreden. Dit is des te verbazender omdat de Britten enige jaren eerder Marengo hadden neergeschoten toen deze zijn toevlucht had gezocht in de Kaapprovincie, en de Portugezen in de oorlog tegen de Duitsers bondgenoot van de Britten waren geweest. De Zuid-Afrikanen beschouwden Mandume echter als een sterke politieke persoonlijkheid, die hun noordgrens in de toekomst kon beveiligen. Daarom leverden ze hem niet uit aan de Portugezen.

Mandume vestigde zich in het huidige Namibië. Steeds meer van zijn krijgers volgden hem over de grens, wat de Britse Zuid-Afrikanen een doorn in het oog was. Bovendien ging hij, in strijd met zijn belofte, regelmatig naar het noorden om zich te verzekeren van de loyaliteit van zijn onderhoofdmannen of om gestolen vee terug te halen.

Bij een van deze gelegenheden vernamen de Portugezen dat Mandume in een bepaald

Onder Zuid-Afrikaans bestuur

dorp in hun gebied verbleef. Ze verrasten hem, maar hij slaagde erin te vluchten. Daarbij kwam een Portugese soldaat om het leven – hij zou door Mandume zelf zijn neergeschoten. Als reactie zetten de Portugezen drie met Maximmachinegeweren uitgeruste auto's en 75 blanke en 422 zwarte soldaten in. Door zijn handige guerrillatactiek won Mandume de strijd opnieuw. Zijn mannen doodden zonder zelf verliezen te lijden 22 Europese en 43 inheemse soldaten, en bovendien maakten ze vier paarden, twee machinegeweren, twee auto's, geweren en munitie buit.

Zijn militaire successen begonnen nu ook de Zuid-Afrikanen te verontrusten. Volgens hun officiële rapporten was Mandume 'de machtigste en bestbewapende hoofdman in dit deel van Afrika'. Om deze reden sloten de Britten uiteindelijk toch een bondgenootschap met de Portugezen om van Mandume af te komen. Op 5 december 1916 werd hem een ultimatum gesteld om zich over te geven. Zijn antwoord was helder en duidelijk: 'Als de Britten me willen hebben – ik ben hier en ze kunnen me komen halen. Ik zal niet degene zijn die als eerste een schot lost. Ik ben echter geen steenbok in het veld, ik ben een man, geen vrouw, en ik zal strijden tot de laatste kogel.'

Voordat de Britten oprukten tegen Mandume, verzekerden ze zich van de loyaliteit van enkele onderhoofdmannen door vee en land te schenken. Het Britse expeditieleger bestond uit 694 blanke en 144 zwarte soldaten, 860 paarden en 24 muilezels. Een Portugees contingent met 75 blanke en 400 zwarte soldaten wachtte bij de grens. Verraders uit de gelederen van Mandume gaven de Britten informatie over zijn positie en tactische plannen.

Hierdoor konden de Europese troepen een hinderlaag ontwijken en het dorp van de andere kant aanvallen. Met alleen de 200-300 man van zijn eigen garde was Mandume hopeloos in de minderheid, maar desondanks besloot hij het gevecht aan te gaan en niet te vluchten. Hij stierf in een kogelregen tijdens een laatste moedige aanval op de ratelende, van dichtbij afgevuurde machinegeweren, die voor de zoveelste keer de strijd ten gunste van de Europeanen beslisten.

Vestiging van de Zuid-Afrikaanse overheersing

In 1926 kreeg Zuidwest-Afrika een eigen grondwet. De Zuid-Afrikaanse kolonisatiepolitiek had succes gehad: de blanke bevolking was inmiddels twee keer zo groot als in 1914, hoewel sindsdien 6000 Duitsers het land hadden verlaten. Zuidwest-Afrika werd steeds meer beïnvloed door de cultuur en taal van de Afrikaners.

Terwijl Zuid-Afrika tegenover de Volkenbond verklaarde dat het moeilijk was de Herero hun stamland terug te geven, probeerde de regering tegelijkertijd zo'n 300 in Angola wonende Trekboeren ertoe te bewegen zich in Zuidwest-Afrika te vestigen en te boerderijen te stichten. Daarbij was het voornaamste doel van de autoriteiten steeds te zorgen voor voldoende goedkope zwarte arbeidskrachten voor de boerderijen en mijnen.

Het grootste deel van het land werd opgedeeld in zogeheten politiezones. Zwarten en *coloureds* mochten deze gebieden alleen betreden als contractarbeider. De zones omvatten blanke nederzettingen en mijnbouwgebieden (diamanten en andere delfstoffen). Binnen de politiezones mochten de Herero en Nama slechts in kleine reservaten wonen, waar de gezinnen maar net konden rondkomen van zelfvoorzienende landbouw. Daardoor was een groot deel van de mannelijke bevolking gedwongen op blanke boerderijen of in de mijnen te werken. Om de noodzaak van arbeid voor de blanken nog te versterken, werden er belastingen van de inheemse bevolking geheven, te betalen in geld.

Evenals de stamgebieden in Zuid-Afrika leden de buiten de politiezones gelegen regio's, zoals Ovamboland, onder de trekarbeid. De velden werden niet meer bebouwd omdat de mannen afwezig waren, gezinnen vielen uit elkaar, sociale verbanden werden vernietigd en er was geen sprake van economische ontwikkeling. De pasjes- en arbeidswetten waren dezelfde als in Zuid-Afrika. Reeds in de

Geschiedenis

jaren 30 bestuurde Zuid-Afrika Zuidwest-Afrika als een vijfde provincie. Na het uitbreken van de Tweede Wereldoorlog werden de Duitse mannen in Zuidwest-Afrika op hun boerderijen of in kampen geïnterneerd.

Na de oorlog weigerde Zuid-Afrika om de Verenigde Naties als rechtsopvolger van de Volkenbond te erkennen, en probeerde bovendien om Zuidwest-Afrika steeds meer in de Zuid-Afrikaanse Unie te integreren. In de VN ontstond een brede oppositie tegen Zuid-Afrika. India, dat vanwege de behandeling van de Indiërs in Zuid-Afrika al langer in de clinch lag met het apartheidsregime, nam het voortouw. Andere tegenstanders waren de Sovjet-Unie en het Oostblok, de Latijns-Amerikaanse staten en het Arabisch-Aziatische blok. Hun oppositie was gebaseerd op afkeer van de Zuid-Afrikaanse apartheidspolitiek, maar ook op het machtspolitieke streven om aan het Westen een potentiële bondgenoot in de Koude Oorlog te ontnemen.

In 1958 werd in Kaapstad het Ovamboland People's Congress gesticht, waaruit in 1959 de Ovamboland People's Organisation (OPO) voortkwam. Op 10 december 1959 schoot de Zuid-Afrikaanse politie in Windhoek dertien zwarten neer die protesteerden tegen de gedwongen verhuizingen uit de wijk Alte Werft naar Katutura ('plaats waar we niet willen wonen' in de Ovambotaal). Een halfjaar later kreeg de illegale zwarte oppositie een nieuwe vorm: op 19 april 1960 ging de OPO over in de South West African People's Organisation (SWAPO), onder leiding van spoorwegarbeider Sam Nujoma. Het partijbureau werd verplaatst naar Dar es Salaam in Tanzania.

Later werd de apartheid op nog grotere schaal ingevoerd. In 1964 stelde de Zuid-Afrikaanse Odendaal Commission voor thuislanden in te stellen voor alle bevolkingsgroepen in Zuidwest-Afrika. Enkele jaren later waren zo Ovamboland, Damaraland, Hereroland, Okavangoland en East Caprivi gesticht. De thuislanden moesten, naar Zuid-Afrikaans voorbeeld, later 'onafhankelijk' worden. De gebieden die aan de blanke minderheid toegewezen waren – ongeveer de helft van het land en natuurlijk het vruchtbaarste en profijtelijkste deel – moesten uiteindelijk verenigd worden met de 'blanke' gebieden in Zuid-Afrika. Als gevolg van deze plannen nam de druk van de VN op Zuid-Afrika verder toe.

Gewapende strijd van de SWAPO

Ten slotte gaf de SWAPO de hoop op dat internationale druk Zuid-Afrika zou doen inbinden. Strijders van PLAN (People's Liberation Army of Namibia), de gewapende arm van de SWAPO, en Zuid-Afrikaanse troepen troffen elkaar voor het eerst op 26 augustus 1966, bij Ongulumbashe in Ovamboland. (Deze dag werd na de onafhankelijkheid als Namibia Day uitgeroepen tot nationale feestdag.) De guerrillaoorlog was begonnen.

Aanvankelijk, toen Angola nog onder Portugees bestuur stond, ondervond de SWAPO grote logistieke problemen. Zuid-Afrika riep het noorden van Namibië – Kaokoland, Ovamboland en de Caprivistrook – uit tot politiezone en stuurde er troepen naartoe. Door VN-resolutie 2145, die op 27 oktober 1966 werd aangenomen, verloor Zuid-Afrika het mandaat over Namibië, waarmee de aanwezigheid van Zuid-Afrikaanse troepen in Namibië in strijd met het volkenrecht was.

Het jaar daarop, 1967, werden Andimba Toivo ja Toivo, John Ya Otto en 35 andere SWAPO-leden gearresteerd. In 1968 werden ze veroordeeld op grond van de met terugwerkende kracht door het Zuid-Afrikaanse parlement aangenomen antiterrorismewet en op Robbeneiland opgesloten. Maar de strijdlust van de SWAPO was niet gebroken.

In hetzelfde jaar besloten de Verenigde Naties dat Zuidwest-Afrika voortaan Namibië zou heten. In 1969 werd Zuid-Afrika opnieuw gemaand zijn troepen uit Namibië terug te trekken. De VN legitimeerde nu uitdrukkelijk de gewapende strijd van de SWAPO tegen de bezettingsmacht.

Ook op andere plaatsen kwam het tot verzet. In 1971 vond er een grootschalige staking van de contractarbeiders uit Ovamboland

Gewapende strijd van de SWAPO

plaats, die het werk neerlegden en naar hun geboortegrond wilden terugkeren. De economie van Namibië werd enige tijd lamgelegd. De staking leidde tot een verbetering van de arbeidsomstandigheden, maar het belangrijkste gevolg was een nieuw politiek bewustzijn onder de Ovambo, waardoor de positie van de SWAPO werd versterkt.

In 1971 bevestigde het Internationale Gerechtshof het VN-besluit om Zuid-Afrika het mandaat over Zuidwest-Afrika te ontnemen. Zuid-Afrika weigerde echter deze uitspraak te aanvaarden. Korte tijd later werd de SWAPO door de VN erkend als 'enige wettige vertegenwoordiger van het Namibische volk'. Slechts door een veto in de Veiligheidsraad van Frankrijk, Groot-Brittannië en de Verenigde Staten mocht Zuid-Afrika lid blijven van de Verenigde Naties.

De situatie in Namibië werd explosiever door de ineenstorting van de Portugese koloniale heerschappij in Angola, in 1974. Tijdens de burgeroorlog in Angola, die het jaar daarop begon, vluchtten ongeveer 10.000 mensen naar Namibië.

Zuid-Afrika's pogingen tot 'democratisering'

Tijdens de door Zuid-Afrika georganiseerde Turnhalleconferentie, in 1975-1976, kwamen vertegenwoordigers van verschillende Namibische bevolkingsgroepen bij elkaar in de vroegere Duitse turnzaal van Windhoek. Men werd het eens over een grondwetsonwerp voor een onafhankelijk Namibië – in 1978 zou het land al gedeeltelijk 'onafhankelijk' worden. Tegelijkertijd schafte Zuid-Afrika uit cosmetische overwegingen enkele apartheidswetten af. De SWAPO had geweigerd aan de conferentie deel te nemen en versterkte zijn guerrillabasis in het bevrijde Angola. Ook de VN erkende de bijeenkomst niet, en de SWAPO kreeg de status van waarnemer bij de VN.

Het conflict kreeg een nieuwe dimensie in 1978: de bomaanslag op het 'blanke'

Katutura, de 'plaats, waar wij niet willen wonen'

Geschiedenis

etablissement Café Treff in Swakopmund bracht de tot dan toe zo verre oorlog plotseling wel heel dicht bij de blanke Namibiërs.

In december 1978 vonden eindelijk de door de VN geëiste verkiezingen plaats, die een grote overwinning opleverden voor de in 1977 opgerichte Demokratiese Turnhallen Alliansie (DTA). Omdat de SWAPO niet deelnam aan de gemanipuleerde verkiezingen, erkende de VN de uitkomst niet. De voorzitter van de DTA, de boer Dirk Mudge, werd tot premier uitgeroepen, maar alle beslissingen werden nog steeds genomen door de Zuid-Afrikaanse *administrator-general*.

Zuid-Afrika gaf in deze jaren vaak steun aan de UNITA-rebellen, die onder Jonas Savimbi tegen de MPLA-regering van Angola streden. Ook kwamen er steeds meer Cubaanse huurlingen naar Angola om de MPLA te versterken. Met steun van de Amerikaanse president Ronald Reagan eiste Zuid-Afrika de terugtrekking van alle Cubaanse troepen voordat er democratische verkiezingen in Namibië gehouden zouden worden. De grensoverschrijdende aanvallen van het Zuid-Afrikaanse leger bereikten een hoogtepunt in 1983, toen er een invasie in Zuid-Angola plaatsvond onder de codenaam Askari.

In 1983 trad DTA-voorzitter Dirk Mudge af als premier en nam Zuid-Afrika de regering van Namibië formeel weer op zich. De economische toestand van het land werd inmiddels steeds slechter. Verantwoordelijk daarvoor waren naast de oorlog een ernstige droogte en lage prijzen op de wereldmarkt voor diamanten, koper, uraniumoxide en karakoelwol. Zuid-Afrika subsidieerde de Namibische economie met 300 miljoen rand per jaar; de militaire kosten lagen nog veel hoger.

In maart 1984 werd de oude Namibische politicus Toivo ja Toivo samen met andere SWAPO-activisten vrijgelaten uit de gevangenis van Robbeneiland. Er volgden gesprekken in Lusaka tussen de SWAPO en de Zuid-Afrikaanse regering – maar zonder succes. Op 17 juni 1985 installeerde Pretoria een uit vijf partijen bestaande overgangsregering voor nationale eenheid, die echter internationaal niet erkend werd.

De strijd verhardt zich

In de volgende jaren intensiveerde de SWAPO de guerrillaoorlog tegen de blanke boeren. De beruchte Zuid-Afrikaanse elite-eenheid Koevoet drong als reactie steeds weer door op Angolees grondgebied om de vijand uit te schakelen. De regering in Pretoria zette zelfs een premie op elke gedode SWAPO-soldaat. Er werden er zoveel doodgeschoten dat in plaats van de lichamen alleen nog de afgehakte handen werden meegenomen om de beloning te incasseren. Meer Zuid-Afrikaanse soldaten dan ooit drongen Zuid-Angola binnen om met de UNITA-troepen te strijden tegen de SWAPO, de Cubanen en het Angolese leger.

Het beslissende keerpunt van het conflict kwam met het einde van de Koude Oorlog. Op 15 november 1988 viel de beslissing om alle Cubaanse en Zuid-Afrikaanse troepen uit Angola terug te trekken. Aan de onderhandelingen over dit besluit hadden zowel de Verenigde Staten als de Sovjet-Unie deelgenomen.

Op 1 april 1989 begon de vrede. Na 23 jaar guerrillaoorlog en onderhandelingen zouden in november de eerste vrije en democratische verkiezingen in Nambië plaatsvinden, onder toezicht van de UNTAG (UN Transitional Assistance Group), die in februari in Namibië arriveerde.

De Zuid-Afrikanen hielden zich aan het akkoord. Ze trokken hun troepen van de Angolese grens terug en verminderden hun bewapening drastisch. De SWAPO-aanvoerder Sam Nujoma was hiervan op de hoogte en stuurde, zonder zich iets aan te trekken van de door hem ondertekende wapenstilstand, 1600 zwaarbewapende PLAN-strijders, die zich al lang onder VN-toezicht hadden moeten terugtrekken, naar Namibië. Het idee was de verkiezingen door intimidatie in het voordeel van de SWAPO te beïnvloeden. Wat bedoeld was als een niet te stoppen aanvalsgolf, werd in 9 dagen aanhoudende, hevige gevechten tenietgedaan door 1200 langs de grens gestationeerde Zuidwest-Afrikaanse politieagenten, ondersteund door opnieuw gemobiliseerde Zuid-Afrikaanse soldaten –

een feit dat in de publiciteit nauwelijks aandacht heeft gekregen.

Onafhankelijkheid

De eerste democratische verkiezingen in Namibië (november 1989) werden met 56,5% van alle stemmen gewonnen door de SWAPO, wat resulteerde in 41 van de 72 zetels in het parlement. De opkomst lag iets boven de 95%. Het eerste blanke SWAPO-lid, de Duitse advocaat Anton Lubowski, zou zeker een plaats als minister in de nieuwe regering hebben gekregen als hij niet kort daarvoor was vermoord door conservatieve blanken.

Op 9 februari 1990 werd de nieuwe grondwet met algemene stemmen aangenomen, en op 21 maart kreeg Namibië als laatste Afrikaanse land zijn onafhankelijkheid. Sam Nujoma werd benoemd tot eerste president. De plechtigheid werd ook bijgewoond door de Zuid-Afrikaanse president Frederik de Klerk. Anders dan veel blanke Namibiërs hadden gevreesd kwam het, dankzij de verzoeningspolitiek van Nujoma, niet tot wraakacties van voormalige SWAPO-strijders.

In maart 1992 kreeg het land een nieuwe indeling in dertien gelijkberechtigde en voor iedereen toegankelijke administratieve regio's (sinds de tweedeling van Kavango in 2013 zijn het er veertien): Omusati, Oshana, Ohangwena en Oshikoto in het noorden, Kunene in het noordwesten, Okavango en Caprivi in het noordoosten, Erongo, Otjozondjupa, Omaheke, Khomas en Hardap in het hart, en Karas in het zuiden. In 1993 voerde Namibië een eigen munt in, de Namibische dollar (N$), met dezelfde waarde als de Zuid-Afrikaanse rand.

Op 1 maart 1994 gaf Zuid-Afrika de enclave Walvis Bay terug aan Namibië. Deze haven heeft een enorm economisch belang voor het land. In november werden de Consolidated Diamond Mines (CDM) omgevormd tot de Namdeb (Namibian De Beers) Diamond Corporation, nadat de Zuid-Afrikaanse diamantfirma De Beers een partnerschap op fiftyfiftybasis was aangegaan met de Namibische overheid.

Namibië nu

In december 1994 koos het parlement Sam Nujoma opnieuw tot president.

De haven Walvis Bay werd in mei 1995 uitgeroepen tot vrijhandelszone om buitenlandse investeerders aan te trekken met belastingvrijstelling, verlaging van de invoerrechten en versoepeling van de deviezen- en arbeidswetgeving.

Om een wettelijk eigenlijk niet toegestane derde ambtstermijn te kunnen aanvaarden, wijzigde president Sam Nujoma met behulp van zijn SWAPO-partij in 1999, kort voor de verkiezingen, de Namibische grondwet. In oktober 2004 maakte hij bekend wie hem als president moest opvolgen: de in 1935 geboren Hifikepunye Lucas Pohamba, een vriend uit de SWAPO, die hem al vele jaren trouw was. De verkiezingen op 15 en 16 november 2004 werden, zoals te verwachten was, gewonnen door de SWAPO, met 75% van de stemmen. Op 21 maart 2005 droeg Nujoma het presidentiële ambt over aan zijn opvolger, die in 2009 werd herkozen.

Namibië werkt verder aan de verbetering van de infrastructuur. In mei 2004 was de brug over de Zambezi tussen Katima Mulilo en Sesheke gereed, waardoor de verbinding tussen Namibië en Zambia veel korter is geworden. In oktober 2007 werden twee nieuwe grensovergangen met Zuid-Afrika geopend, bij Sendelingsdrift in het Ai-Ais/Richtersveld Transfrontier Park en in Mata Mata in het Kgalagadi Transfrontier Park.

Omdat de Namibische grondwet niet in een vierde ambtstermijn voorziet, was Hifikepunye Lucas Pohamba in november 2014 niet meer verkiesbaar. De SWAPO won de parlementsverkiezingen net als de jaren ervoor met een overweldigende meerderheid van ruim 80%. Sinds de onafhankelijkheid in 1990 won de SWAPO dus telkens de verkiezingen. De Democratic Turnhalle Alliance (DTA) kreeg slechts 4,8% en de Rally for Democracy and Progress (RDP) 3,5% van de stemmen. De nieuwe president werd Hage Geingob: de 73-jarige SWAPO-kandidaat kreeg 87% van de stemmen en werd op 21 maart 2015 beëdigd.

Jaartallen

Ca. 25 000 v. Chr.	Rotstekeningen van de San (Bosjesmannen)
1486/1489	Diogo Cão zet als eerste Europeaan voet aan wal in Namibië; Bartolomeu Dias richt een stenen kruis op aan de Lüderitzbaai.
Ca. 1550	Hererostammen trekken uit het noorden naar Namibië.
1723	Nederlanders bereiken vanuit de Kaap het huidige Namibië.
1806	In Warmbad wordt de eerste zendingspost van de London Missionary Society gesticht.
1840	Orlam-Namahoofdman Jan J. Afrikaner sticht het huidige Windhoek.
1878	12 maart: Groot-Brittannië annexeert de zeehaven Walvis Bay.
1884	24 april: Lüderitz en omgeving uitgeroepen tot Duits protectoraat.
1890	Het protectoraat wordt met de Caprivistrook uitgebreid tot de Zambezi.
1904	Herero- en Namaopstand; door de Duitse koloniale troepen bloedig neergeslagen.
1908	Diamantvondsten bij Lüderitz.
1914-1919	Eerste Wereldoorlog; in 1915 capituleren de Duitse koloniale troepen voor het Zuid-Afrikaanse leger. Duitsland verliest bij het Verdrag van Versailles al zijn kolonies.
1920	Duits Zuidwest-Afrika wordt Zuid-Afrikaans mandaatgebied.
1946	Zuid-Afrika probeert Zuidwest-Afrika in te lijven in de Zuid-Afrikaanse Unie.
1959	De Zuid-Afrikaanse politie doodt op 10 december dertien zwarten die protesteren tegen de gedwongen verhuizing naar Katutura.
1960	19 april: oprichting van de South West African People's Organisation (SWAPO).
1964	Instelling thuislanden voor de verschillende bevolkingsgroepen.
1966	Op 27 oktober verliest Zuid-Afrika door VN-resolutie 2145 het mandaat over Zuidwest-Afrika.

Zuidwest-Afrika heet voortaan Namibië.	**1968**
De VN erkent de SWAPO als enige vertegenwoordiger van Namibië.	**1973**
Door Zuid-Afrika georganiseerde Turnhalleconferentie met vertegenwoordigers van verschillende Namibische bevolkingsgroepen.	**1975**
Aftocht van Cubaanse en Zuid-Afrikaanse troepen uit Angola.	**1988**
1 april: vrede in Namibië.	**1989**
9 februari: nieuwe grondwet. 21 maart: Namibië onafhankelijk; Sam Nujoma wordt de eerste president.	**1990**
Zuid-Afrika geeft de haven Walvis Bay terug aan Namibië. De stad wordt een vrijhandelszone om buitenlandse investeerders aan te trekken.	**1994-1995**
Sam Nujoma wordt voor de derde maal president.	**1999**
In november wint de SWAPO de verkiezingen met 75% van de stemmen.	**2004**
Hifikepunye Lucas Pohamba wordt de nieuwe president.	**2005**
Pohamba wordt voor een tweede ambtstermijn verkozen.	**2009**
Op 18 maart viert Namibië 20 jaar onafhankelijkheid.	**2010**
De Namibische regering wekt de indruk 'haar' nationale parken als zelfbedieningswinkels te beschouwen. Eerst worden bijna 140 wilde dieren – waaronder leeuwen, olifanten en neushoorns – aan Cuba geschonken en kort daarna worden ruim 400 antilopen afgeschoten om hongerende mensen van voedsel te voorzien.	**2012/2013**
In november wint de SWAPO met ruim 80% van de stemmen opnieuw de verkiezingen; het zijn de eerste met stemmachines die in Afrika worden gehouden. Hage Geingob wordt met een grote meerderheid tot president verkozen.	**2014**
21 maart: Hage Geingob wordt de derde president van Namibië.	**2015**
Nabij Grootfontein wordt de grootste Namibische zonne-energiecentrale gebouwd. Met een nominaal vermogen van vijf megawatt voorziet deze sinds 2016 3700 huishoudens van stroom.	**2016**

Maatschappij en dagelijks leven

In Namibië leven mensen uit heel verschillende culturen vreedzaam samen. Behalve zwarte volken, zoals de Herero, de Ovambo, de seminomadische Himba en de Damara, leven er in onherbergzame gebieden ook nog oorspronkelijke bewoners, de San. Bovendien wonen er coloureds van diverse herkomst, zoals de Nama en de Basters, en blanken, die Afrikaans, Engels of Duits als moedertaal hebben.

Bevolking

San

De San (zie blz. 344) zijn de oudste bevolkingsgroep die nog in Namibië leeft. Door de Nederlanders die op de Kaap aankwamen werden zij Bosjesmannen genoemd, *Bushmen* in het Engels. De naam San is hun gegeven door hun buren de Nama, en betekent 'buitenstaander' in de Namataal. Duizenden jaren geleden leefden ze overal in zuidelijk Afrika. Tegenwoordig leven in het oosten van Namibië en Botswana nog circa 50.000 San in kleine clans.

Damara

Tot de andere vroege bewoners van het land behoren de Damara of **Bergdama**, ongeveer 105.000 mensen van negroïde origine, die echter een Khoitaal spreken, lijkend op de taal van de San. Van oudsher waren ze jagers en verzamelaars, maar ook beheersten ze de kunst van het winnen van ijzer en koper uit erts. Archeologische vondsten bewijzen dat ze bovendien kleine kuddes bezaten en zelfs tuinbouw bedreven (vooral de teelt van tabak en pompoenen). Tegenwoordig verbouwen ze mais en groenten; ook veeteelt vormt een bron van inkomsten. Veel Damara werken op boerderijen en in de mijnen, maar ook zijn ze in de steden te vinden als leraar of ambtenaar. De welbespraaktste politici van Namibië zijn Damara. In 1973 werd een 47.000 km² groot gebied in Noordwest-Namibië uitgeroepen tot Damaraland, met Khorixas als hoofdstad. Tegenwoordig woont daar nog slechts een kwart van de Damarabevolking.

Nama

In het zuiden van Namibië leven de Nama. Ze stammen af van Khoistammen die in de 19e eeuw nog in de Kaapkolonie woonden en beïnvloed waren door de Nederlandse cultuur. Ze spraken Afrikaans, de nieuwe taal van de Kaap. Onder druk van de blanke kolonisten trokken ze zich naar het noorden terug, waar ze de Oranjerivier overstaken om zich in Namibië te vestigen. Deze immigranten werden Orlam-Nama genoemd. Ze waren onderverdeeld in clans, waaronder de Witbooi, Amraal, Bersheba en Bethaniërs. Sommige familieclans kregen in het begin van de 19e eeuw hun Afrikaner namen: Rooi Nasie, Veldskoendraers, Fransmanne, Groot Dode, Bondelswarts en Topnaars. De sterkste groep immigranten van de 19e eeuw was de clan van Jonker Afrikaner. Het totale aantal Nama bedraagt tegenwoordig naar schatting 90.000 personen.

Rehoboth-Basters

Een groep die van begin af aan nauwe contacten had met Europeanen zijn de lichtgekleurde, Afrikaanssprekende Rehoboth-Basters (zie Thema blz. 150), tegenwoordig ongeveer

Bevolking

50.000 tot 60.000 personen. Ze arriveerden na de Orlam en vestigden zich in 1870 in de omgeving van Rehoboth, waar ze een eigen republiek uitriepen.

Coloureds

Evenals de Rehoboth-Basters stammen de Namibische *coloureds* oorspronkelijk uit de Zuid-Afrikaanse Kaapprovincie. Ze spreken eveneens Afrikaans, maar een ander dialect. De meesten van hen wonen in de steden Windhoek, Keetmanshoop en Lüderitz; ook woont een grote groep in Walvis Bay, als visser. In vergelijking met de rest van de Namibische bevolking zijn ze zeer goed opgeleid; ze zijn in alle beroepsgroepen te vinden.

Tswana

De kleinste etnische groep in Namibië is met ongeveer 10.000 personen de Tswana. Ze zijn nauw verwant aan de Tswana in Botswana en in de Zuid-Afrikaanse Northern Cape Province. Sommige Tswana hebben zich gemengd met de San uit de Kalahari – zij hebben een veel lichtere huidskleur. De meesten wonen in boerengemeenschappen ten noorden en zuiden van Gobabis.

Ovambo

In het waterrijke noorden leven de Ovambo en verwante stammen. Met ongeveer 700.000 personen vormen ze bijna de helft van

Himbavrouw voor een karakteristieke hut in het noordwesten van Namibië

Maatschappij en dagelijks leven

Hereromeisjes in hun kenmerkende kleurige kleding met tweepuntige muts

de totale bevolking van Namibië en daarmee zijn ze de grootste samenhangende etnische groep in het land. Ze trokken rond 1550 van de grote meren in Oost-Afrika naar het zuiden, waar ze zich vestigden tussen de Okavango en de Kunene. Hier beoefenen de meesten van hen landbouw en veeteelt. De grootste van de acht Ovambostammen is die van de Kwanyama.

Herero

Verder zuidelijk stuitten de Bantoesprekende Herero op de Nama. Omdat beide volken veetelers waren, kwam het tot gewapende conflicten. De Herero emigreerden enige eeuwen geleden naar Namibië. Volgens mondelinge overleveringen trokken ze – evenals de Ovambo – weg uit het gebied rond de grote meren in Oost-Afrika, doorkruisten het huidige Zambia en Zuid-Angola en bereikten rond 1550 de Kunene. Nadat ze ongeveer tweehonderd jaar in Kaokoland hadden gewoond, trok een groot deel van hen verder naar het zuiden; alleen de Himba en de Tjimba bleven achter. In het midden van de 18e eeuw bereikten ze het dal van de Swakop. In de loop van de 19e eeuw trokken ze naar het oosten, waarna ze zich in het midden van het huidige Namibië vestigden. Tegenwoordig leven er zo'n 100.000 Herero in het land. Ondanks de vele slachtoffers die de Herero-opstand maakte, de onderdrukking van de Hererocultuur en de confiscatie van stamland slaagden de Herero erin hun traditionele familiebanden, hun saamhorigheid en hun nationale bewustzijn te bewaren. Een bewijs is het jaarlijkse Hererofestival op Mahareroday in augustus, als duizenden Herero in traditionele kledij en paramilitaire uniformen naar Okahandja komen, om er hun omgekomen kameraden te herdenken. De opvallende klederdracht van de Hererovrouwen, met de tweepuntige muts en de volumineuze, hooggesloten jurken, waarvoor wel 12 m stof wordt gebruikt, stamt uit de Duitse tijd. De vrouwen van de eerste Duitse kolonisten zorgden voor de verplichte invoering van deze kleding, om te verhinderen dat hun echtgenoten bij de

Bevolking

aanblik van de tot dan toe slechts in een lendendoek gehulde vrouwen op verkeerde gedachten zouden komen.

Himba

De **Himba** (zie blz. 320) wonen in Kaokoland en zijn nog steeds seminomadisch en uiterst traditioneel, wat tot gevolg heeft dat ze door de Namibische overheid als 'halve wilden' worden aangeduid.

Kavango

De Okavango, die de grens vormt tussen Angola en Namibië, is de levensader van de ongeveer 140.000 Kavango, die in het vruchtbare overstromingsgebied van de rivier wonen. Ze leven van visvangst, veeteelt en de teelt van mais, sorghum en gierst. Ze behoren tot het volk van de Ovambo, kwamen eveneens uit Oost-Afrika en vestigden zich tussen 1750 en 1800 aan de Okavango. Het meeste houtsnijwerk dat in Namibië wordt verkocht, is door hen vervaardigd.

Capriviërs

In de Caprivistrook leven ongeveer 40.000 Capriviërs. Zij zijn verwant aan de Lozi, die in Barotseland in Zambia wonen, en net als de Lozi bedrijven ze zelfvoorzienende landbouw. In de regentijd maken ze gebruik van traditionele boomstamkano's, *mokoro's*, om zich tussen hun nederzettingen te verplaatsen.

Blanken

Er leven ongeveer 75.000 Namibiërs van Europese afkomst, dus blanken, in het land. Twee derde van hen spreekt **Afrikaans**, een kwart **Duits**, en de rest merendeels **Engels**; ook is er een kleine groep die **Portugees** spreekt. De **Afrikaners** zijn afkomstig uit Zuid-Afrika. De **Dorslandtrekkers** ('trekkers door het dorstige land') waren oorspronkelijk Boeren uit Noord-Transvaal. Op zoek naar een nieuwe leefomgeving staken ze de Limpopo over. Na lange omzwervingen vestigden ze zich rond 1880 in Angola, waar ze zo'n vijftig jaar doorbrachten, voordat ze in 1928 naar Namibië trokken. Tijdens de Duitse koloniale overheersing vestigden voormalige leden van het Duitse koloniale leger zich na hun diensttijd in het land. Ze stichtten er boerderijen, waarvan er nog steeds een aantal bestaat.

Toen Zuid-Afrika in 1920 krachtens het Verdrag van Versailles het bestuur over Zuidwest-Afrika overnam van Duitsland, werden veel boerderijen aan Zuid-Afrikaanse boeren verkocht, die op grote schaal werden gesubsidieerd door de overheid. Als gevolg van de oorlog in Angola kwamen er rond 1975 veel Portugezen uit hun vroegere kolonie naar Namibië. Toen vervolgens ook de Namibische onafhankelijkheid naderbij kwam, trokken de meesten van hen naar Portugal of Zuid-Afrika, waardoor er tegenwoordig nog maar ongeveer 150 Portugese families in Namibië leven.

Dagelijks leven

Namibië en Botswana zijn in vergelijking met de rest van Afrika uiterst vredige landen. Beide landen zijn bijzonder rijk aan bodemschatten en zeer in trek bij toeristen. Het gezamenlijke inwonertal bedraagt slechts twee miljoen, waardoor de welvaart beter moet kunnen worden verdeeld. Maar dat mag niet ten koste gaan van de democratie, zoals in Zimbabwe, waar dictator Robert Mugabe door illegale onteigeningen van farms het land bijna compleet heeft verwoest.

Duurzaam toerisme schept een vooral door de particuliere sector gestimuleerde mogelijkheden om de inheemse bevolking een beter leven te geven.

In Namibië leven mensen met allerlei etnische achtergronden vreedzaam samen. De harmonische co-existentie van de diverse bevolkingsgroepen is ook in de grondwet vastgelegd. Windhoek, de gezelligste hoofdstad van Afrika, is dus een bonte mix van culturen. 's Avonds drinken blank en zwart in Joe's Beerhouse aan de Nelson Mandela Avenue een op basis van het Duitse *Rheinhitsgebot* gebrouwen biertje.

Kunst en cultuur

De eerste kunstenaars lieten al duizenden jaren geleden hun sporen achter op de rode rotsen in het binnenland. Nog steeds gebruiken Namibiërs die stoffen bedrukken of kunstnijverheid vervaardigen de oude symbolen van de Sancultuur. Sinds het eind van de apartheid zijn ook literatuur en muziek in beweging gekomen. En Namibië heeft een grote diversiteit aan architectonische stijlen te bieden.

Rotstekeningen

In Twyfelfontein staat de wieg van de Namibische kunst. De rotstekeningen die hier in het kwartsgesteente zijn gekrast, zijn tot 25.000 jaar oud. Onbekende kunstenaars vereeuwigden hier giraffen en spiesbokken, struisvogels en zebra's, neushoorns en roofdieren.

Architectuur

Wat de traditionele Afrikaanse architectuur betreft verdienen met name de *pondoks* (hutten) van de Herero een vermelding. De op kunstige wijze van twijgen gevlochten bouwskeletten laten een grote vaardigheid in de omgang met natuurlijke materialen zien. Sedentaire volken als de Ovambo hadden natuurlijk een veel uitgewerkter bouwwijze dan nomadische stammen, die minder complexe onderkomens bouwden. De bouwmaterialen zijn over het algemeen aan de lucht gedroogde leemblokken, stro en hout.

Duitse koloniale tijd

Uit de Duitse koloniale tijd stamt een groot aantal van de indrukwekkende gebouwen die tot op de dag van vandaag het beeld van talrijke plaatsen in Namibië bepalen. De architectuur van deze bouwwerken is gebaseerd op de wilhelminische neobarok, op andere historiserende bouwstijlen en op jugendstil. De militaire vestingen hadden torens en kantelen (Alte Feste in Windhoek, fort Namutoni in het oosten van Etosha), woonhuizen en villa's waren versierd met erkers en vakwerkgevels. Ook voor de kerken waren er Duitse voorbeelden, met tal van neobarokke, neogotische en neoromaanse stijlelementen. Particulieren bouwden zoals het hun inviel, zodat de Deutsche Kolonialgesellschaft, een bijzonder invloedrijke lobbyvereniging, zich gedwongen zag in 1913 het ministerie voor Koloniën aan te sporen om 'de nieuwbouw meer aan te passen aan het karakter van Zuidwest-Afrika en meer als een autochtone architectuur uit te voeren'. Om ervoor te zorgen dat de woningen vanbinnen koel bleven, bouwde men in het begin van de 20e eeuw veranda's rond het huis. Dit idee stamde uit Zuid-Afrika.

Na 1950

Tijdens het Zuid-Afrikaanse bewind kwamen tot in de jaren 50 nauwelijks nieuwe gebouwen tot stand. Wel verrezen als gevolg van de apartheidspolitiek de golfplatsloppenwijken voor zwarten en *coloureds* aan de stadsrand van Windhoek.

In de centra van de grote steden werden voormalige woongebieden van zwarten met de grond gelijk gemaakt om plaats te maken voor kantoren en winkels. Aan deze bouwwoede vielen ook heel wat koloniale panden ten offer. Pas na de onafhankelijkheid werden dit soort gebouwen beschermd.

Renaissance van de Afrikaanse kunst

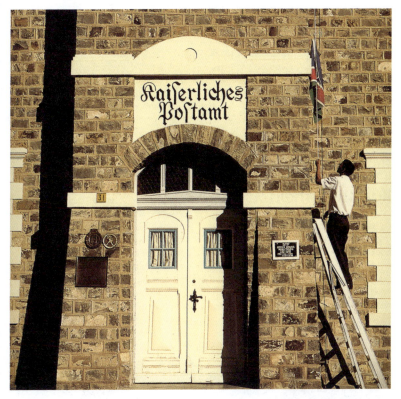

Duitse tradities in de architectuur: Keetmanshoop

Renaissance van de Afrikaanse kunst

In 1997 was de Namibian Arts Association, de Namibische kunstenaarsvereniging, vijftig jaar oud. Ze was gesticht toen Namibië nog Zuidwest-Afrika heette. De toenmalige Zuid-Afrikaanse premier, generaal Jan C. Smuts, opende de 'dependance' van de South African Association of Arts, waarbij hij verwonderd opmerkte: 'Ik kan mijn ogen nauwelijks geloven – zo veel cultuur in een land waarvan ik dacht dat het alleen uit woestijn bestond.' Terwijl in Smuts' tijd nog onschuldige landschappen en uitbeeldingen van dieren de norm waren, richtten de kunstenaars zich later meer en meer op de politieke en sociale veranderingen in het land.

De bekendste zwarte kunstenaar van Namibië – en de eerste die internationale roem verwierf – was de in Angola geboren **John Ndevasia Muafangejo**. Veel van zijn linoleumsneden hangen in de National Art Gallery in Windhoek. Hij beeldt de mensen van zijn land af in hun dagelijks leven en in bijzondere situaties. Zijn van korte commentaren voorziene werken brengen de onafhankelijkheidsstrijders weer tot leven. De sensibele kunstenaar stierf in 1987, slechts 44 jaar oud

Hij werd 'opgevolgd' door een aantal jonge kunstenaars, wier werken eveneens in de National Gallery hangen, en verder in enige

Kunst en cultuur

particuliere galeries. Vooral de schilders en illustrators **Tembo Masala**, **Joseph Madisia** en **Andrew Van Wyk** moeten hier genoemd worden. Internationale workshops, die regelmatig in Windhoek worden georganiseerd, hebben als doel jonge kunstenaars te stimuleren en hun werken bekendheid te geven.

Beeldhouwers zijn er nauwelijks in Namibië. Het bekendst is **Dörte Becker**, die van Duitse origine is. Haar sculpturen zijn te zien in de binnenstad van Windhoek (bronzen parelhoenders in de Hepworth's Arcade).

Kunstnijverheid

De belangrijkste kunstnijverheidscentra in het land zijn de Namibian Crafts Centres in Windhoek (Alte Brauerei), Tsumeb, Katima Mulilo en Khorixas. Daar vindt u kunstnijverheidsproducten die typerend zijn voor elk van de elf bevolkingsgroepen in Namibië. Bij de aankoop van een voorwerp kunt u vragen door wie het is vervaardigd.

De Rehoboth-Basters vervaardigen gelooide huiden, die vaak nog verder zijn bewerkt, en bovendien wandkleden en kussenovertrekken.

De San, die duizenden jaren geleden al prachtige rotstekeningen maakten, komen tegenwoordig voor de dag met een zeer breed aanbod aan kunstnijverheid: fijnbewerkte amuletten, halssnoeren en andere sieraden, vooral uit struisvogeleierschalen, naast lederwaren, muziekinstrumenten, manden, aardewerk, touwen, bogen, pijlen, pijlkokers, pijpen, snuiftabaksdozen en allerlei speelgoed.

De Capriviërs maken manden, houten maskers en stoelen, trommels, aardewerk, lederwaren en stenen beelden. De *coloureds* staan bekend om hun gitaren, trommels en poppen. De Damara vervaardigen lederwaren, halssnoeren met glazen en metalen kralen, houten kommen, aardewerken pijpen en de laatste jaren ook *township art* – fascinerende voorwerpen zoals auto's en motorfietsen gemaakt uit metaaldraad en resten golfplaat.

Houtsnijders op de struisvogelboerderij Ombo, ten noorden van Okahandja

Bijzonder populair zijn de souvenirs van de Herero en de Himba, met name de hoofdbedekking en kleding van de Hererovrouwen en de mooie poppen die als model van een Hererovrouw zijn uitgevoerd. De schitterende sieraden van de Himba mag u, als u in Kaokoland bent, in geen geval tegen betaling van hen 'afpakken'. Er bestaan andere mogelijkheden om ze te bemachtigen: winkels in Windhoek en Opuwo bieden Himbasieraden te koop aan die op dezelfde manier zijn vervaardigd als de onvervangbare originelen, die zich vaak al lang in het bezit van de familie bevinden, en ze zijn er daarom niet van te onderscheiden.

De Nama staan bekend om hun prachtige leren tassen, muziekinstrumenten zoals houten fluiten, aardewerk en poederdozen uit schildpadschild. De Kavango zijn van oudsher de houtsnijders van het land. De meeste voorwerpen die in kraampjes langs de weg worden aangeboden, zijn van hun hand. Naast oninteressante, commerciële massaproductie kan een opmerkzame bezoeker met geduld ook telkens weer mooie, unieke producten vinden.

De Tswana staan bekend om hun lederwaren en vooral ook om hun kunstzinnig vormgegeven houten hoofdsteunen.

Van de Ovambo stammen bijna alle manden die in het land verkocht worden. Verder vervaardigen ze aardewerk, sieraden, houten kammen, rijkgedecoreerde speren en pijlen uit hout en metaal, muziekinstrumenten en vruchtbaarheidspoppen.

Literatuur

Een met Europa vergelijkbare literatuur bestond er niet in het traditionele Namibië. Verhalen werden – en worden soms nog steeds – mondeling overgeleverd en niet schriftelijk vastgelegd. In de vorm van sprookjes en fabels behelzen deze vertellingen vaak de geschiedenis van de betreffende stam.

Pas na de onafhankelijkheid kwam er een moderne literatuur tot ontwikkeling. Tot de bekendste schrijvers behoren **Zephaniah Kemmeta** en **Mvula Ya Nagola**. In de werken van deze twee auteurs gaat het voornamelijk over de jarenlange bevrijdingsoorlog van het land. Nagola was de eerste inheemse literator die in de Engelse taal publiceerde. Zijn boeken zijn doortrokken van de traditie van het verhalen vertellen. **Joseph Diescho** waagt zich in zijn roman *Troubled waters* aan een niet erg gemakkelijk thema, de liefdesbetrekking tussen een zwarte vrouw en een blanke soldaat tijdens de onafhankelijkheidsoorlog. **Giselher W. Hoffmann** is een Namibische schrijver die in het Duits publiceert. Elk van zijn werken is gewijd aan een andere bevolkingsgroep in het land. De schrijfster **Ndamininghenda Haileka** kreeg in 1990 een Zuid-Afrikaanse literatuurprijs voor haar roman over de rol van de vrouw in de vrijheidsstrijd.

Muziek

Slechts weinige Namibische muzikanten zijn buiten de landsgrenzen bekend. Muziek is diep geworteld in de Afrikaanse cultuur. Elke belangrijke gebeurtenis wordt met muziek omlijst. In de meeste Afrikaanse talen zijn de woorden voor trommel en dans identiek, muziek heeft dus altijd te maken met bewegen. Een van de bekendste muzikanten van het land is **Jackson Kujeau**, die vanwege zijn protestliederen tot 1989 in ballingschap moest leven. Hij combineert de populaire *kwela beat* van zuidelijk Afrika met traditionele fluitmuziek en de liederen van de Herero en Nama. Zijn cd's zijn te koop in Namibië.

Heel populair is de inmiddels ook in Europa bekende Namibische rapper **EeS**, die in werkelijkheid Eric Sell heet en in zijn nummers op een geniale manier *kwaito* (Afrikaanse housemuziek), hiphop, afropop en reggae met elkaar combineert. En natuurlijk allemaal verrijkt met *Namslang*, zoals EeS het Namibisch Duits noemt. Zijn eerste single heette *Wo is die coolbox?* Zijn website: www.eesy-ees.com. Op www.youtube.com zijn onder het trefwoord 'eestvnamibia' een paar van zijn muziekclips te vinden.

Reisinformatie

Reis en vervoer
Accommodatie
Eten en drinken
Outdoor
Feesten en evenementen
Praktische informatie van A tot Z

Kleurige huizen in Lüderitz

Onder kundige begeleiding naar het Etosha National Park

Overal weidse landschappen – ook hier in Maltahöhe

Reis en vervoer

Douanebepalingen

... voor Namibië

Voor de reis naar Namibië hebt u een paspoort nodig dat tot zes maanden na uw terugreis geldig is en waarin minimaal twee bladzijden blanco zijn voor aankomst- en vertrekstempels. Als u van zins bent ook de buurlanden te bezoeken, moeten er nog meer stempelbladzijden leeg zijn. Als u niet langer dan negentig dagen in Namibië denkt te verblijven en u niet van plan bent om ter plaatse te gaan werken, hoeft u geen visum aan te vragen. Bij een kort toeristisch of zakelijk verblijf in Namibië, waarbij u nergens in dienst mag treden, krijgt u bij alle officiële grensposten een aankomststempel (*visitors entry permit*) in uw paspoort.

Nederlandse kinderen moeten voor Namibië een eigen paspoort hebben. Bestaande bijschrijvingen zijn niet meer geldig. Ook Belgische kinderen moeten op een eigen paspoort reizen. Een ID volstaat niet.

Wie per eigen auto door Namibië reist, betaalt bij aankomst een wegenbelasting (*road tax*) van N$ 250 per voertuig.

De volgende goederen mogen in Namibië belastingvrij worden ingevoerd: 1 l sterkedrank, 2 l wijn, 300 ml parfum, 400 sigaretten of 50 sigaren of 250 g tabak.

WWW.RIJKSOVERHEID.NL

Op de website van het ministerie van Buitenlandse Zaken staan reisadviezen voor alle landen. Wie van plan is om door Zambia of Zimbabwe te gaan reizen, doet er goed aan zich uitvoerig over deze landen te informeren.

... voor de buurlanden

Een populaire tocht voert van de Caprivistrook in Noordoost-Namibië naar de Victoria Falls. U rijdt van Botswana naar Zambia of – als de politieke situatie het toelaat – naar Zimbabwe. Ook Chobe National Park en de Okavangodelta in Botswana zijn drukbezocht.

Botswana
Reizigers uit de EU krijgen op de luchthaven van Gaborone, Francistown, Kasane, Maun en bij alle grensposten een gratis toeristenvisum. De maximale verblijfsduur per kalenderjaar bedraagt 90 dagen. Uw paspoort moet bij aankomst nog minimaal zes maanden geldig zijn en twee blanco pagina's bevatten. Kinderen moeten voor Botswana een eigen paspoort hebben.

Wie per personenauto naar Botswana reist, moet een formulier met zijn paspoortgegevens invullen. Bovendien moeten de voertuiggegevens in een logboek worden opgegeven. Tip: neem een zwarte (alleen die kleur mag bij het invullen worden gebruikt) pen mee, want die is ter plaatse niet eenvoudig te vinden. Als u niet de eigenaar van de auto bent (wat vaak het geval zal zijn), zorg dan altijd dat u de grenspapieren van de verhuurder of de eigenaar van de auto bij u hebt. Die geven de bestuurder namelijk het recht het voertuig tijdelijk uit te voeren. Afhankelijk van de cilinderinhoud wordt een wegenbelasting (*road tax*) van 130-180 pula berekend. Die kan contant of met een VISA-creditcard worden betaald. Andere valuta en betaalkaarten zijn niet overal te gebruiken.

Per persoon mogen 200 sigaretten of 20 sigaren respectievelijk 250 g tabak, 1 l sterkedrank, 2 l wijn en 50 ml parfum worden ingevoerd. Botswana heeft een douane-overeenkomst gesloten met Zuid-Afrika, Namibië, Lesotho en Swaziland. Wie tussen deze landen reist, hoeft geen in- en uitvoerrechten te betalen. Eigenlijk moeten op de heenreis alle elektrische apparaten en camera's worden gedeclareerd, want alleen dan is een probleemloze uitvoer gegarandeerd.

In werkelijkheid gaat men nogal soepel met dit voorschrift om: er wordt zelden gecontroleerd of u de apparatuur hebt aangegeven.

Zambia

Ingezetenen van de EU hebben voor de reis naar Zambia een visum nodig, dat bij alle grensovergangen is te krijgen en 90 dagen geldig is. De prijs van een enkelvoudig toeristenvisum *(single entry)* is US$ 60 en voor een meervoudig toeristenvisum *(double entry)* US$ 90. U moet contant (in dollars of euro's) betalen. Op de heenreis moet uw paspoort minstens zes maanden geldig zijn. Kinderen hebben een eigen paspoort nodig.

Wie zelf een auto bestuurt, moet CO_2-belasting *(carbon tax)* betalen, die tot ZMW 250 per auto kan oplopen en uitsluitend in Zambiaanse kwacha kan worden betaald. Soms wordt op uw documenten een stempel gezet om aan te geven dat u de belasting bij het verlaten van het land moet betalen, maar het is eenvoudiger om dat direct te doen. De wegenbelasting *(road tax)* bedraagt US$ 15 of het omgerekende bedrag in euro's.

Zimbabwe

Ingezetenen van de EU hebben voor de reis naar Zimbabwe een visum nodig, dat bij alle grensovergangen is te krijgen en 30 dagen geldig is. De prijs van een enkelvoudig toeristenvisum *(single entry)* is US$ 40 en voor een meervoudig toeristenvisum *(double entry)* US$ 55. U moet contant (in dollars of euro's) betalen. Op de heenreis moet uw paspoort minstens 30 dagen geldig zijn. Kinderen hebben een eigen paspoort nodig.

Wie zelf een auto bestuurt, moet een aan de cilinderinhoud gerelateerde CO_2-belasting *(carbon tax)* tussen de € 30 en 55 voldoen, die in euro's, dollars of rand kan worden betaald. Houd er in Zimbabwe rekening mee dat het aantal benzinestations beperkt is. Maar op de in deze gids beschreven excursie via Zimbabwe naar de Victoria Falls (zie blz. 354) komt u geen problemen tegen: gooi de tank op de heenweg naar Botswana en op de terugweg naar Zambia vol.

> ## VERDER REIZEN NAAR DE BUURLANDEN
>
> Wie een huurauto uit Namibië meeneemt, moet aan de grens van Botswana, Zambia en Zimbabwe (de laatste twee landen zijn niet opgenomen in de douaneovereenkomst) een uitvoerbevestiging van de verhuurder kunnen overleggen. Bij de grensposten van elk van de genoemde landen moet een afzonderlijke wettelijke aansprakelijkheidsverzekering worden afgesloten en een bedrag voor weggebruik worden voldaan.

Eigen vervoer

Wie met zijn eigen auto naar Namibië, Zuid-Afrika, Botswana, Zambia of Zimbabwe reist, heeft een grensdocument *(carnet de passage)* nodig, dat verkrijgbaar is bij de ADAC, de Duitse zusterclub van de ANWB.

Als u alleen Namibië, Botswana en Zuid-Afrika bezoekt, hoeft u dankzij de douaneovereenkomst slechts een carnet voor deze drie landen aan te vragen. In Namibië, Botswana en Zambia is een internationaal rijbewijs verplicht.

Als u door Namibië met een voertuig dat niet is ingevoerd in het land gaat reizen, moet u voor het gebruik van de wegen een wegenbelasting *(road tax)* van N$/ZAR 250 betalen. Sommige Zuid-Afrikaanse autoverhuurbedrijven bieden voertuigen aan die van een Namibisch kenteken zijn voorzien. U hoeft dan geen wegenbelasting te betalen. Het bij de grens uitgegeven bewijs van betaling van wegenbelasting moet u altijd bij u hebben en bij eventuele politiecontroles en bij vertrek uit het land kunnen laten zien.

Heenreis

Wie naar Namibië gaat, neemt normaal gesproken het vliegtuig.

Cruiseschepen leggen aan in Lüderitz of in de vroegere Zuid-Afrikaanse exclave Walvis Bay.

Vliegen naar Namibië

Air Namibië: www.airnamibia.com, tel. in Duitsland 01805 40 85 85 64, vliegt dag. in elf uur direct van Frankfurt am Main naar Windhoek (vanaf € 773).
Condor: www.condor.com, tel. 0 18 06 76 77 67, vliegt dag. van Frankfurt am Main direct naar Windhoek (vanaf € 650).
South African Airways: www.flysaa.com, tel. 018 03 35 97 22, vliegt van Frankfurt am Main naar Windhoek, met overstap in Johannesburg (vanaf € 900).

Ook **Lufthansa** (www.lufthansa.com) en **British Airways** (www.britishairways.com) verzorgen vluchten van Frankfurt am Main via Johannesburg (Zuid-Afrika) naar Namibië (British Airways via Londen). Informeer bij uw reisbureau naar de gunstigste tarieven of zoek online naar speciale aanbiedingen.

Luchthaven Windhoek

Hosea Kutako International Airport ligt 42 km ten oosten van de stad. Shuttlebussen brengen toeristen na aankomst naar het centrum van Windhoek. De taxirit is zeer prijzig. Haal bij voorkeur de gereserveerde huurauto direct bij de luchthaven op.

Vervoer in Namibië

Dankzij de goede infrastructuur zijn de grote steden in Namibië goed bereikbaar. Er gaan dagelijks binnenlandse vluchten, treinen en bussen tussen deze steden. Informeer naar de vertrektijden en tarieven (zie onder voor contactadressen). Soms kunt u voor vertrek vliegtickets en bus- of treinkaartjes bij uw reisbureau kopen. Het openbaar vervoer is beperkt tot de belangrijkste routes in het land, zodat het beste vervoermiddel een auto is.

Binnenlandse vluchten

Air Namibië verzorgt binnenlandse vluchten van de luchthaven Eros (5 km buiten Windhoek). De bestemmingen zijn Katima Mulilo, Lüderitz, Ondangwa, Oranjemund, Rundu en Walvis Bay. Meer informatie: Air Namibië, P.O. Box 731, Windhoek, tel. 061 22 96 39; in Duitsland tel. 01805 40 85 85 64.

Bij particuliere chartermaatschappijen kunt u vliegsafari's, rond- en binnenlandse vluchten boeken.

Trein

De Namibische en Zuid-Afrikaanse spoorwegen zijn met elkaar verbonden. Een keer per week rijdt er een trein van Windhoek (vertrek: wo.) via Keetmanshoop, Upington en De Aar naar Johannesburg of Kaapstad en terug. Informatie is te krijgen bij het Railway Station, Bahnhof St, Windhoek, tel. 061 22 73 64 en 298 25 04.

Sinds april 1998 rijdt de enige Namibische **luxetrein**, de **Desert Express**, tussen Windhoek en Swakopmund (de reistijd bedraagt 24 uur). Voor meer informatie kunt u terecht bij: Desert Express, P.B. 13204, Windhoek, tel. 061 298 26 00, dx@transnamib.com.na, prescilla.karita@transnamib.com.na, moses.mbai @transnamib.com.na, www.namibiareservations.com/dx.html en bij de particuliere treinreisagent johan@jbtours.co.za, www.jbtours.co.za. Met de Desert Express kunt u ook een vierdaagse reis van Windhoek naar de Etosha Pan maken. Na twee dagen komt u aan op het station van Tsumeb, waar u kunt deelnemen aan een safari in Etosha. Overnachten is mogelijk in de Mokuti Lodge. Op deze treinreis zijn ook andere excursies te maken.

Sinds mei 1998 rijdt de beroemde **historische Rovos Rail** ook naar Namibië, en wel in het kader van een treinreis van negen dagen en acht nachten, van de savanne van het Zuid-Afrikaanse Highveld naar de Atlantische Oceaan. De reis gaat over een afstand van 3400 km en begint in Pretoria. Vandaar gaat de tocht eerst naar Kimberley, de Zuid-Afrikaanse hoofdstad van de diamantwinning, waar de beroemde Big Hole wordt bezocht. Daarna volgt Uppington, tussen de Kalahari en de Oranjerivier, dan door de Noordkaap naar Ariamsvlei, waar de grens met Namibië wordt gepasseerd. Hier bestaat de mogelijkheid een uitstapje naar de Fish River Canyon te maken.

De trein doorkruist eerst de Kalahariwoestijn, waarna hij de hoofdstad van Namibië, Windhoek, aandoet. Vandaar vertrekt een excursie van een etmaal naar de duinen van Sossusvlei, waar bovendien wordt overnacht. Via het beroemde Etosha National Park rijdt de trein naar de Atlantische Oceaan. De laatste etappe gaat naar Swakopmund. Data, prijzen en verdere informatie vindt u op www.rovos.com.

Bus

Intercape Mainliner, tel. 061 22 78 47, www.intercape.co.za, rijdt geregeld van Windhoek naar Kaapstad (3 x per week), Upington, Pretoria of Johannesburg (2 x per week) en in Namibië van Windhoek naar Walvis Bay en Tsumeb.

Taxi

Er rijden taxi's in de steden Windhoek (tel. 061 23 70 70 en 22 30 20), Swakopmund (tel. 064 40 22 05) en Walvis Bay (tel. 064 20 25 68).

Onderweg met de huurauto

Een groot aantal van de belangrijkste bezienswaardigheden van Namibië is uitstekend te bereiken met een normale personenauto met tweewielaandrijving. Het reisplezier wordt echter aanzienlijk groter met een fourwheeldrive, waarmee u zich gemakkelijker door het soms zeer grillige landschap kunt verplaatsen. Maar in afgelegen gebieden is een volledig uitgeruste terreinwagen met vierwielaandrijving niet te huur. Ver van de beschaafde wereld is bovendien nergens benzine, proviand en soms zelfs ook geen drinkwater te krijgen. Autoverhuurders maken dat hun klanten niet altijd even goed duidelijk.

Ook enkele bijzonder fraaie routes, die in deze wereldreisgids worden beschreven, zijn uitsluitend per terreinwagen en met de nodige stuurmanskunst af te leggen. Dit geldt voor een groot aantal trajecten in Kaokoland, bijvoorbeeld door het diepe zand in Kaudom Game Park, over de drooggevallen rivierbeddingen in Noord-Damaraland, door het Moremi Game Reserve, over de Makgadikgadi Pans, door Chobe National Park in Botswana en de laatste

Per huurauto door het rode duinlandschap van de Namib tussen Sesriem en Sossusvlei

vijf kilometer over zandig terrein naar de duinen van Sossusvlei.

Wegen

Van de wegen in Namibië is ongeveer 5500 km geasfalteerd en 59.000 km in de meeste gevallen goed onderhouden. Maar wat er op de kaart als een uitstekende asfaltweg uitziet, blijkt in werkelijkheid vaak een voor de inzittenden en de banden lastig begaanbare wasbordweg te zijn.

Autoverhuur

Voor het huren van een voertuig hebt u een geldige creditcard en een internationaal rijbewijs nodig. Als u in Namibië een auto huurt waarmee u een rondreis door andere landen in zuidelijk Afrika gaat maken, moet u zorgen dat u altijd een vergunning van de verhuurder bij u hebt.

Bezoekers met een beperkte kennis van het Engels kunnen het gewenste voertuig het best voor vertrek huren en betalen. Wie niet tevreden is met zijn huurauto, kan bij terugkeer van zijn reisbureau meestal een schadevergoeding krijgen. Als u ter plaatse een auto huurt, is dit onmogelijk.

Aanbod aan huurauto's

De voordeligste huurauto's in Namibië zijn op dit moment de Volkswagen Polo en de Toyota Corolla. De prijs-kwaliteitverhouding van deze auto's is goed, maar een airconditioning ontbreekt, wat niet alleen in de zomer problemen oplevert.

Veel plaatsen in Namibië zijn ook zonder fourwheeldrive bereikbaar, maar om veiligheidsredenen is het raadzaam om voor een huurauto te kiezen met veel ruimte en een hoog chassis. Omdat bijna alle autoverhuurbedrijven schade aan de onderzijde van de auto in rekening brengen, kunt u met een kleine voordelige personenwagen uiteindelijk toch behoorlijk duur uit zijn. Op de Namibische wegen is schade aan het chassis van een laag op de wielen staande auto immers bijna onvermijdelijk. Daarbij komt het volgende gevaar: overal in Namibië kunnen wilde dieren plotseling de weg oversteken. In een grote auto bent u beter beschermd bij een eventuele botsing.

Daarom zijn **terreinwagens** zeer gewild. Zeer prijzig is de Afrikaanse klassieker **Land Rover Defender**. Dit type landrover ziet er al sinds 1948 nagenoeg hetzelfde uit.

Voordeliger en daarom in heel zuidelijk Afrika zeer populair zijn **pick-ups**, die ook wel *bakkies* worden genoemd. Een aanrader is een pick-up met dubbele cabine en een dieselmotor, omdat u dan uw foto- en filmuitrusting en bijvoorbeeld een koelbox op de achterbank kwijt kunt. Bovendien verbruikt een dieselmotor – vooral in los zand – minder brandstof dan een benzinemotor. In de laadbak met een plastic overkapping is voldoende ruimte voor jerrycans met benzine of water, dozen met proviand en een op een tweede accu aangesloten 12 voltskoelkast, waarin uw dranken zelfs in de zinderende hitte *in the middle of nowhere* goed gekoeld blijven.

Naast de genoemde koelkast (*freezer*) hebben sommige autoverhuurders (zie blz. 83) complete **campinguitrustingen** in hun assortiment. Een absolute aanrader is een daktent (*roof tent*), die u 's avonds simpelweg openklapt en met een stabiele ladder aan de grond bevestigt. Dat is niet alleen erg eenvoudig, maar ook veilig, omdat wilde dieren dan uw nachtrust niet kunnen verstoren.

Prijzen

Omdat op de Namibische wegen vaak verkeersongelukken gebeuren (doordat toeristen niet gewend zijn aan links rijden en aan onverharde wegen), zijn huurauto's in Namibië niet goedkoop. Op de websites van autoverhuurders zijn echter vaak seizoensaanbiedingen te vinden. Vanwege de grote afstanden is het aantal kilometers bijna altijd onbeperkt. Sommige verhuurders bieden voor de veiligheid op offroad tochten door afgelegen gebieden ook satelliettelefoons te huur aan.

Borgsommen voor huurauto's, vooral voor terreinwagens, zijn hoog en moeten contant (onhandig) of met een creditcardgarantie worden voldaan. Eventuele schade wordt van de borgsom afgetrokken. Schade aan banden of ruiten moet altijd door de huurder worden betaald. Als u uw huurauto total loss rijdt, wordt uw borgsom altijd in zijn geheel ingehouden. Wie geen borg wil betalen, kan een hogere huurprijs per dag afspreken. Voorbeeld:

Een **Volkswagen Polo** kost bij een huurperiode van zes tot vijftien dagen zo'n N$ 600 per dag. Bij een langere huur krijgt u vaak korting. De borg bedraagt N$ 13.000, het eigen risico bij een ongeluk N$ 10.000. Het is aan te raden de websites van de verhuurders goed te bestuderen om erachter te komen wat de huurprijs voor een bepaalde trip van een bepaalde tijd bedraagt.

Vanwege de koersschommelingen van de Namibische dollar berekenen sommige verhuurders de huurprijs in euro's. Een ideale terreinwagen voor beginners is de Suzuki Jimny 4x4 (vanaf € 50 per dag). De kleine auto presteert goed op zwaar terrein en hij is soms met daktent of een apart er bij te zetten tent te huur. Kenmerkend voor Namibië zijn de Isuzu-, Nissan- en Toyota-pick-ups (vanaf € 80 per dag). Iets meer kosten de Land Rover Defender (vanaf € 110 per dag) en de Toyota Land Cruiser (vanaf € 100 per dag), eveneens inclusief daktent en kampeeruitrusting. Bij de dagprijs komt nog een eigen bijdrage aan de allriskverzekering, die door extra dagelijkse betalingen kan worden gereduceerd. De verhuurders vragen daarvoor een borg in de vorm van een creditcard. Door de hitte verdient een auto met airconditioning aanbeveling.

Wie gaat wildkamperen in Koakoveld of Bushmanland (Boesmanland) kan het best voor een **volledig uitgeruste terreinwagen** (bijvoorbeeld een Nissan met dubbele cabine) kiezen. Als u deze terreinwagen met airconditioning, stuurbekrachtiging, een tank met 160 liter benzine, een reservetank en jerrycans voor het afleggen van afstanden tot 1100 km, een of twee tweepersoonsdaktenten, slaapzakken, matrassen met overtrek en kussens, handdoeken, een 12 voltskoel-/vrieskast, een tafel, stoelen, twee gasflessen, een kookstel, lampen, een barbecue met benodigdheden, een stofdichte box met een keukenset en een waterjerrycan neemt, bent u circa N$ 1300 per dag kwijt, bij een borg van N$ 30.000; zonder borg betaalt u circa N$ 1550 per dag.

Controle

Welke huurauto u ook kiest, u moet altijd vooraf het voertuig controleren. In principe moet u geen auto huren die meer dan drie jaar oud is. Op de wegen door ruig gebied veroudert een huurauto die toch al een groot aantal kilometers per jaar maakt sneller; hierdoor wordt de auto onbetrouwbaar en schadegevoelig.

Werp bij het afhalen van het voertuig een kritische blik op de **banden**. Wanneer u een lange tocht gaat maken en de banden al helemaal afgesleten zijn, doet u er goed aan erop

PECH ONDERWEG

Informeer of uw autoverhuurbedrijf een 24 uurshulpdienst (ook op zon- en feestdagen) heeft. Tevens is het praktisch als uw verhuurder over een eigen sleepdienst beschikt. Want niemand wil na een aanrijding met een wild dier of een total loss dagenlang in een afgelegen gebied op hulp wachten. In elk geval moet u voor uw autotocht door Namibië nagaan op wie u bij pech een beroep kunt doen. Sommige autoverhuurders bieden naast een gratis hulpdienst vervangend vervoer aan, maar andere zijn zo klein dat ze zich een dergelijke service niet kunnen veroorloven. Voor uw eigen veiligheid kunt u ook een **satelliettelefoon** huren, waarmee u overal in het land hulp zou kunnen inroepen – deze voorziening maakt de reis een stuk relaxter. Neem in elk geval altijd voldoende **drinkwater en proviand** mee! Leden van de ANWB kunnen in het kader van het *show your card!*-programma, mits in bezit van de lidmaatschapskaart, gebruikmaken van de diensten van de Namibische **automobielclub** Automobil Association of Namibia (AAN): hoek Peter Müller St./ Independence Ave., Windhoek, tel. 061 22 42 01.

Hier kan de wegenwacht niets meer doen …

aan te dringen dat de banden compleet worden vernieuwd. Let ook op de kwaliteit van het reservewiel en de krik. De volgende stap: kijk of er al kleine beschadigingen aan de **voorruit** zijn. Als dat het geval is, kunt u ervan uitgaan dat de ruit bij de eerste opspringende steen breekt. En glasschade wordt over het algemeen niet verzekerd. Hetzelfde geldt voor schade aan banden.

Informeer voor vertrek bij uw autoverhuurbedrijf wat de optimale **bandenspanning** is en vraag naar de toestand op de verschillende wegen. Voor een beladen fourwheeldrive verdienen de volgende spanningsniveaus aanbeveling: 2,5 bar op asfaltwegen, 1,8 bar op steenslagwegen, 1,5 bar op rotsachtig terrein en tot 0,8 bar in diep zand. Hoe lager de bandenspanning, des te meer grip u op de weg hebt en des te elastischer de banden worden – dit voorkomt schade door scherpe stenen. Het is aan te raden om tegen een beperkte meerprijs een elektrische pomp voor de banden te huren. Wie heeft geprobeerd om bij 35°C een autoband met een handpomp op te pompen, begrijpt waarom.

Verzekeringen en veiligheid

Nog een heikel onderwerp: verzekeringen. Diefstal en autoroof *(carjacking)* komen in Namibië met regelmaat voor en voertuigen worden vanwege de hoge premies zelden (of na bijbetaling) tegen diefstal verzekerd. Sommige verhuurders rusten het huurvoertuig uit met een stuurslot, andere met een startonderbreker en een alarmsysteem, waarvan u zich de werking voor vertrek het best kunt laten uitleggen.

Probeer **diefstal** te allen tijde te voorkomen en neem onderweg de volgende regels in acht: neem onderweg nooit lifters mee. Sluit uw auto af als u stopt en uitstapt, ook als u maar een paar meter van uw auto wegloopt of uw voertuig maar een paar minuten verlaat. Laat nooit iets op een duidelijk zichtbare plaats in uw auto liggen. Auto's worden ook midden in de stad opengebroken, wat aangifte doen, urenlang wachten, ergernis en het verlies van waardevolle voorwerpen betekent.

Het is aan te raden een **allriskverzekering** met eigen risico bij total loss af te sluiten. Noteer bij het ophalen van uw auto zelfs de allerkleinste beschadigingen of defecten op een **checklist**.

Verkeersregels en veiligheidsmaatregelen

In Namibië moet u aan de **linkerkant van de weg** rijden. Er bestaat een **maximumsnelheid**, maar daarvan lijkt in de steden en vooral op het platteland geen sprake, want er wordt meestal zo hard gereden als de auto kan. Officieel gelden de volgende maximumsnelheden: 120 km/u op snelwegen, 100 km/u op landwegen en 60 km/u binnen de bebouwde kom. Op onverharde wegen moet u beslist langzamer en altijd met uw veiligheidsgordel om rijden. In alle nationale parken van Namibië mag u maximaal 60 km/u rijden.

Op de vele grind- en zandwegen hebt u, vooral als u hard rijdt, nauwelijks grip. Dit betekent dat uw remweg aanzienlijk langer wordt en dat het **slipgevaar** erg groot is. De meeste ongelukken gebeuren waar een lijnrechte weg plotseling een knik maakt, waardoor de chauffeur de controle over het stuur verliest en de auto kantelt, of wanneer een bestuurder op een onoverzichtelijke helling te ver op de andere rijbaan belandt en op het tegemoetkomende verkeer botst. Daarom wordt aanbevolen om **op onverharde wegen een maximumsnelheid van 70-80 km/u** aan te houden.

Als u op onverharde wegen wordt ingehaald, verdwijnt u enkele ogenblikken in een grote stofwolk. Rem daarom altijd af – het liefst zelfs al eerder, wanneer u in uw achteruitkijkspiegel een auto ziet naderen. Het is af te raden om 's nachts te rijden. Verder is het rijden op de extreem rustige wegen van Namibië een kalme aangelegenheid.

Rijden in een terreinwagen

Wie over onvoldoende rijervaring beschikt, kan het best samen met een tweede terreinwagen optrekken. Volg bestaande **zandsporen**. Als u het gevoel krijgt in het diepe zand te stranden, geef dan **geen gas** bij, want dan graven de wielen zich tot de assen in. Als u eenmaal vastzit in het zand, moet u bij auto's zonder permanente vierwielaandrijving controleren of de vrijloopnaven van de voorwielen daadwerkelijk op *lock* staan. Verlaag de bandenspanning tot 1 bar. Zandwegen zijn 's ochtends vroeg het best berijdbaar, wanneer het zand door de dauw nog hard is. Op rotsachtige wegen kunt u met de normale bandenspanning voor asfaltwegen rijden. Zware hellingen zijn het best in de eerste versnelling te bedwingen; laat een bijrijder eventuele obstakels aanwijzen.

Steek **rivieren** nooit over voor u de hoogte van de waterstand hebt gecontroleerd en rijd vervolgens met constante snelheid en een hoog toerental in de tweede versnelling door het water. Open in zeer diep water uw portieren, zodat het water door de auto kan stromen en uw terreinwagen niet door de stroming wordt gekanteld.

Autoverhuurbedrijven

Avis 4x4, tel. 061 23 31 66, www.avis.com.na. Een uitgebreide selectie goede terreinwagens met uitrusting en landkaarten. Filialen in Windhoek International Airport, Windhoek-stad, Lüderitz, Walvis Bay, Swakopmund en Tsumeb.

Asco Car Hire, 15 Manduma Ndemufayo Ave., tel. 061 37 72 00, info@ascocarhire.com, www.ascocarhire.com. Ruim 150 verschillende personenauto's, campers en terreinwagens, naar wens met een uitrusting afgestemd op uw reisprogramma.

Camping Car Hire, 36 Joule St., tel. 061 23 77 56, carhire@mweb.com.na, www.campingcarhire.com.na. Verhuur van personenauto's en terreinwagens; instructies voor het rijden met terreinwagens; service in het hele land.

Nature Wheels Safaris, 2 Storsch St., te. 061 23 96 43, www.nature-wheels.com. Verhuurder van Jeep Wrangler Unlimiteds, ook begeleide excursies per terreinwagen.

Kwenda Safari, gevestigd in Johannesburg/Zuid-Afrika, tel. 0027 44 533 57 17, mail@kwendasafari.com, www.kwenda.co.za. Verhuur van klassieke, volledig uitgeruste Land Rovers; mogelijkheid de auto op te halen in Johannesburg en in te leveren in Windhoek.

Meer verhuurders op **www.natron.net/autose.htm** (deels Engels, deels Nederlands).

Accommodatie

Algemeen

In Namibië bestaat geen gebrek aan stijlvolle en interessante mogelijkheden om te overnachten. De accommodatie loopt uiteen van luxehotels tot exclusieve, in sommige gevallen bijzonder prijzige lodges tot bescheiden, gezellige guesthouses en B&B's. In deze reisgids worden er enkele aanbevolen en op de websites van de toeristenbureaus zijn onder de link *Accommodation* onderkomens in alle prijsklassen te vinden. Er wordt over het algemeen ook een foto getoond, zodat u zich op internet een beeld kunt vormen van de geboden accommodatie.

Het is aan te raden om voor vertrek de **Namibia Accomodation Guide for Tourists** aan te vragen. Deze brochure wordt ieder jaar geactualiseerd en is gratis verkrijgbaar bij sommige reisbureaus in Nederland en bij het Namibische verkeersbureau in Frankfurt. Daarin staan alle accommodatietypen en -prijzen vermeld.

TOP 10 VAN NAMIBIË

De bijzonderste overnachtingstips van de auteur:
Village Courtyard Suites, Windhoek, zie blz. 128
Düsternbrook Guest Farm, omgeving Windhoek, zie blz. 141
Cañon Lodge, Fish River Canyon, zie blz. 163
Klein-Aus Vista, Aus, zie blz. 173
Wolwedans Dune Camp, zie blz. 206
Little Kulala, Sossusvlei, zie blz. 207
Sossus Dune Lodge, zie blz. 211
Grootberg Lodge, zie blz. 271
Okaukuejo Camp, zie blz. 306
Onguma Tree Top Camp, zie blz. 308

Hotels

Hotels vindt u in de steden en in de grotere plaatsen van het land. De toerusting en de dienstverlening voldoen aan de internationale standaard. Meestal is een zwembad aanwezig. Grotere hotels bevinden zich in Windhoek, Lüderitz, Swakopmund en Ondangwa. Een tweepersoonskamer (2 pk) met ontbijt kost N$ 1000-2200, een kamer of huisje met eigen kookgelegenheid N$ 450-800.

Pensions, B&B's en guesthouses

Deze particuliere onderkomens worden vaak door de eigenaars zelf gerund en beschikken maar over een paar kamers. Soms zijn ze ondergebracht in historische gebouwen. B&B's (tweepersoonskamer – 2 pk – met ontbijt) kosten tussen N$ 750 en 1500, afhankelijk van de locatie en de geboden voorzieningen.

Lodges

De over het hele land verspreide lodges lopen uiteen van rustiek tot luxueus, maar onderscheiden zich in ieder geval door een bijzondere ambiance, een uitstekende service en een goede keuken. Het allermooist zijn de meestal fraai ingerichte, afgelegen lodges waar de gasten worden ondergebracht in luxueuze tenten of in vrijstaande huisjes. Bij de prijs van een overnachting zijn alle maaltijden en meestal een à twee activiteiten per dag inbegrepen, zoals paardrijtochten, safari's met een gids in een open terreinwagen of tochten per quad (een motor met vier wielen). Afhankelijk van de lodge betaalt u voor twee personen tussen N$ 3000 en 11.000.

Wilderness Safaris biedt de grootste keus in stijlvolle lodges in Namibië (in totaal

Jack's & San Camp in Makgadikgadi Pans National Park in Botswana

11) en Botswana (in totaal 23). Alleen in het gebied van Sossusvlei worden al vier verschillende exclusieve overnachtingsmogelijkheden geboden. De uitvoerige website met duidelijke foto's van alle *camps* en lodges is het bekijken waard. Wilderness Safaris Namibia, Windhoek, tel. 061 27 45 00, info@nts.com.na, www.wilderness-safaris.com.

&Beyond, tel. 011 809 43 00, www.andbeyond.com biedt exclusieve lodges in zuidelijk Afrika. Momenteel heeft &Beyond echter slechts één lodge in Namibië, de luxueuze Sossusvlei Desert Lodge.

De verblijven van de **Leading Lodges of Africa**, tel. 061 37 53 00, res@leadinglodges.com, www.leadinglodges.com, en van het samenwerkingsverband Classics Namibia, www.classicsnamibia.com, worden met evenveel zorg geselecteerd.

Absolute aanraders zijn de 24 duurzame en voordelige accommodaties en in een uiterst bekoorlijke omgeving gelegen kampeerterreinen die deel uitmaken van de **Gondwana Collection**: tel. 061 23 00 66, www.gondwana-collection.com.

Logeerboerderijen (guest farms)

Veel Namibische boeren zijn op weg om van het onderbrengen van gasten de tweede pijler van hun bedrijf te maken, naast landbouw. Voordelen voor de gast: het boerenleven, contact met het gezin van de boer, een persoonlijke benadering en maaltijden met boerderijproducten. Het aantal kamers dat ter beschikking wordt gesteld, loopt uiteen van één à twee tot maximaal tien. Vaak bieden de boeren rondritten aan op hun eigen terrein, soms ook safari's. De prijzen liggen bij de ondergrens van de lodgeprijzen.

Accommodatie in de nationale parken

De kwaliteit van accommodatie in de nationale parken van Namibië is in de afgelopen jaren sterk verbeterd, het jeugdherbergachtige imago heeft plaatsgemaakt voor een lodge-achtige uitstraling.

Alle accommodaties in de nationale parken zijn te boeken bij **Namibia Wildlife Resorts** in Windhoek, tel. 061 285 72 00, fax 22 49 00 en Swakopmund, tel. 064 40 21 72, of bij de Khorixas Lodge, tel. 067 33 11 11, en van tevoren te bekijken op de website. Het eenvoudigst is online boeken via de prima website van Namibia Wildlife Resorts: www.nwr.com.na.

De volgende door de staat beheerde accommodaties kunnen op deze website worden geboekt:
Noord: Vijf accommodaties in het Etosha National Park (Okaukuejo, Halali, Namutoni, Onkoshi en Dolomite Camp), de hutten en het kampeerterrein bij de Popa Falls in de Caprivistrook, de *camps* in het Kaudom Game Park.
Centrum: Daan Viljoen Game Park, Gross Barmen Hot Springs, Hardap Recreational Resort, Reho-Spa Recreational Resort, Von Bach Recreational Resort en Waterberg Plateau Park.
Zuid: Ai-Ais Hot Springs, het Hobas-kampeerterrein bij de Fish River Canyon en het Shark Island-kampeerterrein in Lüderitz.
Namib: Sossus Dune Lodge, Sossusvlei/Sesriem Camp in het Namib-Naukluft Park, Duwiseb Castle, in het Skeleton Coast National Park de bungalows in Terrace Bay, het kampeerterrein in Torra Bay en de Khorixas Lodge.

Kamperen

Rugzaktoeristen wisten het al langer: de beste manier om een land te leren kennen is door er te kamperen. Vanwege zijn zonnige klimaat biedt Namibië hiervoor uitstekende omstandigheden. Kamperen kost tussen N$ 85 en 220 per plaats (voor een tent, een auto en vier personen). Avontuurlijk ingestelde reizigers die Namibië op eigen houtje willen verkennen, kunnen het best een terreinwagen met kampeeruitrusting huren. Er zijn enkele zeer mooie, door de plaatselijke gemeenschappen onderhouden kampeerterreinen, bijvoorbeeld in Kaokoland, bij de Spitzkoppe en in de Caprivistrook. Algemene informatie en prijzen zijn op te vragen bij de **NACTOBA (Namibia Community Based Tourism Association)**, info@namibweb.com, www.namibweb.com/community.htm.

Ook in alle nationale parken kan worden gekampeerd. De mooiste alternatieven voor wildkamperen liggen in het dunbevolkte Kaokoland. Let op: wildkamperen in de buurt van een Himbakraal is zonder vergunning niet toegestaan. Laat het terrein altijd achter in de staat waarin het bij aankomst verkeerde; ruim al het afval op en bedek de houtskool voor het kampvuur met zand.

Een groot aantal safariondernemingen in Namibië bieden gecombineerde arrangementen aan, waarbij naar wens wordt gekampeerd of overnachtingsgelegenheden worden aangedaan. De keuze is afhankelijk van de regio die u bezoekt, maar ook van het budget van de deelnemers. Aangezien deze safari's meestal onder leiding staan van een ervaren, inheemse gids, kan deze zijn gasten de fijnere kneepjes van het kamperen bijbrengen. Daarbij wordt geen moeite gespaard om het de gast zo aangenaam mogelijk te maken. Een safari in de afgelegen streken van Namibië, waar in de wijde omtrek geen mens is te zien en 's nachts alleen de sterren oplichten, is zeker een van de hoogtepunten van een reis door Namibië. Daarom koesteren door de wol geverfde safaribedrijven de hun bekende 'sluipweggetjes' in de wildernis van Namibië alsof het staatsgeheimen betreft.

Nog een voordeel van zo'n begeleide kampeersafari is dat de ervaren gids zich om alles bekommert, de plaatselijke flora en fauna op zijn duimpje kent, zijn beproefde systeem het opzetten en opvouwen van de tenten eenvoudig maakt en dat hij 's avonds bij het kampvuur altijd wel een of ander spannend bushverhaal weet te vertellen.

De Wolwedans Dune Lodge ten zuiden van Sossusvlei

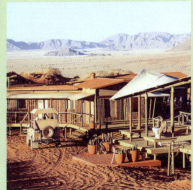

Pal voor uw lodge zijn vaak de wilde dieren van Namibië te zien

Verkoeling in de verzengende hitte: zwembad van de Cañon Lodge bij de Fish River Canyon

Eten en drinken

Vegetariërs hebben het in Namibië niet gemakkelijk. Vlees komt op de eerste plaats op het menu en verschijnt vooral gegrild op tafel. Naast BSE-vrij rundvlees wordt er veel wild geserveerd, van koedoe tot springbok en struisvogel. De Namibische drankenspecialiteit is bier dat aan de hoogste Europese kwaliteitseisen voldoet.

die op het platteland zijn opvallend. In Windhoek en Swakopmund zijn goede restaurants te vinden, maar tussen de verstedelijkte gebieden strekken zich niet alleen natuurlijke, maar ook gastronomische 'woestijnen' uit – met uitzondering van een paar verrassende uitzonderingen in de lodges.

Kwaliteit en prijzen

Omdat de koers van de Namibische dollar op dit moment laag is, liggen de prijzen in de restaurants in Namibië lager dan in Europa en de Verenigde Staten. Toch bent u in Namibië duurder uit dan in buurland Zuid-Afrika. De verschillen tussen de restaurants in de stad en

In talrijke lodges, zoals hier in de Wolwedans Dune Lodge, staan kwaliteit en sfeer hoog in het vaandel

In het restaurant

In de meeste Namibische restaurants geldt net als in Zuid-Afrika: *wait to be seated*. Dat wil zeggen dat u niet zelf aan een schijnbaar vrij tafeltje mag gaan zitten, maar u erheen laat brengen. U krijgt dan meteen de menukaart. Daarna komt de bediening, die zich voorstelt en vraagt of u iets wilt drinken. Als de drankjes zijn geserveerd, wordt u verteld wat de *specials* zijn – gerechten die niet op de kaart staan of die speciaal worden aangeraden.

's Avonds draagt men in een restaurant geen korte broek of T-shirt. Vooral in de populairdere etablissementen in de grote steden is het dringend aan te raden om voor het diner te reserveren. Vaak kunt u uw eigen wijn meebrengen. Daarvoor wordt een gering bedrag in rekening gebracht, de *corkage fee*. De fooi (10-15%, afhankelijk van de kwaliteit van de bediening) is gewoonlijk niet inbegrepen in de rekening. Op deze regel bestaan enkele uitzonderingen: in sommige, meer toeristische gebieden wordt een fooi van 10% opgeteld bij de rekening. Gelukkig zijn er in veel eetgelegenheden tegenwoordig gedeelten voor rokers en niet-rokers, iets wat een paar jaar geleden nog ondenkbaar was.

Gastronomie in Namibië

De keuken is internationaal, met invloeden van het Afrikaanse continent. De vele bevolkingsgroepen die zich in de loop van de tijd in

Namibië hebben gevestigd, brachten natuurlijk allemaal hun eigen recepten en specialiteiten mee: Italianen hun pasta's en pizza's, en niet te vergeten espresso en cappuccino, Duitsers verse worst, gehaktballen, zuurkool, rode kool, vleeswaren, broodjes en op Duitse wijze gebrouwen bier, Portugezen hun met veel knoflook bereide visgerechten enzovoort.

Kaaps-Maleise keuken

Er bestaat echter ook zoiets als de Namibisch-Zuid-Afrikaanse keuken die vaak de 'Kaaps-Maleise keuken' *(Malay food)* wordt genoemd. Daaruit komen gerechten waaraan Europeanen vaak even zullen moeten wennen. In dit verband moeten in de eerste plaats *bredies* worden genoemd, eenpansgerechten met schapenvlees, aardappels, uien en groenten. Verder biedt deze keuken onder meer geraffineerd gekruide *boboties* en lekkere desserts als *melktart*, een boerencheesecake die met kaneel wordt bestrooid.

Seafood en vlees

Populair zijn *seafood* (vis en zeevruchten) in alle mogelijk variaties, en natuurlijk vlees, met een voorkeur voor hier en in Zuid-Afrika en Botswana gefokte, gegarandeerd BSE-vrije runderen. Behalve rundvlees wordt in de restaurants ook vers, uit eigen land afkomstig lamsvlees opgediend.

Het wildaanbod *(venison)* omvat struisvogel *(ostrich)*, koedoe, wrattenzwijn *(warthog)*, springbok, spiesbok, elandantilope, zebra en parelhoen *(guinea fowl)*; qua zeebanket zijn er kabeljauw, langoesten en oesters.

Namibiërs zijn net als hun Zuid-Afrikaanse buren dol op grillgerechten. Bijna alles wat beweegt kan op het rooster terechtkomen. Een barbecuemaaltijd wordt hier *braai* genoemd en geldt voor zwart en blank bijna als een religieuze handeling – en wordt door mannen bereid. Wie niet aan een traditionele braai heeft deelgenomen, is niet echt in Namibië geweest. De braai is bij iedereen even populair, of het nu gaat om zwarten, *coloureds* of blanken. Er komt zowel vlees als vis op het rooster – een specialiteit zijn de pittig gekruide braadworstjes *(boerewors)*. Daarbij wordt *pap* met saus opgediend, een stevige maispap die eruitziet als aardappelpuree.

Als snacks voor tussendoor kunt u bijvoorbeeld kiezen uit Zuid-Afrikaanse *biltong* (in repen gedroogd, sterk gekruid vlees afkomstig van onder meer rund, springbok en struisvogel), *droëwors* (gedroogde gekruide worst) en Duitse gerookte worstjes.

Een traditionele specialiteit is *potjiekos* (spreek uit als 'poikikos'), een pittig gekruid eenpansgerecht met vlees, kip of vis, boven open vuur bereid in een driepotige, smeedijzeren pot.

Duitse keuken

Typisch Duitse specialiteiten, zoals salamiachtige worsten, behoren evenzeer tot de Namibische keuken als de ruim twintig in het land verkrijgbare broodsoorten en de verscheidenheid aan gebak, zoals de waarschijnlijk nergens anders in Afrika authentieker smakende *Schwarzwälder Kirschtorte*. Als ontbijt zijn er *Brötchen* – die overal in Namibië zo worden genoemd – belegd met kaas, eieren, vleeswaren of salade.

Specialiteiten

Truffels, een seizoensspecialiteit, verschijnen als het lang heeft geregend. Ze hebben een fijne, notige smaak. Een andere seizoensspecialiteit zijn *amajowas*, grote paddenstoelen met lange ondergrondse schimmeldraden, die aan de voet van termietenheuvels groeien – en wel alleen in februari, direct na de regentijd. Wie ze wil verzamelen moet snel zijn, want antilopen houden er net zo van als koks.

Als u dapper bent, moet u ook eens – gegarandeerd onder grote bijval van inheemse omstanders – *mopane caterpillar* proberen: knalgele, dikke rupsen, die zich hoofdzakelijk voeden met het blad van de mopaneboom. Deze eiwitrijke snack behoort tot het basisvoedsel van de bewoners van de Caprivistrook en Zimbabwe. De rupsen worden gewoonlijk boven open vuur geroosterd of voor latere consumptie in de zon gedroogd. Ze zijn soms ook in restaurants verkrijgbaar, waar ze met verschillende sauzen worden opgediend.

Populair seafood: verse oesters

Fastfood

Enkele Amerikaanse fastfoodketens, met name Kentucky Fried Chicken (KFC), hebben de buitenwijken van de steden en de winkelcentra veroverd. De Zuid-Afrikaanse hamburgerfastfoodketen heet Wimpy (www.wimpy.co.za). Aan te raden zijn hier niet zozeer de hamburgers als wel de filterkoffie. Smakelijke kipgerechten zijn verkrijgbaar in de filialen van Nando's Chicken.

Dranken

Wijn

Wie Namibië bezoekt, komt automatisch in aanraking met de talrijke in Zuid-Afrika geproduceerde witte en rode wijnen, die in kwaliteit variëren van eenvoudige tafelwijnen tot wijnen van wereldklasse. Als u zich intensiever wilt verdiepen in Zuid-Afrikaanse wijnen, is het aan te raden om de *Platter* te raadplegen. Dit naslagwerk geldt terecht als de wijnbijbel van Zuid-Afrika. Elk jaar verschijnt een nieuwe editie. Regelmatige updates zijn te vinden op de website www.wineonaplatter.com. Behalve beoordelingen (van geen tot vijf sterren) van de wijnen van alle Zuid-Afrikaanse wijnproducenten staan er onder meer beschrijvingen in van alle Zuid-Afrikaanse druivenrassen.

Bier

Bierliefhebbers komen in Namibië moeiteloos aan hun trekken. Heel goed is het bier van de Namibia Breweries, die hun Windhoekbier al sinds jaren in overeenstemming met het Duitse *Reinheitsgebot* van 1516 brouwen. Er zijn drie soorten: Windhoek Lager, Draught en Light. Een goed alternatief voor deze bieren is Tafel Lager.

Wie voor een restaurant de Griekse y's telt, weet al van tevoren wat hij later te drinken kan krijgen:
Y   wijn en bier alleen bij de maaltijd
YY   ook losse verkoop van wijn en bier
YYY volledige alcoholvergunning.

Individuele reizigers

Woolworth (www.woolworth.co.za) heeft in Namibië, anders dan in andere landen, een uitstekend aanbod aan levensmiddelen. Er zijn filialen in Windhoek, Swakopmund, Walvis Bay en Oranjemund.

Eveneens aan te raden is de supermarktketen Pick & Pay (www.picknpay.co.za), met vijf filialen in Namibië. De ervaring leert dat de groenten en het vlees bij Spar (www.spar.co.za), met filialen in bijna alle Namibische steden, vaak niet zo vers en mals zijn als bij de twee eerdergenoemde supermarkten, maar de warme bakker van Spar bakt voortreffelijke croissants en Brötchen.

Deze winkels hebben ook alles in huis voor *braais*. Ze verkopen rund-, kalfs-, varkens- en natuurlijk struisvogelvlees in alle soorten en maten, zoals steaks, lappen en gehakt, vacuümverpakt, gemarineerd in diverse sauzen of naturel. Heel lekker zijn de gemarineerde varkensribbetjes *(pork spare ribs)* van Woolworth. Bovendien zijn overal waar barbecuevlees wordt verkocht ook houtskool, aanmaakblokjes en grillroosters verkrijgbaar. Dit zijn zaken die reizigers met een auto naast de koelbox in de kofferbak bij zich moeten hebben, want op veel picknickplaatsen, in natuurreservaten en vooral op *self catering*-campings staan houtskoolbarbecues.

Outdoor

In en rond Swakopmund is een groot aanbod aan actieve sporten, van parapente tot *sandboarden* in de duinen. Met zijn meestal onbewolkte hemel is Namibië een ideaal land voor ballonvaarten, die vooral worden aangeboden in de Namibwoestijn boven de duinen van de Sossusvlei (zie blz. 212).

Golf

Golf kan vanwege de vaak enorme hitte in Namibië bijna als avontuurlijke sport worden gezien, vooral als er op een van de 'woestijnbanen' met duinen op de achtergrond wordt gespeeld. De twee bekendste banen zijn: Windhoek Country Club, tel. 061 205 59 11, www.legacyhotels.com, en de Rossmund Golf Course bij Swakopmund, tel. 064 40 56 44, rossmund@iafrica.com.na. Dit is een van de vijf officieel erkende, geheel uit gras bestaande 'woestijngolfbanen' ter wereld. Er zijn slechts twee 18 holesgrasbanen in Namibië, beide volwaardige banen. Clubs kunnen worden gehuurd, in de clubhuizen vindt u bars en restaurants.

Informatie over deze en andere golfbanen in Windhoek, Swakopmund, Henties Bay, Walvis Bay, Lüderitz, Tsumeb, Oranjemund en Katima Mulilo: Namibia Amateur Golf Union: P.O. Box 2989, Windhoek, tel. 061 23 50 79.

Hengelsport

De Atlantische kust van Namibië is een paradijs voor hengelaars en zeevissers. Inlichtingen: West Coast Angling & Tours, 9 Roon St., Swakopmund, tel. 064 40 32 77.

Jagen

De jacht is voor Namibië een belangrijke bron van buitenlandse valuta. Zo is het wild langzamerhand in een bron van inkomsten veranderd. De Namibia Professional Hunting Association (NAPHA, P.O. Box 11291, Windhoek, tel. 061 23 44 55) meent dat jagen noodzakelijk is om het ecosysteem intact te houden.

Namibië heeft een strenge **jachtwet**. Niemand mag een dier vangen of doden zonder daarvoor toestemming te hebben. Dieren voor jachttrofeeën mogen in bepaalde quota worden geschoten. Tot deze categorie behoren: olifanten, breedlipneushoorns, leeuwen, buffels, luipaarden, jachtluipaarden, alle antilopesoorten (met inbegrip van speciaal beschermde soorten als de zwartkopimpala of Kirks dikdik) en de beschermde bergzebra. Het jachtseizoen voor jaagbaar wild op de farms (boerderijen) is beperkt tot juni en juli. De schriftelijke toestemming van de boer op wiens land wordt gejaagd, moet van tevoren worden aangevraagd. Hij beslist ook op welke dieren wordt gejaagd en hoe hoog de afschotpremie uitvalt. De dieren waar het meest op wordt gejaagd zijn wrattenzwijnen, springbokken, koedoes en oryxen (spiesbokken).

Trofeejagers mogen buiten het seizoen jagen (met uitzondering van december en januari) wanneer ze hun permit hebben verkregen via een geregistreerde beroepsjager of jachtgids. In Namibië zijn enkele speciale jachtfarms ingesteld.

Wilde vogels als frankolijnen, parelhoenders, eenden, ganzen, kwartels en zandhoenders mogen tijdens het vogeljachtseizoen in augustus en september onbeperkt worden geschoten.

Motorsport

Quadrijden

Quads, *four wheelers* of *all terrain vehicles* zijn kleine eenpersoonsvoertuigen met vier dikke, met weinig lucht gevulde banden, die met een grof profiel zijn bedekt. Gas wordt gegeven met een kleine hendel aan de rechterkant van

Op een quad door de Namibwoestijn

het stuur, de versnellingen worden vaak automatisch geschakeld. Zelfs mensen met weinig ervaring hebben quadrijden snel onder de knie. Veel Namibische touroperators bieden tochten aan, meestal door de duinen. Dankzij de zachte banden maken quads nauwelijks sporen. Parkwachters zien erop toe dat de natuur geen schade ondervindt. Touroperators in Swakopmund (Desert Explorers, 2 Woermann Street, Rafters Action Pub Building, tel. 064 40 60 96, swkadven@iafrica.com.na, http://swakop.com/adv) en Walvis Bay (Kuiseb Delta Adventures, tel. 063 2025 50, fanie@kuisebonline.com, www.kuisebonline.com) rijden naar verborgen plekken, bijvoorbeeld naar de plaats waar de wind duizenden paardenskeletten in het zand heeft blootgelegd.

Enkele lodges, zoals Le Mirage of de Sossusvlei Desert Lodge, bieden quadtochten aan die duidelijk hogere eisen stellen aan de rijders. Desondanks is er altijd een *sundowner* op de duinkam. En het koude Windhoek Lager smaakt dan nog beter.

Enduro- en motortochten

Vanwege de hoge verzekeringspremies kunnen in Namibië momenteel geen motorfietsen worden gehuurd. Geïnteresseerden moeten een motor huren in Zuid-Afrika en vandaar naar Namibië rijden. Ralf Möglich biedt met zijn firma Gravel Travel in Namibië georganiseerde tochten aan met speciaal voor de woestijn aangepaste Yamaha XT 600-motoren. Op deze trips wordt genavigeerd met behulp van een *roadbook* en er rijdt een begeleidend voertuig mee. Daarnaast behoren op bepaalde data georganiseerde offroad-excursies voor de Toyota Land Cruiser zonder chauffeur tot het aanbod.

Gravel Travel: Annette Tollkühn, Velgen 27, 29582 Hanstedt, tel. 058 22 17 17, www.gravel-travel.de.

Karoo-Biking: Observatory, Cape Town, tel.: 021 447 47 59, mobiele telefoon: 082 533 66 55, info@karoo-biking.de, www.karoo-biking.de/en (informatie ook in het Engels), biedt georganiseerde tochten met BMW-motoren tussen Kaapstad en Windhoek, begeleid door een Duitse gids. Ook individuele, geheel uitgewerkte tochten met een zelf gehuurde motor zijn mogelijk.

Watersport

Er zijn verschillende rederijen die langs de kust in Lüderitz, Walvis Bay en Swakopmund **boottochten** organiseren om dolfijnen, zeehonden en pinguïns te observeren (zie de betreffende hoofdstukken). In de lagune van Walvis Bay kunt u tochten maken in een kajak, ideaal om vogels te observeren en natuurlijk om vlak bij de zeezoogdieren te komen.

Wie van kolkend water houdt, boekt een **vlottocht** op de Zambezi, de Kunene of de Oranjerivier; in de eerste twee komen krokodillen voor. Een stuk bedaarder zijn daarentegen de meerdaagse kanotochten op de Oranjerivier, waar u goed vogels kunt observeren. Voor een vier tot vijf dagen durende excursie betaalt u ongeveer N$ 3200. Nagenoeg alle aanbieders houden kantoor in het Zuid-Afrikaanse Kaapstad. Op hun websites worden de verschillende tochten gedetailleerd beschreven: www.felixunite.com, www.riverrafters.co.za, www.rafting.co.za, www.wildthing.co.za, www.kuneneriverlodge.com.

Feesten en evenementen

Regatta
De jaarlijkse regatta, die begin februari in Walvis Bay begint en in Lüderitz eindigt, is inmiddels een traditie geworden.

Onafhankelijkheidsdag
Elk jaar wordt op 21 maart met veel vertoon de Namibische Onafhankelijkheidsdag gevierd, inclusief muziek in het Zoopark in Windhoek.

Carnaval
Het Duitse verleden heeft natuurlijk ook bij de feesten zijn sporen nagelaten. Het Windhoek Karneval (Wika) wordt in Namibië even uitbundig gevierd als in het voormalige moederland. Omdat de festiviteiten altijd pas eind april/begin mei plaatsvinden, hebben de Windhoekers alle gelegenheid om te zien wat hun collega's in Duitsland hebben bedacht. Een carnavalsoptocht door de stad is het hoogtepunt van het feest. Carnaval wordt ook jaarlijks gevierd in Otjiwarango (Hellau) en Tsumeb (Tsumka), en in juli/augustus is er een kustcarnaval in Swakopmund (Küka) en Lüderitz (Lüka). Een feest als het Münchner Oktoberfest mag natuurlijk ook niet ontbreken. Het vindt plaats in Windhoek en duurt van eind september tot begin oktober.

Landbouwbeurs
Elk jaar wordt in de eerste week van oktober in de hoofdstad de Windhoek Show gehouden. Deze agrarische jaarbeurs is voor veel boeren in de omgeving de belangrijkste gebeurtenis van het jaar. Bezoekers kunnen onder meer kleding en souvenirs kopen.

/Ae//Gams Festival
Het /Ae//Gams-festival (de schuine strepen duiden klikklanken in de Namataal aan) werd in 2001 in het leven geroepen. Het moet elk jaar in september een demonstratie geven van de culturele verscheidenheid en het vreedzame samenleven van de verschillende bevolkingsgroepen in het land.

Hererodag
Hererodag wordt elk jaar gevierd in Okahandja, en wel in het weekend dat het dichtst bij 26 augustus (Heroes' Day) ligt. Feestelijk geklede en voor een deel geüniformeerde Herero gedenken de slachtoffers van de Herero-oorlog tussen 1904 en 1907.

Enjandostraatfeest
Sinds 1990 vindt op een zaterdag in november in Windhoek het Enjandostraatfeest plaats. Independence Avenue wordt ter gelegenheid van dit feest afgesloten voor alle verkeer en verandert dan in een podium voor dansgroepen, muzikanten en straathandelaars.

Kerstmis
Wanneer de temperatuur nog altijd oploopt tot ongeveer 35°C wordt jaar in jaar uit het kerstfeest gevierd met straatversiering, imitatiekerstbomen en kunstsneeuw. Rond deze tijd gaan alle Namibiërs die het zich kunnen veroorloven op vakantie.

Prachtige parade op Hererodag

In het Living Museum van de Damara worden sieraden gemaakt

Praktische informatie van A tot Z

Alarmnummers

Ambulance (altijd voorkiesnummer 061): Centraal Ziekenhuis Windhoek tel. 203 91 11, gemeentelijke ambulance tel. 203 22 70, Staatsziekenhuis tel. 203 91 11, Medi-Clinic tel. 22 26 87, Brandweer tel. 21 11 11, politie tel. 101 11.

Landelijk alarmnummer: 101 11 en 110 23; locatie aangeven, dan naar het nummer van de plaatselijke politie vragen *(local emergency police number)*.

Alcohol

Dranken met een hoog alcoholpercentage zijn alleen verkrijgbaar in de *Bottle Stores* (Afrikaans: *Drankwinkel*), wijn en bier ook in de supermarkt en de winkels van nationale parken. Alcohol mag alleen op doordeweekse dagen en op zaterdag tot 13 uur worden verkocht. Na die tijd en op zondag is de verkoop van alcoholische daken in winkels (ook in de *Bottle Stores)* verboden. Zie voor meer informatie over bier en wijn onder Eten en drinken, blz. 90.

Ambassades en consulaten

In Nederland/België
Ambassade van de Republiek Botswana
Botswana heeft geen ambassade in Nederland. De in België gevestigde Botswaanse ambassade is bevoegd voor de hele Benelux.
Het adres:
Tervurenlaan 169
1150 Brussel (Sint-Pieters-Woluwe)
tel. (0032) (0)2 7352070
e-mail: botswana@brutele.be

Botswana Tourism
www.botswana-tourism.gov.bw

Een officiële website vol nuttige informatie voor uw reis naar Botswana.
In Nederland is geen ambassade van Namibië gevestigd. Wend u tot de ambassade in Brussel.

Ambassade van de Republiek Namibië
Tervurenlaan 454
1150 Brussel (Sint-Pieters-Woluwe)
tel. (0032) (0)2 7711410

Namibië en Nederland
www.namibianederland.net
Deze website is gelanceerd toen in 2006 de Nederlandse ambassade in Namibië haar deuren sloot. De site vormt een goede bron van informatie voor iedereen die naar Namibië wil reizen of die uit zakelijk oogpunt in het land is geïnteresseerd. Er is aandacht voor praktische zaken en achtergrondinformatie over heden en verleden van dit land.

Ambassade van Zambia
Molièrelaan 469
1050 Elsene, Brussel
tel. (0032) (0)2 3435649

In het buitenland
Belgisch Ereconsulaat
Engling Stritter & Partners
2 Love Street
Windhoek, Namibië
P.O. Box 43 - 9000 Windhoek
tel. (00264) (61) 383300

Nederlands Honorair Consulaat
Edelvalkstraat 23
Hochland Park
Windhoek
tel. (00264) (61) 223733
e-mail: honconsulnl@namibianederland.ne

Nederlandse Ambassade
De onderstaande ambassade is tevens bevoegd voor Namibië.

Nederlandse Ambassade in Zuid-Afrika
210 Queen Wilhelmina Avenue
New Muckleneuk 0181, Pretoria
tel. 0027 12 425 4500
e-mail: pre@minbuza.nl
In noodgevallen buiten kantooruren:
0027 83 292 0894.

Nederlandse Ambassade in Zimbabwe,
tevens voor Zambia en Malawi
2 Arden Road, Newlands, Harare, Zimbabwe
tel. 00260 (0)4 776 701
In noodgevallen buiten kantooruren:
00263 772 27 407

Do's-and-don'ts

In een nationaal park

In de nationale parken van Namibië gelden verschillende regels, waaraan u zich in ieder geval moet houden:

Vuur maken is uitsluitend op de daartoe bestemde plaatsen in de *rest camps* toegestaan. Het is verboden om in beschermde gebieden zelf brandhout te sprokkelen. Voor wie vuur wil maken, stellen de rangers meestal gratis brandhout beschikbaar, soms wordt er een kleine vergoeding voor gevraagd.

Het is verboden om **fauna, flora, historische gebouwen, archeologische vindplaatsen** en **rotstekeningen** op welke wijze dan ook schade toe te brengen of ze mee te nemen: de leus *Leave nothing but footprints – take nothing but photos* (Laat niets anders dan voetstappen achter – neem niets anders dan foto's mee), wordt de bezoekers op het hart gedrukt.

In het Etosha National Park mogen bezoekers hun **auto's alleen verlaten in de rest camps** en op speciaal aangegeven plaatsen. In veel delen van andere nationale parken mag u vrij rondlopen, maar in wildgebieden, zoals Kaudom, Mahango, Mudumu en Mamili Park moet u bijzonder goed oppassen, omdat daar gevaarlijke dieren leven.

In alle parken mag alleen op de officiële wegen gereden worden; **offroadtrips** zijn daar ten strengste verboden. De toegestane maximumsnelheid in alle nationale parken bedraagt 60 km/u.

Dagjesmensen, die de beschermde natuurgebieden Hardap, Daan Viljoen, Gross Barmen, Bach en Waterberg willen verkennen, moeten van tevoren bij het centrale parkbeheer (voor contactgevens zie hieronder) reserveren en **moeten de gebieden vóór 18 uur verlaten.** In het Naukluftgedeelte van het Namib-Naukluft Park, in Terrace Bay en Torra Bay mogen geen dagjesmensen komen. Als u een van deze parken wilt bezoeken, moet u een bevestigde reservering kunnen overleggen.

Een **permit** om door het Skeleton Coast Park te mogen rijden is te krijgen bij de ingangen van het park: de Ugab Gate en de Springbokwasser Gate. Permits voor de Namibregio en het Namib-Naukluft Park zijn verkrijgbaar bij het Central Reservations Office in Windhoek, de informatiebureaus in Lüderitz en Swakopmund, in Hardap, Sesriem en bij een aantal benzinestations in Swakopmund en Walvis Bay. Vergunningen voor het betreden van alle andere parken worden bij de ingang uitgegeven. Voor boekingen van alle activiteiten in de nationale parken en accommodatie kunt u terecht bij **Namibia Wildlife Resorts** in Windhoek, tel. 061 285 72 00, Swakopmund, tel. 064 40 21 72 of in Kaapstad, Pinnacle Building, Burg Street, tel. 0027 21 422 37 61. Het laatste is aan te raden als u zowel Zuid-Afrika als Namibië vanuit Kaapstad bezoekt. Boeken gaat het eenvoudigst op de uitstekende website van Namibia Wildlife Resorts: www.nwr.com.na.

Gedragsregels in de wildernis

In Namibië mag u op sommige plaatsen wildkamperen, met name in Kaokoland en Bushmanland (Boesmanland). Op die locaties moeten bezoekers zich echter aan bepaalde regels houden, niet alleen ter bescherming van plant en dier, maar ook om te voorkomen dat u de leefomgeving van de inheemse bevolking verstoort en ervoor te zorgen dat ook anderen de kans krijgen om ten volle van de natuur te genieten.

Alleen kijken – rotskunst in Maack's Shelter in de Leopard Gorge

Laat **kampeerterreinen** altijd precies zo achter als u ze aantrof – of liever nog schoner. In de regentijd is het sterk af te raden om uw tent op de droge rivierbeddingen op te slaan, omdat het water in de **rivier** bliksemsnel kan stijgen. Ook kunt u beter niet in de buurt van drinkpoelen kamperen, omdat u dan dieren kunt verjagen, die soms dagenlang naar de drinkplaats onderweg waren. De dieren moeten dan soms kilometers verder trekken – of kunnen zelfs van dorst omkomen. Geef in de rivierbeddingen altijd voorrang aan de dieren en kom niet te dicht bij ze.

In het Skeleton Coast National Park is het **berijden** van de rivierbeddingen streng verboden: ga het park binnen via de officiële ingangen. Blijf op de bestaande wegen en volg de bandensporen. Ga in geen geval van de weg af, om te voorkomen dat er nieuwe bandensporen worden gevormd. Met name in de Hartmann Valley in Kaokoland en in de Namibwoestijn blijven sporen door de uiterst geringe neerslag soms wel honderd jaar lang zichtbaar. Op een aantal plaatsen zijn zelfs nog de sporen van de ossenwagens van de eerste kolonisten te zien!

Begraafplaatsen in Kaokoland zijn **heilig** voor de Himba. Houd dus gepaste afstand en vraag altijd eerst om toestemming voor u foto's gaat maken.

Snijd geen namen of jaartallen in de bast van apenbroodbomen of in de rotsen en probeer **rotstekeningen** nooit met water of andere vloeistoffen beter zichtbaar te maken voor mooiere foto's. Zelfs als u de kunstwerken van de eerste bewoners van Afrika alleen maar aanraakt, kunnen ze door het huidvet op uw handen worden aangetast.

Sprokkel alleen dood hout om **vuur te maken** en zorg ervoor dat het vuur voor het verlaten van het kamp altijd goed gedoofd is. Bosbranden vormen in het kurkdroge Namibië een groot gevaar voor flora en fauna.

Begraaf **afval** nooit, maar stort het op een daarvoor bestemde vuilstortplaats of afvalbak. In de wildernis vervangt een schep de wc. Graaf echter niet dieper dan 10 cm om natuurlijke compostering te kunnen laten plaatsvinden. Gebruikt wc-papier dient u te verbranden.

Was uzelf, kleding of bestek nooit in rivieren of andere bronnen, want het water wordt door mens en dier als drinkwater gebruikt.

Vraag bij bronnen altijd om toestemming voor u water haalt. Neem op uw autotochten altijd voldoende drinkwater mee.

Vraag voor het betreden en fotograferen van **nederzettingen van de inheemse bevolking**, vooral die van de Himba in het noordwesten, altijd om toestemming. Zorg er in elk geval voor dat u zich nooit tussen het heilige vuur en de hoofdhut of de veekraal ophoudt. In Kaokoland zult u vaak schijnbaar verlaten hutten of dorpen tegenkomen. Maar schijn bedriegt. Omdat de Himba seminomaden zijn, keren ze op enig moment terug naar de plekken die ze hebben achtergelaten – verstoor de bestaande situatie in een hut of dorp dus niet.

Drugs

Drugs spelen in Namibië geen rol van belang. Drugsdelicten worden streng bestraft. Mocht u iets aangeboden krijgen: koop het niet.

Elektriciteit

De netspanning bedraagt, net als in Nederland en België, 220 volt. U hebt een adapter nodig voor Europese stekkers, omdat deze niet in de driepolige stopcontacten passen. Adapters zijn in bijna alle elektronicazaken en in een groot aantal hotels te krijgen, maar neem er bij voorkeur een mee.

Feestdagen

1 januari – New Year's Day (Nieuwjaar)
21 maart – Independence Day (Onafhankelijkheidsdag)
Goede Vrijdag – Good Friday
Pasen – Easter
1 mei – Worker's Day (Dag van de Arbeid)
4 mei – Kassinga Day (ter herdenking van 4 mei 1978, toen het Zuid-Afrikaanse leger bij een luchtaanval 900 SWAPO-strijders doodde in Angola)
Hemelvaart – Ascension Day
25 mei – Africa Day (oprichtingsdatum van de Organisatie van Afrikaanse eenheid)
26 augustus – Heroes' Day
(Dag van de Helden),
vaak tegelijk met Maharerodag
10 december – Human Rights Day
(Dag van de Mensenrechten)
25 december – Christmas Day (Kerstmis)
26 december – Family Day
(Day of Goodwill)

Fooi

Het bedienend personeel in Namibië leeft van de fooi, omdat de mensen slechts een zeer laag basisloon krijgen. Normaal is een *tip* van 10%, bij bijzonder goede service meer, afhankelijk van de mate waarin u tevreden bent. In sommige restaurants in toeristenoorden wordt standaard een fooi van 10% berekend – rond in dat geval het bedrag op de rekening niet naar boven af en geef geen fooi. In gastenboerderijen staat vaak een *tipbox* voor de inzameling van fooien voor medewerkers die geen direct contact met de gasten hebben.

Fotograferen

Het fotograferen van mensen is nergens in Namibië een probleem. Net als overal ter wereld moet u natuurlijk wel van tevoren even vragen of het mag en de mensen altijd in hun waarde laten. Himbanomaden in Kaokoland verwachten, net als de San in het Kaudom Game Park, levensmiddelen (meel, bruine suiker, *biltong*) of tabak als tegenprestatie voor het maken van een foto. Veel Hererovrouwen in de steden ontvangen liever geld, zo'n N$ 10 per fotosessie. In de armoedige townships zijn de bewoners meestal alleen maar blij dat buitenlandse bezoekers belangstelling voor ze tonen. Townships kunt u beter alleen met een inheemse gids bezoeken.

Batterijen en geheugenkaarten voor digitale camera's zijn in Namibië duurder dan in West-Europa en soms zelfs moeilijk te krijgen.

Voor afdrukken zijn er alleen fotozaken te vinden in Swakopmund en Windhoek. Het is sterk aan te bevelen overdag een uv-filter te gebruiken om de lichtinval te dempen. De grootste problemen voor camera's in zuidelijk Afrika ontstaan door stof en zand. Een borsteltje met een blaasbalgje eraan, schoonmaakvloeistof en lenzendoekjes kunnen van pas komen om de camera 's avonds weer goed schoon te krijgen.

Voor goede foto's van dieren hebt u een telelens met een brandpuntafstand van 200-300 mm nodig. Bovendien moet de lens van een uv-filter zijn voorzien. Voor scherpe foto's is een statief aanbevolen. Als u het statief in een open Landrover niet kunt opstellen, kan de camera op een met bonen gevulde linnen zak *(bean bag)* worden gelegd. In professionele *lodges* behoren dergelijke hulpmiddelen altijd wel tot de uitrusting.

De beste foto's maakt u kort na zonsopgang en aan het eind van de middag, een halfuur voor zonsondergang en kort daarna, met statief en een lange sluitertijd.

Gehandicapten

In Namibië zijn er slechts op zeer beperkte schaal voorzieningen voor gehandicapten te vinden. Slechts enkele hotels, bezienswaardigheden en vooral de nieuwere winkelcentra zijn aan de behoeften van gehandicapten aangepast. Vraag voordat u een hotel reserveert daarom altijd bij uw hotel welke faciliteiten er beschikbaar zijn. Vrijwel alle autoverhuurbedrijven hebben automaten in hun assortiment zitten.

Geld

Munteenheid

De munteenheid is de **Namibische dollar**, die in 100 centen is onderverdeeld. Er zijn bankbiljetten met een waarde van N$ 10, 20, 50, 100 en 200, munten van 5, 10, 50 cent en N$ 1 en 5. Op de biljetten van de N$ staat vrijheidsstrijder Hendrik Witbooi (zie blz. 100).

De Namibische dollar (N$) is in 1993 in de plaats gekomen van de Zuid-Afrikaanse rand, maar is nog altijd aan deze munt gekoppeld, wat tot gevolg heeft dat de wisselkoers van N$ en rand altijd 1:1 is.

Behalve de plaatselijke munteenheid is ook de **Zuid-Afrikaanse rand** overal in Namibië als betaalmiddel te gebruiken, dit geldt ook voor munten; in Botswana (plaatselijke eenheid: pula) en Zambia (plaatselijke eenheid kwacha) bijna overal. N$, pula en kwacha worden alleen in hun land van herkomst als betaalmiddel aangenomen. In de afgelopen jaren is de rand door de positieve ontwikkeling van de Zuid-Afrikaanse economie een van de stabielste en sterkste munten ter wereld geworden, wat vanzelfsprekend ook invloed op de N$ heeft gehad. De **euro** wordt als betaalmiddel nog niet overal geaccepteerd, zeker niet buiten de hoofdstad.

Wisselkoers

De wisselkoers is in Namibië duidelijk gunstiger dan in Nederland of België. Bij de Bank Windhoek op het International Airport kunt u direct na aankomst contant geld omwisselen.
Koers (februari 2017):
€ 1 = N$ 14,32
N$ 1 = € 0,069
De actuele koers is te vinden op de website www.oanda.com, klik op de link 'Currency Converter'.

Geld opnemen

Het inwisselen van **travellercheques** kan in kleine plaatsen problemen opleveren en is een kostbare aangelegenheid. Een kopie van de kwitantie voor bijvoorbeeld American Express moet altijd worden getoond.

Met pinpas en pincode kan bij een groot aantal **geldautomaten** (**ATM** – Automatic Teller Machine) geld worden opgenomen, wat goedkoper is dan travellercheques aan te schaffen. De pas kan voor het opnemen van geld worden gebruikt als de bank in Namibië een overeenkomst heeft gesloten met Maestro of Cirrus (de logo's zijn in dat geval op de geldautomaten afgebeeld). Nog een voordeel

Op de bankbiljetten staat Witbooi, de nationale held van Namibië

is dat het opnemen van geld bij bankautomaten sneller gaat en dat ze 24 uur per dag open zijn. Bij het invoeren van uw pas vraagt de machine naar het *type of account*. Kies dan niet *cheque*, maar *credit card*. Het opnemen van geld bij een geldautomaat gaat beter bij kleinere banken als Nedbank en Absa Bank dan bij de grotere kantoren van First National en Standard Bank.

Banken zijn normaal gesproken ma.-vr. 9-15.30 en za. 9-10.30 uur geopend.

Wisselkantoren: bij Rennies Travel, een grote, wijdverbreide reisbureauketen, en de kantoren van American Express, kunnen travellercheques (hoofdzakelijk American Express, Visa en Thomas Cook) en contant geld buiten de normale kantoortijden tegen gunstige tarieven worden ingewisseld.

In de meer afgelegen en landelijke gebieden van Namibië, zoals Damaraland en Kaokoland, wordt het aanbevolen contant geld mee te nemen, omdat daar travellercheques noch creditcards worden aangenomen.

Buurlanden

De munteenheid van **Botswana** is de pula (BWP), die is onderverdeeld in 100 thebe. De pula is een van de stabielste valuta's in Afrika. Koers: € 1 = BWP 11,10 (februari 2017).

De **Zambiaanse** munteenheid is de kwacha (ZMW), die is onderverdeeld in 100 ngwee; er zijn zowel bankbiljetten als munten. Koers: € 1 = ZMW 10,46 (februari 2017).

In **Zimbabwe** zijn de rand (ZAR) en de Amerikaanse dollar (US$) de officiële betaalmiddelen, die ook uit de geldautomaat komen. Er zijn alleen biljetten in omloop – geen munten – en er wordt naar boven of beneden afgerond. Het is ook mogelijk dat u in plaats van wisselgeld een zakje pinda's krijgt.

De **Zuid-Afrikaanse** munteenheid is de rand (ZAR), waarvan biljetten en munten in omloop zijn. Koers: € 1 = ZAR 14,32 (februari 2017). Terwijl in Namibië ook met de rand kan worden betaald, is het omgekeerd niet mogelijk om in **Zuid-Afrika** met N$ af te rekenen.

Creditcards

Met gangbare creditcards kan in hotels, restaurants, reisbureaus en grotere winkels vaak, maar niet altijd worden betaald. De wisselkoers wordt daarbij door de tegenpartij vastgesteld en volgt niet altijd de dagelijkse discontovoet. Mastercard en Visa worden het meest gebruikt.

Met een creditcard van American Express kunt u op minder plaatsen betalen. Als u een auto wilt huren, is een creditcard noodzakelijk als borg. Let op: **bij benzinestations kunt u vaak niet met een creditcard betalen.**

Creditcardkantoren in Namibië (alle zijn gevestigd in Windhoek, voorkiesnummer: 061): American Express, tel. 24 90 37, Diners Club, tel. 294 21 43, MasterCard/Standard Bank, tel. 294 91 11, Visa/First National Bank of Namibia, tel. 22 96 16, 24 uursservice tel. 011 833 95 11.

Gezondheid

Inentingen

Voor Namibië zijn geen beschermende vaccinaties voorgeschreven.

Verzekeringen

Naast uw normale verplichte ziektekostenverzekering moet u in ieder geval een reisverzekering

> ## BANKPAS OF CREDITCARD BLOKKEREN
>
> **Bij verlies of diefstal** kunt u vanuit Namibië 24 uur per dag en 7 dagen per week de onderstaande nummers in Nederland bellen. Geef de vermissing van uw pas ook aan bij de politie!
>
> **Bankpassen**
> ABN Amro: 0031 102 41 17 20
> ING: 0031 202 28 88 00
> Rabobank: 0031 887 22 67 67
> Overige banken:
> 0031 883 85 53 72 (Bankpassen Meldcentrale)
>
> **Creditcards**
> American Express: 0031 250 48 00 00
> MasterCard: 001 31 42 75 66 90
> VISA: 0800 022 3110
>
> **Houd bij het bellen uw pas- en rekeningnummer bij de hand!**

afsluiten. De kosten voor een medische behandeling liggen beduidend lager dan in West-Europa.

Malaria

Het land is vrij van tropische ziekten, alleen bezoekers van noordelijke landstreken en gebieden in Botswana en Zambia moeten zich bewust zijn van het risico van **malaria**. In de regentijd is malaria een probleem, vooral in het noorden (Kaokoland, Damaraland, Ovamboland, Etosha, Kaudom en Caprivi), in de Okavangodelta en bij de Victoria Falls. Het innemen van de zeer sterke profylactische combinatiepreparaten met hun niet te verwaarlozen bijwerkingen is omstreden, vooral omdat geen enkele profylaxe 100% bescherming biedt. Als dan ondanks de voorkomende maatregelen toch malaria uitbreekt, is de ziekte moeilijker te diagnosticeren en te genezen.

Bescherming tegen muggenbeten

Mechanische bescherming wordt tegenwoordig veel krachtiger aangeraden dan vroeger, wat inhoudt dat u de eigenlijke steek moet vermijden. Dat doet u door het dragen van een hemd of T-shirt met lange mouwen en een lange broek, vooral in de schemering, en het liefst kleding te dragen in lichte kleuren in plaats van donkere, het branden van zogenaamde muskietenspiralen (buiten gesloten ruimten), in een afgesloten ruimte het gebruik van teatree-olie in geurlampen, naast een paar druppels op de dekbedden en de gloeilampen. Het regelmatig innemen van knoflookpillen reduceert ook steken, omdat de muskieten de geur van de huid daarna niet prettig vinden. Slaap altijd onder een klassieke klambeo.

Wie geen profylaxe toepast, moet ongeveer tien dagen tot zes maanden na terugkeer uit het risicogebied op symptomen als gewrichtspijnen, verkoudheid, koorts enzovoort letten. Ga direct naar een tropeninstituut en laat u controleren, zodat zeer snel tegenmaatregelen genomen kunnen worden. Binnen 48 uur na het verschijnen van de eerste symptomen is malaria volledig, zonder problemen, te genezen. Eigenlijk zou elke toerist voor de reis het risico van malaria met zijn huisarts moeten bespreken.

Sinds enige tijd kunt u in Namibische en Zuid-Afrikaanse apotheken een eenvoudige doe-het-zelftest voor malaria kopen. Dat bespaart u de omslachtige en dure bloedtests in het ziekenhuis. Als de test onderweg positief uitvalt, neemt u de bijgevoegde tabletten in en consulteert u direct na thuiskomst een arts.

Schistosomiasis

Schistosomiasis *(bilharzia)* wordt door een parasiet overgebracht die in het water leeft en darm, blaas en andere organen van zoogdieren, inclusief de mens, aantast. Alleen in het uiterste noordoosten van Namibië (Caprivi) bestaat schistosomiasisgevaar, en dan alleen in de buurt van menselijke bewoning. Drink daarom geen water dat beneden een dorp stroomt, zwem er niet in en was u er ook niet mee. De schistosomiasissymptomen komen na ongeveer zes weken aan het licht, voorafgegaan door een zekere mate van lethargie en zwakte na twee tot drie weken. Bij bloed in de ontlasting of de urine moet u onmiddellijk naar de dokter gaan. De ziekte is dan gemakkelijk en snel te genezen.

Slaapziekte

De **Afrikaanse slaapziekte** *(sleeping sickness)* wordt veroorzaakt door een parasiet die op mensen wordt overgedragen door de steek van een geïnfecteerde tseetseevlieg. Deze vlieg is iets groter dan een huisvlieg en ziet eruit als een paardendaas. De vliegen hebben een hard lichaam en laten zich maar moeilijk doodslaan. Net als schistosomiasis komt de Afrikaanse slaapziekte alleen in het uiterste noordoosten van Namibië (Caprivi) voor en zelfs daar is zij door het vele sproeien van insecticiden zeer zeldzaam geworden. Steken kunnen door het dragen van lange mouwen en een lange broek in een lichte kleur en het gebruik van insectenafweermiddelen worden voorkomen. Niet van elke (pijnlijke) beet krijgt u de ziekte. Als de plek echter begint te ontsteken of als u symptomen vertoont als opgezette lymfeklieren en sterke hoofdpijn, moet u naar een dokter gaan.

Arts en apotheken

Het niveau van de medische zorg in grotere Namibische plaatsen is goed. In Windhoek vindt u twee particuliere ziekenhuizen van internationaal niveau. Ook de medische opleiding staat op hoog niveau. 90% van alle noodgevallen kunnen in Windhoek worden behandeld, de resterende 10% in Zuid-Afrika.

Med Rescue International, een medische vliegende reddingsdienst voor zuidelijk Afrika, is 24 uur per dag actief, net als de plaatselijke Aeromed Namibia, die samenwerkt met de grootste reddingsdienst ter wereld, Europ Assistance. De service strekt zich uit tot in de meest afgelegen delen van het land en evacueert patiënten met vliegtuigen, helikopters of ambulances. Veel verzekeraars werken met deze bedrijven samen.

Apotheken heten in Namibië *chemists* en zijn in vrijwel elke grotere plaats te vinden. Alle belangrijke internationale medicijnen zijn verkrijgbaar, meestal voor lagere prijzen dan in Europa. Toch moet u medicijnen voor persoonlijk gebruik van thuis meenemen. Malariamiddelen zijn zonder recept verkrijgbaar bij de apotheek.

In Namibië zijn alle medicijnen die we in Europa kennen verkrijgbaar. De strenge voorschriften van de Amerikaanse Food and Drug Organisation zijn hier van toepassing. Geïmporteerde medicamenten worden streng gecontroleerd door de plaatselijke Drug Control Board. Donorbloed is absoluut veilig. Het wordt aan de strengste controles onderworpen.

Homo's en lesbiennes

Anders dan in Zuid-Afrika kunnen homoseksuele stelletjes in Namibië, Botswana, Zambia en Zimbabwe intimiteit in het openbaar beter achterwege laten. Deze is nog niet maatschappelijk aanvaard.

Internettoegang

Namibië en Botswana tellen inmiddels vele internetgebruikers; ook zijn er enkele openbare internetcafés gevestigd. De meeste accommodaties en restaurants hebben een eigen website, waarop kamers of menukaarten bekeken kunnen worden. Zo kunt u zich thuis alvast voorbereiden op uw reis naar Namibië en eventueel online boeken. De meeste hotels, pensions en B&B's bieden hun gasten gratis draadloos toegang (wifi) tot het internet aan.

Internetcafés in Swakopmund:
www.swakop.com
Swakopmund Internet Cafe & Coffee Shop
Shop 17, Woermann, Brock Mall, Sam Nujoma Avenue, tel. 064 46 40 21, ma.-za. 7-22 uur, zo. 10-22 uur

Traditie stuit op de moderne tijd: Himba met tablet

CompuCare, 12 Hendrik Witbooi St., tel. 064 46 37 75, ma.-za. 8-18 uur
Desert Explorers Adventure Centre 2 Woermann St., tel. 064 40 60 96

In Windhoek:
MWEB: Kenya House, Robert Mugabe Av., tel. 061 291 10 00
Club Internet: Bülow St./John Meinert St., ma.-vr. 8-20, za. 9-14 uur
Bovendien zijn er internetcafés gevestigd in Walvis Bay, Maun (Botswana) en Livingstone (Zambia), over het algemeen in de toeristenbureaus.

Kaarten

Bij de in Namibië gevestigde toeristenbureaus zijn verbazingwekkend goede gratis kaarten verkrijgbaar, onder de naam **Map Collection of Namibia**, een verzameling stadsplattegronden en wegenkaarten. Voor vertrek naar Namibië kunt u op de volgende website kaarten van het land bekijken: www.namibia-forum.ch/karten.html.

Goede overzichtskaarten zijn de **Namibia Road Atlas** en de **Namibia Travel Map** van **Map Studio** (www.mapstudio.co.za, ZAR 120 en 99,95). Het kaartbeeld is helder, maar de wegen zijn niet accuraat ingetekend.

Van Map Studio bestaan ook gedetailleerde **Road Maps** op schaal 1 : 1.650.000 van **Namibië, Botswana, Zambia** en **Zimbabwe** (alle ZAR 89,95). De stadsplattegronden en regiokaarten geven een goed overzicht; ook de locaties van nieuwe lodges zijn op de kaarten aangegeven.

Ook heel goed is de **Richterveld & Fish River Canyon Road Map** van Map Studio (ZAR 99,95) met gps-coördinaten van het in kaart gebrachte gebied.

De nauwkeurigste kaarten van **Namibië** en **Botswana**, met afstanden en reistijd, worden uitgegeven door **Tracks 4 Africa** (www.tracks4africa.com, alle ZAR 199).

The Shell Map of Kaokoland-Kunene Region: deze kaart is onontbeerlijk voor wie een offroadtocht gaat maken in Kaokoland. De kaart biedt niet zo'n fraaie aanblik, maar nagenoeg alle onverharde wegen staan erop aangegeven.

Voor **Botswana** kunt u het best de **Shell Tourist Maps** aanschaffen. Deze kaarten zijn gemaakt op basis van satellietfoto's en dus gedetailleerd. Bovendien staan de gps-coördinaten erop vermeld. Er is een overzichtskaart *Botswana* met een uitgebreide reisgids en de zeer gedetailleerde deelkaarten **Okavango Delta and Linyanti, Moremi Game Reserve** en **Chobe National Park**. Wie per terreinwagen door Botswana reist, begint niets zonder deze uitstekende kaarten.

Op onderstaande website zijn de door Shell uitgegeven kaarten en de **verkooppunten** ervan nader omschreven: **www.botswana-maps.co.za**. Reisboeken, natuur- en reisgidsen over de regio, maar ook landkaarten van Namibië en de buurlanden zijn in Nederland en België online te bestellen op de site van reisboekhandel Pied à Terre in Amsterdam: **www.jvw.nl**.

Kijksport

Namibiërs uit alle bevolkingsgroepen zijn sportliefhebbers. De nationale sporten zijn rugby en cricket. **Voetbal**, dat vroeger een 'zwarte' townshipsport was, wordt steeds belangrijker en bereikte extra grote populariteit door het wereldkampioenschap voetbal dat in juni/juli 2010 in buurland Zuid-Afrika plaatsvond. **Tennistoernooien** en **grand-prixraces** worden via de televisie op de voet gevolgd. De **atletiek** heeft na het spectaculaire succes van de sprinter Frank Fredericks uit Katutura een enorme opleving doorgemaakt.

Kleding en uitrusting

Zoals in alle woestijnachtige gebieden is het in Namibië overdag vaak heet en 's nachts koud. Overdag volstaan een T-shirt en korte broek, maar voor koude avonden moet u, vooral als u kampeert, een warme trui meenemen. Ook 's winters is het overdag aangenaam warm, maar 's nachts koelt het vaak af tot onder 10 °C, wat een warme jas noodzakelijk maakt.

Draag als bescherming tegen de zon overdag altijd een hoofdbedekking en een zonnebril met uv-filter. Zodra u uw auto verlaat en gaat lopen, moet u enkelhoge (vanwege de slangen), lichte wandelschoenen dragen. Ook in de duurdere lodges in het land gaat het er zelfs 's avonds ontspannen aan toe, maar mannen moeten dan wel een lange broek dragen. Verder is het aan te bevelen een goede verrekijker mee te nemen om de dieren te observeren. Videofilmers en fotografen vinden ook in afgelegen lodges elektriciteit om hun apparatuur op te laden.

De vestigingen van de **Cape Union Mart** (www.capeunionmart.com) voorzien al sinds 1933 wandelaars, klimmers, safarigangers enzovoort van de benodigde, kwalitatief hoogstaande, betaalbare hemden, broeken, jacks, veterlaarzen en dergelijke. Dit oorspronkelijk uit Kaapstad afkomstige bedrijf heeft daar nog steeds de meeste winkels, maar er zitten nu ook twee filialen in Windhoek.

Klimaat en reisperiode

In het binnenland van Namibië is het heet en droog en aan de kust koel. Er zijn twee duidelijke jaargetijden: de droge tijd (mei-sept.) met 20-25 °C overdag en koele, vaak koude nachten en de warme regentijd (okt.-apr.) met temperaturen van 30-40 °C.

De heftigste **regen** valt in de heetste tijd, jan.-maart – de ongunstigste periode voor een reis naar Namibië. De **Victoria Falls** voeren in maart en april het meeste water, maar de waternevel stijgt dan zo hoog op dat de waterval alleen vanuit een vliegtuig in zijn geheel kan worden ervaren. De laagste waterstand is in november en december. Dan zijn wandelingen tot aan de rand van de waterval mogelijk.

Karakteristiek voor het Namibische klimaat zijn **lange droogteperioden**, die vaak ineens door heftige regenval worden onderbroken. Dan zwellen de droge rivierbeddingen *(riviere)* aan tot woeste stromen – een reden waarom de inheemse bevolking nooit in een droge rivierbedding zijn kamp opslaat. Tijdens de schoolvakanties in Namibië zijn hotels en kampeerterreinen vaak vol. Op tijd reserveren is dan noodzakelijk. De belangrijkste vakantieperiode ligt tussen begin december en half januari.

Het klimaat in Windhoek

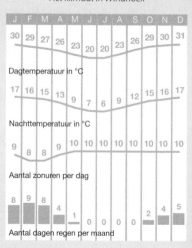

Links en apps

Algemene info over Namibië
www.reisgraag.nl/vakantie_namibie
Deze Nederlandstalige site biedt allerlei nuttige gegevens over Namibië.
www.natron.net
Deze verzamelsite van Namibia Travel Online belicht 400 Namibische bedrijven. De bladzijden zijn overzichtelijk gerangschikt.
www.travelnews.com.na
www.holidaytravel.com.na
De beide websites van Travel News Namibia bieden allerhande informatie over dit land.
www.namibiaweb.com
Tour Web Namibia biedt info over hotels, lodges, autoverhuurbedrijven en excursies.
www.orusovo.com/nammap
Hier kunt u gratis landkaarten van Namibië downloaden.
www.namibiatourism.com.na
Zeer uitgebreide site.
www.namibian.com.na
Actueel nieuws op het gebied van de Namibische politiek, economie en cultuur.
www.lcfn.info
De Living Culture Foundation Namibia stelt zich ten doel om met zogeheten levende musea mensen in arme gemeenschappen bronnen van inkomsten in de toerismesector te verschaffen. Dit is een echte insidertip.
www.windhoek.biz
Actuele, feitelijke informatie over Windhoek.
www.whatsonwindhoek.com
Virtuele festiviteitenkalender voor Windhoek met locaties en plattegronden.
www.nwr.com.na
Goede site over de nationale parken van Namibië met luxueze, goed onderhouden *rest camps*.

Klimaat en uitrusting
www.weeronline.nl
Hier vindt u de weersverwachting voor verschillende plaatsen in Namibië.
www.capeunionmart.co.za
www.capestorm.co.za
Via deze sites kunt u safarikleding en -benodigdheden bestellen.

Live Audio Streaming
Voor wie zich al voor vertrek naar Namibië in dit land wil wanen, is de Live Audio Streaming vanaf uw eigen computer aan te bevelen. Zoek eenvoudigweg de websites van de radiozenders **www.kudufm.com/site** en **www.radiowave.com.na** op en klik op *Tune in*.

Informatie over Zambia, Botswana en Zimbabwe
www.postzambia.com
Onafhankelijke berichtgeving en het actuele weerbericht voor Zambia.
De officiële toerismesite voor:
Zambia: **www.zambiatourism.com**
Botswana: **www.botswana-tourism.gov.bw**
Zimbabwe: **www.zimbabwetourism.net**

Apps
Op **www.apps4africa.de** zijn de Namibische alarmnummers gratis te downloaden. **Tracks4Africa** (www.tracks4africa.co.za) ontwikkelde de Overland Navigator App en de Guide App voor iPhone en iPad. **Smart Solutions** biedt in de App Store voor € 4,99 offline kaarten van Namibië. De app werkt zonder internetverbinding; aan het bekijken van een kaart zijn dus geen roamingkosten verbonden. De **Namibia Country Guide** van Tripwolf toont voor € 4,49 de mooiste locaties en offline kaarten. **Andere aanbevelenswaardige gratis apps:** Namibian Live Radio, Gondwana Collection, My Namibia, NWR en Namibia Restaurants.

Literatuur en films

Films
Als u voor aanvang van uw reis met bewegende beelden in de juiste stemming wilt komen, kunt u terecht op www.tripfilms.com (klik op Destination en typ vervolgens Namibia), www.tourism.na/tourism-videos-of-namibia.php of op YouTube.

Leestips
Andreoli, Ine: *Juweel van Afrika,* Boekenplan 2006.

In een terreinwagen met slaapplaats op het dak trok de auteur met haar man door heel Namibië. Ze bezoeken er de Himba, een traditionele stam, reizen langs de kust, brengen tijd door in verschillende natuur- en wildparken en doen ook Botswana aan. Dit boek is de weerslag van haar persoonlijke ervaringen, maar de lezer komt ook veel te weten over dit prachtige land.
Dis, Adriaan van: *In Afrika*, Meulenhoff 1991. Verslag van een reis door verschillende Afrikaanse landen. Het startpunt is Harare, de hoofdstad van Zimbabwe.
Grünberg, Arnon: *Tirza*, Nijgh & Van Ditmar 2006. Als zijn dochter en haar vriend verdwijnen, gaat Jörgen Hofmeester haar zoeken in Namibië, waar hij de 9-jarige Kaisa ontmoet.
Lanting, Frans: *Okavango, de laatste oase*, M & P Uitgeverij, 1993.
Lanting documenteert de prachtige natuur van de Okavangodelta op een boeiende manier in tekst en foto's.
Newmann, Kenneth: *Newman's Birds of Southern Africa*, 2006, Struik-Verlag.
Vogelliefhebbers kunnen niet op reis zonder dit boek. Het bevat kleurenfoto's van de vogels en een nauwkeurige omschrijving van de soort. In de gids is een overzicht van de Duitse, Engels en Afrikaanse soortnamen opgenomen.
Southern African Animals – Quick Reference Spoor Guide, Spoors Unlimited Africa.
Bij enkele boekhandels in Namibië is deze handzame brochure verkrijgbaar. Hij bevat kleurenfoto's, pootafdrukken en een Duitse en Engelse omschrijving van de 88 belangrijkste zoogdieren van zuidelijk Afrika.
Timm, Uwe: *Morenga*, Keulen 1985, Kiepenheuer & Witsch.
Roman over de periode waarin het Duitse koloniale leger in Zuidwest-Afrika aanwezig was, met aandacht voor de verhouding tussen de kolonisten en de oorspronkelijke bevolking. Het verhaal doet door de vele authentieke citaten zeer waarheidsgetrouw aan, hoewel de hoofdpersoon van het boek geen Morenga, maar Morengo heet (deze kwestie komt ook aan de orde op blz. 42).
Van der Lee, Ton: *Solitaire,* Prometheus 2001.

De auteur, die ook filmmaker is, verruilde enige jaren geleden zijn drukke bestaan in Nederland voor een 'leven bij de dag' in Afrika. In Solitaire, een gehucht in de Namib, streek hij neer en leerde er tevreden te zijn met wat de dag hem bracht. Ook ervoer hij hoe het is om meer contact te hebben met de natuur.

Maten en gewichten

Net als in Europa wordt in Namibië het metrische stelsel gehanteerd, er wordt dus gerekend in meters, kilometers, kilogrammen en liters.

Media

Televisie

De Namibian Broadcasting Corporation (NBC) leidt acht radiostations en een televisiekanaal. NBC zendt in zes talen uit vanuit Windhoek.

Een betaalzender uit Zuid-Afrika is M-Net (http://m-net.dstv.com/south/home), die u in Namibië via de satelliet kunt ontvangen en die naast de uitstekende reportage-uitzending *Carte Blanche* (zo. 19-20 uur, www.carteblanche.co.za) internationale bioscoopfilms uitzendt die niet door reclame onderbroken worden. Een groot aantal Namibische hotels biedt M-Net en enkele Duitse programma's op de kamers aan.

Om de Nederlanders en Belgen in het land tegemoet te komen, is er BVN-TV, de publieke televisiezender voor Nederlanders en Vlamingen in het buitenland (www.bvn.nl). U kunt BVN-TV in Namibië ontvangen via een abonnement op MultiChoice via de Intelsat 7-satelliet (voorheen PAS 7). Waarschijnlijk kunt u Afrikaanstalige uitzendingen uit Zuid-Afrika of Namibië zelf ook goed volgen.

Kranten

Het Afrikaanse dagblad *Die Republikein* heeft zijn hoofdkantoor in Windhoek. Het Afrikaans is vrij snel te leren en u begrijpt vaak redelijk waar de krantenartikelen over gaan.

Verder is er de Duitstalige *Allgemeine Zeitung* (met een oplage van ongeveer 5500). Dit dagblad verschijnt ook in Windhoek. Deze krant geeft één keer per maand een uitgebreide toeristische bijlage uit. U koopt de krant en de toerismebijlage bij de toeristenbureaus.

Bij de grotere boekhandels in de steden zijn ook kranten en tijdschriften in Duits, Engels en Nederlands verkrijgbaar.

In Namibië heerst officieel persvrijheid, maar daar trekt de regering zich niet altijd iets van aan. Het komt met regelmaat voor dat journalisten die openhartige of kritische berichten schrijven onder druk worden gezet. Ondanks het lage inwonertal kent Namibië zeven kranten, waarvan er vier dagelijks verschijnen, twee wekelijks en één tweemaal per week. De belangrijkste zijn de Engelstalige *Namibian* en *Advertiser*. De officiële staatskrant heet *New Era*. Alle verkrijgbare kranten, ook de Duitstalige *Allgemeine Zeitung*, worden op straat verkocht.

Openingstijden

Winkels zijn over het algemeen op de volgende tijden geopend: ma.-vr. 8-17.30 en za. 8-13 uur. Soms wordt van 13-14.30 uur een middagpauze ingelast. Grote zaken zijn in veel gevallen op zaterdagmiddag en soms zelfs op zondag geopend. Openbare gebouwen zijn doorgaans van 12.30-15 uur gesloten. De openingstijden van de Namibische musea lopen sterk uiteen. Dit komt doordat er meestal vrijwilligers werkzaam zijn. In de nationale parken gelden voor dagbezoekers altijd vaste openingstijden; voor meer informatie kunt u terecht bij het betreffende park. Wie accommodatie op het terrein van een nationaal park heeft geboekt, kan over het algemeen 24 uur per dag inchecken.

Post

De post doet er ongeveer vijf dagen over van Windhoek naar Europa; post vanuit de binnenlanden kan er wel twee weken over doen. In Namibië wordt er geen post bezorgd aan het woonadres, maar uitsluitend aan het bijbehorende postbusnummer (P.O. Box of Private Bag). Deze toevoeging is dus belangrijk.

Postkantoren zijn er in vrijwel alle grote dorpen en steden. Ze zijn op de volgende tijden geopend: ma.-vr. 8.30-12.30 en 13.30-18.30 uur.

Reisbudget en besparingstips

Namibië staat niet te boek als een goedkope reisbestemming, maar behoort toch nog altijd tot de goedkopere reislanden. De kosten voor levensonderhoud zijn dankzij de zwakke wisselkoers van de N$ beduidend lager dan in Nederland of België – vooral als men de lange afstanden en de met omgerekend circa € 1 per liter lage brandstofprijs meerekent. Een goede maaltijd in een restaurant kost ongeveer de helft minder dan bij ons. Voor de prijzen van hotels, lodges enzovoort zie het hoofdstuk Accommodatie.

De nationale parken in Namibië zijn goedkoper dan in Botswana. Het toerismebeleid in Botswana is minder op massatoerisme en meer individuele reizigers gericht. Een verblijf in een van de Botswaanse nationale parken is dan ook navenant duur. De prijzen zijn de afgelopen jaren drastisch gestegen.

Reizen met kinderen

De aanvankelijk bijzonder strenge 'kinderpolitiek' in hotels en bed-and-breakfasts is inmiddels vriendelijker geworden. Zelfs in enkele particuliere reservaten, waar enige jaren geleden alleen kinderen vanaf 12 of zelfs 16 jaar werden toegelaten, mogen nu ook jongere kinderen naar binnen. In de meeste gevallen overnachten gezinnen met kinderen in een speciaal deel van een accommodatie, normaal gesproken met een zwembad en/of een speeltuin. Soms worden er zelfs speciale safari's voor kinderen

Film- en foto-onderwerpen in overvloed: leeuwenwelpen in de Okavangodelta …

… en de spectaculaire waterpartijen van de Epupa Falls

georganiseerd. Bijna elk groot hotel heeft wel een eigen babysitservice. In de nationale parken zijn speciale gezinskamers te vinden, met een aparte ruimte voor de kleintjes. Voor kinderen betaalt u in accommodaties en parken (onder de 12 jaar vaak helemaal gratis) veel minder dan voor volwassenen.

Door de grote afstanden en vaak geaccidenteerde wegen is een vakantie met kinderen – vooral met de allerkleinsten – in Namibië niet altijd stressvrij. Met schoolgaande kinderen is de reis naar dit Afrikaanse land zeer de moeite waard, omdat de belangstelling voor flora en fauna in die leeftijdscategorie al is gewekt. Op het gebied van **hygiëne** hoeft u in Namibië voor uw kinderen niets te vrezen. Leidingwater is overal drinkbaar en ook het eten is overal veilig. Het is wel van groot belang dat u de huid van de kleintjes te allen tijde goed beschermt tegen de felle zon, bijvoorbeeld met shirtjes met lange mouwen, lange broeken of een zonnehoed met een brede rand. Als u in de wilde natuur kampeert, moet u kinderen **in geen geval alleen** laten ronddarren, want er liggen veel slangen, schorpioenen en grotere dieren op de loer.

Safari's met rangers per open terreinwagen (vaak vanaf 6 jaar) zijn een fantastische ervaring voor kinderen. Veel pret is te maken in de Sossusvlei, waar kinderen heerlijk van de duinen naar beneden kunnen rennen. Vanaf 12 jaar kunnen ze ook ballonvaren of tochten maken op een quad.

Roken

Het rookverbod wordt in Namibië nog niet zo strikt nageleefd als in Zuid-Afrika. In openbare gebouwen is roken verboden. In restaurants, hotels en lodges zijn meestal rokersruimtes te vinden.

Telefoneren

Namibië heeft zijn gehele telefoonnet gedigitaliseerd en het telecombedrijf van Namibië heeft overal in het land glasvezelkabel laten aanleggen.

Ook het bereik van en het aantal zendmasten voor de **mobiele telefoon** is sterk in omvang toegenomen. Namibië is naast Zuid-Afrika het enige land in zuidelijk Afrika dat een radiotelefoonnet heeft; het telefoonnet behoort tot de meest geavanceerde van Afrika. Vier procent van alle huishoudens beschikt over een eigen aansluiting, dat wil zeggen vier keer zoveel als het gemiddelde van alle Afrikaanse landen. Er bestaan roamingovereenkomsten met 110 landen en 115 verschillende netwerken; uit Nederland of België meegebrachte mobiele telefoons functioneren in Namibië meestal probleemloos. Vanuit het postkantoor kunt u telefoongesprekken voeren met mensen in Europa. Er zijn telefoonkaarten verkrijgbaar van N$ 10, 20 en 50. Als bepaalde telefoonnummers onvindbaar

---

FILMLOCATIES

Beyond Borders: Het begin van dit vluchtelingendrama met Angelina Jolie speelt zich eigenlijk af in Ethiopië, maar werd wegens de onveilige situatie in dat land in korte tijd bij Swakopmund gefilmd (2002). Sindsdien zit Namibië als filmdecor in de lift. Geliefd zijn films over het einde der tijden en in het fantasygenre, waarin het woestijnlandschap effectief kan worden gebruikt.

Flight of the Phoenix: In deze remake (origineel uit 1965) uit 2004 met Dennis Quaid en Giovanni Ribisi fungeert de Namib als stand-in voor de Gobiwoestijn.

10.000 BC: Deze fantasythriller van Roland Emmerich werd in de omgeving van de Spitzkoppe opgenomen.

Mad Max, Fury Road: Deze apocalyptische film werd in 2012 nabij Swakopmund gedraaid en was dankzij het avontuurlijke Mad-Max-voertuig een doorn in het oog van de natuurbescherming.

zijn of problemen opleveren, kunt u contact opnemen met de informatiedienst: tel. 061 11 88 en 061 10 23.

Alle Namibische telefoonnummers, inclusief de Gouden Gids, zijn te vinden in een relatief dun boek met een gewicht van ongeveer anderhalf pond. En dat is niet verwonderlijk – in het hele land wonen nauwelijks half zo veel mensen als in Kaapstad. Het telefoonboek is verkrijgbaar in de telecomwinkel in Windhoek, onmiddellijk naast het hoofdpostkantoor.

Landnummers:
Namibië: 002 64
Botswana: 002 67
Zambia: 002 60
Zimbabwe: 002 63
Nederland: 00 31
België: 00 32

Kies altijd eerst het landnummer en vervolgens het netnummer, maar dan zonder de eerste 0.

Toiletten

Op alle Namibische luchthavens, in hotels, restaurants en winkelcentra zijn toiletten en wasruimten te vinden die in een goede staat verkeren en verschillende keren per dag worden schoongemaakt. Onderweg zijn de grote benzinestations langs de hoofdwegen eveneens schoon. Op secundaire wegen en in kleinere plaatsen laat de hygiëne vaak te wensen over, maar deze bereikt zeer zelden een onaanvaardbaar niveau.

Uitgaan

Van een bruisend uitgaansleven is in Namibië geen sprake. En dat is misschien maar goed ook. Uitsluitend in de hoofdstad Windhoek is een handvol muziekclubs met optredens in de avonduren te vinden. Een aanrader is chillen onder de sterrenhemel met een glas sauvignon blanc.

Veiligheid

Namibië geldt nog altijd als relatief veilige reisbestemming. 's Avonds moet u in Windhoek, Swakopmund en Lüderitz wel op uw hoede zijn: ga liever zonder sieraden en handtas naar het restaurant of rijd met de auto direct naar het restaurant of neem, als dat mogelijk is, een taxi. Diefstallen en berovingen van toeristen – vooral mensen die alleen reizen zijn het slachtoffer – komen de laatste tijd steeds meer voor. Wandelingen in het donker zijn af te raden.

Het aantal autodiefstallen is zeer groot. Daarom geven veel autoverhuurbedrijven een stuurslot mee, dat u altijd moet gebruiken als u de huurauto parkeert.

Het is af te raden om in het donker buiten de bebouwde kom auto te rijden. Behalve het verhoogde risico te worden overvallen bestaat het gevaar op een ongeluk door onverlichte geparkeerde voertuigen en dieren die op de weg lopen.

Wees voorzichtig op de parkeerplaatsen langs de doorgaande wegen, waar vaak overvallen op toeristen hebben plaatsgevonden.

Het is belangrijk niet als hulpeloze toerist over te komen als u door een stad loopt. Kijk tegemoetkomende mensen aan en lach ze toe. Stippel uw route van tevoren uit en blijf onderweg niet steeds stilstaan om op de plattegrond te kijken. Als u verdwaald bent, ga dan naar het eerste het beste café of winkel en vraag daar naar de weg. Draag waardevolle spullen niet in het zicht, maar in een dichtgeknoopte plastic tas of in een kleine rugzak.

Zorg, voor het geval het tot een overval komt, dat u altijd een of twee biljetten van tien dollar in uw zak hebt en geef deze zonder verzet af. Meestal rennen de jeugdige daders dan onmiddellijk weg.

U kunt 's avonds beter niet in afgelegen gebieden autorijden en zeker niet met onafgesloten deuren en ramen. Neem liever een taxi heen en weer naar het restaurant.

Bij reizen naar **Zimbabwe** moet u zich ervan bewust zijn dat de moeilijke politieke, economische en sociale toestand van de bevolking tot een toename van de criminaliteit heeft geleid. Vooral uit de binnenstad van Harare worden steeds meer tassendiefstallen en *smash and grab*-overvallen gemeld. In de auto moet u daarom altijd de ramen dicht houden en de deuren vanbinnen vergrendelen. Handtassen, camera's enzovoort mogen niet zichtbaar in de auto liggen, wandelingen kunnen na het vallen van de duisternis beter niet worden gemaakt.

Het fotograferen en filmen van militaire terreinen en voertuigen, soldaten, politieagenten, vips en bepaalde aanslaggevoelige gebouwen (bijvoorbeeld de residentie van de president, Zimbabwe House of het State House aan de Borrowdale Road in Harare) is streng verboden. Daar moet u zich absoluut aan houden!

Voor nadere inlichtingen kunt u zich wenden tot de Nederlandse ambassade in Harare, tel. 002 63 477 67 01, of de Belgische ambassade in Pretoria (Zuid-Afrika), tel. 002 71 244 03 20.

Vrouwen (alleen op reis)

Op de hoofdroutes in Namibië komen alleenreizende vrouwen geen problemen tegen, maar op verlaten wegen is aan te raden in een kleine groep of met twee auto's te reizen. Op georganiseerde trips van lodges en hotels ontstaan over het algemeen geen problemen. Windhoek is overdag een veilige stad, maar zorg 's avonds voor vervoer naar het hotel of neem een taxi. Vrouwen die alleen een restaurant bezoeken worden bijna altijd aangesproken en uitgenodigd voor een drankje, maar zelden versierd. Een vriendelijke afwijzing wordt geaccepteerd.

Water

Overal in Namibië kan leidingwater zonder gezondheidsrisico worden gedronken.

Wellness

Net als elders in de wereld is wellness ook in Namibië in opkomst. Bij bijna alle hotels en lodges is een spa aangesloten. En is er iets heerlijkers denkbaar dan een aromatherapiemassage of facial in de eenzaamheid van de Namib of de Kalahari?

Grapje: een 'satelliettelefoon' in de verzengende zon, midden in de wildernis van Kaokoland

Winkelen

Township art

Typisch voor Namibië is de kunst om uit oude blikjes, ijzerdraad en plastic unieke voorwerpen te fabriceren, de zogenaamde *township art*. In de townships bedrukte stoffen zijn per meter te koop of verwerkt in kussens of overhemden.

Diamanten

Al meer dan honderd jaar worden in Namibië diamanten gewonnen, maar pas sinds 1999 worden ze daar ook geslepen en onder de naam Namibian Manufactured Fine Diamond verhandeld. Diamanten dienen alleen te worden gekocht bij officiële handelaars. Het kopen van ongeslepen, ruwe diamanten is niet toegestaan in Namibië.

Wol

Namibië is bekend om de wollen producten van de geharde, aan het leven in de woestijn aangepaste karakoelschapen, die verkrijgbaar zijn in de vorm van bekledingsstof en vloerkleden, meestal met mooie Afrikaanse patronen en motieven erop. Ze worden verkocht onder de naam Swakara (South West African Karakul). De wevers zijn te vinden in Dordabis en Karibib.

Beschermde dieren

Producten van ivoor, slangenhuid en schildpadschild zijn weliswaar vrij verkrijgbaar en niet duur, maar zij mogen in Europa niet worden ingevoerd. Ga dus producten van ivoor of andere delen van de olifant, schildpadschild of slang uit de weg, ook als ze u worden aangeboden. Ze vallen net als veel andere diersoorten onder de Conventie van Washington inzake de bescherming en instandhouding van in het wild levende diersoorten. Bij de douane in Nederland/België worden dergelijke aankopen in beslag genomen. Ook huiden van gevlekte kattensoorten zijn taboe.

Bedrukte stoffen zijn populaire souvenirs

Souvenirs

Populaire souvenirs zijn halfedelstenen, sieraden, kunstnijverheid van verschillende stammen, waaronder de mooie Hereropoppen, lederwaren als schoenen en handtassen van koedoeleer of beddenkleedjes van springbokhuid. Halfhoge schoenen van stevig, soepel oryx- en koedoeleder worden in Namibië door bijna elke parkwachter en gids gedragen, voor bezoekers vormen deze een origineel souvenir. Houtsnijwerk van de Kavango uit de Caprivistrook is te koop in Windhoek, Okahandja en Katima Mulilo.

Bij het Namibia Crafts Centre aan Tal Street in Windhoek kunt u gratis een *Arts & Crafts Map* afhalen, waarin informatie en de adressen van zo'n 100 verschillende kunstenaars zijn opgenomen.

In Windhoek vindt u een paar uitstekende kunstnijverheidwinkels met authentieke Afrikaanse voorwerpen, die voor een deel zeer oud zijn. De prijzen die u hiervoor betaalt, zijn toepasselijk hoog.

Een origineel souvenir is een reflecterend Afrikaans verkeersbord dat waarschuwt voor loslopende olifanten, neushoorns, nijlpaarden, struisvogels, krokodillen, zebra's, giraffen of wrattenzwijnen. Direct uit Afrika te bestellen via dieter@lossis.com.

Teruggave van btw

Toeristen krijgen de in Namibië betaalde btw van 15% (VAT) terug bij het vertrek op Hosea Kutako International Airport en bij de grensposten Noordoewer en Ariamsvlei per cheque in Zuid-Afrikaanse rand. Ga voor het inchecken met de kwitanties en de gekochte goederen naar het duidelijk aangegeven VAT Refund Office, waar na een steekproefsgewijze controle een cheque wordt uitgeschreven over het terug te betalen btw-bedrag. Er zijn een paar dingen waar u op moet letten: er wordt alleen btw teruggegeven over zaken die u uitvoert, zoals boeken, kleding, sieraden, diamanten en kunstnijverheid, niet over restaurant-, hotel- of huurautorekeningen. De verkregen goederen moeten bij vertrek altijd kunnen worden getoond en mogen dus niet in uw koffer zijn gestopt. Teruggave vindt plaats vanaf een (totale) aankoopsom van N$ 250.

Voor elke aankoop moet een belastingkwitantie *(tax invoice)* beschikbaar zijn die is opgesteld door de verkoper. Daarop moet het volgende zijn vermeld: *tax invoice,* de prijs van de goederen, het btw-bedrag, het btw-nummer *(VAT number)*, naam en adres van de verkoper, een nauwkeurige beschrijving van de aangekochte waar, een notanummer en de datum. Bij goederen met een waarde van meer dan N$ 500 moeten ook de naam en het adres van de koper op de nota staan. Het lijkt misschien gecompliceerd, maar voor de meeste verkopers is het inmiddels routine, en het loont zeker de moeite, vooral voor de echte shoppingfans.

Tijd

In de Europese zomertijd is het in Namibië een uur vroeger, in de wintertijd een uur later. De wisseling van zomer- naar winter-, respectievelijk van winter- naar zomertijd geschiedt in Namibië op de eerste zondag in maart en september.

Zwemmen

Namibië is van oudsher geen zwemland. De Atlantische Oceaan is te koud en stormachtig. Een uitzondering is Agate Beach, 8 km van het centrum van Lüderitz, waar u onder toezicht kunt zwemmen. Maar dat is ook de enige plaats in Namibië waar af en toe een surfer is te zien. Het mooiste en populairste zandstrand van Namibië ligt in Swakopmund aan de pier voor het Strand Hotel. Alternatieve zwemlocaties in het binnenland, tussen Windhoek en Mariental, zijn de stuwmeren Lake Oanob en Lake Hardap. Als u de weg langs de Oranjerivier volgt, komt u een paar goede plaatsen om af te koelen tegen. Zwemmen in de Kunene, de grensrivier in het noorden, vereist vanwege de krokodillen meer moed. Het meest uitdagend is een duik in de Devil's Pool boven aan de Victoria Falls. Last but not least: veel zwembaden van lodges en hotels zijn beeldschoon.

Onderweg in Namibië

'De aarde is niet van ons, het is een schat die we in vertrouwen
hebben ontvangen voor toekomstige generaties.'
Namibisch spreekwoord

Uitzicht op de Große Spitzkoppe

Hoofdstuk 1

Windhoek en omgeving

Hoewel Windhoek op het eerste gezicht een slaperig Duits plaatsje lijkt, is het de hoofdstad en met ruim 320.000 inwoners de grootste stad van Namibië. Naast de bewaard gebleven koloniale architectuur maakt vooral de bergachtige, op 1700 m hoogte gelegen omgeving tussen de Khomashoogvlakte en de Erosberge indruk.

Wie op de monumenten in het centrum van Windhoek afgaat, moet geloven dat de stad werd gesticht door de commandant van het Duitse koloniale leger, Curt von François, en dat tijdens de gewapende opstanden van de Nama en Herero alleen Duitsers om het leven kwamen. Dat is natuurlijk niet zo. Desondanks heeft de regering na de onafhankelijkheid in maart 1990 de monumenten uit de koloniale tijd niet afgebroken, maar alleen aangepast.

De Orlamleider Jan Jonker Afrikaner bereikte in 1849 het met warme bronnen bezaaide gebied *ai gams* ('vuurplaats', in het Herero *otjomuise*, 'rookplaats') ter hoogte van de huidige wijk Klein Windhoek. Dankzij een superieure vuurkracht verdreef hij de daar woonachtige Herero. Hij stichtte een nederzetting, die hij ter ere van zijn Zuid-Afrikaanse geboortegrond, de Winterhoekberge bij Tulbagh, Winterhoek noemde. Hij bouwde een kerk en ontving afgevaardigden van de Rheinische Missionsgesellschaft (een Duits zendingsgenootschap). Maar de continue schermutselingen met de Herero brachten hem en zijn mannen ertoe het gebied te verlaten.

Toen het Duitse koloniale leger aan het einde van de 19e eeuw de belangen van het Duitse Rijk begon te verdedigen, liet Curt von François in 1890 de Alte Feste ('oude fort') bouwen. Hij verduitste de oorspronkelijke naam Winterhoek tot Windhuk, zoals de stad tijdens de Duitse koloniale tijd zou heten. Na de Eerste Wereldoorlog kreeg de plaats zijn huidige naam, Windhoek.

Het symbool van Windhoek: de Christuskirche

In een oogopslag: Windhoek en omgeving

Hoogtepunten

⭐ **Windhoek:** Een verrassing voor nieuwkomers is het grote aantal bewaard gebleven en stijlvol gerestaureerde, typisch Duitse gebouwen uit de koloniale tijd. Al slenterend door Windhoek kunt u ze bewonderen (zie blz. 120).

Namibia Craft Centre: Smaakvolle kunstnijverheid, gegarandeerd niet *made in China*. De opbrengsten gaan direct naar de vervaardigers. De interessante verkoopexpositie is ondergebracht in een historische brouwerij (zie blz. 126).

🍀 **Düsternbrook Guest Farm:** Wat anders alleen wildfotografen met engelengeduld lukt, is op de logeerboerderij Düsternbrook ook weggelegd voor hobbyisten: een foto van een luipaard in zijn natuurlijke omgeving (zie blz. 141).

Fraaie route

Door het Khomashoogland naar de Bosuapas: Op de rit over de steenslagweg naar de Bosuapas openen zich steeds weer adembenemende vergezichten op eindeloze bergketens, die ter hoogte van de pas abrupt afhellen naar de vlakte van de Namibwoestijn (zie blz. 135).

Tips

Koffie met appeltaart in de Heinitzburg: Achter een stuk appeltaart met slagroom en een kannetje koffie op het terras van Leo's at the Castle, met uitzicht op Windhoek, en Afrika lijkt ver weg (zie blz. 129).

Joe's Beerhouse: Een instituut in Windhoek en een favoriet trefpunt van de Duitstalige inwoners van de stad. Wie hier niet een keer heeft gegeten, was niet echt in Namibië. Aanrader: bier van het vat en koedoesteak (zie blz. 131).

Joe's Beerhouse

Op de fiets door township Katutura: Het zwarte hart van Windhoek is het meest Afrikaanse deel van de hoofdstad. De excursie, die door de townshipbewoners wordt georganiseerd, gaat onder meer naar de Tukondjenimarkt, het bruisende hart van Katutura (zie blz. 130)

Khomas Hochland Hiking Trail: Deze interessante wandelroute door het Khomashoogland werd in juni 2015 officieel geopend. Hij voert over het terrein van vijf particuliere boerderijen: Düsternbrook, Otjiseva, Onduno, Godeis en Monte Christo. De 91 km (zes dagen) lange *trail* kan ook verkort worden tot vier dagen (53 km). Begin- en eindpunt is de Düsternbrook Guest Farm (zie blz. 136).

✪ Windhoek

▶ J 9

Windhoek is de regeringszetel, het economische en culturele centrum en tevens de enige universiteitsstad van Namibië. De grootste stad van het land wordt omringd door bergen en ligt bijna 1700 m hoog tussen de Khomashoogvlakte in het westen, de Erosberge (eros is het Namawoord voor de zure, wilde pruimensoort die daar groeit) in het noordoosten en de Auasberge in het zuiden.

Windhoek is met zijn ruim 320.000 inwoners een zeer overzichtelijke stad en wordt daarom door de inwoners graag aangeduid als 'dorp'. Wanneer de bezoeker vanaf het 45 km ten oosten gelegen Hosea Kutako International Airport de stad nadert, komt hij eerst door een heuvelachtig, voor Namibië zeer karakteristiek struiksavannelandschap, waar Kaapse bavianen (beerbavianen) leven. Het eerste wat reizigers van de stad zien, zijn de rustige buitenwijken Avis en Klein Windhoek, die door een bergrug van de eigenlijke stad zijn gescheiden.

Eenmaal aangekomen in Windhoek is de oriëntatie heel eenvoudig. De B 6, waarover u uit de richting van de luchthaven de stad binnenrijdt, wordt in Windhoek de Sam Nujoma Drive. Deze doorkruist Windhoek van oost naar west. In het zuiden voert de B 1 de stad in, de Western Bypass voert om Windhoek heen naar het noorden, waar de B 1 verder loopt naar Okahandja. In het oosten van Windhoek liggen de welvarende wijken **Klein Windhoek** en **Ludwigsdorf**, in het noorden van de stad leven de bewoners met lagere inkomens, bijvoorbeeld in **Katutura**. En in het **Hochland Park** in het westen is het één bonte, multiculturele wirwar. De hoofdstraat van Windhoek is **Independence Avenue**, die van de Ausspannplatz in het zuiden dwars door Katutura loopt en pas vlak voor de Goreangabdam eindigt.

In Windhoek is de Duitse invloed tot op heden aanwezig, ook al heeft slechts 2% van de bevolking Duits als moedertaal. Dit komt de stad vanuit toeristisch oogpunt natuurlijk ten goede. Waar anders in Afrika wordt er jaarlijks carnaval gevierd en zijn een Luisen-Apotheke, een Duitstalige boekhandel, *Brezeln* en *Buletten* vlak bij elkaar te vinden? Geen wonder dat de Engelstalige Namibiërs de term *gemütlichkeit* in hun woordenschat hebben opgenomen. Bezoekers uit het Duitssprekende deel van Europa die de Engelse taal minder goed machtig zijn, worden hier goed begrepen en kunnen zich andersom even gemakkelijk verstaanbaar maken.

Stadscentrum

Kaart: zie blz. 122

Een stadswandeling begint bij voorkeur op **Independence Avenue**, zoals de voormalige Kaiserstraße sinds de Onafhankelijkheid heet. Door het feit dat Windhoek op een hoogte van bijna 1700 m ligt, wordt de wandeling zelfs in de zomer geen zweterige bedoening. De temperaturen zijn bijna altijd draaglijk.

In de afgelopen jaren is er in de winkelstraat van Windhoek het een en ander gebeurd. Oude winkels zijn gerenoveerd, er zijn nieuwe winkels geopend. Inmiddels vindt u er zelfs bistro's die een behoorlijke espresso of cappuccino serveren.

Zoopark

Het **Zoopark** , dat vroeger inderdaad een dierentuin was, is een van de weinige groene ruimtes in de stad en een oase van rust. In het park zijn ruim 5000 jaar oude steentijdwerktuigen en beenderen van een olifant gevonden (de resten zijn te zien in het Owela Museum) – het bewijs dat de plaatselijke warme bronnen al vroeg mensen aantrokken. Tegenwoordig komen hier Namibiërs uit alle bevolkingsgroepen. Bijzonder opvallend zijn de Hererovrouwen met hun fraaie wilhelminische kleding en tweepuntige mutsen die koehoorns symboliseren – een herinnering aan de oorsprong van het herdersvolk.

Duitse koloniale architectuur

Vanuit het Zoopark, voorheen het Hendrik Verwoerdpark genoemd, naar de Nederlandse architect van de apartheid en Zuid-Afrikaanse ex-premier, is de koloniale bouwstijl aan de overzijde van Independence Avenue te bewonderen. Van rechts naar links gezien staan daar drie gebouwen van degene die als de productiefste architect van Zuidwest-Afrika wordt beschouwd, Wilhelm Sander. Het **Erkrath-Haus** 2 , uit 1910, is beneden een winkel en boven een woonhuis, zoals toen gebruikelijk was. Direct daarnaast staat het **Gathemann-Haus** 3 (1913), ook gebouwd met een woning boven en winkelruimte beneden. Heinrich Gathemann, de toenmalige burgemeester van Klein Windhoek, liet een huis bouwen met een bijzonder steil dak. De scherpe hoek was totaal onnodig, maar dient normaal gesproken om te voorkomen dat de sneeuw zich ophoopt en het dak indrukt. In Windhoek sneeuwt het nooit – het huis is dan ook een opmerkelijke herinnering aan koudere, Duitse streken. De apotheek op de begane grond heet nog altijd **Luisen-Apotheke**, ook al is de Duitse koloniale heerschappij al meer dan een eeuw voorbij.

Ook in het huis ernaast, het **Kronprinzen-Haus** 4 , dreef Gathemann een winkel. Het uit 1902 stammende Hotel Kronprinz had hij opgekocht en in 1920 in de huidige stijl verbouwd. Het restaurant op de eerste verdieping is echter een latere toevoeging. Het terras van het **Gathemann Restaurant** 2 (zie blz. 129) op de eerste verdieping van het Kronprinzen-Haus biedt behalve koffie met *Kuchen* (gebak) een mooi uitzicht op de hoofdverkeersader van Windhoek.

Uhrturm (Clock Tower)

De **Uhrturm (Clock Tower)** 5 op de hoek van Independence Avenue en Post Street Mall, een levendige winkelstraat, is geïnspireerd op de inmiddels afgebroken Duitse Afrika-Bank. De Post Street Mall is uitgegroeid tot de grootste straatmarkt van Windhoek, waar kunstnijverheid, kleding, ornamenten, sieraden en ansichtkaarten compleet met postzegel te koop worden aangeboden. Bij sommige kraampjes is te zien hoe de nijverheidsproducten worden gemaakt. Wie mensen wil kijken of zelf gezien wil worden, moet een koffie of een biertje bestellen in een van de café-restaurants in de openlucht.

Meteoriten-Brunnen

Een andere bezienswaardigheid aan de Post Street Mall is de **Meteoriten-Brunnen** 6 . 31 van de 77 buitenaardse brokstukken die vlak bij Gibeon, ten zuiden van Windhoek, werden gevonden, zijn hier op metalen staketsels geplaatst. Een van de steenbrokken is in tweeën gespleten om het aanwezige ijzer zichtbaar te maken. De *Gibeon shower* geldt als de zwaarste meteorietenregen die ooit viel: in 1837 stortte bij Gibeon 21 ton ijzerhoudend gesteente uit de lucht. De ontdekkingsreiziger James Alexander maakte in 1838 voor het eerst melding van de brokstukken. Lange tijd hebben de Nama gereedschappen gemaakt van het harde materiaal.

Goed verstopt onder een reusachtige palm, eveneens aan de Post Street Mall, vindt u de **Tourist Information** van Windhoek.

TransNamib Railway Museum

Bahnhof Street, tel. 061 298 21 86, ma.-vr. 9-12, 14-16 uur, volwassene N$ 2

Windhoek

Bezienswaardig

1. Zoopark
2. Erkrath-Haus
3. Gathemann-Haus
4. Kronprinzen-Haus
5. Uhrturm (Clock Tower)
6. Meteoriten-Brunnen
7. TransNamib Railway Museum
8. Ovambo Campaign Memorial
9. Kudu Monument
10. Turnhalle
11. St. George's Cathedral
12. National Art Gallery
13. Owela Museum
14. State House
15. Christuskirche
16. Tintenpalast
17. Independence Memorial Museum
18. ruiterstandbeeld
19. Alte Feste/Staatsmuseum
20. Old Breweries Craft Market / Namibia Craft Centre
21. Schwerinsburg
22. Heinitzburg
23. Sanderburg
24. Hofmeyer Walk
25. Namibian Breweries

Accommodoatie

1. Hilton Windhoek
2. Village Courtyard Suites
3. Kalahari Sands Hotel
4. Olive Grove
5. Hotel Pension Palmquell
6. Protea Hotel Fürstenhof
7. Jan Jonker Holiday Apartments
8. Gocheganas
9. Windhoek Country Club Resort

Eten en drinken

1. NICE Restaurant & Bar
2. Gathemann Restaurant
3. Joe's Beerhouse
4. La Marmite
5. Fresh 'n Wild
6. The Gourmet
7. Sardinia Blue Olive

Winkelen

1. The Grove Mall of Namibië
2. Maerua Mall
3. Camelthorn Brewing Company

Uitgaan

1. Warehouse Theater/ Boiler Room

Windhoek

In het oude treinstation kunt u alles leren over de geschiedenis van het transport

Een wandeling over Werner List en John Meinert Street brengt u op Bahnhof Street. Het **TransNamib Railway Museum** 7, dat is ondergebracht op de eerste verdieping van het in 1912-1913 gebouwde station, is vooral interessant voor liefhebbers van stoomtreinen en biedt een goed overzicht van de geschiedenis van het Namibische transportwezen. Voor het gebouw ligt de in 1899 in delen uit Duitsland geïmporteerde en in Swakopmund geassembleerde smalspoortrein **'Poor Old Joe'**, die deze havenstad met Windhoek verbond. Het grappig uitziende treintje had vroeger, toen het nog in bedrijf was, ter versterking een tweede locomotief achter zich rijden. Zo'n stel werd toepasselijk 'tweeling' genoemd. Werden de locomotieven apart ingezet, dan heetten ze 'eenling'. Omstreeks 1906 reden er zo'n 100 in het land.

Het **Ovambo Campaign Memorial** 8, een monument in de ietwat verwaarloosde Garden of Remembrance voor het station, herinnert aan de Ovamboleider Mandume, die in 1916 met zijn krijgers werd gedood in de strijd tegen de Engels-Zuid-Afrikaanse kolonisten. Ter ere van hem is ook de voormalige Talstraße, die van de tuin naar het zuiden voert en een van de hoofdstraten is van Windhoek, omgedoopt in Mandume Ndemufayo Avenue.

Kudu Monument en Turnhalle

Aan de andere kant van Independence Avenue staat het bronzen **Kudu Monument** 9, ter herinnering aan de runderpest van 1896, waaraan ook veel antilopen ten prooi vielen. Daarachter, op de hoek Bahnhof Street/Robert Mugabe Avenue, ziet u de in 1909 gebouwde **Turnhalle** 10, waar op 1 september 1975 de beroemde Turnhalle Conferentie van start ging, over de onafhankelijkheid van Namibië. Elf bevolkingsgroepen kwamen bijeen om een oplossing te zoeken. Zuid-Afrika had deze ontmoeting van conservatieve partijen op touw gezet, zonder de VN en de SWAPO erbij te betrekken, met als doel in 1978 een

Stadscentrum

eigen 'onafhankelijkheid' te kunnen smeden. Maar zonder deelname van de SWAPO was deze coup vanzelfsprekend gedoemd te mislukken.

De aan Love Street gelegen **St. George's Cathedral** 11 wijkt af van de architectuur naar Duitse traditie elders in de stad en doet eerder Engels aan. De kleinste kathedraal van zuidelijk Afrika werd in 1925 gewijd.

National Art Gallery en Owela Museum

National Art Gallery

109 Robert Mugabe Ave., tel. 061 21 11 60, www.nagn.org.na, ma.-vr. 8-17, za. 8-14 uur, toegang gratis

Even verderop ligt het enige Namibische museum voor hedendaagse kunst van het land, de **National Art Gallery** 12 . De permanente tentoonstelling, waarin regelmatig stukken worden verhangen of omgewisseld, toont werken van Namibische en Zuid-Afrikaanse kunstenaars en daarnaast ook Europese kunst. Wisselende tentoonstellingen maken de presentatie compleet.

Owela Museum

Robert Mugabe Avenue, naast de National Art Gallery, tel. 293 43 76, ma.-vr. 9-13, 14-18, in de winter tot 17, za., zo. 10-13, 14-18, in de winter tot 17 uur, toegang gratis

Als u de Robert Mugabe Avenue (vroeger de Leutweinstraße) verder volgt, komt u langs het **Owela Museum** 13 , waar tentoonstellingen over natuur en cultuur worden gepresenteerd. Het museum is vernoemd naar het in Afrika zeer geliefde spelletje *owela*. Dit is eigenlijk een soort backgammon, maar dan gespeeld met kiezelstenen of pitten op een 'bord' van zand, hout of steen.

State House en Christuskirche

State House

Een eindje verderop staat het **State House** 14 , tot 2010 de zetel van de regering en de president en sindsdien de residentie van de eerste minister. Omdat er wegens plaatsgebrek geen aanbouw mogelijk was, werd in de villawijk Auasblick op een heuvel ten oosten van de Robert Mugabe Avenue het **New State House** neergezet. Dit bestaat uit een regeringsvleugel met kantoren voor de president en zijn medewerkers en kamers voor de leden van het kabinet. Verder staan op het terrein het huis van de president en een gastenhuis voor staatsbezoeken. Voor het ontwerp tekende de Noord-Koreaanse firma Mansudae Overseas Project. De kosten bedroegen circa N$ 600 miljoen. Het terrein is afgeschermd door een stalen hek en verschillende wachttorens.

Christuskirche

Alleen tijdens diensten geopend, op andere tijdstippen kunnen geïnteresseerden bij het parochiekantoor de sleutel halen, 12 Fidel Castro St., tel. 061 23 60 02, 7.30-13 uur

Van het State House is het niet ver naar de neoromaans-gotische **Christuskirche** 15 . De in lokaal zandsteen opgetrokken kerk, waarvan de gevel jugendstilinvloeden vertoont, geldt als het handelsmerk van de stad en werd tussen 1907 en 1910 door Gottlieb Redecker ontworpen als symbool van vrede. Net als bij de kerken van Lüderitz en Swakopmund schonk keizer Wilhelm II de gekleurde vensters achter het altaar en zijn vrouw Augusta de bijbel.

Tintenpalast

Achter de Christuskirche ligt het in 1913 gebouwde **Tintenpalast** 16 , waar tegenwoordig het parlement bijeenkomt en vroeger de ambtenaren zetelden ('Tinte' slaat op de inkt die werd gebruikt bij het invullen van de vele formulieren). Ook dit gebouw, de voormalige zetel van de Duitse koloniale regering, werd ontworpen door Redecker. De Landesrat hield zijn eerste zitting op 11 mei 1914, maar al in juli van het daaropvolgende jaar werd hij, na de capitulatie van de Duitse troepen, ontbonden.

Voor de ingang van het Tintenpalast springen drie beelden in het oog, die hier sinds

Windhoek

2002 in de tuin staan. Om precies te zijn stond een van de beelden, die van de Hereroleider Hosea Kutako, al drie jaar eerder op deze plek, maar afgedekt. Kort voor de onthulling had een afgevaardigde in het parlement tegengeworpen dat Hosea niet de enige vrijheidsstrijder was geweest. Dus bleef het beeld net zo lang onder het zeil tot er afbeeldingen van twee vrijheidsstrijders uit andere bevolkingsgroepen konden worden geplaatst: de beroemde Namaleider Hendrik Witbooi en de anglicaanse Ovambopriester Theophilus Hamuntubangela, die in de jaren 60 bijdroeg aan het ontstaan van een politiek bewustzijn bij de zwarte bevolking.

Onafhankelijkheidsmuseum en Alte Feste

Independence Memorial Museum

Op weg naar de Alte Feste passeert men het **Independence Memorial Museum** 17 . Op 21 maart 2014 werd het futuristisch aandoende museum tussen de Christuskirche en de Alter Feste feestelijk geopend. Op de plek waar vroeger het ruiterstandbeeld stond, staat nu een beeld van Sam Nujoma. Het N$ 60 miljoen kostende monument en de beelden werden gebouwd door een Noord-Koreaans bedrijf, zonder betrokkenheid van het publiek en deelname van lokale bedrijven en kunstenaars. Dezelfde firma was ook verantwoordelijk voor de bouw van het New State House (zie blz. 125). In het centrum van de historische tentoonstelling staat de Namibische vrijheidsstrijd. Om ruimte voor de nieuwe mijlpaal van Windhoek te maken, moest een oude wijken: het **ruiterstandbeeld** 18 , van een koloniale soldaat te paard, werd verplaatst naar de Alte Feste. Met de verhuizing is het officieel een museumstuk geworden en geen nationaal monument meer. De nieuwe locatie is een compromis. Politieke hardliners hadden geëist dat het controversiële monument terug naar Duitsland zou worden gestuurd. Het beeld is in bronsgieterij Gladbeck in Friedrichshagen bij Berlijn gemaakt en op 27 januari 1912 ter ere van de verjaardag van keizer Wilhelm II onthuld. Op een plaquette staan de namen van Duitsers die tijdens de Nama- en Herero-oorlogen gevallen zijn.

Alte Feste

Robert Mugabe Avenue, tel. 061 293 43 76, ma.-vr. 9-18, za., zo. 15-18 uur, toegang gratis
De **Alte Feste** 19 is het oudste bewaard gebleven gebouw van de stad en herbergt een deel van het **State Museum** (Staatsmuseum). Een van de exposities belicht de ontwikkeling van Namibië van de koloniale tijd tot op heden. De historische foto's laten de oorlog vooral vanuit het SWAPO-standpunt zien. Voor het museum ligt een oude spoorlijn.

Curt von François zelf zou de Feste, waarvoor de eerste steen in 1890 werd gelegd, hebben ontworpen. Het fort diende vooral om Hereroleider Samuel Maharero te imponeren en duidelijk te maken hoe 'weerbaar' het koloniale leger was. De 1,5 tot 4,5 m hoge muren vormen een rechthoek van 45 bij 20 m, met op elke hoek een toren. Omdat bij de bouw ongebakken leem was gebruikt, moest er vaak worden gerepareerd. Daarnaast werd de vesting voortdurend uitgebreid; in 1912 telde ze al 54 vertrekken. Tot 1915, toen de Zuid-Afrikanen de Duitsers versloegen, diende de Alte Feste als hoofdkwartier van het koloniale leger, daarna van de Zuid-Afrikaanse troepen.

Old Breweries Craft Market

Namibia Craft Centre: tel. 061 25 03 42, www.namibiacraftcentre.com, www.namcrafts.com, www.facebook.com/ namcrafts; CraftCafé: 40 Mandume Ndemfayo Ave., tel. 061 24 99 74, www.craftcafe-namibia. com, geopend ma., di. 9-18 uur, wo.-vr. 9 uur tot zonsondergang, za., zo. 9-15.30 uur, hoofdgerecht N$ 45
Via de Fidel Castro Street wandelt u naar de Mandume Ndemfayo Avenue (voorheen Tal Street), waar in het oude brouwerijgebouw de **Old Breweries Craft Market** 20 , een congres- en rechts ernaast een kunstnijverheidscentrum, het **Namibia Craft Centre**, zijn ondergebracht. Het laatste biedt op drie

Stadscentrum

verdiepingen authentieke souvenirs te koop aan, die gegarandeerd in zuidelijk Afrika vervaardigd zijn, bijvoorbeeld lokaal ontworpen sieraden en de coolste T-shirts. Het **Craft Café**, een café-restaurant met een prima keuze aan gebak, nodigt uit tot een stop.

Drie burchten

Windhoeks drie burchten – Schwerinsburg, Heinitzburg en Sanderburg – liggen niet echt op loopafstand, maar wel vlak bij elkaar. Ze zijn weliswaar klein, maar hebben alle kenmerken van 'echte' kastelen: torens, erkers, nissen en kantelen. Alle drie werden ze ontworpen door de belangrijkste koloniale architect van Duits Zuidwest-Afrika, Wilhelm ('Willi') Sander. In 1913 verrees als eerste de **Schwerinsburg** 21. Al in 1890 gebruikte Von François de bergtop om uit te kijken over het dal van Klein Windhoek. Toen Willi Sander naar Windhoek kwam, bouwde hij op deze locatie een café, Sperlingslust. In 1904 verkocht hij het stuk grond aan de als secretaris voor gouverneur Leutwein aangestelde graaf Von Schwerin, in wiens opdracht hij de eerste burcht bouwde.

Nummer twee was in 1914 de **Heinitzburg** 22, die Von Schwerin aan zijn echtgenote schonk, een ingezetene van Heinitz. De Heinitzburg herbergt tegenwoordig een voornaam hotel en een restaurant, Leo's at the Castle (zie blz. 129), waar iedereen welkom is. Het uitzicht van het terras op de stad – met koffie en taart of een diner – is met name tegen zonsondergang en later op de avond aanbevelenswaardig.

In 1917 bouwde Sander zijn eigen kasteel **Sanderburg** 23. Niet lang daarna moest hij Namibië echter verlaten en hij zou nooit in zijn burcht wonen. Van Willi Sander stammen ook veel van de andere historische gebouwen in Windhoek en het midden in de woestijn gelegen Duwisib Castle (zie blz. 153).

Hofmeyer Walk

In de winter – dat wil zeggen in de koele maanden maart en april – komt de 1 uur durende **Hofmeyer Walk** 24 in aanmerking. De route loopt langs de bergrug die het stadscentrum scheidt van Klein Windhoek. In deze periode bloeien de aloë's volop in rode pracht en worden honingzuigers (sunbirds), muisvogels (mousebirds) en buulbuuls (bulbuls) aangetrokken door de geur van de nectar. In elk seizoen geniet u van een weids uitzicht over de stad en zijn omgeving, onbelemmerd door bebouwing. De kleine wandeling begint bij het mededelingenbord aan de voet van de watertoren in Sinclair Street of in Orban Street, ten zuiden van het Tintenpalast. Het pad is goed onderhouden, maar zorg er desalniettemin voor dat u stevig schoeisel draagt. Let op: voor uw veiligheid is het aan te raden om de wandeling alleen in een groep te ondernemen. Het risico op overvallen is vrij hoog!

Namibian Breweries

Iscor Street, Northern Industrial Area, tel. 061 320 49 99, www.nambrew.com, rondleidingen di.-do. 8.30-11, 14-16.30 uur, minstens drie dagen van tevoren aanmelden!
Wie het volgens het Duitse *Reinheitsgebot* gebrouwen en ook in Zuid-Afrika graag gedronken Windhoek Lager lekker vindt, kan de brouwerij bezichtigen. **Namibian Breweries** 25 biedt 2,5 uur durende rondleidingen met aansluitend een proeverij.

Informatie

Windhoek Information and Publicity (WIP): 7 Post Street Mall, tel. 061 290 20 92, 25 97 70, ma.-vr. 9-17, za. 9-12 uur. Het filiaal in de Post Street Mall ligt verscholen achter een grote palm en is daarom een beetje moeilijk te vinden, maar heeft toegewijd personeel. U kunt hier onder andere terecht voor de gratis set landkaarten van Namibia Maps (www.namibiatourism.com.na/map), de 570 bladzijden dikke 'Namibia Travel Planner' (www.wheretostay.na) en de jaarlijks in een nieuwe editie verschijnende, 200 pagina's omvattende 'Namibia Travel Companion'.

Namibia Tourism Board: Windhoek, tel. 061 290 60 00, www.namibiatourism.com.na,

Windhoek

niet open voor het publiek. Algemene tips voor Namibië.

Accommodoatie

Ridder voor een nacht – **Hotel Heinitzburg** 22 : 22 Heinitzburg St., tel. 061 24 95 97, www.heinitzburg.com. In de burcht die in 1914 door de graaf Von Schwerin op een schitterende locatie boven de stad werd gebouwd, is sinds 1994 een luxehotel ondergebracht. Het hotel, dat deel uitmaakt van de exclusieve keten Relais & Châteaux, beschikt over 16 kamers, stijlvol ingericht met handgemaakte meubels en hemelbedden. Wifi niet gratis. 2 pk met ontbijt vanaf N$ 2700.

Dakzwembad met uitzicht – **Hilton Windhoek** 1 : Rev. Michael Scott Street, tel. 061 296 29 29, www.windhoek.hilton.com, Facebook: Hilton Windhoek. Het eerste Hilton in Namibië werd in 2014 geopend. Er zijn een wellnesscentrum, 2 restaurants, 3 bars, waarvan een naast het spectaculaire zwembad op het dak. Gratis wifi. Let op speciale aanbiedingen via de website. 2 pk met ontbijt vanaf N$ 2200.

Trendsetter – **Village Courtyard Suites** 2 : 18 Liliencron St., Eros, tel. 061 40 05 10, www.villagecourtyardsuites.com. Gunstig gelegen in een complex met inheemse bomen, verharde wandelpaden en koivijvers. Hier bevindt zich ook de coole **Fresh 'n Wild**-bistro. De ruime suites met kitchenette lijken zo uit een architectuurtijdschrift te komen. Satelliet-tv en gratis wifi. 2 pk met een uitstekend en overvloedig ontbijt (geserveerd in de Fresh 'n Wild) vanaf N$ 2100.

Zakenhotel met shopping mall – **Kalahari Sands Hotel** 3 : 129 Independence Ave., Gustav Voigt Centre, tel. 061 280 00 00, www.suninternational.com. 14 verdiepingen hoog hotel met 173 kamers, een klein casino en een zwembad op het dak. De begane grond van het hotel wordt ingenomen door een winkelcentrum met bank en een *food court*. De receptie ligt op de 1e verdieping en is bereikbaar met een roltrap. 2 pk met ontbijt vanaf N$ 1900 (vaak internetspecials).

Boetiekhotel – **Olive Grove** 4 : 20 Promenaden Rd., tel. 061 23 91 99, www.olivegrove-namibia.com. Intiem, zeer stijlvol onderkomen met 11 kamers in een rustige villawijk van Windhoek. Een van de mooiste plekken in Windhoek zelf om de nacht door te brengen. Gratis wifi. 2 pk met ontbijt vanaf N$ 1400, suites met ontbijt vanaf N$ 3750.

Oostenrijkse gastvrijheid – **Hotel Pension Palmquell** 5 : 60 Jan Jonker Rd., tel. 061 23 43 74, www.palmquell.com. Bed-and-breakfast in een van de oudste en beste woonwijken van de stad, dicht bij het centrum, met vriendelijke eigenaars. Met mooie tuin, een zwembad, restaurant en wijnbar. 2 pk met ontbijt vanaf N$ 1300.

Bewezen hotelketencomfort – **Protea Hotel Fürstenhof** 6 : 4 Frans Indongo St., tel. 061 23 73 80, www.proteahotels.com/furstenhof. 33 kamers met badkamer, balkon en uitzicht op de stad, uitstekend restaurant aanwezig. De kamers bieden al het denkbare comfort, maar zijn vanwege de wat fantasieloze inrichting en het typische hoteltapijt toch vrij standaard. 2 pk met ontbijt vanaf N$ 1100.

Appartementenhotel – **Jan Jonker Holiday Apartments** 7 : 183 Jan Jonker Rd., tel. 061 22 12 36. Dit complex ligt even buiten het centrum, dat echter in een paar minuten te voet bereikbaar is. De 16 volledig ingerichte appartementen en studio's zijn voorzien van een koelkast, fornuis en koffiezetapparaat. Vanaf N$ 1100.

… buiten het centrum:

Wellnessoase – **Gocheganas** 8 : 29 km ten zuidoosten van Windhoek, tel. 061 22 49 09, www.gocheganas.com. Succesvolle combinatie van natuurreservaat en wellnessdorp, bestaande uit 16 rietgedekte chalets (waaronder 6 suites), alle met een panoramisch uitzicht op het particuliere natuurreservaat (zie blz. 139). De inrichting van de kamers is stijlvol Afrikaans met hemelbedden, voorzien van muskietennetten. Afrikaans leisteen op de vloeren en zandsteen op de wanden. 2 pk met volpension vanaf N$ 4270.

Met casino en golfbaan – **Windhoek Country Club Resort** 9 : B 1 Western Bypass, 5 minuten rijden ten westen van het centrum van Windhoek, tel. 061 205 59 11 en 25 27 97, Facebook: Windhoek Country Club Resort and

Adressen

De Heinitzburg, tegenwoordig hotel en restaurant, werd in 1914 door Willi Sander gebouwd

Casino. Groot luxueus hotel met 154 kamers en suites, diverse animatieprogramma's en een casino. Kinderen zullen enthousiast zijn over het waterparadijs in de tuin, golfspelende ouders over de 18 holesbaan. 2 pk met ontbijt vanaf N$ 2750.

Eten en drinken

Topkeuken met uitzicht – **Leo's at the Castle** 22 : 22 Heinitzburg St., tel. 061 24 95 97, www.heinitzburg.com, dag. 18.30 uur tot laat. Fijnproeversrestaurant in de Heinitzburg. De Franse chef-kok werkte vroeger in het gerenommeerde Mount Nelson Hotel in Kaapstad. De wijnkelder telt meer dan 15.000 flessen en is de grootste van Namibië. 's Middags kunt u op het terras genieten van koffie met apfelstrudel en 's avonds stijlvol dineren bij kaarslicht. Fantastisch uitzicht over de stad. Hoofdgerecht ca. N$ 160.

Steakhouse – **Cattle Baron** 2 : Shop 59, Maerua Mall, tel. 061 25 41 54, www.cattlebaron.co.za/stores/windhoek.htm, dag. 11 uur tot laat. Eerste filiaal van de bekende Zuid-Afrikaanse steakhouseketen in het buitenland. Heel grote eters kunnen zich tegoed doen aan de steak van 600 g! Hoofdgerecht ca. N$ 150.

Leerschool voor jonge kooktalenten – **NICE Restaurant & Bar** 1 : 2 Mozart St., tel. 061 30 07 10, www.nice.com.na. Windhoeks eerste vijfsterrenrestaurant met de ambiance van een boetiekhotel is niet alleen maar aardig (nice). De afkorting staat voor **N**amibian **I**nstitute of **C**ulinary **E**ducation, een particulier opleidingsinstituut voor koks, opgezet door de Zuid-Afrikaanse wildparkonderneming Wolwedans. Er worden tien tot twaalf professionele, Namibische koks opgeleid, en de gasten kunnen zelf zien en proeven dat NICE op de goede weg is. De aangeboden gerechten zijn fantastisch en de wijnkaart laat niets te wensen over. Hoofdgerecht ca. N$ 150.

Koloniaal erfgoed – **Gathemann Restaurant** 2 : 175 Independence Ave., tel. 061 22 38 53, Facebook: Restaurant Gatheman, ma.-za. 12-17, 18-22 uur. U zit hier op het balkon van de eerste verdieping met uitzicht op het Zoopark en geniet van verse oesters uit Lüderitz of groene asperges uit Swakopmund, begeleid door een glas overheerlijke Zuid-Afrikaanse wijn. Uitstekende bediening,

OP DE FIETS DOOR TOWNSHIP KATUTURA

Informatie
Begin: Bij het hotel; de fietstocht begint bij het Penduka Crafts Centre.
Duur: Fietstocht 3,5 uur.

Boeken: Bij KatuTours, www.katuturatours.com, Facebook: Katu Tours and Safaris (Fietstocht in de Township)
Kosten: Fietstocht N$ 400 p.p.

De 'andere kant' van de stad ligt er vlakbij: slechts 7 km van het centrum vindt u Katutura – de plaats 'waar wij niet willen wonen'. Toen Zuid-Afrika het voormalige Duits Zuidwest-Afrika bestuurde, werden ook in Namibië met geweld apartheidswetten doorgevoerd. Bij de gedwongen verhuizing van zwarten uit Windhoeks Old Location in de jaren 60 vielen, net als in veel delen van Zuid-Afrika, doden en gewonden. Iedere bevolkingsgroep kreeg zijn eigen woonwijk. De letters op de huizen zijn nog niet vervaagd: 'N' voor Nama, 'D' voor Damara en 'H' voor Herero. Hoewel sinds de onafhankelijkheid iedereen mag wonen waar hij wil, zijn zwart, kleurling en blank nog steeds van elkaar gescheiden door een economische kloof.

Pas tijdens een rit door het levendige Katutura realiseert de bezoeker zich dat Windhoek alleen op het eerste gezicht een Duitse provinciestad lijkt. In Katutura en in Khomasdal, de wijk met de iets grotere huizen van de kleurlingen (zij werden door het apartheidsregime bevoordeeld ten opzichte van de zwarten) klopt het Afrikaanse hart van de stad

U kunt Katutura het best bezoeken binnen het kader van deze georganiseerde fietsexcursie. Die biedt de mogelijkheid met de ogen van een insider een blik te werpen in het echte Katutura, dat deel van Windhoek dat voor de meeste toeristen verborgen blijft. De excursie omvat een bezoek aan de markt, een ontmoeting met bewoners en een bezoek aan Penduka Crafts (zie blz. 139). Echt contact met het township en zijn bewoners krijgt u op een excursie van KatuTours, waarbij u niet per minibus, maar op de mountainbike door de township rijdt.

Een gids leidt zijn gasten door de township. De tochten zijn echter nog niet helemaal ingevuld. Afhankelijk van de interesses van de deelnemers ligt de nadruk meer op de geschiedenis, cultuur of het dagelijks leven zoals zich dat in de scholen en huizen van de mensen afspeelt.

Er wordt allereerst gestopt bij de Old Cemetery, de oudste begraafplaats in de omgeving van Windhoek. Hier liggen in een massagraf elf opstandelingen begraven die in 1959 tijdens de protesten tegen de gedwongen verhuizing door de politie werden doodgeschoten. De tocht gaat verder naar een lokale markt – niets voor watjes. Hele koeien en geiten worden hier met een bijl aan stukken gehakt, verkocht en op verzoek meteen gegrild. Er zijn ook vers gebakken brood en de als eiwitrijke snacks populaire gedroogde mopanerupsen te krijgen. Degenen die willen kunnen ook een *shebeen* (townshipcafé) of een *cuca*-winkel (kleine supermarkt) bezoeken, om in contact met de lokale bevolking te komen. Omdat de tourguides in Katutura bijna iedereen kennen, komt het gesprek snel op gang. Het laatste deel van de fietstocht gaat door de *informal settlements*, zoals dit deel van Katutura eufemistisch genoemd wordt. Hier

Adressen

leven honderden werkzoekenden, vooral jonge mensen uit het noorden van Namibië, waar de meerderheid (ca. 80%) vandaan komt. Hun woningen bouwen ze zelf, uit afval. Volgens de gidsen zijn deze uitgestrekte nederzettingen met hun rampzalige hygiënische omstandigheden momenteel een van de grootste uitdagingen voor de Namibische regering, naast de hiv/aids-epidemie.

goede prijs-kwaliteitverhouding. Hoofdgerecht ca. N$ 140.

Een Windhoeks instituut – **Joe's Beerhouse** 3 : 160 Nelson Mandela Ave., bij Eros Shopping Centre, tel. 061 23 24 57, www.joesbeerhouse.com, ma.-do. 17 uur tot laat, vr.-zo. 11 uur tot laat. De beste plek in Windhoek om van een vers getapt biertje te genieten is nog altijd Joe's Beerhouse. Het interieur van deze rustieke, rietgedekte pub is versierd met duizenden Jägermeisterflesjes, wonderlijke curiosa en Afrikaanse objecten – een diner of lunch bij Joe's is dan ook een hele ervaring. In de biertuin branden 's avonds vuren, die ook worden gebruikt om op te grillen. Natuurlijk is er bier uit het vat, gebrouwen volgens het Duitse *Reinheitsgebot*. De grootste aanrader is zonder meer het wild, in het bijzonder de koedoesteaks, grote, sappige stukken vlees, waarbij de bediening meestal ongevraagd een ijskoude Jägermeister neerzet. Op zondagmiddag is er aan calorieën geen gebrek. Dan serveert men een Duits-Afrikaans lunchbuffet voor een vaste prijs (N$ 70), dat geen enkele wens onvervuld laat. Prijs van een hoofdgerecht ca. N$ 130, bier uit het vat N$ 30.

Frans geïnspireerd – **Fürstenhof** 6 : In Protea-hotel Fürstenhof, 4 Frans Indongo St., tel. 061 23 73 80, www.proteahotels.com/fursten hof, dag. lunch en diner. Goed restaurant in hotel Fürstenhof; uitstekende wijnkaart. Aanraders: de specialiteiten van de chef-kok en de cheesecake. Hoofdgerecht ca. N$ 120.

Stijlvol en cool – **Primi Piatti** 2 : Maerua Mall, Jan Jonker Road, Shop Nr. 65, begane grond, tel. 061 30 30 50, www.primi-world.com, ma.-zo. 9-22 uur. Een van de hipste restaurantketens van Zuid-Afrika heeft een vestiging geopend in Windhoek. Italiaanse gerechten, van pasta tot pizza, en de volgens sommigen beste espresso van de stad worden professioneel geserveerd. Hoofdgerecht ca. N$ 95.

Echt Afrikaans – **La Marmite** 4 : 383 Independence Ave., tel. 061 264 03 06, Facebook: La Marmite Restaurant, ma.-za. 12-15, dag. 17-23 uur. West-Afrikaanse specialiteiten, geserveerd in een klein, gezellig eethuis. Op het menu staan gegrilde vis, wildgerechten en curry- en pindasauzen, maar ook minder alledaagse zaken als krokodillenvlees. Hoofdgerecht ca. N$ 85.

Alles vers – **Fresh 'n Wild** 5 : Robert Mugabe/Liliencron St., Eros, tel. 061 24 03 46, www.villagecourtyardsuites.com. Wie in de trendy appartementen van de Village Courtyard Suites verblijft, nuttigt hier een heerlijk ontbijt in een coole designersfeer. 's Middags zijn er lichte bistrogerechten. Hippe Windhoekers waarderen dat en komen hier graag voor een 'powerlunch'. Fresh 'n Wild zou zelfs in de gourmetmetropool Kaapstad niet misstaan. Hoofdgerecht ca. N$ 80.

Gezinsvriendelijk – **Mike's Kitchen** 2 : Maerua Mall, Shop 29, tel. 061 23 32 92, www.mikeskitchen.co.za, dag. ontbijt, lunch en diner. Voordelige, gezinsvriendelijke Zuid-Afrikaanse restaurantketen, die in 1972 werd opgericht. Ondanks een complete *make over* met een nieuw logo en een andere uitstraling is er niets veranderd aan de kwaliteit van het eten en de grootte van de porties. Aanrader: Mike's Carvery voor N$ 120 p.p., met een saladebar en vleesbuffet waar bijgehaald kan worden. Hoofdgerechten ca. N$ 75.

Centraal en lekker – **The Gourmet** 6 : Kaiserkrone Centre/Post Street Mall, tel. 061 23 23 60, www.thegourmet-restaurant.com, ma.-za. ontbijt, lunch en diner. Sinds de verhuizing bevindt dit werkelijk uitstekende restaurant, dat regelmatig uit Kaapstad overgevlogen vis op het menu heeft staan, zich nu ook nog eens op een strategische locatie. Lunch/diner 75/N$ 145.

Populaire Italiaan – **Sardinia Blue Olive** 7 : 47 Independence Ave., tel. 061 22 56 00, Facebook: Sardinia Blue Olive, ma., wo., do. 9-22.30, vr., za. 9-23, zo. 9.30-22.30 uur. Italiaans restaurant in de City, waar ze goede pasta en pizza's en de beste espresso en cappuccino van heel Windhoek serveren. Soms heel druk en lawaaiig. Hoofdgerecht ca. N$ 70.

Winkelen

Nieuw winkelcentrum – **The Grove Mall of Namibië** 1 : Frankie Fredericks Drive, tel. 061 24 36 03, www.thegrovemallofnamibia.com, Facebook: The Grove Mall of Namibië, ma.-za. 9-19 uur, zo. 9-17 uur. Het grootste winkelcentrum van Namibië met 126 nieuwe winkels, restaurants en bioscopen.

Grootsteeds winkelcentrum – **Maerua Mall** 2 : Hoek Robert Mugabe Avenue/ Jan Jonker Street, ten zuiden van de City in de wijk Suiderhof, ma.-vr. 9-21, za. 8-19, zo. 9-13, 16-19 uur. Het door ex-president Hifikepunye Pohamba geopende, 43.000 m² grote complex omvat meer dan 110 winkels, restaurants en koffiebars tot en met bioscopen en een Virgin Activefitnessstudio aan toe. De meeste grote winkels, zoals Woolworth, Edgars, Foschini, Markhams en Total Sports, zijn Zuid-Afrikaans. Voor reizigers een welkome afwisseling na de eenzaamheid van het binnenland.

Levensmiddelen – **Wecke & Voigts Delimarkt**: In het souterrain van het Kalahari Sands Hotel 3 , Gustav Voigts Centre, 129 Independence Ave. tel. 061 22 73 69, www.wecke voigts.com, ma.-vr. 9-18, za. 9-12 uur. Vele soorten brood, taart en koek, enorme keuze aan worsten, salades, wildsalami, diepvriesvlees (handig voor kampeerders met een koelkastje).

Bierspecialiteiten – **Camelthorn Brewing Company** 3 : 76 Nickelstreet, Prosperita, tel. 061 41 12 50, www.camelthornbrewing.com. De naam is veelbetekenend: de kameeldoornboom, waarnaar de in 2009 opgerichte microbrouwerij Camelthorn Brewing

Voor stevige gerechten en versgetapt bier gaat u naar Joe's Beerhouse

Adressen

Company is vernoemd, doorstaat zelfs de ernstigste droogteperioden. Daarop zinspeelt de reclameleus 'Doorsta je droogte, neem een Camelthorn'. In veel cafés en hotels in Namibië worden de inmiddels drie verschillende Camelthornbieren geschonken.

Kunstnijverheid uit heel Namibië – **Namibië Craft Centre** [20] **:** zie blz. 126.

Uitgaan

Livemuziek – **Warehouse Theater** [1] **:** 45 Tal St., tel. 061 40 22 53, www.warehousetheatre.com.na, Facebook: Warehouse Theatre Windhoek, ma.-za. 16-2 uur. Gezellig evenementencomplex in een oude brouwerij/pakhuis. Bruisende sfeer. Rockconcerten, vaak met livebands van Namibische bodem. Het café **Boiler Room** heeft behalve bier ook een aantal hartige gerechten op de kaart.

Agenda

Enjando Street Festival: Sinds 1990 wordt in een weekend in maart in Windhoek het Enjandostraatfeest gehouden. De voor verkeer afgesloten Independence Avenue wordt dan een podium voor dansgroepen en muzikanten. Enjando is Herero voor 'spelen'.

Windhoek Karneval: Elk jaar in de laatste week van april en de eerste week van mei wordt in Windhoek carnaval gevierd volgens de Duitse traditie, onder het motto 'Windhoek, wie es singt und lacht'. Het feest is verschoven naar april/mei, omdat het hier in februari te heet is. Prins en Prinses Carnaval trekken al snoepjes strooiend door Independence Avenue (www.windhoek-karneval.com).

Oktoberfest: In oktober (zie voor de precieze data de website van de SKW) vindt het jaarlijks terugkerende Oktoberfest plaats, dat evenals het Windhoek Karneval wordt georganiseerd door de **Sport Klub Windhoek** (SKW, 6 Bohr St., tel. 061 22 27 32, www.skw.com.na, Facebook: Oktoberfest Namibia). tel. 061 22 27 32, www.skw.com.na). Het clubterrein is het kloppend hart van het feest. Er spelen blaaskapellen, het bier vloeit rijkelijk en de braadworsten sissen op de grill. *Dirndls* en *Lederhosen* horen er helemaal bij.

Vervoer

Vliegtuig: De luchthaven van Windhoek, **Hosea Kutako International Airport**, ligt vanwege de bergachtige omgeving 45 km ten noordoosten van de hoofdstad. Er staan weliswaar taxi's bij de luchthaven, maar een van de pendelbussen (ca. N$ 150 voor een ritje naar het centrum) verdient de voorkeur. Gereserveerde huurauto's kunnen hier worden afgehaald. Lodge- en hotelgasten worden doorgaans gratis afgehaald van de luchthaven (bij voorkeur gelijktijdig met uw boeking regelen). Een tweede luchthaven, **Eros Airport** voor binnenlandse vluchten, ligt in de stad.

Regelmatige vluchten met **Air Namibia** (tel. 061 299 63 33, www.airnamibia.com.na) van Windhoek naar Swakopmund, Tsumeb, Lüderitz, Walvis Bay, Katima Mulilo en Rundu; van Windhoek International Airport gaat er 1 keer per week een non-stopvlucht met Air Namibia naar Victoria Falls, een paar keer per week is er bovendien een vlucht met tussenstop in Katima Mulilo.

Trein: Van Windhoek rijden treinen naar Swakopmund en Walvis Bay (dag. behalve za.). Andere regelmatig bediende bestemmingen zijn Tsumeb en Keetmanshoop (3 x per week). Inlichtingen en reserveringen: **TransNamib Rail Central Reservations**, tel. 061 298 20 32. Sinds april 1998 rijdt over de oude Duitse spoorlijn tussen Windhoek en Swakopmund de luxueuze **Desert Express** (tel. 061 298 26 00, www.namibiareservations.com/dx.html). De trein doet er 24 uur over, slapen en eten doet u aan boord (zie Thema blz. 142).

Bus: Met de **Intercape Mainliner** (tel. 061 22 78 47, www.intercape.co.za) rijdt u van Kaapstad via Keetmanshoop naar Windhoek en Walvis Bay en weer terug. Ook de **Ekono Liner** (tel. 061 23 69 46) doet tijdens zijn reis naar Kaapstad Windhoek en andere belangrijke plaatsen in Namibië aan.

Eenmaal per week rijdt een bus van Windhoek naar Victoria Falls, waarbij een tussenstop wordt gemaakt in de plaatsen Tsumeb, Rundu en Katima Mulilo. Inlichtingen en reserveringen: Vic Falls-Windhoek Coach, tel. 061 22 28 73.

Excursies vanuit Windhoek

In de onmiddellijke omgeving van de stad liggen enkele aantrekkelijke bestemmingen: een klein wildpark of wat dacht u van een helikoptervlucht in de bergen? Wie niet in Windhoek zelf wil overnachten, vindt ook buiten de stad aanbevolen accommodatie, van zeer luxueus tot rustiek, met een diner bij kaarslicht of luipaarden in de boom.

Daan Viljoen Game Park ▶ J 9

Geopend van zonsopgang tot 24 uur, toegang voor 1 dag N$ 40 p.p., N$ 10 per auto of jeep. U moet zich van tevoren aanmelden via tel. 061 23 23 93 en het park voor 18 uur verlaten hebben; niet te bereiken per openbaar vervoer. Motorfietsen niet toegestaan

Nog geen 20 km ten westen van het centrum van Windhoek ligt het **Daan Viljoen Game Park**, per auto te bereiken over de C 28. De Zuid-Afrikaanse gouverneur van de gelijknamige regio kreeg het voor elkaar dat het gebied op de Khomashoogvlakte (*khomas* is Nama voor 'heuvelachtig') in 1962 onder natuurbescherming werd geplaatst. Daaraan voorafgaand werden 254 Damarafamilies, die hier hun vee lieten grazen, naar het noordwesten van het land gedeporteerd. Bezoekers voor één dag moeten zich van tevoren aanmelden bij het parkkantoor in Windhoek. Met name in het weekend en op feestdagen zult u hier niet de rust vinden die u zoekt, omdat vrolijke Windhoekers er tot laat feestvieren. Aan de rand van het Augeiasstuwmeer ligt een toeristencentrum met een picknickplaats, restaurant en zwembad (in het meer mag niet worden gezwommen; afhankelijk van het waterpeil mag er wel, met een in het parkkantoor verkrijgbare vergunning, worden gevist). Hiernaast bestaat de mogelijkheid om in eenvoudige bungalows te overnachten. Verder vindt u er een kampeerterrein.

Wandelliefhebbers vinden in het park twee korte wandelingen en een langere (met overnachting, zie Actief). Wie niet wil lopen, kan ook een rondrit met de auto maken om te genieten van het prachtige landschap in het park.

In het park ziet u elandantilopen, oryxen (spiesbokken), gnoes, bergzebra's, koedoes en springbokken. Van de kleinere zoogdieren komen klipspringers, dwergantilopen, Kaapse klipdassen en bavianen voor. Vogelaars kunnen de ruim 200 in het park levende soorten, zoals Monteiro's tok, roodstuitrotszanger en tapuitklauwier, herkennen aan de hand van het bij de ingang verkrijgbare boek *Birds of Daan Viljoen Game Park*.

Accommodoatie, eten

Aan de rand van de stad – **Sun Karros Daan Viljoen**: tel. 061 23 23 93, www.sunkarros.com, dag. 7-20 uur. Het vroeger door Namibia Wildlife Resorts beheerde camp werd in 2009 geprivatiseerd en voor 50 miljoen Namibische dollar ingrijpend gerenoveerd. In 2011 ging het weer open. 19 chalets (2 pk met ontbijt N$ 2600) en 12 kampeerplaatsen op een in 2016 geheel vernieuwde camping (N$ 130 p.p., kind 6-15 jaar N$ 60).

Actief

Wandelen – De **Wag'n Bietjie Trail** (of Buffalo Horn Trail; 3 km, ca. 45 min.) voert langs een door bomen omzoomde rivierbedding naar een uitkijkpunt boven de Stengel Dam; de veel inspannender, 9 km lange **Rooibos Trail** (of Red Bushwillow Trail; 9 km, ca. 2,5 uur) leidt over een heuvelige hoogvlakte naar een uitzichtpunt op bijna 1800 m hoogte. De **Daan Viljoen Unguided Hiking Trail (of Sweetthorn Trail; 32 km)** is een wandeling zonder gids waarvoor u twee dagen nodig hebt. Wie op pad wil, moet zich 's ochtends om 9 uur aanmelden bij de parkwachter in het kantoor van het *rest camp*. De kosten zijn ongeveer N$ 85 p.p., voor eten en drinken moet u zelf zorgen. Om de kwetsbare natuur te beschermen wordt per dag slechts één groep van minimaal drie en maximaal twaalf personen toegelaten.

Door het Khomashoogland naar de Bosuapas
▶ G/H 9

Ten westen van Windhoek wordt het heuvelige Khomashoogland doorkruist door een steenslagweg, die via de Bosuapas naar de Namibwoestijn voert. Na ongeveer 50 km verrijst langs de weg een herenhuis dat u eerder in de stad zou verwachten: het ook als 'Spookhuis' bekende **Liebighaus** werd in 1912-1913 gebouwd als woonhuis voor de directeur van de Deutsche Farmgesellschaft (Duitse Boerenbond), maar staat nu al bijna vijftig jaar leeg en raakt zienderogen in verval. Wat bouwstijl betreft is het huis gebaseerd op Noord-Europese voorbeelden – het schuine dak dat een te zware belasting bij sneeuwval moet voorkomen heeft in een woestijnklimaat weinig zin.

Ongeveer 15 km verderop komt u bij het in 1890 gebouwde **Curt-von-François Fort**, een kleine vesting ter bescherming van de Baiweg, een belangrijke, door ossenwagens bereden aanvoerweg vanaf de kust. Hier werden bij voorkeur militairen gelegerd die te vaak te diep in het glaasje hadden gekeken; de bijnaam van het fort was daarom 'Trockenposten'. Het beschermde monument is tegenwoordig een ruïne; alleen de door schietgaten onderbroken, uit leisteenplaten opgetrokken muren staan nog overeind.

De voortzetting van de rit naar de **Bosuapas** voert over een indrukwekkende hoogvlakte. Steeds weer openen zich adembenemende vergezichten over eindeloze rijen heuvels, die na de regentijd bedekt zijn met een zachtgroene waas. Ter hoogte van de pas helt het hoogland abrupt af naar de weidsheid van de Namib.

N/a'an ku sê Lodge & Wildlife Sanctuary
▶ J 9

U volgt de B 6 24 km richting Windhoek International Airport. Bij de Kapps Farm slaat u links af de M 53 op en volgt het bord naar N/a'an ku sê. Na 14 km op de M 53 bereikt u een grote kruising en steekt deze over. Na nog eens 13 km ligt N/a'an ku sê aan de linkerkant van de weg. De lodge biedt niet alleen heerlijke luxe in de wildernis, maar is ook een duurzame toeristische bestemming zonder winstoogmerk. Alle winsten gaan direct door naar de deelnemende projecten. Wie in N/a'an ku sê overnacht, steunt daarmee rechtstreeks het werk van Marlice en Rudie Van Vuuren, die zich samen inzetten voor de bescherming van de kwetsbare Namibische fauna en het verbeteren van de leefomstandigheden van de Sangemeenschap in het gebied. Hoogtepunt voor toeristen is het bezoek aan het Wildlife Sanctuary, waar verweesde en gewonde leeuwen, luipaarden, jachtluipaarden, wilde honden, lynxen en bavianen worden verzorgd. In het 32 km² grote natuurgebied van de lodge kunnen giraffen, zebra's, hartenbeesten, oryxen (spiesbokken), koedoes, wrattenzwijnen en vele andere dieren vrij rondlopen. Een ander hoogtepunt zijn de wandelingen met de San, die veel kunnen vertellen over de flora en fauna in het gebied. Brad Pitt en Angelina Jolie, die bij de geboorte van hun eerste kind in Namibië waren, zijn vaste gasten en actieve ondersteuners van N/a'an ku sê.

Excursies vanuit Windhoek

KHOMAS HOCHLAND HIKING TRAIL

Informatie
Begin- en eindpunt: Deze rondwandeling begint en eindigt bij de Düsternbrook Guest Farm (zie blz. 141, www.duesternbrook.net).
Lengte: 91 km (53 km)
Duur: 6 (4) dagen
Inlichtingen en boeken: www.hikenamibia.com, Facebook: Khomas Hochland Hiking Trails
Kosten: De vier- of zesdaagse wandeling kost N$ 195 p.p. per nacht. Wie zijn bagage van kamp naar kamp wil laten transporteren, betaalt N$ 700 per dag. Weekend-*trails* kosten ook N$ 195 p.p., dagtochten: volwassene/kind N$ 60/30. Extra's: matrassen N$ 20, slaapzak N$ 30, iglotent voor twee N$ 50 p.p. per nacht, extra brandhout N$ 45 per 10 kg, luchthaventransfer N$ 1200.
Belangrijk: Min. 3, max. 12 deelnemers. Er zijn ook diverse kortere weekend- of dagtochten (5-18 km) vanaf de verschillende boerderijen waar deze *trail* langs loopt.

Deze nieuwe interessante wandelroute door het **Khomashoogland** werd in 2015 officieel geopend. Hij is bedacht door Johann Vaatz, eigenaar van Düsternbrook, een van de oudste logeerboerderijen in Namibië, en wordt door de boeren ter plaatse onderhouden. Hij voert over vijf particuliere farms: Düsternbrook, Otjiseva, Onduno, Godeis en Monte Christo. De 91 km lange, zesdaagse route kan tot vier dagen (53 km) worden verkort. Begin- en eindpunt is de Düsternbrook Guest Farm.

Wandelaars kunnen in het geologisch interessante gebied, dat niet eerder was ontsloten, genieten van een rijke vogel- en dierenwereld, in het bijzonder reptielen, tal van bomen en planten, en archeologische vondsten. Het pad gaat door de ongerepte natuur, soms door rivierbeddingen en over de glooiende heuvels van het Khomashoogland.

De route is goed gemarkeerd met kleine borden, waarop de hoefafdruk van een oryx (spiesbok) staat. Tussen de afrasteringen van de boerderijen zijn handige hoepelconstructies gemaakt. De overnachtingsmogelijkheden zijn zeer praktisch en voldoen aan alle wensen van de wandelaar: warme douches op zonne-energie, schone toiletten, barbecueplaatsen en overdekte slaapgedeeltes met optioneel matras.

Grote bomen zorgen voor schaduw langs de route. Het landschap is gevarieerd. Er zijn allerlei soorten antilopen te zien, zoals spiesbokken, klipspringers, koedoes en waterbokken, maar ook andere dieren, zoals bavianen, wrattenzwijnen en zebra's. Met enig geluk ziet u misschien een luipaard. De boerderijen **Düsternbrook**, **Godeis** en **Monte Christo** bieden tevens kortere dagwandelingen aan, die tussen de 5 en 18 km lang zijn.

Dag 1 (15 km): De trail begint op de **Düsternbrook Farm**, volgt de **Otjiseva River** op de gelijknamige boerderij, voordat hij de bergen in voert. Door *bushveld*-vegetatie en langs grote, schaduwbrengende bomen bereikt u **Big Fig Tree Rest**, waar u een lunchpauze kunt inlassen.

Khomas Hochland Hiking Trail

De eigenaar van de boerderij zal graag de rotstekeningen bij **Klipmerk Gate** laten zien. De betekenis van deze eeuwenoude tekeningen is nog altijd niet bekend. Op de rotsen in de rivierbedding kunt u prima uitrusten. De route leidt door kloven en langs rotsige watervallen. Boven op de berg, bij **Toktokkie Track Rest**, hebt u een prachtig uitzicht over de omliggende heuvels en het vlakkere land rond Windhoek. Na nog een lichte klim bereikt u het kamp **Gustav Posten**, nog altijd op de boerderij **Otjiseva**. Midden in deze wildernis kunt u genieten van de geluiden van de wilde dieren van Afrika – en ze observeren.

Dag 2 (8 km): U wandelt eerst weer door een droge rivierbedding en vervolgens bij **Klippekou Klim** bergop. Hier bereikt u de grens van de **Onduno Farm** en de **Slagysterklipkloof**. Een rustplaats met een verfrissende duik biedt zich aan in de vorm van de waterval **Red Rock Lizard Rest**. Hier, bij de **Partridge Pool**, kunt u de vogels zien drinken. U wandelt opnieuw omlaag en door een rivierbedding, waar zich vaak spiesbokken en koedoes ophouden. Er staan hier ook prachtige bloemen en bomen. Een goed lunchplaats vindt u boven op de heuvel, waar in de zomer een lichte bries waait. Het kamp is nu niet ver weg meer en wordt in de loop van de middag bereikt.

Dag 3 (21 km): De langste dagetappe van de route gaat eerst omhoog en vervolgens weer omlaag, over heuvels en door grasland, met kleine struiken en een weids uitzicht. Spiesbokken, koedoes en zebra's laten zich in grote aantallen zien. Na 6 km is de hoekgrens van de **Godies Farm** bereikt. Bij kilometer 10 bent u met de **Middagrivier** op een goede lunchplek gekomen. Daarna wandelt u ongeveer 3 km door een brede, droge rivierbedding, geflankeerd door hoge rotswanden. In de Rooikat Kloof bij kilometer 16 wacht de wandelaar een zware, steile klim, voordat het volgende dal is bereikt. Kort voor de dagbestemming moeten dan nog een paar rotsen in de indrukwekkende **Lovebird Gorge** overwonnen worden. Het kamp ligt naast de **Sundowner Hill** – een ideale plek om van de zonsondergang boven de Khomasbergen te genieten.

Dag 4 (16 km): Na de **Lovebird Gorge** wandelt u de volgende ochtend door de droge rivierbedding van de **Otjompaue River**, die een breed dal heeft gevormd. Na het passeren van de grens met de **Oduno Farm** volgt de kloof **Baboon Bar**. Hier hebben vroeger San geleefd. De overnachtingsplaats is dezelfde als op de tweede dag.

Dag 5 (15 km): Vanaf hier kunt u steeds **Windhoek** in de verte zien. Kort daarop bereikt u op iets minder dan 2000 m het hoogste punt van het traject. Het uitzicht van 360 graden is hier overdonderend, en reikt helemaal tot aan Windhoek en Okahandja. Vervolgens gaat de route weer regelmatig op en neer. Dan bereikt u de grens met de **Monte Christo Farm** en moet er gelijk langs een geweldige waterval naar beneden worden geklommen. Gelukkig heeft de boer hier vijf stevige ladders bevestigd. Zijn ontwerptalenten zijn ook af te lezen aan het indrukwekkende gastenverblijf, het **Tree House**. De drie verdiepingen tellende constructie heeft hij rond een enorme anaboom gebouwd – met toiletten, een uitkijkpost en een barbecue op de eerste verdieping. U kijkt hier uit op een dam die rond de boom werd aangelegd.

Dag 6 (14 km): De laatste dag is een vrij rustige etappe langs de **Otjiseva River**, terug naar **Düsternbrook**.

Samenvattend: De **Khomas Hochland Hiking Trail** is een uitstekend geplande en goed aangelegde wandelroute die beslist een bepaalde conditie vereist. Wat helpt, is als u dagelijks uw bagage van het ene punt naar het andere laat brengen. Wie van deze dienst gebruikmaakt, hoeft alleen maar een rugzakje met dagelijkse benodigdheden mee te nemen. Bovendien kunt u elke avond vlees, brood en drankjes *(sundowner)* kopen bij de boeren op de farms – een groot voordeel.

Excursies vanuit Windhoek

Zonsondergang boven de Otjihaveraberge in de buurt van de Okapuka Lodge

Accommodoatie, eten

Luxe en soortenbescherming – **N/a'an ku sê Lodge & Wildlife Sanctuary:** mobiel 081 859 46 08, www.naankuse.com, Facebook: Naankuse. De lodge biedt accommodatie in 6 stijlvol Afrikaans ingerichte chalets, met een zwembad waar u zich heerlijk kunt ontspannen. Er is ook een restaurant met een uitstekende Euro-Afrikaanse keuken. Niet-gasten zijn welkom voor lunch en diner. Vooral het zondagse lunchbuffet is zeer populair. 2 pk met ontbijt vanaf N$ 3520.

Auas Game Lodge

▶ J 10

Deze door een familie gedreven lodge ligt ca. 45 km ten zuidoosten van Windhoek in het Auaswildreservaat. Gasten genieten er van een adembenemend uitzicht op de Auasberge. In het 12.000 ha grote reservaat zijn naast talrijke antilope- en gazellesoorten ook giraffen, bavianen en wrattenzwijnen te zien, en met wat geluk ook roofdieren als luipaarden en jachtluipaarden. Opmerkelijk is ook de soortenrijke vogelwereld. Bij de lodge hoort een uitkijkplatform. Dit biedt uitzicht op een drinkplaats aan het nabijgelegen stuwmeer, waar het wild zich vooral 's avonds verzamelt. Maar u kunt desgewenst ook deelnemen aan een excursie met gids om de dieren te observeren. Verder is het mogelijk om de omgeving per mountainbike of al wandelend te verkennen. Dit laatste is ook op eigen gelegenheid mogelijk; de lodge beschikt over kaarten en nauwkeurige routebeschrijvingen van wandelingen van dertig minuten tot enkele uren. Een bijzondere attractie zijn de quadtochten met gids dwars door de heuvelachtige doornstruiksavanne. Met de vierwielige quadmo-

Penduka Crafts Centre

torfietsen komt u op plekken die zelfs voor terreinwagens niet meer bereikbaar zijn. Afsluitend hoogtepunt: ergens onder de vrije hemel wordt aan het eind van de rit een picknick geserveerd.

Accommodoatie, eten

De wildernis dicht bij de stad – **Auas Game Lodge:** tel. 061 40 62 36, www.auas-safari lodge.com. 16 smaakvol ingerichte kamers met een eigen terras, een goed restaurant met lokale specialiteiten, zwembad met panoramisch uitzicht. 2 pk met ontbijt N$ 1480.

Gocheganas ▶ J 10

Gocheganas ligt ongeveer 29 km ten zuiden van Windhoek op een heuvel in de Auasberge, waar de gasten kunnen genieten van een fantastisch uitzicht. De vroegere boerderij is tegenwoordig een luxueus ingerichte lodge met een modern wellnesscentrum. In het bijbehorende particuliere natuurreservaat leven wel 25 verschillende soorten groot wild. Daartoe behoren neushoorns, lepelhonden, giraffen, berg- en steppezebra's, jachtluipaarden, jakhalzen, luipaarden, blauwe gnoes, maar ook de veel zeldzamer witstaartgnoes, elandantilopen, spiesbokken, Kaapse hartenbeesten, koedoes, springbokken, waterbokken, steenbokantilopen, duikerbokken, klipspringers, struisvogels en wrattenzwijnen. Heel trots is men op een breedlipneushoornkalf dat hier in het kader van een fokprogramma werd geboren. Om het park te verkennen, kunt u meedoen aan safaritochten; bovendien worden er wandelingen georganiseerd onder leiding van kundige *guides*, naar in de buurt van de lodge gelegen drinkplaatsen en naar een grot die in de steentijd bewoond werd. Op eigen gelegenheid kunt u kleinere wandelingen ondernemen.

Accommodoatie, eten

Wildlife & wellness – **Gocheganas:** Aan de D 1463, tel. 061 22 49 09, www.gocheganas. com. 16 rietgedekte chalets met een prachtig panoramisch uitzicht over het natuurgebied en een extra badkamer in de openlucht. Wellnessdorp met 11 behandelkamers, een sauna, een overdekt zwembad, een buitenzwembad en een fitnesscentrum. Restaurant met Namibische of wellnesscuisine. 2p met volpension vanaf N$ 4270, *game drive* (safaritocht) N$ 375, begeleide wandeltocht N$ 150.

Penduka Crafts Centre ▶ J 9

Tel. 061 25 72 10, www.penduka.com; het project is niet bereikbaar met het openbaar vervoer, na telefonische afspraak kunt u in het centrum door een shuttle worden opgehaald en daar ook weer worden teruggebracht. Wie met de eigen auto gaat, moet voor het invallen van de duisternis weer terug in Windhoek zijn – de route voert door Katutura.

Excursies vanuit Windhoek

Even ten westen van Katutura, zo'n twintig minuten (10 km) rijden ten noordwesten van het stadscentrum van Windhoek, is in de oude gebouwen van de Kalahari Yacht Club, naast de Goreangabdam, het **Penduka Crafts Centre** ondergebracht. Penduka betekent 'Ontwaak' in het Ovambo en het Herero. Aan het zelfhulpproject doen meer dan driehonderd vrouwen uit verschillende bevolkingsgroepen mee – Damara, Herero, Nama, Himba en Ovambo – die ervaringen uitwisselen over hun handwerkvaardigheden en kunstnijverheid vervaardigen, waaronder textieldrukken, poppen en huishoudelijke artikelen als manden en schalen. In de bijbehorende winkel zijn de producten te koop. U vindt hier bovendien een traditioneel dorp dat is ingericht als **openluchtmuseum**. Restaurant Boma biedt er Afrikaanse specialiteiten met uitzicht op het stuwmeer en u kunt er zelfs overnachten in traditionele en verschillend ingerichte ronde hutten (2 pk vanaf N$ 660).

Okapuka Ranch ▶ J 9

Op 30 km ten noorden van Windhoek ligt de Okapuka Ranch, een hotel in lodgestijl. Het *bushland* aan de voet van de Otjihaveraberge is het woongebied van tal van vogelsoorten en wilde dieren. Op door rangers begeleide terreinwagenexcursies (1,5, 3 of 6 uur) en wandelingen (2 of 6 uur) kunnen witte neushoorns, giraffen, koedoes, witstaartgnoes, krokodillen, oryxen (spiesbokken) en elandantilopen worden waargenomen, en soms ook de majestueuze sabelantilope. Een bijzondere attractie is het dagelijkse voederen van de leeuwen, waarbij de dieren van vlakbij te zien zijn. De eigenaar van de ranch organiseert bovendien

Oog in oog met een luipaard op de Düsternbrook Guest Farm

Düsternbrook Guest Farm

spectaculaire rondvluchten per helikopter (20 minuten, N$ 1100 p.p.).

Accommodoatie, eten
Bij de leeuwen op bezoek – Okapuka Ranch: Aan de B 1, tel. 061 23 46 07 of 25 71 75, www.okapuka-ranch.com (tweetalige website). 16 kamers met terras of balkon. De muren zijn versierd met schilderijen van de Namibische kunstenaar Hans Aschenborn en op de vloer liggen tapijten van Afrikaanse karakoelwol. Voor de inwendige mens zorgen een uit kameeldoornacaciahout opgetrokken, goed voorziene bar, een wijnkelder en een groot restaurant, dat onder meer bekendstaat om zijn heerlijke wildgerechten (diner N$ 150).

Gasten die overnachten kunnen gebruikmaken van het zwembad. 2 pk met ontbijt, inclusief voederen van de leeuwen vanaf N$ 1650, kind tot 6 jaar gratis, 7-12 jaar N$ 100, halfpension N$ 200.

Düsternbrook Guest Farm ▶ J 9

Van de kruising op de B 1, circa 30 km ten noorden van Windhoek, bereikt u Namibiës oudste logeerboerderij na 18 km zandweg. De boerderij in koloniale stijl werd in 1909 boven de rivierbedding gebouwd. Het gastenverblijf is klein en biedt een zeer persoonlijke benadering. Op safaritochten op het eigen terrein of door het Khomashoogland kunt u onder meer soms de zeldzame bergzebra zien; 's ochtends vroeg starten tochten om neushoorns te observeren. Düsternbrook is beroemd om zijn grote gevlekte katten. De boerderij is een van de beste plaatsen in Namibië om luipaarden en jachtluipaarden in close-up op de gevoelige plaat te zetten, hoewel de luipaardensafari veel indrukwekkender is dan de jachtluipaardensafari (dagtocht N$ 280 p.p.). Dit komt vooral door het feit dat luipaarden zo'n groot jachtterrein hebben dat ze zich niet storen aan hekken. De deelnemers verplaatsen zich in een open terreinwagen. De parkwachter zet de terreinwagen onder een oude boom, gaat op de motorkap staan en spreidt in stukken gesneden vlees over een grote tak. Dan rijdt hij de wagen weer achteruit. Na even wachten komt een luipaard voorzichtig uit het struikgewas tevoorschijn, snuffelt, kijkt verveeld naar de toeristen en springt dan in enkele sprongen de boom in. Alleen het krassen van zijn nagels op de schors is te horen. Terwijl hij het rauwe vlees op de grond laat vallen, is het klikken en zoemen van digitale camera's niet van de lucht. De ranch heeft ook enkele wandelroutes uitgezet en biedt tochten te paard aan. Sinds enige jaren begint en eindigt de zesdaagse Khomas Hochland Hiking Trail op de Düsternbrook Guest Farm (zie blz. 136).

Accommodoatie, eten
Luipaard in zicht – Düsternbrook Guest Farm: Eerst 30 km over de B 1 van Windhoek naar het noorden, dan 18 km onverharde weg naar de boerderij, tel. 061 23 25 72, www.duesternbrook.net. De farm beschikt over verschillende soorten accommodatie. Zo kunt u overnachten in het Felsenhaus, in kamers in koloniale ambiance of in een luxetent. De kamers in het Felsenhaus zijn ruimer dan die in koloniale stijl en bieden het mooiste uitzicht. De luxetenten zijn toegerust met bedden en beschikken over een aansluitende, gemetselde badkamer. De prijzen bedragen N$ 796-1244 p.p. met ontbijt, avondeten – gezamenlijk aan een grote tafel in een rustieke ambiance – en een activiteit (bij minimaal een verblijf van twee nachten); de prijs-kwaliteitverhouding is zeer goed. Als u in Düsternbrook in de 'benzinestationkamer' overnacht (met een historische, zeer fotogenieke benzinepomp voor de deur), dan hebt u dubbel voordeel: hij is iets ruimer dan de andere kamers en ligt vrij, zodat hij bijna een huis op zich vormt.

Wie zelf wil kamperen, betaalt N$ 666 p.p., inclusief ontbijt, avondeten en wildexcursies. Gasten hebben verder de beschikking over een klein informatiecentrum met leeshoek en een groot zwembad.

'Juweel van de woestijn' – treinreis in de Desert Express

De opvallend blauw-gele trein rijdt sinds 1998 over het Namibische spoorwegnet. Hij werd in een tijd van achttien maanden ontworpen door een Namibisch-Duits ontwerpteam en in Namibië gebouwd. Het is dus geen historische trein zoals de Orient Express of de Zuid-Afrikaanse Rovos Rail. En de Desert Express is weliswaar comfortabel, maar lang niet zo exclusief als de twee genoemde luxetreinen.

Desondanks probeert het interieur een moderne herinnering aan het stijlvolle reizen per trein in vervlogen tijden te bieden. Het weerspiegelt de kleuren en motieven van het land, onder meer met glasgravures van de Namibische flora en fauna, met de hand vervaardigde, barnsteenkleurige lederen fauteuils in de lounge- en barwagon en roodgouden lambriseringen, versierd met liefdevol vervaardigde diermotieven.

De 9 wagons met in totaal 24 coupés voor een, twee of drie passagiers zijn permanent met elkaar verbonden. Daardoor wordt het koppelen van wagons voorkomen en wordt het rijcomfort van de passagiers vergroot. De wagons zijn geheel airconditioned, maar kunnen desgewenst ook verwarmd worden – de woestijnnachten in Namibië kunnen tamelijk koud zijn. Elke coupé heeft een eigen badkamer met toilet. Overdag zijn de bedden (188 x 70 cm) opgeklapt tot drie comfortabele zitplaatsen. Naast een stijlvolle lounge en een bistro-bar is er een ruim restaurant, dat Namibische specialiteiten serveert. Grote panoramavensters bieden uitzicht op het grandioze landschap.

De Desert Express is als volgt samengesteld: Rhino is de motor- en bagagewagon, dan komen vier wagons met elk zes passagierscoupés, met de namen Meerkat, Springbok, Oryx en Kokerboom, daarna volgen Spitzkoppe, waarin de lounge en een bar zijn ondergebracht, Welwitschia met het restaurant, Stardune met de bistro-bar en Starview met faciliteiten voor het houden van evenementen en vergaderingen.

Om te waarborgen dat de rit soepel verloopt, staan bij elke stopplaats langs het traject monteurs klaar om eventuele problemen op te lossen, bijvoorbeeld een storend defect aan de airconditioning of van het sanitair. Voor het medisch welzijn van de passagiers is er een Duitse arts aan boord, die deel uitmaakt van de attente en uitstekend geschoolde treincrew.

Sinds de toenmalige president Sam Nujoma de luxetrein op 3 april 1998 inwijdde, vervoert hij toeristen op het 3227 km lange spoorwegnet van het land – onder meer over het traject van Windhoek naar Swakopmund, dat in 1899 door het Duitse koloniale bestuur is aangelegd. Over het 371 km lange enkelbaansspoor vindt een regelmatige 20 uursdienst plaats. Dankzij een uitgekiende dienstregeling maken de passagiers tijdens de rit een fantastische zonsondergang en -opkomst mee.

De Desert Express vertrekt vrijdag aan het begin van de middag van het historische station van Windhoek, doorkruist de buitenwijken van de stad en rijdt dan in een boog door de Khomasberge geleidelijk in de richting van de Namib. Het landschap wordt steeds schraler, maar voordat er rust kan intreden, wacht reeds de eerste stopplaats: met een terreinwagen wordt een safari ondernomen in het wildpark van de Oropoko Lodge. Aansluitend daarop is er, zoals dat hoort bij zuidelijk Afrika, gelegenheid voor een *sundowner* – niet in de openlucht, maar in de elegante Spitzkoppe Lounge in de trein. Intussen gaat de zon spectaculair onder achter de eindeloze vlakte van de woestijn

Enige tijd later wordt het diner geserveerd, in de vorm van een driegangenmenu. Verwacht geen fijnproeversmaal, maar de degelijke Namibische keuken, vaak met wild, zoals springbok of koedoe, en verse zeevruchten, het geheel begeleid door Zuid-Afrikaanse wijnen. Na het eten is het tijd voor een vers getapte Windhoek Lager in de Spitzkoppe Lounge; wie iets exclusievers wil, bestelt een cocktail. Met een drankje naast u kunt u zich dan heerlijk ontspannen.

Ondanks de zachte bedden is het niet eenvoudig om de slaap te vatten zolang de Desert Express nog over de rails rolt. Maar al snel wordt de trein op een zijspoor gereden en wordt de motor uitgezet. De machinist en de passagiers krijgen een welverdiende rustpauze.

De volgende ochtend vroeg gaat de reis na een kop sterke koffie weer verder, in westelijke richting door de Namib. Dan stopt de trein en is er gelegenheid voor een excursie naar het unieke duinlandschap. Daar maakt u de zonsopkomst mee, waarna in de trein een overvloedig ontbijt wordt geserveerd, met eieren, spek en *boerewors*, lekker gekruide braadworst. Zo versterkt begint u aan de laatste etappe naar Swakopmund.

De oostwaartse variant, de rit van Swakopmund naar Windhoek, begint zaterdag aan het eind van de middag met – hoe kan het ook anders – een *sundowner*, gevolgd door een driegangenmenu in de trein. De volgende ochtend wordt de Okapuka Game Ranch bezocht, met het indrukwekkende voederen van de leeuwen. Aansluitend rijdt de trein terug naar het historische station van Windhoek.

Kosten: de 20-urige rit tussen Windhoek en Swakopmund kost in een gedeelde coupé N$ 3800 p.p.; een retour kost N$ 5450.

Naast de reguliere dienstregeling zijn er soms ook charterreizen naar speciale bestemmingen. Zo maakt de Desert Express een aantal malen per jaar een driedaagse reis naar het Etosha National Park, inclusief safaritochten. Dit 'Etosha Weekend' vormt een aangename manier om dit beroemde nationaal park van Namibië te bezoeken.

Samenvattend: een rit met de Desert Express is niet alleen interessant voor verstokte treinliefhebbers. Het is zonder twijfel een van de 'grote' treinreizen van de wereld, en relatief goedkoop. Exclusief eten, comfortabel ingerichte coupés, een perfecte service – hoe zou het unieke landschap van Namibië op een aangenamere manier beleefd kunnen worden? En welk vervoermiddel leent zich beter voor de weidse uitgestrektheid van dit land?

Nog een tip voor wie met de auto reist: de reisorganisaties vergeten vaak te vermelden dat de mogelijkheid bestaat om de auto mee te nemen op de trein (N$ 1200).

De reisorganisator Lernidee (www.lernidee.de) heeft onder het motto 'Juweel van de woestijn' diverse meerdaagse Desert Express-treinreizen op het programma. Routes Windhoek - Pretoria of vice versa vanaf € 2830, Victoria Falls - Pretoria of vice versa vanaf € 2880, Windhoek - Kaapstad of vice versa vanaf € 2980.

Hoofdstuk 2

Het zuiden

Het zuiden van Namibië is bepaald niet zuinig bedeeld met bezienswaardigheden. Dat begint al bij het fascinerende Kokerboomwoud bij Keetmanshoop en eindigt bij het legendarische Diamanten-Sperrgebied bij Lüderitz. Ertussenin ligt de op twee na grootste canyon ter wereld en een grensoverschrijdend vredespark.

Het zuiden van Namibië omvat de vier grote droogtegebieden van het land. Het grootste deel hoort bij de Nama-Karoo, die bijna 120 km ten zuiden van Windhoek begint en zich tot in Zuid-Afrika uitstrekt. In het westen schuift de Nama-Karoo als een wig tussen de Succulenten-Karoo en de Namib. In het oosten reikt hij tot de Kalahari.

Het is een dor landschap, waarin toch een interessante flora en fauna voorkomt – en dat ook altijd al bijzondere mensen aantrok, zoals de baron die midden in het niets een kasteel, Duwisib Castle, liet bouwen.

Het landschappelijke hoogtepunt in het zuiden is ongetwijfeld de Fish River Canyon, de op twee na grootste kloof ter wereld. De Oranjerivier (Orange River) vormt de grens met Zuid-Afrika. Deze heeft op zijn eigen manier een bijdrage aan de bezienswaardigheden geleverd. De rivier voerde op zijn lange weg naar de Atlantische Oceaan bijzonder waardevolle diamanten mee, die bij het huidige Oranjemund in zee terechtkwamen. Vanhier spoelden de diamanten met de stroming mee naar het noorden. Toen de zeespiegel daalde, bleven de edelstenen in de brandingsruggen achter. Nog steeds worden er diamanten gewonnen in het ooit door Duitse kolonisten ingestelde en nu streng bewaakte Diamanten-Sperrgebied. Verlaten spookmijndorpen herinneren aan de tijd van de diamantvondsten. Kolmanskop is het meest toegankelijke. Langs de weg waarschuwen verkeersborden voor vrij rondlopende paarden, de *wild horses* van de Namib. Het eindstation aan de Atlantische Oceaan is Lüderitz, het 'openluchtmuseum' van de jugendstil in Namibië.

Kokerbomen op de boerderij Gariganus

In een oogopslag: Het zuiden

Hoogtepunten

 Kokerboomwoud: Bij Keetmanshoop hebben de gewoonlijk geïsoleerd staande kokerbomen zich tot twee fotogenieke bossen gegroepeerd (zie blz. 156).

 Fish River Canyon: De 160 km lange en tot wel 550 m diepe Fish River Canyon is de indrukwekkende evenknie van de Amerikaanse Grand Canyon (zie blz. 158).

 Spookdorp Kolmanskop: De tegenwoordig zo pittoresk vervallen diamantstad was in 1911 een van de modernste nederzettingen in heel Afrika (zie blz. 178).

 Lüderitz: Deze stad aan de Atlantische Oceaan met zijn gerestaureerde jugendstil-villa's oogt nog altijd Duits – een kennismaking met de koloniale tijd (zie blz. 184).

Fraaie routes

Langs de Oranjerivier: Tussen Noordoewer en Sendelingsdrift loopt een onverharde weg langs de Oranjerivier, die bij droge weersomstandigheden ook met een gewone auto goed te berijden is. De aanblik van de watermassa midden in het bergachtige woestijnlandschap is indrukwekkend (zie blz. 166).

Nama Padloperroutes: Twee prachtige, alternatieve gravelroutes tussen Aus en Fish River Canyon (zie blz. 171).

Uitstapje naar het Lüderitzschiereiland: Tijdens de afwisselende, halfdaagse tocht vanaf Lüderitz rijdt u langs veel plaatsen met uitzicht op zee, bezoekt u een grot en maakt u een mooie strandwandeling (zie blz. 192).

Tips

Lake Oanob: Op de lange, vaak hete rit naar het zuiden nodigt het Oanobstuwmeer uit tot een verfrissende duik (zie blz. 148).

Duwisib Castle: Het gruwelijk misplaatst overkomende kasteel illustreert dat er ook lang geleden al excentriekelingen waren die onze beschaving wilden ontvluchten (zie blz. 153).

Cañon Lodge: De magie van dit oord openbaart zich vooral bij een *sundowner* in het kokerboomwoud, onder het genot van ambachtelijke worstjes (zie blz. 163).

Guest Farm Klein-Aus Vista: Afgelegen onderkomen met een grandioos uitzicht op de woestijn. De natuurstenen huisjes vormen één geheel met de omgeving (zie blz. 173).

Wandeling door de Fish River Canyon: Een geweldige natuurbelevenis, die een goede conditie vereist. De vier- tot vijfdaagse trektocht gaat bij temperaturen van rond de 40 °C steil omlaag de canyon in (zie blz. 164).

Mountainbiking op Klein-Aus Vista: Piet Swiegers heeft op zijn boerderij een aantal mooie mountainbikeroutes uitgezet (zie blz. 172).

Trip naar het Diamanten-Sperrgebiet: De in het Sperrgebiet liggende spookdorpen Elizabeth Bay en Pomona zijn alleen in het kader van een georganiseerde tour met een terreinwagen te bezichtigen (zie blz. 180).

Boottocht naar Halifax Island: De belangrijkste attractie van de interessante boottocht met de gaffelschoener *Sedina* is de op Halifax Island levende kolonie zwartvoetpinguïns (zie blz. 191).

Van Windhoek naar Keetmanshoop

De route via de onverharde weg van Mariental langs Maltahöhe en Helmeringhausen naar Bethanie duurt weliswaar veel langer dan die over de geasfalteerde B 1, die direct naar Keetmanshoop loopt, maar biedt enkele onverwachte architectonische bezienswaardigheden, met veel minder verkeer en een afwisselend, bergachtig woestijnlandschap.

Eindeloos lange verharde en onverharde wegen lopen door dit landschap, uren achtereen. En als u dan de horizon bereikt, begint het weer van voren af aan. In het zuiden van Namibië maakt u misschien voor het eerst kennis met een bijna totaal verlaten landschap. Wilde paarden symboliseren de vrijheid. En kort voordat u de Atlantische Oceaan bereikt, wordt deze trip een reis naar het verleden.

Op de route van Windhoek naar het zuiden loopt de B 1 tussen de Auasberge aan de rechterkant en de Khomashoogvlakte aan de linkerkant door. De bergtoppen zijn ruim 2400 m hoog. Langs de weg scharrelen borstelige Kaapse bavianen rond, die zich zelden door passerende auto's laten storen. Alleen als een auto afremt, nemen de *baboons* onmiddellijk de benen. Bij een auto die stopt, komen bij de intelligente primaten direct de slechte ervaringen met mensen naar boven, want ook tegenwoordig zullen boeren niet aarzelen op de dieren te schieten als deze zich op hun land bevinden.

Rehoboth ▶ J 10

Kaart: blz. 149
Rehoboth 1 heeft, zoals de meeste plaatsen tussen Okahandja en deze regio, een Nama- en een Hereronaam. Bij de Nama heette deze plek *anis*, wat 'rook' betekent, want uit de warme bronnen kwam veel damp – vooral in de winter. De Herero noemden Rehoboth *otjomeva momumtumba*, 'water tussen de dui-

nen'. Het jarenlang verwaarloosde en vervallen kuurbad **Reho Spa** is tijdelijk gesloten wegens renovatie. Bij het ter perse gaan van dit boek was de datum van heropening nog niet bekend.

Oorspronkelijk leefden hier vanaf 1844 de Swartbooi, in de nabijheid van de zendeling Heinrich Kleinschmidt. Hun nederzetting werd zowel uit het noorden – door de Herero – als uit het zuiden – door de Nama onder Jan Jonker Afrikaner – aangevallen, zodat zij deze plaats in 1864 verlieten. Vier jaar later vestigden de Basters zich in Rehoboth en bouwden in 1870 de zendingspost weer op (zie Thema blz. 150).

In het in 1907 gebouwde huis van de voormalige post- en politiebeambten is het **Rehoboth Museum** gevestigd, waar de geschiedenis van de Basters en de San wordt verteld (Old Postmasters House, naast het postkantoor, 300 m van de B 1, bezoek slechts na aanmelding op tel. 062 52 29 54, www.rehobothmuseum.com, ma.-vr. 9-12, 14-16, za.-zo. 9-12 uur, toegang N$ 25).

Uitstapje naar Lake Oanob

In Rehoboth loopt een weg naar het aantrekkelijke **Lake Oanob** 2 – vooral bij warm weer een aangenaam uitje. Het heldere water van het stuwmeer nodigt uit tot een verfrissend bad. Het werd in 1990 voor N$ 41 miljoen aangelegd en beschikt over een opslagcapaciteit van 35 miljoen m^3, met een oppervlakte van 2,65 km^2.

Accommodoatie, eten

Verfrissend – **Lake Oanob Resort:** Aan het stuwmeer, enkele kilometers buiten Rehoboth, tel. 062 52 23 70, www.oanob.com.na. Dit vakantiecomplex bestaat uit een aantal smaakvol ingerichte, met stro gedekte chalets aan de oever van het stuwmeer. Enig nadeel: het lawaaiige stroomaggregaat. Verder zijn er nog een restaurant waar u eenvoudige gerechten kunt krijgen en een mooie camping met aanlegsteiger en een barbecueplek. U kunt boten en jetski's huren. Toegang tot het resort N$ 30 p.p., 2 pk N$ 1500, gezinskamer N$ 1350, chalet N$ 1400, met 3 kamers N$ 2400, extra volwassene N$ 175, kind N$ 80. Kampeerterrein met 20 plaatsen voor 6 of 12 pers., N$ 70-140 p.p.

Hardapstuwmeer en -natuurreservaat

▶ K 12

Kaart: rechts

Lake Oanob is een goed alternatief voor het verder naar het zuiden gelegen en beter bekende **Hardapstuwmeer** 3 – met een opslagcapaciteit van 323 miljoen m³ en een oppervlakte van 25 km² het grootste stuwmeer van Namibië – met modderig, troebel water en vaak nogal ouderwetse accommodatie. Deze regio werd al in 1897 door de Duitse geoloog Theodor Rehbock als een ideale plek gezien voor een stuwmeer in de Fish River en inderdaad werd er in 1960 met de bouw van de stuwdam (Hardapdam) begonnen. Tegenwoordig kunt u hier wandelen (gemarkeerde routes van 9 en 15 km lengte), vissen (vergunning is verkrijgbaar bij het parkbureau), varen en zwemmen (in het zwembad).

Het **Hardapnatuurreservaat** ten zuidwesten van het stuwmeer is ook een bezoek waard. Hier kunt u springbokken, koedoes, oryxen (spiesbokken), hartenbeesten, steenbokantilopen en zebra's zien – en met wat geluk ook de meest zuidelijke populatie zwarte neushoorns van Namibië (het hele jaar geopend, bezoekers betalen N$ 20 per auto en mogen van zonsopkomst tot 18 uur in het natuurgebied blijven).

Accommodoatie, eten

Enigszins verouderd – **Hardap Rest Camp:** Met restaurant, zwembad, kiosk, winkel en

Een gesloten gemeenschap – de Rehoboth Basters

Toen de eerste Nederlanders in 1652 bij Kaap de Goede Hoop landden, waren weinig vrouwen bereid om de verre en zware zeereis uit Europa te maken. Het gevolg was dat de eerste kolonisten inheemse vrouwen van de Khoisan namen, die ze Bosjesmannen en Hottentotten noemden. Al naar gelang hun lichtere of donkerdere huidskleur kwamen hun kinderen in de blanke of gekleurde gemeenschap terecht.

De kinderen die tot de gekleurde gemeenschap werden gerekend, leefden buiten de koloniale maatschappij, wat vaak leidde tot een identiteitscrisis van deze *basters* (bastaards) – zoals deze kinderen uit gemengde huwelijken werden genoemd. De wens om als blanke te worden beschouwd, bleef bestaan. De taal, godsdienst en achternamen van de eerste kolonisten werden overgenomen. Degenen die niet bij de koloniale heersers van overzee in dienst waren, stichtten hun eigen nederzettingen, doorgaans in ver afgelegen streken, buiten de invloedssfeer van de Europeanen.

Halverwege de 19e eeuw noemden ongeveer vijfduizend mensen zich vol trots Baster. Ze hielden geiten, schapen en runderen. Bijna tegelijkertijd vestigden de eerste blanken zich in de noordelijke Kaapprovincie. Een groep van zo'n negentig Basterfamilies woonde al in dit gebied. Om een conflict met de goed bewapende blanken te voorkomen, trokken ze op 4 november 1868 verder naar het noorden. Op 16 november staken ze de Oranjerivier over en bereikten zo het huidige Namibië.

In 1869 namen ze een eigen grondwet aan, richtten een volksraad op en kozen Hermanus van Wyk tot hoofdman (kapitein). Ze vervolgden hun reis naar het noorden, trokken door de Karasberge en vestigden zich uiteindelijk ongeveer 30 km ten noorden van Berseba bij de warme bronnen.

In 1845 had deze plaats van een zendeling de naam Rehoboth gekregen. Hij ontleende deze naam aan het Bijbelboek Genesis. Van de hier al woonachtige Swartbooi-Nama pachtten de bijna vijfhonderd Basters voor een paard per jaar een stuk land. Later beweerden ze het land voor honderd paarden en vijf ossenwagens van de Swartbooihoofdman te hebben gekocht. In 1885 sloot de Bastervolksraad een beschermings- en vriendschapsverdrag met het Duitse Rijk. Het gebied rond Rehoboth werd daarmee een staat in een staat.

Na de dood van Hermanus van Wyk in 1905 schaften de Duitsers de kapiteinsrang af en benoemden Hermanus' zoon Cornelius tot diens machteloze opvolger. De Duitse administrateur van Rehoboth werd tot voorzitter van de volksraad benoemd en dat leidde natuurlijk tot spanningen tussen de Basters en de Duitse overheid. Deze wilde hun geen bijzondere rechten meer verlenen, omdat intussen de oorlogen met de inheemse stammen en volkeren voorbij waren, en de trouwe Basters niet meer nuttig voor ze waren.

Tijdens de Eerste Wereldoorlog weigerden de Basters aan Duitse zijde tegen de Zuid-Afrikanen te vechten. Ze wilden niet in de blanke oorlog betrokken worden. Daarop verklaarden de Duitsers hun in maart 1915 zelf de oorlog. De strijd eindigde al op 8 mei van datzelfde jaar, toen de Duitsers door de Zuid-Afrikaanse troepen werden teruggedrongen.

Schoolmeisjes in Rehoboth

Nadat Zuid-Afrika het mandaat verkreeg over het voormalige Duitse Zuidwest-Afrika, eiste de volksraad van de Basters bij de Zuid-Afrikaanse regering politieke onafhankelijkheid. Deze reageerde echter afwijzend. In 1923 was de droom van onafhankelijkheid voorgoed voorbij. Zuid-Afrika benoemde de blanke bestuurder van Rehoboth tot kapitein en richtte een volksraad op met drie gekozen en drie door de regering aangewezen leden. Na deze nederlaag kwam er een voorlopig einde aan de politieke aspiraties van de Basters.

Pas in 1962, toen de Zuid-Afrikaanse apartheidswetten ook in Namibië van kracht werden, veerden de Basters van Rehoboth op. Zuid-Afrika wilde graag onafhankelijke thuislanden voor iedere bevolkingsgroep instellen. Wat voor veel zwarten en andersgekleurde bevolkingsgroepen een gedwongen verhuizing betekende, kwam de Basters juist goed van pas. In 1979 werd het gebied rond Rehoboth weer een staat in een staat. Zuid-Afrika zorgde voor de infrastructuur: wegen, riolering en de aanleg van een kuurbad in Rehoboth.

Na de onafhankelijkheid van Namibië verklaarde de nieuwe regering de Zuid-Afrikaanse wetten ongeldig. De 1000 km^2 land van Rehoboth werd weer Namibisch staatsgebied. Sindsdien is de gemeenschap daarover in strijd met de Zuid-Afrikanen. In april 1996 moesten de bewoners van Rehoboth hun klacht bij het Internationale Gerechtshof in Den Haag intrekken – de kosten waren te hoog geworden. Vanwege de langdurige processen stelde de regering geen geld meer beschikbaar. In 1997 gaven de Basters ten slotte hun afscheidingspogingen op en besloten loyale Namibiërs te worden. Hun interne bestuur is echter nog steeds in de handen van een Baster Raad, die nog altijd wordt voorgezeten door een kapitein. Hun cultuur is traditioneel Afrikaans en evangelisch-luthers. Vandaag de dag wonen in en rond Rehoboth ongeveer 35.000 Basters. Wie geïnteresseerd is in deze interessante etnische groep, vindt meer informatie op de website www.rehobothbasters.org.

Van Windhoek naar Keetmanshoop

zwembad. Keuze uit 2 pk N$ 800 p.p., Bush Chalets (met 2 of 4 bedden) N$ 450 p.p., Family Chalets (met 4 bedden) N$ 600 p.p. en kampeerterrein N$ 150. Hardap Rest Camp is recent gerenoveerd. Informatie en reserveren: Namibia Wildlife Resorts (NWR) Central Reservations Office in Windhoek, tel. 061 28 57 200, reservations@nwr.com.na, in Swakopmund, tel. 064 40 21 72, sw.bookings@nwr.com.na, of in Kaapstad, Zuid-Afrika, tel. 0027 21 422 37 61, ct.bookings@nwr.com.na; www.nwr.com.na.

Mariental ▶ K 13

Kaart: blz. 149
De kleine districtsstad **Mariental** 4 is een doorgangsoord zonder bezienswaardigheden. De belangrijkste voorzieningen bestaan uit een groot benzinestation aan de verkeersweg, met een winkel en een fastfoodrestaurant. Voordat de blanke kolonisten zich hier vestigden, heette Mariental bij de Khoikhoi Zaragaebis, wat 'stoffig' of 'smerig gezicht' betekent. Deze naam droeg het als gevolg van de vele zandstormen in de zomer. De eerste blanke *farmer* in dit gebied, Hermann Brandt, kocht zijn boerenland in 1890 van de Nama-hoofdman Hendrik Witbooi. Hij gaf zijn boerderij eerst de naam Enkelkameeldoring, Eenzame Kameeldoornacacia; later, na zijn huwelijk met Anna-Maria Mahler, veranderde hij dit in Mariental.

Wie niet per se direct naar Keetmanshoop wil, kan hier de B 1 verlaten en de C 19 naar Maltahöhe volgen.

Accommodoatie, eten

Tussen rode duinen – **Kalahari Anib Lodge:** 10 km ten noorden van Mariental buigt de C 20 naar het oosten, na nog eens 20 km bereikt u de lodge (reserveren via Gondwana Desert Collection, tel. 061 23 00 66, www.gondwana-collection.com). Deze tussen de rode zandduinen van het 100 km² grote Gondwana Kalahari Park gelegen lodge heeft een uitstekende prijs-kwaliteitverhouding. 's Morgens en 's middags kunt u deelnemen aan een drie uur durende wildobservatietocht onder leiding van een parkwachter (N$ 365 p.p.). 55 kamers in bungalows, restaurant en zwembad, 2 pk met ontbijt N$ 1370-1840, diner N$ 230 p.p. Kampeerplaats (max. 4 pers.) met eigen douche, toilet en barbecue N$ 150 p.p.

Over de C 19/C 14 naar het zuiden

Kaart: blz. 149

Maltahöhe ▶ J 13

Maltahöhe 5 ligt 110 eenzame en eentonige kilometers onverharde weg voorbij Mariental, aan de rand van de Schwarzrandhoogvlakte. Het plaatsje werd in 1900 door de toenmalige districtsbestuurder van Gibeon, Henning von Burgsdorf, gesticht en naar diens vrouw Malta vernoemd. Op een kleine begraafplaats in Maltahöhe liggen 40 Duitse soldaten begraven, die in 1894 bij de strijd tegen Hendrik Witbooi (zie Thema blz. 54) en bij de Namaopstand (1904-1907) om het leven kwamen.

In 1912 lagen er in het district Maltahöhe meer dan vijftig boerderijen, meestal door Boeren gedreven. Tegenwoordig wonen er in Maltahöhe en de naaste omgeving nog maar zo'n 200 blanken en bijna 2000 zwarten op een handjevol boerderijen. Ze houden zich voornamelijk bezig met de teelt van karakoelschapen. Deze in 1907 door Duitse boeren uit West-Turkestan ingevoerde vetstaartschapen doen het hier goed, ondanks de geringe neerslag en spaarzame vegetatie: tot 1980 vermenigvuldigden de twaalf wollige immigranten zich in het Afrikaanse klimaat tot een kudde van 5 miljoen exemplaren. Tot op heden is het karakoelschaap, naast het toerisme, een belangrijke bron van inkomsten voor de boeren in deze omgeving. Namibië is nog altijd een van de belangrijkste exporteurs van karakoelvellen. De handelsnaam van 'Namibië's zwarte diamant' is Swakara, een afkorting

Over de C 19/C 14 naar het zuiden

voor Zuidwest-Afrikaanse karakoel. Toch liep de export van vellen de afgelopen jaren sterk terug. Astrakanbont is afkomstig van de zacht gekrulde vellen van 48 uur oude lammetjes van het karakoelschaap. Als u zich dat realiseert, begrijpt u waarom astrakanbont uit de gratie is – niet in de laatste plaats vanwege de antibontcampagnes van Europese dierenactivisten, die het doden van lammeren aan de kaak stellen. Sindsdien teelt men de schapen voornamelijk voor de wol en het vlees, wat de vroegere vraag naar astrakanbont echter niet kan compenseren.

De goed voorziene bar in het eenvoudige Maltahöhe Hotel (tel. 063 29 30 13, www.maltahoehe-hotel.com) is een geliefd ontmoetingspunt en een aangename stop voor reizigers die hun dorst willen lessen.

Duwisib Castle ▶ J 13

Het volgende programmapunt – en bijna een soort cultuurshock – is het beroemde Duitse kasteel aan de rand van de Namibwoestijn: **Duwisib Castle** 6 . Na honderden kilometers onverharde weg, over hobbels, kuilen en stof, verschijnt dit imponerende zandsteenfort: een vierkant bouwsel in neoromantische wilhelminische stijl. Het is gebouwd door de architect Wilhelm Sander, die onder andere ook de drie kastelen in Windhoek ontwierp (zie blz. 127). Het ruime interieur bevat zelfs een ridderzaal, met gekruiste sabels aan de muren. De 22 kamers van het kasteel zijn ingericht met tapijten, open haarden, schilderijen en statige meubels. Italiaanse steenhouwers, Scandinavische timmerlieden en Ierse bouwmeesters werden door de excentrieke Pruisische artillerieofficier baron Hans-Heinrich von Wolf en zijn Amerikaanse vrouw Jayta naar de woestijn gestuurd om dit kasteel op hun fraaie boerderij Duwisib – 'plaats van de regenboog' – te laten verrijzen. Twintig ossenwagens waren twee jaar lang bezig om alle materiaal van de Lüderitzbaai meer dan 300 km door de woestijn hierheen te

Zandsteenfort aan de rand van de woestijn: Duwisib Castle

Van Windhoek naar Keetmanshoop

transporteren. In 1909 was het opmerkelijke bouwwerk gereed.

De forse Duitser, die tijdens de Namaopstand als vrijwilliger bij de koloniale troepen diende, was evenals zijn vrouw zeer populair bij zijn buren van Boerenafkomst. Tot enkele decennia geleden spraken de Boeren uit deze omgeving nog met warmte over de gulheid, gastvrijheid en hulpvaardigheid van de baron en zijn miljonaire. In 1914 reisde de enthousiaste paardenfokker met zijn vrouw en een Duitse vriend naar Engeland, om daar een nieuwe volbloedhengst voor zijn stoeterij te kopen. Op het schip vernamen ze het bericht dat de Eerste Wereldoorlog was uitgebroken. De stoomboot veranderde van koers en deed een Zuid-Amerikaanse haven aan, waar de drie reizigers geïnterneerd werden. Door zijn connecties lukte het de baron om op een neutraal schip naar Europa te komen.

Via allerlei omwegen kwam Wolf in Duitsland en meldde zich aan als officier. Hij sneuvelde op 4 september 1916 bij de Slag aan de Somme in Frankrijk. Al zijn paarden werden verkocht.

Zijn vrouw Jayta ging niet meer naar Afrika terug; ze woonde na de Eerste Wereldoorlog in een huis aan de Tegernsee, tijdens de Tweede Wereldoorlog in Zwitserland en daarna tot haar dood in het huis van haar ouders in Summit bij New York. Als zij over haar tijd in Zuidwest-Afrika vertelde, vatte ze dat meestal samen in een enkele zin: 'Ach, dat was een interessant experiment.' (Rondleiding door Duwisib inclusief toegang N$ 100, kind tot 6 jaar gratis, 6-12 jaar 50% korting.)

Accommodoatie, eten

Voordelige kamers en bungalows – **Farm Duwisib Rest Camp:** Onmiddellijk naast Duwisib Castle, tel. 063 29 33 44, www.farmduwisib.com. Deze eenvoudige accommodatie biedt tweepersoonskamers en bungalows met of zonder maaltijden, daarnaast zijn er kampeerplaatsen in de schaduw van kameeldoornbomen. 2 pk met ontbijt en diner N$ 1720, camping N$ 110 p.p., kinderen tot 12 jaar N$ 55, bungalow met 2 bedden N$ 770, gezinskamer (4-8 bedden) N$ 1400-2080, diner N$ 180 p.p., ontbijt N$ 120 p.p., natuurexcursies N$ 175 p.p.

Kamperen – **Duwisib Castle Camping Site:** Camping met 10 plaatsen, max. 8 pers. per plaats. Toegang N$ 70, kamperen N$ 130 p.p.; er zijn ook 5 tweepersoonskamers (N$ 2400). Reserveren via Namibia Wildlife Resorts (NWR) Central Reservations Office in Windhoek: tel. 061 28 57 200, reservations@nwr.com.na, of in Swakopmund: tel. 064 40 21 72, sw.bookings@nwr.com.na, of in Kaapstad, Zuid-Afrika, waar tegelijk aanvullende informatie over Namibië wordt verstrekt, in Burg Street, tel. 0027 21 422 37 61.

Helmeringhausen ▶ H 14

En weer glijden vele eenzame, stoffige kilometers onder de wielen door. In **Helmeringhausen** 7 kunt u benzine, gekoelde drankjes en iets te eten krijgen. Helmeringhausen is overigens geen plaats, maar een boerderij. Deze behoorde ooit toe aan Hubert Hester, een soldaat van het Duitse koloniale leger die oorspronkelijk uit het Hessische Helmeringhausen afkomstig was. Vroeger stopten hier kamelenpatrouilles en ossenkarren. Nu worden toeristen hier in de watten gelegd door Björn en Katja Basler. De twee kochten de boerderij een paar jaar geleden. Het hotel met 22 tweepersoonskamers is duurzaam en groen, beschikt over wind- en zonne-energie, het water komt uit een door zonne-energie aangedreven boorgat en bijna alles wordt gerecycled. Het eten in het restaurant is geweldig, het bier is koud en de appeltaart is de beste van het land.

Accommodoatie, eten

Ideale halteplaats – **Helmeringhausen Hotel & Guest Farm:** Helmeringhausen, tel. 063 28 33 07, www.helmeringhausennamibia.com, Facebook: Helmeringhausen Hotel and Guest Farm. Aan de rand van de Namib gelegen hotel met 28 kamers en enkele appartementen op de bijbehorende logeerboerderij, waar ook een zwembad is en u 's avonds kunt aanschuiven voor het diner. Met café en biertuin. 2 pk met ontbijt N$ 1160.

Bethanie ▶ J 15

In **Bethanie** 8, een belangrijke bevoorradingsbasis, eindigt de onverharde weg.

Schmelen House
Indien gesloten: de sleutel is verkrijgbaar in het huis ernaast, bij de dominee, tel. 063 28 31 40, toegang gratis, maar een kleine bijdrage van N$ 10 wordt op prijs gesteld

Het oudste door Europeanen gebouwde stenen huis van het land werd in 1814 door de zendeling Heinrich Schmelen in opdracht van de London Missionary Society opgetrokken. Het **Schmelenhuis** is een klein, gepleisterd gebouw met een fundament van natuursteen. Door stammenoorlogen moest Schmelen in 1822 alweer vertrekken. Nieuwe pogingen om hier een zendingspost te beginnen, mislukten door gevechten die er plaatsvonden en de aanhoudende droogte, tot men in 1828 de pogingen definitief opgaf. In 1840 nam de Rheinische Missionsgesellschaft het gebouw over en stuurde twee jaar later hun zendeling Hans Knudson. Tegenwoordig is in het Schmelenhuis een historisch zendingsmuseum gevestigd.

Joseph Fredericks House
David Fredericks Street, tel. 063 28 30 59, ma.-vr. 8-17 uur

Aan de geschiedenis van Namibië herinnert ook het in 1883 gebouwde **Joseph Fredericks House**. Ongewild en zonder het te beseffen werkte de Orlam-Namahoofdman hier mee aan de koloniale expansiedrift van Duitsland. Op 1 mei 1883 verkocht hij de gevolmachtigde van het Duitse Rijk de baai van Angra Pequena (de huidige Lüderitzbaai, zie blz. 184). Het jaar daarop sloot hij een 'protectieverdrag' met Duitsland. Het huis is een monument en kan bezichtigd worden.

Naar Lüderitz of Keetmanshoop

In Goageb bereikt u de goed geasfalteerde B 4, die van Keetmanshoop naar Lüderitz loopt. Bezoekers die over beperkte tijd beschikken, kunnen vanhier direct naar de zee rijden. Wie de landschappelijk heel aantrekkelijke rondreis door het diepe zuiden wil maken, rijdt in tegengestelde richting verder naar Keetmanshoop.

Keetmanshoop en omgeving ▶ K 15

Kaart: blz. 149

Keetmanshoop

Keetmanshoop 9, de hoofdstad van het gelijknamige district, telt 15.000 inwoners en geldt als een van de belangrijkste steden in het zuiden van Namibië. De stad (de 'Hoop van Keetman') is vernoemd naar Johann Keetman, die er als voorzitter van de Rheinische Missionsgesellschaft voor zorgde dat hier in 1866 een zendingspost werd gebouwd. Deze ontwikkelde zich tot een heuse nederzetting, in 1888 kwam er een school en in 1894 werd er een militaire post in Keetmanshoop gestationeerd. Aan het Duitse verleden herinnert het indrukwekkende **Kaiserliche Postamt**, waarin nu het toeristenbureau is gevestigd en waar iedere morgen de Namibische vlag wordt gehesen. Het in 1910 opgetrokken postkantoor werd ontworpen door Gottlieb Redecker, die ook de architect van de Christuskirche in Windhoek was.

Keetmanshoop Museum
Tel. 063 22 33 16, ma.-do. 7-12.30, 13.30-16.30, vr. 7-12.30, 13.30-16 uur, toegang gratis

Het **Keetmanshoop Museum** is gevestigd in de in 1895 uit natuursteen opgetrokken evangelisch-lutherse kerk (klipkerk) in de Kaiser Street. In het godshuis staan objecten over de geschiedenis van de plaats; daarnaast worden diverse voorwerpen van de Nama en de San getoond. Vooral de preekstoel is bijzonder: vóór de bouw van de kerk vonden de kerkdiensten plaats onder een grote kameeldoornboom en omdat de kerkgemeenschap zo aan deze beschaduwde plaats

Van Windhoek naar Keetmanshoop

Kokerbomen en stapels rotsblokken bij Keetmanshoop

gewend was, bouwde men de kerk er simpelweg omheen en hakte uit de boom een preekstoel. Interessant is bovendien een op het kerkterrein gebouwd, traditioneel *matjieshuis* (mattenhuis). Dit is een uit rieten matten en takken gemaakte ronde hut van Namaveehoeders uit deze regio, een koepelvormige mattenhut die verplaatst kon worden als de Nama van weidegrond wisselden.

❋ Kokerboomwoud

De belangrijkste bezienswaardigheid van de omgeving ligt 15 km ten noordoosten van Keetmanshoop aan de weg naar Koës. Hier vindt u op de boerderij **Gariganus** het al in 1955 onder natuurbeheer gestelde **Kokerboomwoud** (tel. 063 22 28 35). De kokerboom (Engels: *quivertree*, Afrikaans: *kokerboom*) is echter geen boom, maar een aloësoort, die bijna 8 m hoog kan worden. De naam komt van de San, die vroeger pijlkokers uit de dikke takken sneden. Bijzonder is dat er op deze plek zoveel planten bijeenstaan, omdat ze op andere plaatsen in het zuiden van Namibië en in de noordelijke Kaapregio vaak solitair voorkomen. Veel van de aloë's zijn meer dan tweehonderd jaar oud. Pas na twintig tot dertig jaar komen ze voor de eerste keer tot bloei. In juni en juli dragen ze soms wel 30 cm lange gele bloesems. De planten groeien bijna altijd op zwarte rotsformaties *(ysterklippen)*, die overdag veel warmte opnemen. Het wijdvertakte wortelstelsel verankert de kokerbomen in de rotsachtige ondergrond. De aloë kan zelfs vorst goed doorstaan. Bijna driehonderd van deze nationale symbolen van Zuid-Namibië, die vooral bij zonsopkomst en zonsondergang een buitengewoon fraai schouwspel vormen, staan in het zwarte dolerietgesteente op het terrein van deze boerderij.

De eigenaar van Gariganus, geposteerd bij de ingang van zijn boerderij, kan de kassa nog eens laten rinkelen voor een bezienswaardigheid op zijn terrein, 5 km verderop, de **Giant's Playground**. Enorme rotsblokken lijken door een reuzenhand over het landschap te zijn verspreid. Omdat de rotsen op bepaalde plekken aan wratten doen denken, wordt

Kokerboomwoud

de landstreek op zijn Afrikaans 'vratteveld' (wratteneveld) genoemd. Een rondweg voert door het stenige erosielabyrint (zonsopkomst tot zonsondergang, toegang N$ 50 p.p., plus N$ 20 per voertuig).

In het **Garas Park** 10 (tel. 063 22 32 17), ca. 22 km ten noorden van Keetmanshoop (aan de B 1 naar Windhoek), ligt het niet-officiële Kokerboomwoud. Grillig gevormde metalen constructies flankeren de weg naar de aloë's en het kampeerterrein – een fraai alternatief voor het verder naar het zuiden gelegen 'officiële' woud.

Informatie

Southern Tourist Forum: Hoek Fenchel Street/5th Avenue, tel. 063 22 12 66, ma.-vr. 8-12.30, 14-17, za. 9-11 uur. Informatie over de omgeving en de Kalahari 4x4 Trail. STF is ook actief in het townshiptoerisme en biedt de mogelijkheid een restaurant in Tseiblaagte te bezoeken, een township bij Keetmanshoop, hoofdzakelijk bewoond door Nama. Hier worden traditionele gerechten bereid en zang- en dansvoorstellingen uitgevoerd.

Accommodoatie, eten

Degelijk stadshotel – **Canyon Hotel:** Warmbader Street, tel. 063 22 33 61. Groot, onlangs gerenoveerd hotel met 70 kamers, waarvan een deel bestemd is voor niet-rokers. Het interieur van de kamers is niet al te bijzonder en laat zich het best omschrijven als degelijk. Bij het hotel hoort een restaurant. 2 pk met ontbijt vanaf N$ 1500.

Prachtige omgeving – **Quivertree Forest Rest Camp:** 15 km ten noordoosten van Keetmanshoop aan de B 29, tel. 063 68 34 21, www.quivertreeforest.com. Het stoffige kampeerterrein, dat wel over schone douches beschikt, ligt direct naast het Kokerboomwoud. Het terrein is bovendien voorzien van barbecueplaatsen. Overnacht in een van de zeven eenvoudige kleine huisjes of in een onaantrekkelijke plastic 'iglo'. 2 pk met ontbijt en diner N$ 1385, zonder maaltijden N$ 680, kamperen N$ 120 p.p., toegang N$ 60 p.p.

Keurige kamers in het centrum – **Bird's Mansions Hotel:** 6th Avenue, tel. 063 22 17 11, www.birdsaccommodation.com. De 23 keurige, maar niet spectaculaire kamers hebben airconditioning, tv en een telefoonaansluiting. Het hotel heeft een internetcafé en een veilige parkeerplaats. Daarnaast is er nog een restaurant met een bier- en theetuin. Met een zwembad dat verwarmd kan worden. 2 pk met ontbijt vanaf N$ 850.

Oase van rust – **Gessert's Guesthouse:** 138 13th St., tel. 063 22 38 92, gesserts@iafrica.com.na. Bed-and-breakfast met 7 tweepersoonskamers op een rustige locatie aan de rand van Keetmanshoop. Klein zwembad in de schaduwrijke tuin; vriendelijke eigenaars. Vanaf N$ 750 met ontbijt.

Klein en gezellig – **Bird's Nest B & B:** 16 Pastorie St., tel. 063 22 29 06, www.birdsaccommodation.com. Centraal gelegen bed-and-breakfast; 10 kamers met airconditioning, tv en telefoon. Bar in het huis. 2 pk met ontbijt vanaf N$ 650.

Kookerboomwoudalternatief – **Garas Quiver Tree Park & Rest Camp:** Ca. 21 km ten noorden van Keetmanshoop aan de B 1, tel. 063 22 32 17. Het 'onofficiële' Kokerboomwoud kan bogen op een veel fraaier kampeerterrein dan het echte. (Garas is het San-woord voor kokerboom.) De douches en toiletten zijn ondergebracht in een afzonderlijk gebouw. Kamperen 110 N$ p.p.

Vervoer

Vliegtuig: Met Air Namibia van Windhoek naar Keetmanshoop. Reserveren: tel. 061 22 96 39.

Trein: Tussen Windhoek en Keetmanshoop is er dagelijks, behalve zaterdags, een treinverbinding. Inlichtingen en reserveringen: **TransNamib Rail Central Reservations**, tel. 061 298 20 32. Ook de oude spoorweg tussen Keetmanshoop en Aus is weer in bedrijf genomen.

Bus: De **Intercape Mainliner** van Kaapstad via Keetmanshoop naar Windhoek, Walvis Bay, Tsumeb Bay, Tsumeb en terug. Inlichtingen en reserveringen: tel. 061 22 78 47. Tevens is er een gecombineerde **trein-busverbinding van TransNamib** tussen Keetmanshoop en Lüderitz, inlichtingen: tel. 061 298 20 32.

Het diepe zuiden

In het diepe zuiden van Namibië zijn veel natuurlijke en door mensen gemaakte bezienswaardigheden te vinden. Allereerst gaat de reis langs de Fish River Canyon, de diepste kloof van Afrika en de op twee na grootste ter wereld, daarna langs de Oranjerivier, door het Zuid-Afrikaanse Richtersveld National Park en ten slotte langs het door Duitse kolonisten gecreëerde Diamanten-Sperrgebied naar het spookmijndorp Kolmanskop.

Fish River Canyon

▶ J/K 17/18

Kaart: blz. 162

Zuidelijk van Keetmanshoop heeft de Fish River over een lengte van 160 km een diepe kloof in het woestijnlandschap uitgesleten. Met een diepte van 457 tot 549 m en een breedte van soms wel 27 km staat de **Fish River Canyon** na de Amerikaanse Grand Canyon en de Mexicaanse Copper Canyon op de derde plaats in de wereld.

De canyon ligt in het grensoverschrijdende beschermde natuurgebied **Ai-Ais/Richtersveld Transfrontier Park**, dat ook bekendstaat als Richtersveld/Ai-Ais Fish River Peace Park. Een oppervlak van in totaal 90 km² behoort tot de particuliere natuurreservaten Canyon Nature Park, Vogelstrausskluft en Gondwana Canyon Park. De twee belangrijkste *camps* in het overheidspark zijn **Hobas**, aan de noordkant van de canyon, met een bezoekerscentrum, en **Ai-Ais** in het zuiden, met warme bronnen. Een autoweg met een reeks uitkijkpunten voert langs de oostrand van de canyon. Bij het mooiste uitkijkpunt (in de omgeving van Hobas), waar u de dramatische Hell's Bend kunt zien, begint de 86 km lange **Fish River Canyon Hiking Trail** (zie blz. 164), die de rivierbedding tot aan Ai-Ais volgt. Van bovenaf zijn in dit verzengende rotslandschap alleen enkele groene bosjes zichtbaar op de bodem van de canyon.

Cañon Roadhouse

Deze bijzonder aan te raden accommodatie is op zich al een bezienswaardigheid. Het **Cañon Roadhouse** , pal aan de onverharde weg naar het hoofduitkijkpunt over de canyon gelegen, heeft al sinds zijn opening meer dan tien jaar geleden een goede naam als gezellige herberg met een authentieke sfeer en opmerkelijke als decoratie gebruikte oldtimers. In 2008 werd het gerenoveerd, ingrijpend verbouwd en aanzienlijk uitgebreid, maar gelukkig zonder zijn unieke karakter te verliezen. In plaats van 9 zijn er nu 24 kamers, alle voorzien van airconditioning. Receptie, restaurant en bar zijn naar een nieuw gebouw verhuisd. De vroegere publieksruimten zijn nu ingericht als informatiecentrum, met displays over het ontstaan van de canyon, over de geschiedenis van de regio, over de flora en fauna en over het **Gondwana Cañon Park**.

Het Cañon Roadhouse ligt in dit in 1995 gestichte, 1120 km² grote particuliere natuurpark, dat niet door hekken gescheiden aan de oostrand van het Fish River Canyon Park grenst. Het Gondwana Cañon Park is beslist een succesverhaal op het gebied van natuurbeheer. De jongste tellingen laten zien dat de wildstand alweer terug op het oude peil is, na decennialange achteruitgang door jacht en overbegrazing. Bovendien hebben de dieren door de verwerving van de **Farm Holoog** in het noorden tegenwoordig ook vrij toegang tot de Kleine Karasberge, wat

Fish River Canyon

Verscholen in de diepte ligt de Fish River Canyon

vooral de bergzebra's ten goede komt. Maar ook de populaties van andere diersoorten, zoals springbokken, oryxen, koedoes, struisvogels, giraffen, blauwe gnoes, steppezebra's en hartenbeesten, hebben zich fantastisch ontwikkeld. Steeds vaker wordt het Gondwana Cañon Park daarom aangeduid als 'Klein Etosha van het zuiden'. Sinds 2008 leven er zelfs weer vier puntlipneushoorns in de omgeving van de canyon.

De hoofdattractie van het Cañon Roadhouse is na de verbouwing het themarestaurant, dat qua inrichting geïnspireerd is op het concept 'Roadhouse' – met meer dan een vleugje Route 66-nostalgie. Al op de oprit van het hotel worden bezoekers verwelkomd door het pittoresk verroeste karkas van een oude vrachtwagen. Op weg naar het hoofdgebouw passeert u het wrak van een andere oldtimer. Dit steekt omhoog uit de zandige grond, en op de plek waar de motor ooit zat groeit nu een kokerboom.

Nog eens tien roestige klassiekers zijn met veel aandacht voor detail in het restaurant neergezet. Een ervan staat volgeladen klaar, alsof hij elk moment kan wegrijden. Een andere ziet eruit alsof er net een lekke band wordt verwisseld. Een derde komt als een trofee tevoorschijn uit de muur – en dient als open haard. De vierde is een fantasievoertuig,

Mission Impossible – per scooter door de Fish River Canyon

'Laten we proberen met een scooter door de canyon te rijden.' Dat was de opgave die de leden van de Cape Town Vespa Club zich aan het eind van de jaren 60 stelden. Nog nooit had iemand met een voertuig door de Fish River Canyon in Namibië gereden, en ze wilden beslist bewijzen dat zoiets mogelijk was.

Dat het geen gewone vakantie zou worden, maar een krankzinnige poging om de grens tussen het mogelijke en het onmogelijke te doorbreken, was alle betrokkenen al snel duidelijk. De zes clubleden trainden hard om de onderneming te doen slagen. Dat hield onder andere in dat ze de bepaald niet lichte scooters langs de steile Kloof Nek Road in Kaapstad omhoogduwden en trappen op en af renden. Ze testten hun scooters in de duinen bij Fish Hoek op het Cape Peninsula, namen ze mee op rubberboten en vervoerden ze zo over de lagune van Zeekoeivlei.

Verschillende bedrijven waren bereid om de onderneming te sponsoren. BP Southern Africa legde 200 rand (in 1968 een klein vermogen) op tafel om benzine en uitrusting te kopen. Een dealer stelde drie Vespa's ter beschikking. Ze werden beschilderd in het patroon van een zebra, luipaard en giraffe en kregen de namen *Veni*, *Vidi* en *Vici*.

Een ernstige hindernis meteen bij het begin van de tocht zou bestaan uit de afdaling in de canyon; het team had daarvoor zowel een lier als een stalen kabel nodig. Beide werden getest in de oude steengroeve aan De Waal Drive in Kaapstad. De laatste testrit moest plaatsvinden op de Tafelberg, maar daarvoor kregen ze geen toestemming.

Uiteindelijk was de uitrusting compleet, met inbegrip van kleding, slaapzakken, gedroogd voedsel, medicijnen, keukenbenodigdheden, serviesgoed, fotoapparatuur, filmcamera en cassetterecorder.

Er was een vergunning nodig om in de canyon te mogen afdalen. Vlak voor het vertrek arriveerde die per telegram: 'De South West Africa Administration geeft toestemming voor de scooterexpeditie tussen 11 en 18 juli 1968 door de Fish River Canyon naar Ai-Ais, op voorwaarde dat de S.W.A. Administration een film van de onderneming krijgt en dat duidelijk moet zijn dat onderweg geen hulp te verwachten is. Aan te raden is om voor noodgevallen een arts mee te nemen. De expeditie wordt overigens dringend afgeraden, omdat het terrein uiterst zwaar is.'

Het zestal vertrok op 9 juli vroeg in de ochtend uit Kaapstad. De drie scooters werden op een terreinwagen geladen en zelf reden ze in een Land Rover. Zo ging het naar het noorden. Nog dezelfde middag begon het neerlaten van de scooters over de rand van de canyon. Twee mannen bedienden de lier en de anderen manoeuvreerden de scooters langs de rotsen.

Aanvankelijk ging alles gemakkelijker dan verwacht. Waar het rotsige pad eindigde, veranderde de ondergrond in een steile puinhelling, waarlangs de teamleden vrij eenvoudig omlaag konden glijden. Op deze eerste middag lieten ze twee scooters ongeveer 100 m zakken en de derde circa 50 m.

De volgende ochtend stonden ze opnieuw vroeg op om de ogenschijnlijk eindeloze afdaling naar de bodem van de canyon voort te zetten. Eerst brachten ze hun bagage omlaag, waarna ze hun bivak weer opbouwden. De volgende dag klommen ze weer naar boven om de scooters te halen. Ze gebruikten nu een touw dat om een rots was gebonden om de scooters verder omlaag te laten zakken. Een slordig gelegde knoop raakte daarbij los, waarop een van de scooters 30 m in de canyon omlaagviel. De zeer onzachte landing resulteerde in de eerste total loss. Het team droeg de stoffelijke overblijfselen van *Veni* naar een uitspringende rots – en daar staat de scooter nu, na 50 jaar, nog altijd, als een routemarkering voor wandelaars. Dankzij het uitzonderlijk droge klimaat is het wrak nog steeds heel goed als een Vespa te herkennen.

Daarop verwijderden ze de motoren uit de twee andere scooters en droegen die op hun rug naar het dal. De carrosserieën van de tweewielers volgden in kruiwagenstijl. Drie man met een scooter. Een ongelooflijk vermoeiend karwei, omdat de gevaartes over rotsblokken en keien gehesen moesten worden. En dat alles over smalle paden die steil omlaag liepen.

Laat in de avond zetten ze de motoren terug in hun carrosserie, startten de scooters – en schreven geschiedenis: ze lieten de eerste bandafdrukken na in het zand van de canyon. Misschien had de Zuid-Afrikaanse schlagerzanger Howard Carpendale wel de scooters op het oog toen hij het lied *Deine Spuren im Sand* (Je sporen in het zand) zong.

De volgende dag begon de eigenlijke tocht door de canyon, met één scooter in de rubberboot, terwijl de andere over stenen en door poederfijn zand geschoven en getrokken werd. Een absolute marteling, zelfs met twee man die hem met riemen voortrokken en twee man die van achteren duwden – en dat allemaal in de eerste versnelling. De motor viel voortdurend uit, omdat er steeds weer fijn zand naar binnen drong, tot hij ten slotte de geest gaf.

In de tussentijd had de rubberboot met de andere scooter zijn reis over de rivier beëindigd, waarbij de bemanning moest vaststellen dat de hele uitrusting, inclusief slaapzakken, door en door nat was geworden. Ook in de scootermotor was water terechtgekomen.

Het team liet de scooters voorlopig staan en sleepte eerst de uitrusting naar het volgende kampement, een paar kilometer verderop. De volgende dag gingen ze terug om de scooters te halen. In het zand rond de voertuigen stonden de sporen van luipaarden en bavianen.

Kort daarop kwam het einde van *Vidi*. Terwijl de scooter over de rivier werd vervoerd, viel hij uit de lekke rubberboot overboord en verdween in de diepte. Gelukkig kon een deel van de uitrusting worden gered.

Het was nu nog ongeveer 100 km tot het doel in Ai-Ais. De laatste 70 km moesten berijdbaar zijn, maar het team slaagde er niet in de derde scooter met de verzande motor weer aan de praat te krijgen. Ook deze scooter moest daarom in de canyon achterblijven. De mannen 'begroeven' hem plechtig onder een paar grote stenen. Van de reservebinnenbanden maakten ze riemen om de zadeltassen als rugzak te kunnen gebruiken.

Een journalist die in de canyon aanwezig was beschreef de expeditie als een onmogelijke onderneming en meende dat het een wonder zou zijn als hij slaagde. De zes dwazen uit Kaapstad hadden het wonder dan wel verwezenlijkt, maar daarbij alle drie hun scooter verloren.

Een kort filmpje van het scooteravontuur is te zien op YouTube (zoekterm 'Vespa trek').

Het diepe zuiden

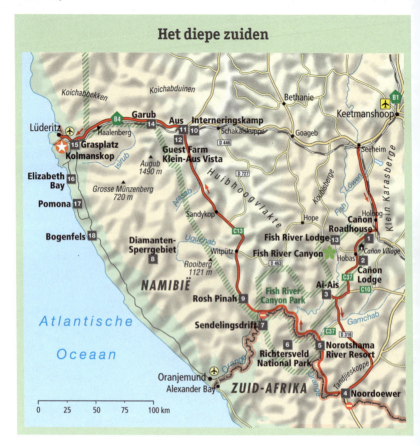

geïnspireerd op de stoomlocomobiel *Martin Luther*, die bij Swakopmund staat. Boven de bar staat in geel op rood 'Tankstation'. Achter de toog staan historische benzinepompen met glazen cilinders, die niet meer met benzine, maar met bier zijn gevuld.

Creativiteit heeft al een lange traditie in het Roadhouse. Ruim tien jaar geleden verbouwden de toenmalige managers Alain en Sonia Noirfalise, tegenwoordig eigenaars van de natuurparkketen Gondwana Collection, een oude boerderij tot lodge. Omdat hij vlak bij de weg naar de canyon lag, noemden ze hem Cañon Roadhouse. Er was weinig geld voor decoratie en daarom kwamen ze op het idee om hun lokale klanten gratis bier te schenken als die in ruil daarvoor de op hun boerderijen liggende autowrakken naar hen toe wilden brengen. Een oude vrachtwagen werd naar de oprit gesleept en van een welkomstbord voorzien. De rest is geschiedenis. De recente verbouwing is in feite de consequente doorvoering van het oorspronkelijke idee. Maar anders dan indertijd was er dit keer ruim voldoende geld voorhanden. Manni Goldbeck, de beheerder namens Gondwana, sloeg geen veiling over en begon een advertentiecampagne in de plaatselijke Duitstalige krant: 'Wij zijn opzoek naar uw schroot!'

Maar in het Roadhouse wordt niet alleen het oog veel geboden. Ook de keuken is prima; de amarula-cheesecake is vermaard.

Fish River Canyon

Informatie
Info over de Fish River Canyon en boeken van de wandeling: zie Actief blz. 164.

Accommodoatie, eten
In het Gondwana Cañon Park vindt u aan de R 324 tussen Ai-Ais en de 601 onder andere de lodges **Cañon Roadhouse**, **Cañon Lodge** en **Cañon Village**. Reserveren kan via tel. 061 23 00 66 en www.gondwana-collection.com.

Automobilistendroom – **Cañon Roadhouse:** Ca. 14 km van de ingang van het Fish River Park, tel. 063 26 60 31. Als liefhebber van oude auto's en van alles wat daarmee samenhangt bent u hier aan het goede adres. De automemorabilia zijn liefdevol verdeeld over het hele complex, dat in totaal 24 smaakvol ingerichte kamers telt. Mooier kunnen doorgaande reizigers niet overnachten in deze omgeving. Er is een tankstation met benzine en diesel. 2 pk met ontbijt N$ 2200, diner N$ 240, kamperen N$ 160 p.p.

Kamperen aan de canyon – **Hobas Camping:** Ca. 10 km van het hoofduitkijkpunt, met kiosk en zwembad. Reserveren via Namibia Wildlife Resorts (NWR) Central Reservations Office in Windhoek, tel. 061 28 57 200, reservations@nwr.com.na of Swakopmund, tel. 064 40 21 72, sw.bookings@nwr.com.na of in Kaapstad, Zuid-Afrika, met aanvullende informatie over Namibië, in Burg Street, tel. 0027 21 422 37 61, ct.bookings@nwr.com.na, www.nwr.com.na. Kamperen (max. 8 pers. per staanplaats) 158 N$ p.p.

Cañon Lodge

Meer dan alleen een overnachtingsplaats is ook de **Cañon Lodge** 2, die behalve een historische boerderij nog diverse andere bijzonderheden biedt. Op de nok van het middelste torentje prijkt een gestileerd metalen bed met het jaartal 1913. De architectuur en nokversiering maken duidelijk waar de bouwers van het huis vandaan kwamen. Het waren twee broers uit Oberbayern die in 1904 en 1908 naar dit gebied emigreerden en een boerderij begonnen. Het bed gaf naar Beiers gebruik te kennen dat de heer des huizes een vrijgezel was die nog een vrouw zocht.

Ook het restaurant voert de gasten met zijn inrichting terug naar de lang vervlogen pionierstijd van deze boerensamenleving. Opmerkelijk: de ingrediënten van het heerlijke dinerbuffet, zoals sla, tomaten, paprika, komkommer, ham, worst, kaas, mozzarella, kwark en yoghurt, zijn vers en worden geproduceerd in een 6 km van de lodge gelegen agrarisch bedrijf. Behalve varkens lopen er scharrelkippen en 20 jerseymelkkoeien rond; naast de kas liggen groentebedden, waar zelfs courgettes en watermeloenen worden geteeld. De slachterij produceert steaks en koteletten voor het heerlijke diner en ham en worst voor het ontbijt. Ongeveer 70% van de behoefte van de Cañon Lodge, de Cañon Village en het Cañon Roadhouse wordt gedekt door de productie van dit bedrijf, de rest komt uit Zuid-Afrika. Daarbij worden in zeker opzicht de activiteiten uit het verleden voortgezet. De twee oorspronkelijke boerderijbezitters, de gebroeders Schanderl, verbouwden hier in het begin van de 20e eeuw al fruit en groente en verkochten dit aan de omliggende politiestations, tot in Keetmanshoop aan toe. Nog een troef: degenen die de twee kokerboomwouden bij Keetmanshoop hebben gemist, kunnen deze bomen bij de boerderij bekijken in het eigen Kokerboom Forest, waar ten slotte ook van een *sundowner* kan worden genoten. Bij zonsondergang komen deze aloë's in een sprookjesachtig licht te staan.

Accommodoatie, eten
Tegen de rotsen gebouwd – **Cañon Lodge:** ca. 20 km van Fish River, tel. 063 69 30 14. Een van de mooiste accommodaties in het zuiden van het land, tussen imposante, roodbruin verweerde rotsen, die gedeeltelijk als binnenwand van de kamers worden gebruikt. Er zijn 30 chalets met rietdaken; het mooiste uitzicht biedt chalet nr. 28. De oude boerderij uit 1910 werd smaakvol gerestaureerd en tot restaurant van de lodge verbouwd. Een schitterend, in de rotsen geïntegreerd zwembad,

Het diepe zuiden

WANDELING DOOR DE FISH RIVER CANYON

Informatie
Begin: Hobas
Lengte: 85 km
Duur: 4-5 dagen
Seizoen: Vanwege de verzengende hitte in de zomer is de wandelroute alleen van 15 apr.-15 sept. opengesteld, voor groepen van minimaal 3 en maximaal 40 pers. per dag.
Boeking: Via Namibia Wildlife Resorts in Windhoek, tel. 061 285 72 00, Swakopmund, tel. 064 40 21 72, of in Kaapstad, Zuid-Afrika, met aanvullende informatie over Namibië, in Burg Street, tel. 0027 21 422 37 61, ct. bookings@nwr.com.na, www.nwr.com.na. Door de grote populariteit van de tocht moet u minimaal een jaar van tevoren boeken. Bij de boekingsaanvraag dient u een door uw arts verstrekt gezondheidsbewijs mee te sturen; dat mag niet ouder zijn dan veertig dagen. Bovendien moeten wandelaars een uitsluiting van aansprakelijkheid ondertekenen. Kinderen jonger dan 12 jaar worden op de tocht niet toegelaten.
Kosten: De trektocht door de Fish River Canyon kost N$ 300 p.p., plus N$ 80 p.p. voor de toegang; per auto betaalt u N$ 10 op de parkeerplaats bij Hobas. Het vervoer vanaf het eindpunt van de tocht in Ai-Ais terug naar Hobas kost N$ 120, eveneens te boeken bij Namibia Wildlife Resorts.

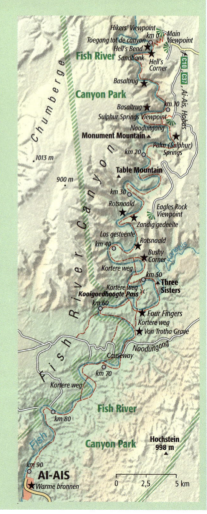

Wandeling door de Fish River Canyon

Er is geen betere (en vermoeiender!) manier om de Fish River Canyon te leren kennen dan tijdens een trektocht erdoorheen. Vele duizenden trekkers gaan ieder jaar de uitdaging aan en proberen de 85 km lange Fish River Canyon Hiking Trail te volbrengen. Afhankelijk van uw conditie duurt deze wandeling vier tot vijf dagen, maar u moet wel fit zijn. De wandelroute gaat door rul zand en over rotsachtig terrein, in temperaturen van omstreeks 40 °C, en vaak met een tekort aan water. De canyon heeft slechts twee 'nooduitgangen' voor probleemgevallen. Alleen ervaren trekkers moeten zich aan de tocht wagen. U moet zelf eten en drinken meenemen. Het water uit de poelen is drinkbaar, maar moet eerst worden gedesinfecteerd of gesteriliseerd. Een tent hebt u in dit warme klimaat niet nodig, een slaapzak en een isolerende slaapmat zijn voldoende. Sanitair, zoals toiletten of douches, is niet aanwezig.

Het vertrekpunt van de tocht ligt 10 km van de ingang van het park bij **Hobas**. Een stukje voorbij **Main View Point** bereikt u het uitkijkpunt **Hiker's View Point** aan de rand van de canyon, waar de **afdaling** begint. De route gaat hier steil omlaag en afhankelijk van uw conditie kan dit 1 tot 2 uur duren. Op enkele plaatsen zijn kettingen bevestigd om de afdaling gemakkelijker te maken. Dit traject is verreweg het zwaarste deel van de hele trektocht. U kunt de afdaling het best laat in de middag ondernemen, zodat u de volgende ochtend uitgerust aan de canyon kunt beginnen. Bij **Hell's Corner** ligt het officiële startpunt van de wandelroute. Het is aan te bevelen om een stukje door de canyon naar de grote **Sandbank** te lopen, een goede plek om de eerste nacht door te brengen. Daarmee is de eerste van de vijf wandeldagen al voorbij, maar de rest van de tocht kunt u gemakkelijk in vier dagen afmaken.

De **eerste etappe** door de canyon gaat naar **Palm (Sulphur) Springs** en is niet overal even gemakkelijk. Soms moet u over rotsen klimmen en door waterpoelen waden. Het voordeel is dat u eventueel kunt baden in de natuurlijke waterbekkens. Vlak voor Palm Springs ziet u aan de linkerkant een van de twee **nooduitgangen** uit de canyon. Deze leidt naar **Sulphur Springs Viewpoint**, vanwaar snelle afhakers naar Hobas kunnen terugwandelen. In Palm Springs ontspringt een zwavelbron met een permanente temperatuur van 57 °C. Het bronwater komt van ca. 1000 m diepte naar de oppervlakte. Hier staan weliswaar enkele mooie dadelpalmen, maar door de zwavelstank lopen de meeste wandelaars nog 1 tot 2 uur verder voordat ze een kampeerplaats zoeken. Er is veel over gespeculeerd hoe deze palmen hier gekomen zijn. Zo zouden twee Duitse soldaten, die in de Eerste Wereldoorlog uit Zuid-Afrikaanse gevangenschap waren ontvlucht, na het eten van dadels de pitten hebben uitgespuugd. Een van de soldaten zou huidkanker hebben gehad en de ander astma. Na een twee maanden durend verblijf bij de zwavelbron zouden beiden genezen zijn.

Tussen Palm Springs en Causeway wordt de wandeling duidelijk gemakkelijker. De rotsachtige bodem maakt plaats voor lange zanderige stukken. De canyon wordt steeds breder en er zijn minder obstakels te overwinnen, vooral als u de aangegeven *shortcuts* (kortere weg) volgt. Na 30 km bereikt u de karakteristieke **Table Mountain** (Tafelberg). Vlak voor de **Three Sisters** loopt er een **kortere weg** aan de rechterkant van de rivierbedding. De canyon wordt nu heel breed. Zo'n 2 km achter de rotsformatie **Four Fingers**, even voor Causeway, komt u bij het graf van de Duitse luitenant Thilo von Trotha, die hier in 1905 in de oorlog tegen de Nama gesneuveld is. Het graf gaat zo volledig in de rotsachtige omgeving op dat u het gemakkelijk over het hoofd ziet.

Bij **Causeway** bevindt zich de tweede **nooduitgang** uit de canyon. Aan de oostkant loopt een route naar boven; deze nooduitgang komt na enkele kilometers uit op de C 37, waarover u kunt teruglopen. Wie ook het laatste deel van de canyon wil doen, heeft nog een stevige wandeling van een dag voor de boeg tot **Ai-Ais**. Daar kunnen uw pijnlijke en vermoeide ledematen in de warmwaterbronnen herstellen.

Het diepe zuiden

met uitzicht op de Fish River Canyon, werd in 2008 aangelegd. 2 pk N$ 3000.

Kaap-Hollandse stijl – **Cañon Village:** 20 km van de Fish River, een paar kilometer ten noorden van de Cañon Lodge, tel. 063 69 30 25. Voor grote reisgezelschappen vormen de 24 in natuursteen opgetrokken cottages in Kaap-Hollandse stijl, met in totaal 60 bedden, een goede optie. Ook Cañon Village heeft een eigen restaurant en een zwembad. 2 pk N$ 2200.

Ai-Ais

Bijna 60 km ten zuidwesten van de Cañon Lodge ligt **Ai-Ais** 3 , een klassieke groene oase in het schrale maanlandschap van het Fish River Canyon Park. Wie een verkoelende duik in het grote waterbekken wil nemen, kan zich beter nog even inhouden. Ai-Ais betekent in de Khoikhoitaal: 'zo heet als vuur'. Deze omschrijving verwijst naar de hier ontspringende warmwaterbronnen van 60 °C, die heel heilzaam kunnen zijn bij reumatische klachten. Dit water wordt opgepompt naar een kuurbad, diverse whirlpools en een openbaar zwembad (toegang volwassene N$ 80, kind tot 16 jaar gratis, auto N$ 10).

De San kenden deze plaats al duizenden jaren geleden. De bron werd in 1850 door een Namaschaapherder herontdekt. Duitse soldaten die zich in 1915 terugtrokken voor het oprukkende Zuid-Afrikaanse leger onder Louis Botha gebruikten deze plek als schuilplaats om de gewonden te verzorgen.

Door de grote hitte in de zomer en het gevaar van overstromingen van de Fish River is Ai-Ais alleen van half maart tot eind oktober toegankelijk. In 1972, een jaar na de opening, werd bijna het hele complex door de gezwollen rivier meegesleurd. Tegenwoordig worden de voorzieningen door een muur beschermd.

Accommodatie, eten

Bij de warme bronnen – **Ai-Ais Restcamp:** Mooi en met veel zorg aangelegd *camp* bij de warme bronnen van Ai-Ais, in de bedding van de Fish River. De accommodaties zijn na een renovatie van hoog niveau, maar er zijn geen onderkomens meer voor wie zelf wil koken. Kamperen is wel mogelijk. Bij het *rest camp* vindt u een wellnesscentrum, restaurant (7-9, 12-14 en 18-22 uur), bar, zwembad, speeltuin en tennisbaan. Dagbezoekers moeten het camp uiterlijk om 22 uur verlaten hebben. Reserveren via Namibia Wildlife Resorts (NWR) in Windhoek: tel. 061 28 57 200, reservations@nwr.com.na, in Swakopmund: tel. 064 40 21 72, sw.bookings@nwr.com.na, of in Kaapstad, Zuid-Afrika, met aanvullende informatie over Namibië, in Burg Street: tel. 0027 21 422 37 61, ct.bookings@nwr.com.na, www.nwr.com.na. Mountain View (2 pk, 2 bedden) met ontbijt N$ 600 p.p., Riverview (2 pk, 2 bedden) met ontbijt N$ 730 p.p., Premier Chalet (4 bedden) met ontbijt N$ 820 p.p., kamperen N$ 169 p.p. Georganiseerde dagtochten alleen 's ochtends of 's avonds N$ 500 p.p.

Naar de Oranjerivier
▶ J/K 18

Kaart: blz. 162

Ten zuiden van de hete bronnen stroomt de Fish River in de Oranjerivier, maar om deze te bereiken moet u een omweg maken. Vanaf Ai-Ais loopt een smalle onverharde weg in zuidoostelijke richting en deze gaat na vele eenzame kilometers over in de B 1, die van Keetmanshoop naar de Zuid-Afrikaanse grens loopt. Steeds opnieuw wordt de weg onder het zand bedekt en wat eruitziet als een rulle zandhoop is in werkelijkheid een samengeperst en keihard geheel. Dit is menige nietsvermoedende huurautobestuurder al noodlottig geworden. Zandverstuivingen moet u altijd langzaam binnenrijden, om er dan met een hoog toerental doorheen te rijden.

U rijdt nu rechtsaf de B 1 op, naar Noordoewer. Na 50 km bereikt u de Oranjerivier, de grens tussen Namibië en Zuid-Afrika. **Noordoewer** 4 (Afrikaans voor 'noordoever') is, net als Vioolsdrift aan de Zuid-Afrikaanse kant, een irrigatienederzetting, die zich enkele ki-

Naar de Oranjerivier

lometers langs de rivier uitstrekt. Na veelvuldige overstromingen is hier een vruchtbaar sediment achtergebleven, waarop intensieve landbouw wordt bedreven.

Een onverhard gedeelte, de C 13, die ook met een hoog op de wielen staande gewone auto kan worden bereden, loopt hiervandaan langs de **Oranjerivier** in noordwestelijke richting naar Sendelingsdrift.

De Oranjerivier – of Orange River – vormt over een afstand van bijna 500 km de natuurlijke grens tussen Namibië en Zuid-Afrika, het buurland in het zuiden. De waterloop die zo indrukwekkend door dit woestijnachtige gebied stroomt, vindt hier echter niet zijn oorsprong. De rivier ontspringt in de Zuid-Afrikaanse Drakensberge, vanwaar hij ruim 2000 km verder loopt om bij Oranjemund in de Atlantische Oceaan uit te monden. Zoals alle van oost naar west stromende rivieren in Namibië is de Oranje vrij van bilharzia, en omdat het water heerlijk koel is, zijn er ook geen krokodillen die het zwemplezier, waaraan de linkerkant van de weg steeds een goede gelegenheid toe is, komen verstoren. In de omgeving van Noordoewer zult u af en toe bewoners langs de kant van de weg zien staan om vis te verkopen, wat na zoveel hitte, stof, droogte en woestijn een bijzondere gewaarwording is.

Regelmatig ziet u op de rivier deelnemers van de in Noordoewer gestarte **kano- en wildwatertochten**, die aan beide kanten van de grens georganiseerd worden (zie rechts). Dergelijke tochten duren vier tot zes dagen. Het spiegelgladde en rustige wateroppervlak wordt afgewisseld door ruige stroomversnellingen. De namen hiervan – Achtbaan, Verrassing of Verpletteraar – doen vermoeden wat de deelnemers te wachten staat.

Accommodoatie, eten

Eenvoudig, maar vlak bij de grens – **Orange River Lodge:** Noordoewer, 1 km van de Zuid-Afrikaanse grens, naast het BP-tankstation, tel. 063 29 70 12, www.orlodge.iway.na. U kunt hier kiezen uit 4 tweepersoonskamers met kitchenette, 2 tweepersoonskamers en 6 gezinskamers voor max. 4 pers. Het restaurant ligt in het rietgedekte hoofdgebouw. U kunt er ontbijten, lunchen en een à la carte-diner gebruiken. 's Avonds is de rustieke bar geopend. Overnachten in de uiterst simpele Orange River Lodge is alleen aan te raden als bijvoorbeeld het oversteken van de grens met Zuid-Afrika te lang heeft geduurd en het al donker wordt, of als u autopech hebt. Wie voldoende tijd heeft, kan beter de aanbevolen route nog 50 km naar het noordwesten volgen, tot het Norotshama River Resort (zie hieronder), de beste accommodatie aan de machtige rivier. 2 PK N$ 550, gezinskamer N$ 700, ontbijt N$65.

Actief

Raften op de Oranjerivier – Deze avontuurlijke outdooractiviteit wordt grotendeels georganiseerd door Zuid-Afrikaanse bedrijven. De drie- tot zesdaagse tochten worden ondernomen met kano's of rubberboten en kosten afhankelijk van de duur tussen 2200 en 3500 rand. Betrouwbare adressen zijn: **Felix Unite River Adventures**, aan de C 13, 10 km van Noordoewer, reserveren in Zuid-Afrika, tel. 0027 87 354 05 78, www.felixunite.com. **Amanzi Trails**, tel. 063 29 72 55, www.amanzitrails.co.za. **River Rafters**, tel. 0027 21 975 97 27, www.riverrafters.co.za. **Bushwacked Outdoor Adventures**, tel. 0027 21 761 89 53, www.bushwacked.co.za.

In het natuurpark Aussenkehr

Bij de receptie van de **Norotshama River Resort** 5 (zie blz. 168) zijn routekaartjes verkrijgbaar met tips voor interessante off-roadtochten in het natuurpark Aussenkehr. Het areaal van de boerderij Aussenkehr is bijna 4800 km^2 en het 10.000 inwoners tellende plaatsje Aussenkehr bloeit dankzij de visie van de eigenaar van de boerderij, Dusan Vasilijevic. Hij had het in zijn hoofd gekregen om in de woestijn tafeldruiven van exportkwaliteit te gaan verbouwen. De andere boeren verklaarden hem voor gek, maar hij trok zich niets aan van hun hoon. En hij werd daarvoor beloond. Vasilijevic exporteert nu meer

Het diepe zuiden

dan 2,5 miljoen kisten druiven per seizoen; ongeveer 20.000 mensen uit de wijde omgeving werken voor hem.

Zijn *farm manager* heeft de 4x4-routes in het gebied uitgestippeld. Een ervan volgt een oud jeeppad, dat omhoogkronkelt naar de Springbokvlakte, langs vulkanische rotsformaties en reusachtige kokerbomen. Boven staat de offroader iets heel bijzonders te wachten: wilde paarden, die verder alleen tussen Lüderitz en Aus voorkomen, bij de drinkplaats van Garub (zie blz. 175). De kudde van Aussenkehr telt ongeveer vijftig dieren en is verwant aan de paarden van de Garubkudde. In 1992 kocht de farmeigenaar de dieren – elf merries en zes hengsten, die allemaal in een erbarmelijke toestand waren. Hij liet ze vrij in de woestijn, waar ze tegenwoordig net zoveel vrijheid genieten als hun familieleden in de Namib.

Van Palmietsfontein volgt de route de oude Duitse transportweg, tot de ruïnes van een Duitse militaire post en een kleine begraafplaats. Hier liggen de graven van enkele Duitse infanteriesoldaten, die in deze buurt gevallen zijn tijdens de Namaopstand tussen 1903 en 1905.

De andere offroadroute is vooral iets voor wie meteen wil doorreizen. Het traject is beslist de moeite waard – en tegelijk een heel fraaie, maar nauwelijks op een kaart aangeven korte weg voor wie met een terreinwagen direct naar Ai-Ais en de Fish River Canyon wil reizen. Vanaf de lodge rijdt u eerst verder over de C 13, richting Sendelingsdrift. Negeer de eerste zijweg naar rechts (richting Ai-Ais). Vlak voordat u de met een bord aangegeven grens van het Fish River Canyon Park passeert, stroomt de van rechts komende Gamchab uit in de Oranjerivier. De 'korte weg' loopt vrijwel geheel door de bedding van deze gewoonlijk weinig water voerende rivier. U rijdt langs de adembenemend steile, loodrecht oprijzende wanden van de canyon, die de terreinwagen tot een speelgoedautootje degraderen. Hier en daar ziet u grotten waarin vleermuizen en uilen leven. Het offroadtraject is normaal gesproken goed berijdbaar – voor de zekerheid is het aan te raden om voor uw vertrek in de Norotshama Lodge te informeren naar de actuele toestand van de route. Vanaf de C 13 is het zo'n 25 km tot een splitsing. Naar rechts loopt de onverharde weg D 212 naar het Norotshama Camp (met een bord aangegeven). Links is het nog 17,5 km naar een kruising met de D 316. Aan deze kant van de weg is een nieuwe wegwijzer 'Aussenkehr-Rosh Pinah' neergezet. U slaat hier links af de D 316 op. Na nog eens 30 km bereikt u Ai-Ais. Op www.openafrica.org/participant/norotshama-river-resort vindt u een satellietkaart van Google, waarop het verloop van de Gamchab River met zijn canyon en de parallel lopende onverharde weg uitstekend gelokaliseerd kunnen worden.

Accommodoatie, eten
Pal aan de rivier – **Norotshama River Resort:** Aussenkehr, 50 km ten noordwesten van Noordoewer, aan de C 13, tel. 063 29 72 15, www.norotshamaresort.com. Chalets, bungalows en kampeerplaatsen met een fantastisch uitzicht op de Oranjerivier. Restaurant, groot zwembad. Tot het aanbod behoren daarnaast kanotochten op de rivier en jeepsafari's door het natuurpark Aussenkehr (zie blz. 167). 2 pk met ontbijt vanaf N$ 1235.

Ai-Ais/Richtersveld Transfrontier Park
▶ J 18

Kaart: blz. 162

De machtige rivier langs de zuidgrens van Namibië heeft zich een weg dwars door een rotsachtig oerlandschap gebaand. Er zijn hier overal mogelijkheden tot vrij kamperen op de oever – in de rest van Namibië kan dit bijna nergens. Na bijna 60 km stroomafwaarts van Noordoewer loopt de weg door het **Fish River Canyon Park**, met aan de andere kant van de Oranjerivier het Zuid-Afrikaanse Richtersveld National Park 6. Deze natuurgebieden zijn samengevoegd tot een groot, grensoverschrijdend 'vredespark' *(peace park)*. De

Ai-Ais/Richtersveld Transfrontier Park

officiële naam van de twee gecombineerde parken luidt **Ai-Ais/Richtersveld Transfrontier Park**.

Sinds oktober 2007 zijn beide delen van het park met elkaar verbonden door een grensovergang bij **Sendelingsdrift** 7 , wat bestuurders van terreinwagens een lange omweg bespaart en het toerisme in Namibië en Zuid-Afrika duidelijk heeft verrijkt. Met een veerboot kunt u de Oranjerivier oversteken en direct naar het Zuid-Afrikaanse Richtersveld National Park rijden (192 rand/N$ per auto).

Het Richtersveld in Zuid-Afrika behoort door zijn afgelegen ligging en schitterende landschap met steile rotsmassieven en diepe kloven tot de mooiste natuurgebieden van Zuid-Afrika. Wie van rust houdt en een terreinwagen tot zijn beschikking heeft, treft hier een geweldige reisbestemming. (Absoluut een reserveband meenemen. De kans op een lekke band is hier heel groot.) In dit bergachtig woestijngebied vindt u de grootste concentratie succulenten (vetplanten) ter wereld. In het verleden kwamen er regelmatig geologen naar dit gebied om mineralen als kopererts te zoeken. Verlaten mijnschachten en ruïnes van huizen vormen een getuigenis hiervan.

Het 1620 km² grote nationaal park werd in 1991 ingesteld om dit fantastische bergachtige woestijnlandschap te kunnen behouden. Het land is echter nog steeds van de Nama die hier wonen: zij mogen binnen de grenzen van het park hun vee hoeden en krijgen door de parkbeheerders pacht betaald. Vanaf de bergen kunt u hun kleine kuddes als stipjes aan de stoffige horizon zien ronddwalen. De seminomadische Nama zijn afstammelingen van de veehoudende Khoi, die tot de eerste bewoners van de Kaap behoorden. Ook al zijn ze voor het grootste deel in andere bevolkingsgroepen opgegaan, toch hebben ze hun eigen taal met de karakteristieke klikgeluiden behouden. Ook hun traditionele ronde hutten van hout en stro, *matjieshuise* (zie blz. 156), kunt u hier af en toe zien staan.

Het relatief droge gebied is slechts in beperkte mate het domein van grote **dieren**, die hier te weinig leefruimte hebben. Oplettende bezoekers hebben echter een goede kans om springbokken *(springbok)*, Hartmanns bergzebra's *(Hartmann's mountain zebra)*, klipspringers *(klipspringer)*, reebokantilopen *(grey rhebok)*, steenbokantilopen *(steenbok)* en bavianen *(baboon)* te zien.

De bekendste **plantensoort** in het Richtersveld is de inheemse *halfmens*, die ook wel *elephant's trunk* ('olifantenslurf'), of in het Afrikaans *noordpool* wordt genoemd, omdat de kronen altijd naar het noorden wijzen. Volgens een lokale overlevering trokken de voorouders van de Nama zich lang geleden na een ruzie met een sterkere bevolkingsgroep terug ten zuiden van de Oranjerivier. Degenen die het verlangen naar hun vaderland niet konden onderdrukken en naar de andere kant van de rivier keken, veranderden ter plaatse in een plant die zijn kop in noordelijke richting liet hangen. De wetenschappelijk verklaring is van een nuchterder aard: de bladeren groeien alleen in de winter als het regent en zijn dus naar de zon gericht. De *halfmens* groeit bij voorkeur op rotsbodems op de naar het zuiden en oosten gerichte hellingen. De vetplanten worden 2 tot 3 m hoog en staan vaak in kleine groepen bij elkaar. De beste plaats om ze te fotograferen is in het **Halfmens Forest**, slechts enkele kilometers ten oosten van Sendelingsdrift.

Informatie

Ai-Ais/Richtersveld Transfrontier Park: Parkverwaltung, tel. 0027 27 831 15 06, www.sanparks.org, openingstijden van het kantoor in Sendelingsdrift ma.-vr. 8-16 uur. In het park zijn geen winkels. Benzine en gekoelde drankjes kunt u krijgen bij de kleine kruidenier in Sendelingsdrift, die alleen op werkdagen geopend is; benzine ma.-vr. 7.30-18, za. 8-16, zo. 8.30-13 uur. Het verdient aanbeveling om hier in elk geval uw tank vol te gooien. Zo ver in het noorden van Zuid-Afrika zijn er niet veel benzinestations.

Om met de auto het park in te mogen, moet u in het parkkantoor in Sendelingsdrift **toegang** betalen en de (vooraf gereserveerde) **camp permit** afhalen. Bestuurders van

Het diepe zuiden

voertuigen die niet in een groep maar op eigen gelegenheid reizen, moeten zich bij het verlaten van het park afmelden, anders wordt er een zoekactie gestart. South African National Parks (SANP) in Tshwane, 643 Leyds St., Muckleneuk, Tshwane, tel. 0027 12 426 50 00, re servations@sanparks.org, www.sanparks.org, ma.-vr. 9-16.45 uur, toegang volwassene/kind 192/96 rand per dag.

Accommodoatie

De drie *guest cottages* en de kampeerterreinen die de bezoekers in het Richtersveld National Park ter beschikking staan, moeten net als de *camp permit* (zie blz. 169) tijdig bij **SA National Parks** gereserveerd worden. Alleen met een reserveringsbewijs wordt u tot het Richtersveld National Park toegelaten.

Het mooist – en daardoor ook het populairst – zijn het **Tatasberg Camp** en de kampeerterreinen **De Hoop** en **Richtersberg**. Deze drie accommodaties liggen alle direct aan de – overigens absoluut krokodilvrije – Oranjerivier. De chalets in de *camps* beschikken over airconditioning, een koelkast en twee elektrische kookplaten.

Vlak bij de veerboot – **Sendelingsdrift Restcamp:** 10 chalets, 770-830 rand.
Midden in de wildernis – **Tatasberg Wilderness Trails Camp:** 4 chalets, 770-830 rand.
Kampeerterreinen in het park – **Pooitjiespram:** 18 plaatsen, elk voor 6 personen 215-235 rand. **De Hoop:** 12 plaatsen, elk voor 6 personen 215-235 rand. **Richtersberg:** 12 plaatsen, elk voor 6 personen 215-235 rand. **Sendelingsdrift:** 12 plaatsen, elk voor 6 personen 215-235 rand.

Langs het Diamanten-Sperrgebiet naar het noorden

Kaart: blz. 162

Als u over de C 13 van Sendelingsdrift in de richting van Rosh Pinah naar het noorden rijdt, is het vruchtbare groene rivierlandschap van de Oranjerivier snel vergeten. Aan de rechterkant beheerst de Huibhoogvlakte de horizon, links ligt een eindeloze vlakte:

Alleen met toestemming mag u het Diamanten-Sperrgebied binnenrijden

Langs het Diamanten-Sperrgebiet naar het noorden

het vroegere Diamanten-Sperrgebiet. De in 1908 door de Duitsers ingestelde bufferzone van 300 bij 100 km moest ervoor zorgen dat onbevoegden niet in de buurt van het diamantrijke kustgebied kwamen. Wie zich toch in het bijna waterloze gebied waagde, riskeerde zijn leven. Nadat de diamantwinning zich steeds meer van het binnenland naar de monding van de Oranjerivier had verplaatst, werd de zone in 2008 uitgeroepen tot **Tsau //Khaeb (Sperrgebiet) National Park** 8. Een jaar later werd het samengevoegd met het noordelijk eraan grenzende Namib-Naukluft National Park. Een groot deel van het gebied is vrij gebleven van graafwerkzaamheden en de mijnbouwmaatschappij is bezig met herstel van de rest. In deze minst aangetaste woestijn ter wereld worden zelfs overdag bruine hyena's gezien; overal elders gaan deze extreem schuwe dieren alleen 's nachts op jacht. Vanuit Lüderitz vertrekken excursies naar het nieuwe park met zijn spookmijndorpen. Het aanbod voor toeristen zal in de toekomst nog worden uitgebreid. Zo zal er in Oranjemund een mijnmuseum komen. In de buurt van deze stad werd tijdens mijnbouwwerkzaamheden voor de kust in 2008 een sensationele ontdekking gedaan: men stuitte op het wrak van een schip uit eind 15e/begin 16e eeuw, de tijd van de grote ontdekkingsreizigers als Vasco da Gama en Christoffel Columbus.

Rechts van de C 13 rijdt u voortdurend langs een hek – een voor Namibië typerende ervaring, want bijna nergens ter wereld staan meer afrasteringen dan hier. Het wild heeft zich aan de omstandigheden aangepast. Oryxen kunnen zonder problemen over de kunstmatige hindernissen springen. Andere viervoeters, zoals de grootoorvos of lepelhond, graven zich er gewoon onderdoor.

Rosh Pinah ▶ H 18

Vanaf **Rosh Pinah** 9 is het traject tot de B 4 bij Aus geheel geasfalteerd en daarom vlot berijdbaar. Vlak voor de kruising met de B 4 ziet u rechts van de weg de half ingestorte muren van een voormalig **interneringskamp** 10. Dit is in juli 1915 ingericht, toen de Duitse koloniale troepenmacht voor het Zuid-Afrikaanse leger capituleerde. Ongeveer 1500 Duitse onderofficieren en soldaten werden hier geïnterneerd, bewaakt door 600 Zuid-Afrikaanse soldaten. Eerst moesten de gevangenen in tenten slapen, wat door de extreme temperatuurwisselingen bijna niet te verdragen was. Daarom maakten ze uit het leem in de omgeving bakstenen, waarmee ze huisjes bouwden, die ze afdekten met platgeslagen blikken vaten. Nadat ze een waterleiding hadden gemaakt, konden ze zelfs een kleine groentetuin beginnen. Daardoor leefden ze vreemd genoeg een stuk plezieriger dan hun bewakers, aan wie ze hun zelfgemaakte bakstenen verkochten voor 10 shilling per 1000 stuks. Tijdens de vier jaar durende gevangenschap stierven 'slechts' 65 Duitsers, tegenover 60 bewakers. De meesten overleefden echter de griepepidemie van eind 1918 niet. Na de ondertekening van het Verdrag van Versailles in juni 1919 werden de gevangenen vrijgelaten. Velen keerden daarna naar hun boerderij in Namibië terug.

Nama Padloperroutes

Nama Padloperroutes zijn in Namibië kleinere, interessante routes, die bijna altijd onverhard zijn. Ze zijn vernoemd naar een met uitsterven bedreigde schildpad, de *Homopus solus*, die in het Afrikaans Nama padloper wordt genoemd. Nama zijn de hier levende afstammelingen van de San en de Khoi. Tussen Aus, Rosh Pinah en de Fish River Canyon liggen twee van zulke alternatieve routes. Beide zijn aftakkingen van de tussen Rosh Pinah en Aus lopende C 13. De eerste is de Witputs Route (D 463), een stille en prachtige weg die naar de Fish River Lodge direct aan de rand van de Fish River Canyon voert. De steenslagweg is goed begaanbaar, mits u niet te hard rijdt. Trek voor de 134 km ongeveer 3 uur uit. De bijna 120 km lange Kyk-in-die-Pot-route voert dwars over de Huibhoogvlakte langs honderden kokerbomen. Hij begint op de D 727, gaat na 69,3 km links over de D 446 verder en bereikt 49,4 km later de geasfalteerde B 4.

Het diepe zuiden

MOUNTAINBIKING OP KLEIN-AUS VISTA

Informatie

Begin: Desert Horse Inn of de camping van Klein-Aus Vista
Duur: Tocht van een halve of hele dag (18/33 km)
Route: De twee mountainbikeroutes zijn gemarkeerd met borden waarop een fietser en witte of oranje pijlen staan afgebeeld.
Boeken: Gasten van de lodge of camping Klein-Aus Vista (www.klein-aus-vista.com) kunnen tegelijk bij de reservering een mountainbike huren.
Kosten: Het huren van de mountainbike (inclusief helm) kost N$ 300 per dag (7-19 uur). Daar komt nog de *park permit* (N$ 120) bij, die u kunt betalen bij de receptie van Klein-Aus-Vista.
Belangrijk: Alle fietsen zijn uitgerust met een pomp en een setje gereedschap voor kleine reparaties.

In een door stenen amfitheaters van graniet en gneis gedomineerd landschap, dat herhaaldelijk plaatsmaakt voor een adembenemend uitzicht op de eindeloze Namibwoestijn, heeft de Klein-Aus Vista Lodge in de afgelopen jaren naam gemaakt als een avontuurlijke bestemming. Naast wandelen en trekking is nu ook mountainbiken in de grandioze omgeving mogelijk. Geen wonder, want lodge-eigenaar Piet Swiegers is de 'veteraan' van de Namibische crosscountry mountainbikesport, en hij heeft in de afgelopen jaren prachtige paden gecreëerd op zijn boerderij.

Deze leiden door een fantastisch landschap van verweerde rotsen, steile valleien en droge rivierbeddingen, en dan over bergtoppen van 1250-1700 m hoogte. Vanaf de top heeft u een ongelooflijk uitzicht naar het westen, waar het zand van de Namib zich tot aan de horizon uitbreidt.

Klipspringers gaan snel opzij en koedoes kijken nieuwsgierig de kleurrijk geklede, bijna geruisloos worstelende bezoekers na. Op veel plaatsen zijn de overblijfselen van de bolwerken en loopgraven van de Duitse koloniale troepen uit de Eerste Wereldoorlog nog duidelijk te herkennen.

Mountainbiken is een van de snelst groeiende sporten in zuidelijk Afrika. Piet Swiegers heeft zich ten doel gesteld van Klein-Aus Vista het mountainbike-mekka van Namibië te maken. Daartoe heeft hij twee *trails* (18 en 33 km lang) aangelegd, voor 'beginnende' en ervaren mountainbikers. De routes zijn meestal singletrack, maar op sommige plaatsen volgen ze de door de Duitse troepen in de Eerste Wereldoorlog aangelegde aanvoerroutes. Beide routes zijn voorzien van kortere doorsteekroutes, voor als iemand vermoeid raakt, of als u tussendoor een biertje in het stationshotel in Aus wilt gaan halen.

Bij het tonen van de *park permit* krijgt u een brochure met kaarten, waarmee ook niet-gasten gebruik kunnen maken van de trails. De op de kaart aangegeven waterpunten *(water points)*

Langs het Diamanten-Sperrgebied naar het noorden

zijn echter alleen tijdens de jaarlijkse mountainbikerace bemand. Daarom moet u altijd voldoende drinkwater bij u hebben.
De Klein-Aus Vista Mountainbike Challenge, die elk jaar eind april/begin mei plaatsvindt, is (niet alleen voor Piet) het hoogtepunt van het jaar. Het aantal deelnemers aan de wedstrijd is maximaal 100 en men heeft de keuze tussen een halve marathon van 65 km en een tweedaagse hele marathon van 130 km lengte. Het evenement geniet inmiddels internationale faam (deelnamekosten N$ 350, inschrijfformulieren op de website van Klein-Aus Vista, www.klein-aus-vista.com).

Aus ▶ H 16

In **Aus** 11 werd het historische stationshotel prachtig gerestaureerd. Het kleine groepje huizen is schilderachtig gelegen op een hoogvlakte. Aus kent het koudste winterse klimaat van Namibië, ook al ligt het vlak aan de rand van de Namibwoestijn. Verantwoordelijk hiervoor zijn de lagedrukgebieden die vanaf de Kaap hierheen trekken, en de hoogte van toch nog altijd 1446 m (hoger dan de Brennerpas in het Alpengebied, tussen Oostenrijk en Italië). Na regenval verandert het bruine *veld* in een bloementapijt vol madeliefjes *(ausdaisies)*.

Accommodoatie, eten

Historische sfeer – **Bahnhof Hotel Aus:** 20 Lüderitz St., tel. 063 25 80 91, www.hotel-aus.com. Stijlvol en zorgvuldig gerestaureerd historisch hotel. Gelukkig hebben de oude houten vloeren de restauratie overleefd, net als de bar, die is voorzien van een voetreling van oude spoorrails. Dertien uitnodigende kamers met badkamer. Dagelijks versgebakken brood, smakelijk gebak en een onverwacht goede keuken. 2 pk met ontbijt vanaf N$ 1450.

Woestijn en bergen – **Guest Farm Klein-Aus Vista:** zie hierna.

Klein-Aus Vista ▶ H 16

De **Guest Farm Klein-Aus Vista** 12 is een van de overnachtingsmogelijkheden in Namibië die u eenvoudig niet mag missen – op een hoogte van 1400 m in de Ausberge aan de rand van de Namib. Hier hebt u een schitterend uitzicht op de woestijn. De oude boerderij Desert Horse Inn is een goed vertrekpunt voor uitstapjes naar de Succulenten-Karoo en naar het zuidelijke Namib-Naukluft National Park met zijn wilde paarden en rode Koichabduinen.

Wie de paarden in alle rust wil bekijken, heeft wat accommodatie betreft een ruime keuze: direct bij de ingang van het park ligt de **Desert Horse Inn**, eigenlijk de oorspronkelijke boerderij, waar vier kamers worden verhuurd. Daarnaast zijn er nog twintig kamers in tien stijlvolle, twee-onder-een-kaphuisjes met terras, die in hun ontwerp en het gebruik van natuurlijke kleuren zijn aangepast aan de historische boerderij.

Wie van de eenzaamheid en stilte van de woestijn wil genieten, moet nog eens een kwartier, ofwel 7 km onverharde weg doorstaan. De **Eagle's Nest Lodge**, in de bergen aan de andere kant van de Geisterschlucht, bestaat uit acht natuurstenen chalets met open haard, kitchenettes en bad, die rond de indrukwekkende granietrotsen zijn gebouwd. Aan de rand van de **Geisterschlucht**, waar u in de **Geisterschluchthut** kunt overnachten, herinnert een met kogels doorzeefd, roestig autowrak uit de jaren 30 aan vroegere, woelige jaren. Een vluchtwagen van diamantsmokkelaars? Zo werd dit althans af en toe in boeken en tijdschriften voorgesteld. De waarheid is echter zoals zo vaak minder romantisch. De auto, een Hudson Terraplane, wilde na een zondagse picknick niet meer starten. De opvliegende Duitse eigenaar besloot hem uit ergernis ter plekke in brand te steken. Jagers gebruikten het wrak later om op te schieten.

Het diepe zuiden

Accommodoatie, eten

De **Guest Farm Klein-Aus Vista** ligt 2 km ten westen van Aus en 115 km ten oosten van Lüderitz aan de B 4, tel. 063 25 81 16, www.namibhorses.com. Alle accommodatie is ook te reserveren via Gondwana Travel Centre in Windhoek, tel. 061 23 00 66, www.gondwana-collection.com.

Favoriet van de auteur – **Eagle's Nest Chalets:** 8 schilderachtig gelegen chalets tegen de rotsen, voor 2 pers. met ontbijt vanaf N$ 2650.

Grandioos uitzicht – **Desert Horse Inn:** 24 stijlvol ingerichte tweepersoonskamers met ontbijt in de stijl van een oude boerderij, vanaf N$ 1980. In de Eagle's Nest Lodge en in de Desert Horse Inn logeren kinderen tot 2 jaar gratis, kinderen van 3-12 jaar betalen N$ 250.

Voor wie zelf kookt – **Geisterschlucht Cabin:** Overnachting N$ 185 p.p., tot 10 personen (zelf koken). Diner N$ 240.

Kamperen – **Desert Horse Campsite:** 10 staplaatsen in de schaduw van kameeldoornbomen, N$ 120 p.p.

Actief

Wandelingen en 4x4-trips – U kunt de wandel- en mountainbikepaden (zie Actief blz. 172) vanaf de boerderij volgen of deelnemen aan een georganiseerde tocht. Het aanbod varieert van een sundownertocht (N$ 320 p.p.) tot geheel verzorgde dagwandelingen of een achturige rit per terreinwagen met landkaart (N$ 800 p.p., minstens 4 pers.). Sinds 2015 worden ook meerdaagse tochten te paard aangeboden (zie website).

Fish River Lodge

▶ K 16/17

Kaart: blz. 162
De terreinwagentochten en wandelingen naar de Fish River Canyon voor gasten van de Fish River Lodge zijn zeer aan te bevelen. Vrijwel het gehele noordelijke, ongerepte deel van de Fish River Canyon is boerenland, dus particulier bezit.

Bij de **Fish River Lodge** 14 is alleen al de rit erheen een avontuur. Net als de Vogelstrausskluft Lodge ligt hij aan de onverharde D 463, maar veel verder naar het zuiden. Van de kruising met de B 4 is het een rit van ongeveer 2 uur. Na 85 km komt u bij het bord 'Canyon Nature Park'. Hier gaat u linksaf naar de lodge, die 19 km verderop pal aan de rand van de canyon ligt. Tot het aanbod behoren terreinwagenexcursies (N$ 900 p.p.) door de Fish River Canyon, met een lunch bij een natuurlijk waterbekken, een- en meerdaagse wandelingen met of zonder gids door de canyon (vanaf N$ 250 p.p.), *sundowner drives* en paardrijtochten langs en in de canyon.

Accommodoatie, eten

Aan de rand van de canyon – **Fish River Lodge:** Aan de B 463, 109 km onverharde weg na de kruising met de B 4, reserveren via tel. 061 24 67 88, www.fishriverlodge-namibia.com. Lodge: tel. 063 68 30 05. Aan de westrand van de canyon liggen boven een van de diepste punten van de kloof, in een halve cirkel gegroepeerd op enige afstand

van elkaar, 20 aardkleurige, stijlvol ingerichte natuurstenen chalets – iets voor mensen die eenzaamheid en rust zoeken. Ook het zwembad (een ware weldaad bij temperaturen die kunnen oplopen tot 50 °C) ligt vlak aan de rand van de afgrond. Gratis wifi. 2 pk met ontbijt en diner N$ 2450.

Van Aus naar Kolmanskop

Kaart: blz. 162

De B 4 tussen Keetmanshoop en Lüderitz is sinds enkele jaren van een nieuw wegdek voorzien: een grauwzwarte strook asfalt die door het kurkdroge, geelbruine landschap zacht glooiend naar zee afloopt. Rechts van de weg ligt het Namib-Naukluft Park, links het vroegere Diamanten-Sperrgebiet, dat in 2009 bij het Namib-Naukluft National Park werd gevoegd.

Midden in dit niemandsland staat plotseling een waarschuwingsbord: 'Opgepast paarden'. Is dit een grap van een Namibiër? Nee, het is wel degelijk ernstig bedoeld. Een groep wilde paarden – bij welig gras op de weidegronden bestaat de kudde wel uit 350 dieren – heeft zich aan de klimatologische omstandigheden aangepast, niet genetisch maar gedragsmatig, vooral bij het eten en drinken. Men zegt dat ze vijf dagen lang zonder water kunnen. Ondanks hun aanpassing aan de woestijnachtige omgeving daalt het aantal paarden in jaren van grote droogte beneden de honderd exemplaren.

Garub ▶ G 15

Bij **Garub** 15, de enige drinkplaats in dit gebied, kunt u de edele dieren vanuit de hoogte bekijken. Over de herkomst van de paarden bestond lange tijd onzekerheid. Sommigen beweerden dat het verwilderde nakomelingen waren uit de stallen van Duwisib Castle (zie blz. 153), dat toch zo'n 160 km ten noordoosten van Garub ligt; anderen dachten dat ze afstamden van de trakehners die de Duitse troepen kort voor de capitulatie hadden

Aangepast aan de woestijn: de wilde paarden van de Namib

Vrijheid op hoeven – de wilde paarden van de Namib

De Namibwoestijn in het zuiden van het land is wel de laatste plaats waar je hoefslagen zou verwachten. De zon brandt genadeloos aan een strakblauwe hemel en verzengt het landschap. Tussen Aus en Lüderitz ligt rechts een uitgestrekte vlakte – Garub. De gloeiende lucht trilt boven de grond. Elk moment kun je een fata morgana verwachten. En daarop lijken de silhouetten van de paarden dan ook als ze uit het niets opduiken, om zich na het drinken weer uit de voeten te maken.

Ze zijn donkerbruin, oplettend, waakzaam. De eerste stralen van de opkomende zon verlichten hun manen. De pezige spieren tekenen zich bij het lopen duidelijk af. Ze hinniken, draaien om elkaar heen.

Twee hengsten vechten met elkaar, steigeren, schoppen met hun hoeven.

Al meer dan een eeuw trotseren de verwilderde paarden van Garub het ongastvrije woestijnklimaat. Over hun herkomst hebben allerlei theorieën bestaan. Nadat men aanvankelijk paarden van de Duitse troepen als voorouders van de wilde paarden van Garub had beschouwd, wordt deze rol tegenwoordig toegeschreven aan hun toenmalige vijanden. Het merendeel van de dieren zou afstammen van Zuid-Afrikaanse legerpaarden, die ooit bij een Duitse luchtaanval op de vlucht sloegen. Genetisch onderzoek bevestigt dat ook enkele Duitse paarden zich waarschijnlijk bij hun 'tegenstanders' aansloten.

Van 1884 tot 1915 was Namibië een Duitse kolonie, Duits Zuidwest-Afrika. Na het uitbreken van de Eerste Wereldoorlog in augustus 1914 vielen Zuid-Afrikaanse troepen, die met de Britten verbonden waren, Duits Zuidwest-Afrika binnen. Hun troepensterkte overtrof verre die van het Duitse koloniale leger. Het zuiden werd het toneel van bittere gevechten. De Duitsers werden gedwongen steeds meer terrein prijs te geven, tot ze ten slotte op 9 juli 1915 capituleerden. In de garnizoensstad Aus bleef een hoeveelheid legeruitrusting achter, met enkele paarden.

Verrassend genoeg kwamen de paarden bij dagtemperaturen van meer dan 45 °C niet jammerlijk aan hun eind. Waar de stoomlocomotieven vroeger van het noodzakelijke vocht werden voorzien, bij de boorput van Garub, vonden ook de paarden water en wisten daardoor te overleven.

Bij de drinkplaats ontmoetten ze vermoedelijk de Zuid-Afrikaanse paarden, en misschien ook dieren uit de nabijgelegen Duitse paardenfokkerij van Kubub. Hun nakomelingen hebben het in de buurt van de drinkplaats tot de dag van vandaag kunnen redden.

Inmiddels hebben de dieren zich tot een van de grootste toeristenattracties van Namibië ontwikkeld. Op de ranglijst van populairste bezienswaardigheden komen ze direct na het Etosha National Park, de Sossusvleiduinen, de Fish River Canyon en de koloniale stadjes Swakopmund en Lüderitz. Bij Garub is een schaduwrijke schuilhut gebouwd om het de toeristen naar de zin te maken bij het observeren van de paarden. Deze hut is vanaf de B 4 goed zichtbaar; bovendien staat er een bord bij de weg erheen.

De dieren lijken niet schuw. Hoewel ze de omgeving oplettend in de gaten houden, reageren ze gedwee bij de nadering van mensen; sommige laten zich zelfs aanraken. De reden hiervoor is echter niet dat ze tam zijn – de dieren proberen hun krachten te sparen. Wie in de woestijn wil overleven, moet energieverspilling vermijden.

Waarin schuilt de grote aantrekkingskracht van de wilde paarden? 'De dieren symboliseren een vrijheid die de mens inmiddels heeft verloren. Daarom zijn de bezoekers zo door ze gefascineerd,' meent Piet Swiegers, eigenaar van de Klein Aus Vista Lodge, die zich al vele jaren bezighoudt met de geschiedenis van de vroegere rijdieren. 'Eigenlijk zijn het geen echte wilde paarden. Maar het klinkt nu eenmaal beter. Net als de mustangs van Noord-Amerika stammen ze af van tamme paarden, die verwilderd zijn. Wat lichaamsbouw betreft lijken ze daarom op gewone paarden,' verduidelijkt Swiegers. 'Alleen is hun aanpassingsvermogen in de loop van de tijd veel groter geworden.'

Niet alleen het water droeg bij aan de redding van de paarden, ook diamanten speelden een rol. In 1908 werden de eerste diamanten gevonden bij het station van Grasplatz, niet ver van Lüderitz. Daarop stelde het Duitse koloniale bestuur aan weerszijden van de huidige B 4 twee enorme verboden zones (Sperrgebiete) in, die zich tot 100 km landinwaarts uitstrekten. Deze *restricted areas* werden overgenomen door de Zuid-Afrikanen. Decennialang kwam er daarom geen mens in dit gebied De paarden bleven volledig ongestoord, niemand ondernam een poging om ze weer te vangen. Toen de Sperrgebiete eenmaal waren omgezet in natuurreservaten, werden de paarden uiteindelijk ook officieel beschermd.

Het aantal wilde paarden varieert al naar gelang het voedselaanbod tussen 100 en 350 dieren. Tijdens de droogteperioden in de jaren 90 heeft de populatie zeer geleden. Een wild paard heeft 7 kg gras per dag nodig om te kunnen overleven. Omdat het gebied rond de Garub-drinkplaats niet meer genoeg voedsel bood, liet de regering het merendeel van de paarden vangen en verkopen. Dusan Vasiljevic, op wiens farm in Aussenkehr toen net het Norotshama River Resort werd gebouwd (zie blz. 168), kocht vijftien dieren. Hij liet ze weer vrij op het uitgestrekte terrein van zijn boerderij. Sindsdien leeft er in het droge grensgebied tussen Namibië en Zuid-Afrika een tweede kudde wilde paarden, die momenteel ongeveer vijftig dieren telt.

Het hoeft maar een paar keer te regenen, of het gras begint weer te groeien. 'In de afgelopen jaren hebben de paarden een goed leven gehad, omdat er ruim voldoende te eten was,' zegt Piet Swiegers. En dat straalt van ze af. Ze zien er zonder twijfel gezond en krachtig uit.

Maar er zijn in het land ook steeds meer stemmen tegen de paarden te horen, vooral sinds hun leefgebied in 1986 werd opgenomen in het Namib-Naukluft National Park. Veel natuurbeschermers vinden dat ze niet in een beschermd natuurgebied horen, omdat de als exoot water en voedsel zouden ontnemen aan inheemse soorten. Paardenvrienden voeren hiertegen aan dat de dieren een historische betekenis hebben. En de toeristenorganisaties zijn het helemaal met hen eens. 'De paarden vormen een belangrijke economische factor voor de regio,' zegt Swiegers. 'Toeristen zien ze als deel van de Namib, net als de andere dieren in het park.'

In Aus bevindt zich een, helaas enigszins verwaarloosd, informatiecentrum waar panelen informatie geven over de oorsprong, het leven en de toekomst van de fascinerende dieren. De excursies die voorheen vanaf de Klein-Aus Vista Lodge naar de wilde paarden werden aangeboden, zijn er niet meer. Een bezoek is alleen nog met de eigen auto mogelijk.

Het diepe zuiden

vrijgelaten. Sommige van de destijds gevangen paarden hadden in hun lippen een regimentsnummer getatoeëerd staan, wat deze laatste theorie aannemelijk maakte.

Volgens recente naspeuringen stamt de kudde mede af van een groep Zuid-Afrikaanse legerpaarden die in 1915 tijdens een Duitse luchtaanval op de vlucht sloeg en niet meer kon worden gevangen. In maart 1915 hadden bijna 10.000 Zuid-Afrikaanse soldaten met 6000 paarden bij Garub hun kamp opgeslagen. In een later opgesteld bericht stond het volgende: 'In de ochtenduren van 27/3 vloog de onvermoeibare luchtmachtofficier Fiedler naar Garub en wierp met succes enkele bommen af op het vijandelijke kamp en de bijna 1700 grazende paarden van de cavalerie, waardoor een enorme chaos ontstond.' (Hans von Oelhafen: *Der Feldzug in Südwest, 1914/15*, Berlijn 1923, blz. 117)

De Zuid-Afrikaanse legereenheden, die op het punt stonden een offensief te beginnen, zaten de terugtrekkende Duitse soldaten op de hielen en hadden daarom geen tijd om de gevluchte dieren te vangen. Dat men de paarden later niet gevangen heeft, hebben de dieren aan de diamantkoorts te danken. Om smokkel te verhinderen, waren sinds 1908 door het Duitse koloniale bestuur twee Sperrgebiete ingesteld, die zich tot bijna 100 km in het binnenland uitstrekten en streng gecontroleerd werden. Het gebied rond Garub viel onder Sperrgebiet II. Niemand mocht dit gebied betreden, geen jagers, maar ook geen paardenvangers. Daarna zorgden paardenliefhebbers ervoor dat de drinkplaats van Garub, een voormalige verzorgingspost van de spoorlijn, in stand werd gehouden.

Grasplatz ▶ F 16

Toen Namibië nog Zuidwest-Afrika heette, hadden de niet aan de woestijn gewende Duitse kolonisten aanvankelijk grote moeite om de door hen gebouwde spoorlijn tussen Keetmanshoop en Lüderitz zandvrij te houden. Maar de Duitsers wisten van aanpakken en met behulp van hardwerkende lokale veegploegen was dit geen probleem. Tot er iets onverwachts gebeurde: enkele kilometers buiten Lüderitz, midden in de woestijn, in het stoffige, bijna vegetatieloze gebied nabij het station **Grasplatz** 15, ging de zwarte arbeider Zacharias Lewala in april 1908 naar zijn baas, de Oberbahnmeister August Stauch, en bracht hem een glinsterende steen die hij bij het vegen van de rails gevonden had. Stauch zette grote ogen op en kraste met de edelsteen over het glas van zijn horloge. Er ontstond een diepe kras en dat kon maar één ding betekenen: hardheid 10 – de hardste en waardevolste steen ter wereld. Op dat ogenblik veranderde Stauch in de diamantkoning van Zuidwest-Afrika. Zacharias kreeg heel genereus een paard cadeau. Nadat Stauch het ontginningsrecht had verworven, brak de diamantkoorts uit. De gelukkige vinder stierf een paar jaar later, zoals het een goed sprookje betaamt, straatarm.

✪ Spookmijndorp Kolmanskop ▶ F 16

Kaart: blz. 162

Kolmanskuppe of **Kolmanskop** verrees binnen een periode van slechts twee jaar in de Namibwoestijn. De plaats werd vernoemd naar John Coleman, een vrachtrijder die hier in een vreselijke zandstorm terecht was gekomen. Tot de Eerste Wereldoorlog werd in Kolmanskop meer dan 1 ton (ruim 5 miljoen karaat) aan diamanten gewonnen. Daarna was deze bron uitgeput. In 1928 ontdekten geologen de diamantvelden op de noordoever van de monding van de Oranjerivier, de grensrivier tussen Zuid-Afrika en Namibië. Kolmanskop ging zijn ondergang tegemoet. In 1956 verlieten de laatste volhouders het plaatsje. Als er in Lüderitz een huis moest worden gebouwd, haalde men de ramen, deuren, vloeren en daken uit Kolmanskop. Toeristen sleepten er vrachtladingen souvenirs

Ten prooi aan het woestijnzand: het verlaten diamantdorp Kolmanskop

Het diepe zuiden

TRIP NAAR HET DIAMANTEN-SPERRGEBIET

Informatie
Begin: Lüderitz
Lengte: 20-200 km
Duur: 1/2 dag tot 5 dagen
Boeken: Excursies naar het nog altijd streng bewaakte Diamanten-Sperrgebiet, dat in 2009 deel werd van het Namib-Naukluft National Park, moeten minimaal twee weken van tevoren bij de tourorganisator worden geboekt. Deze heeft uw paspoortnummer, naam en adres nodig. In Lüderitz bezit **Coastways Tours** (zie rechterbladzijde) een vergunning van de mijnfirma Namdeb, een semistaatsbedrijf, om toeristen rond te leiden in het Sperrgebiet met zijn schitterende woestijn- en kustlandschap en de spookmijndorpen. Actuele informatie over alle excursies naar het Sperrgebiet zijn te krijgen bij Marion Schelkle van **Lüderitz Safaris** (zie blz. 183), die ook zelf vaak als tourgids meegaat naar de spookdorpen.
Kosten: N$ 6500-7000
Moeilijkheidsgraad: Licht als passagier, zwaar als bestuurder van een eigen terreinwagen
Kaart: blz. 162

Al een paar kilometer buiten Lüderitz bent u de zee vergeten. Langs de aanvankelijk verharde weg waarschuwen borden tegen het zand en de wind, die soms met snelheden tot 150 km/u over de rijweg en de parallel daaraan lopende spoorlijn raast. Achter de terreinwagen blijft een enorme stofwolk hangen. Ondanks de zon en de blauwe hemel is het tamelijk fris. De koude lucht is afkomstig van de visrijke Benguelastroom, die vanaf het zuidpoolgebied langs de westkust van Namibië loopt. De wasbordweg draait nu in de richting van de zee. De hypermoderne diamantwinningsinstallatie van Elizabeth Bay steekt hoog de lucht in. De enorme rupsbanden van de bulldozers degraderen de auto tot een mier. Hier wordt het zand met reusachtige, stofzuigerachtige machines uit de zee gepompt en op diamanten gezeefd.

Niet ver hiervandaan trotseren de resten van het oude stadje **Elizabeth Bay** 16 de elementen. Aangevreten door de zilte lucht en de wind en gedeeltelijk afgesloten vanwege instortingsgevaar lijkt het op het duistere decor van een sciencefictionthriller. Als geraamten staan van sommige gebouwen nog de muren vol gaten overeind, andere zijn volledig ingestort. Bij het mengen van cement werd destijds meestal zout water gebruikt, wat nu het afbraakproces van de gebouwen versnelt. Bij de minste aanraking van de stenen verbrokkelen deze tot zand. De twee andere Duitse spookmijndorpjes, Pomona en Bogenfels, liggen enkele tientallen kilometers rijden over een slecht wegdek naar het zuiden en kunnen alleen met de touraanbieder Coastways Tours worden bezocht. De eerste stop vindt plaats bij de restanten van de waterpompinstallatie van de *ghost town* **Pomona** 17. Geologen van de mijnmaatschappij vonden hier water, pompten het omhoog en leidden het via een 7 km lange pijpleiding door de verlaten kustvlakte naar het plaatsje, waar de edelstenen voor het oprapen lagen. De eerste drie maanden kropen enkele tientallen zwarte arbeiders op handen en voeten rond en raap-

Spookmijndorp Kolmanskop

ten alles op wat ze konden vinden. Geen wonder dat de Duitsers dit gebied het *Märchental* (Sprookjesdal) noemden.

Omdat Pomona nog veel verder van de weg en de beschaafde wereld af ligt dan Elizabeth Bay, maken de verlaten gebouwen nog meer indruk en lijkt het dorp nog spookachtiger. Alles ziet er nog net zo uit als toen de bewoners het verlieten. Overal liggen flesjes Pilsner Urquell, een roestige vork steekt uit het zand en op een scherf porselein staat het stempel van de plaats van herkomst: Dresden. Het is inmiddels bewolkt geraakt. De kille wind blaast het zand omhoog, waardoor er een akelig, snerpend geluid ontstaat. Verderop klappert een losliggende golfplaat. De gids sleept de koelbox uit de auto naar een beschutte plaats op de veranda van een in goede staat verkerend huis. Door de meegenomen broodjes, kaas, worst en koffie wordt het toch nog gezellig. Na het eten staat een rondleiding over het lokale kerkhof op het programma. De grafstenen zijn gebarsten door de vorst en op de verbleekte, verweerde houten kruisen zijn de Duitse namen bijna niet meer te lezen.

Als volgend programmapunt brengt de gids ons naar een landschappelijke bezienswaardigheid. De **Bogenfels** 18 is een door hoge golven omspoelde rotsformatie, die in werkelijkheid veel groter is dan hij op foto's lijkt te zijn. Hij vormde ooit het eindpunt van een particulier smalspoor langs de kust, dat in de tijd vóór de Eerste Wereldoorlog een aantal kleine mijnen met elkaar verbond. Een stuk landinwaarts ligt het volgende, naar de rotsformatie vernoemde **spookmijndorp** Bogenfels. Slechts één gebouw lijkt nog volledig intact te zijn. De reden: de mijnbouwmaatschappij heeft het voor zijn geologen laten restaureren.

Het dak van de oude kegelbaan is ingestort, aan de armaturen hangen nog de afschermkappen die ervoor zorgden dat de kegelaars bij de beslissende worp niet door het licht gehinderd werden. Het opschrift op de muur is al bijna vervaagd: *'Wer hier rauft oder hetzt, wird an die frische Luft gesetzt'* (Wie hier vecht of kwaadspreekt, wordt buiten de deur gezet). Duitse geschiedenis in een volstrekt niemandsland. De zon zakt inmiddels langzaam naar de horizon en begint rood te kleuren, het teken om de terugreis naar Lüderitz te aanvaarden.

Coastways (tel. 063 20 20 02, www.coastways.com.na) brengt de toeristen naar het diepe zuiden van het Sperrgebiet, met de spookmijndorpen Pomona en Bogenfels. Kosten: N$ 1250, kind tot 12 jaar N$ 812, bij 3 pers. N$ 1670 p.p., bij 2 pers. N$ 2500 p.p. U wordt om 9 uur bij uw hotel afgehaald; de tocht eindigt rond 18 uur in Lüderitz. Daarnaast biedt Coastways Tours met een eigen terreinwagen een boeiende, drie- tot vierdaagse offroadtrip door het vroegere Sperrgebiet naar Saddle Hill en Spencer Bay, 170 km ten noorden van Lüderitz – een duinendroom voor offroadfans. Kosten: volwassene N$ 4895, kind 12-17 jaar N$ 3671, kind 6-11 jaar N$ 2447 (drie dagen); de zesdaagse, 630 km lange offroadtrip van Lüderitz naar Walvis Bay kost: volwassene N$ 8250, kind 12-17 jaar N$ 2652, kind 6-11 jaar N$ 2063. De prijs is inclusief kok en gids, hun auto en benzine, drie maaltijden per dag, douche, toilet en mobilofoon.

In het spookmijndorp **Kolmanskop** (zie blz. 178) is veel gerestaureerd. De nieuwe, witte toegangspoort in Kaap-Hollandse stijl past totaal niet bij de ambiance van het spookdorp. Het was mooier geweest als men de oude restanten van het plaatsje had gereconstrueerd. In het **Kolmanskop Casino** zijn nu het restaurant Ghost Town Tavern en de souvenirwinkel Desert Charms gevestigd, waar u losse diamanten, gegarandeerd ter plaatse gevonden, kunt kopen. Ook het door vandalen vernielde voormalige **huis van de mijndirecteur** is gerestaureerd en staat open voor bezichtiging. Helaas heeft men te veel zijn best gedaan. Het huis is te perfect geworden in vergelijking met de schilderachtige ruïnes van de andere gebouwen.

De museumstukken van het vroeger in de Lüderitzbaai gelegen, drijvende **Lady Luck Diamond Museum** zijn nu in een zaal van het Kolmanskop Casino ondergebracht. Hier vindt u alle informatie over de winning van diamanten uit zee.

Het diepe zuiden

vandaan, vandalen sloegen de ramen stuk en vernielden de muren. In de jaren 60 werd bijna al het ijzer gesloopt en aan Japan verkocht. De spoorrails werden losgetrokken en de wasinstallatie voor het zeven van de diamanten werd opgeblazen voor het ijzer.

Pas sinds 1980 is het door zandstormen geteisterde dorp beschermd; niets mag meer weggenomen of veranderd worden. Menige ruimte is alleen toegankelijk door de smalle kier die het zand aan de bovenkant van de deur heeft overgelaten. Dit laat heel fraai zien hoe de onbarmhartige natuur de menselijke beschaving wegvaagt.

Het is nauwelijks te geloven dat Kolmanskop ooit een van de modernste nederzettingen van Afrika was. In de bloeiperiode tegen het einde van de jaren 20 woonden hier 300 Europeanen, bijna allemaal Duitsers, en gingen er 44 kinderen naar school. Zo'n 800 Ovambo werkten hier als ongeschoold arbeider en woonden buiten de stad in barakken. Al heel vroeg brachten de Duitsers hier een vorm van apartheid in praktijk.

In 1911 had men op deze plek al stroom en waren er een casino, ziekenhuis, bibliotheek, gymzaal, balzaal, kegelbaan en zelfs een ijsfabriek – een absolute luxe midden in de woestijn, als bedacht wordt dat het water per schip werd aangevoerd uit Kaapstad, ruim 1000 km verderop, en dan in vaten op muilezels 9 km door de woestijn moest worden gezeuld. Desondanks kreeg elk gezinslid van de mijnemployés dagelijks 20 liter water, plus een halve ijsstaaf voor de koelkast. Ook verse melk was gratis. In 1914 kostte het bier 10 pfennig per liter, water kostte de helft, wat in verhouding evenveel is als de huidige benzineprijs.

In de mijn werd zeewater gebruikt, dat 35 km verderop uit de Elisabethbaai werd gepompt en via een pijpleiding naar Kolmanskop vloeide. Van een deel ervan werd drinkwater gemaakt in de eerste ontziltingsinstallatie ter wereld. Tegenwoordig vult Lüderitz zijn drinkwater aan met fossiel grondwater uit het 120 km verderop gelegen Koichabbekken, dat in 1969 werd aangeboord.

In het echt veel imposanter dan op foto's: de Bogenfels

Spookmijndorp Kolmanskop

In de **ijsfabriek van Kolmanskop** kunt u de roestige ijsvormen nog zien. In het gebouw ernaast was ooit het **slachthuis** gevestigd, waar men eveneens gebruikmaakte van de lage temperaturen. De reden dat er vanaf het eerste begin zo modern gebouwd werd, was dat men Kolmanskop als een permanente nederzetting zag. De specialisten uit Duitsland konden niet met warm bier naar de woestijn worden gelokt, daarom zorgde men voor goede voorzieningen.

Georganiseerde tochten met een rondleiding door het spookmijndorp vinden alleen 's ochtends plaats. Alleen dan kunt u de **gebouwen** bezoeken, die door de half genationaliseerde mijnbouwmaatschappij Namdeb (Namibian De Beers) getrouw aan het origineel zijn gerestaureerd, inclusief een kegelbaan en een gymzaal, die ook als feestzaal dienstdeed, evenals het interessante **museum** met oude foto's en documenten. Het gerestaureerde museumgebouw was het huis van de winkelier, maar de voor die tijd typerende meubels komen oorspronkelijk niet uit dit huis. Omdat deze door Duitse meubelmakers uit Duits hout en naar Duits model werden gemaakt, is het onduidelijk of ze geïmporteerd of 'made in Zuidwest-Afrika' zijn.

Hobbyfotografen kunnen in Lüderitz een *permit* krijgen waarmee ze van zonsopkomst tot zonsondergang door de ruïnes van Kolmanskop mogen zwerven en foto's mogen maken. Juist als de laatste zonnestralen de allang verlaten gebouwen belichten, straalt het spookdorpje iets romantisch uit. Geen wonder dat hier vaak reclamefilms worden opgenomen en creaties van modeontwerpers worden gefotografeerd.

U loopt door het diepe zand langs de deftige **herenhuizen**, waar ooit de hogere functionarissen woonden. De **laatste twee huizen**, die op een nogal onbeschutte plaats staan, zijn het mooist van allemaal. Een ervan behoorde toe aan een zekere Kirchhoff, de mijnarchitect, en de ander aan Kolle, de bedrijfsleider. Als u de imposante ingang bent binnengelopen, krijgt u het gevoel de melodieën te kunnen horen die hier jarenlang zijn gespeeld. Hier werd volgens alle regels der kunst feestgevierd. Er was van alles te krijgen: kaviaar, champagne, zalm en de nieuwste mode – direct uit Europa. Het uitzicht vanaf het terras is overweldigend: zo ver u kunt zien, strekt de Namibwoestijn zich uit – zand, zand en nog eens zand, het ene duin na het andere. En als de zon ondergaat, lijkt de horizon in vuur en vlam te staan. Wie aan alles gedacht heeft, kan deze belevenis nog mooier maken. Het hoeft niet speciaal champagne te zijn. Een Windhoek Lager, gebrouwen naar het Duitse *Reinheitsgebot*, smaakt ook uitstekend.

Info

Alle excursies naar het vroegere Diamanten-Sperrgebiet, dat nog altijd streng wordt bewaakt, moeten minimaal twee weken voor de vertrekdatum van de tocht worden geboekt; bij de boeking moet u uw paspoortnummer, naam en adres opgeven (zie ook Actief blz. 180).

Kolmanskop gaat officieel 's morgens om 9 uur open en sluit om 13 uur. Er worden dan twee 45-60 minuten durende rondleidingen in het Engels en Duits aangeboden. De eerste start om 9.30 uur en de tweede om 11 uur. Kosten: volwassene N$ 80, kind 6-14 jaar N$ 45, kind tot 6 jaar gratis. Rondleidingen buiten de normale tijden moeten vooraf worden aangevraagd. Reisduur per eigen auto vanaf Lüderitz 15 minuten (transfer mogelijk, maar niet in de prijs van de excursie inbegrepen). Rondleidingen met gids vanaf het Kolmanskop Museum. Kaartjes zijn verkrijgbaar bij Lüderitz Safaris & Tours in Lüderitz, maar ook bij de ingang van Kolmanskop.

Lüderitz Safaris & Tours: Bismarckstraße, Lüderitz, tel. 063 20 27 19, ludsaf@africaonline.com.na, ma.-vr. 7.30-18, za., zo. 8-12 uur. Hier kunt u ook een permit aanvragen voor speciale **Fototochten** (N$ 225 p.p.), waarmee geïnteresseerden op eigen gelegenheid van zonsopkomst tot zonsondergang in Kolmanskop kunnen blijven.

Informatie over andere tours en touraanbieders: zie Actief blz. 180.

Lüderitz en het Lüderitzschiereiland

Na een lange, warme tocht door de woestijn is het uitzicht op het door de branding van de Atlantische Oceaan omspoelde stadje Lüderitz bijna onwerkelijk. Vooral als de vaak optredende zeemist over het plaatsje ligt, die de transpirerende bezoekers doet huiveren. Hier begon ooit de Duitse geschiedenis van Namibië.

 Lüderitz ▶ F 16

Kaart: blz. 186

Het stadje Lüderitz is met zo'n 30.000 inwoners redelijk overzichtelijk. De meerderheid van de bevolking bestaat echter uit zwarten en kleurlingen, die in de aangrenzende townships leven. De in jugendstil gebouwde koloniale gebouwen in het centrum verlenen dit stadje met een redelijk koel klimaat een Europese sfeer.

Hoewel Lüderitz op het eerste gezicht een rustig, slaperig stadje lijkt, moet u beslist niet in de verleiding komen om na het invallen van de duisternis een wandeling te gaan maken. De criminaliteit is als gevolg van het grote aantal werklozen in de townships zeer hoog.

Geschiedenis van de stad

Het stadje is vernoemd naar de man die na de beslissing van Bismarck om een stukje van Afrika bij Duitsland te voegen een toonaangevende rol heeft gespeeld: Adolf Lüderitz, een tabakshandelaar uit Bremen. Op zijn wens werden de Lüderitzbaai, die toen nog Angra Pequena (Portugees voor 'kleine baai') heette, en het omliggende gebied in 1884 tot Duits protectoraat uitgeroepen – 396 jaar nadat de eerste Europeaan, Bartolomeu Dias, deze beschutte baai was binnengezeild en er een stenen kruis had neergezet.

Bij de verwerving van Angra Pequena ging het er, zoals zo vaak bij Europeanen die in Afrika vaste voet aan land wilden krijgen, niet netjes aan toe. Lüderitz gaf de Nama-hoofdman Joseph Fredericks uit Bethanie 10.000 Reichsmark en 260 geweren in ruil voor de haven en het aangrenzende achterland met een omtrek van vijf mijl. Fredericks was alleen bekend met Engelse mijlen en rekende dus vijfmaal 1,6 km als afstandsmaat. Lüderitz nam echter bewust geografische mijlen in het koopverdrag op, met een lengte van 7,4 km. Zo begon de geschiedenis van Lüderitz dus met bedrog.

Lüderitz zelf maakte de vervulling van zijn dromen niet meer mee. De ertsen die hij in het binnenland zocht, kon hij niet vinden, evenmin als de diamanten die onder zijn voeten lagen. Volledig verarmd moest hij zijn land en bezittingen aan de Duitse Koloniale Maatschappij voor Zuidwest-Afrika verkopen. In 1886 deed hij een poging om in een opvouwbare boot van Oranjemund naar Angra Pequena terug te varen. Dit waagstuk ging mis. Lüderitz keerde niet terug van deze reis – hij viel als een der velen ten offer aan de Atlantische Oceaan.

Economisch laag- en hoogtij

Voor de kust van Lüderitz liggen het Pinguïn- en Robbeneiland, die beide tot een keten van

Lüderitz

guano-eilanden behoren. Naast de natuurlijke eilanden zijn er ook enkele kunstmatige. De vogeluitwerpselen, die overal ter wereld als mest worden gebruikt, zijn hier al eeuwenlang afgegraven. Maar pas na de vermindering van de visquota werd de ontginning van guano een belangrijke economische bedrijfstak. De vreselijk stinkende uitwerpselen zijn afkomstig van miljoenen visetende aalscholvers, pinguïns, jan-van-gents en andere zeevogels, die allemaal op deze eilanden broeden en nestelen. Er wordt eenmaal per jaar 'geoogst' – uiteraard in een periode dat de vogels niet broeden.

De belangrijkste tak van nijverheid is sinds 1921 de vangst en verwerking van **langoustines** *(crayfish)*, wat Lüderitz de bijnaam langoustinemetropool van Namibië heeft bezorgd. Deze heerlijke schaaldieren leven op een diepte van 9-20 m tussen de riffen en mogen alleen gevangen worden als het rugschild langer dan 65 mm is. Het vangstseizoen ligt tussen november en april. De jaarlijkse opbrengst is door overbevissing inmiddels aanzienlijk teruggelopen.

Al sinds 1980 wordt het in de baai aangespoelde **zeewier** (kelp) verzameld en gedroogd; de belangrijkste afnemer van dit zeeproduct is Japan.

Toen Zuid-Afrika in 1994 de havenenclave Walvis Bay aan Namibië teruggaf, verloor de haven van Lüderitz nog verder aan betekenis. Daarom richt men zich in dit afgelegen kustplaatsje volledig op het **toerisme**. In het spookmijndorp Kolmanskop heeft dit al een positief effect gehad en ook in Lüderitz is men heel wat van plan. Zo wil men het **Lüderitz Waterfront** aantrekkelijker maken met restaurants en winkels en de in het verleden verwaarloosde haven met de stad verbinden. Gezien de vele leegstaande winkels en bedrijfsruimtes lijkt die opzet nog niet erg te slagen. Wie tegen de 850 km lange rit van Windhoek naar Lüderitz opziet, kan deze tocht inmiddels ook met de trein doen. De luxueuze **Desert Express** (zie Thema blz. 142) rijdt sinds 2002 over de oude, door de Duitsers aangelegde spoorlijn naar Aus. Vandaar kunt u met een bus verder naar Lüderitz. De rails en spoordijken tussen Aus en Lüderitz krijgen een grote opknapbeurt; in de loop van 2017 moeten de werkzaamheden zijn afgerond.

Felsenkirche en Goerke-Haus

Felsenkirche

Ma.-za. vanaf 18 uur, verder na afspraak op tel. 063 20 23 81, toegang N$ 10

Een prachtig uitzicht over de stad hebt u vanaf de boven alles uittorenende, neogotische **Felsenkirche** 1 , waarvan de eerste steen in 1911 op de Diamantberg werd gelegd. Het prachtige gebrandschilderde raam werd door keizer Wilhelm II geschonken; de bijbel die op het altaar ligt is een geschenk van zijn vrouw.

Goerke-Haus

Diamantberg Street, ma.-vr. 14-16, za., zo. 16-17 uur, toegang volwassene N$ 25, kind N$ 15

Bijna op gelijke hoogte met de kerk staat het indrukwekkende, in 1909-1911 naar ontwerp van Otto Ertl gebouwde **Goerke-Haus** 2 . Het werd opgetrokken in de tijd dat de diamantkoorts de stad beheerste en diende aanvankelijk als woonhuis van luitenant Hans Goerke. Deze was in 1904 met de koloniale troepen in Swakopmund geland en na zijn diensttijd was hij bedrijfsleider geworden bij de Emiliental-Diamantengesellschaft in Lüderitz. Toen hij in 1912 alweer naar Duitsland terugkeerde, betrok de plaatselijke rechter het huis. In 1983 werd het voor N$ 30.580 gekocht door de CDM (Consolidated Diamond Mines), die sinds het einde van 1994 Namdeb (Namibian De Beers) heet. Daarna volgde een volledige renovatie. Als tegenwoordig de president-directeur van de mijnfirma of andere *very important persons* naar het afgelegen Lüderitz reizen, overnachten ze meestal in dit historische huis. In de overige tijd mag deze representatieve villa bezichtigd worden. Het eikenhouten meubilair is in tegenstelling tot de impressionistische plafondschilderingen en de jugendstilramen met hun flamingomotieven niet meer origineel. Ongebruikelijk

Lüderitz

Bezienswaardig
1. Felsenkirche
2. Goerke-Haus
3. Krabbenhöft & Lampe
4. Kreplin-Haus
5. Berg Street
6. Lüderitz Museum
7. Woermann-Haus
8. Turnhalle
9. Oude postkantoor
10. Station
11. Shark Island
12. Gedenksteen voor Adolf Lüderitz en de Namagemeenschap
13. Lüderitz Waterfront

Accommodoatie
1. Nest Hotel
2. Protea Seaview Hotel Zum Sperrgebiet
3. Bay View Hotel
4. Kapps Hotel
5. Kratzplatz
6. Hansa Haus Guesthouse
7. Shark Island Resort
8. Alte Lodge Gästehaus

Eten en drinken
1. Ritzi's Seafood Restaurant
2. Garden Café
3. Shearwater Oyster Bar

Actief
1. Boottocht naar Halifax Island

Lüderitz

voor die tijd was dat er in alle kamers elektrisch licht was.

Van Krabbenhöft & Lampe naar Berg Street

Een stukje onder het Goerke-Haus, waar Berg Street overgaat in Bismarck Street, staat het vroegere handelshuis van **Krabbenhöft & Lampe** 3.

Op de hoek van Diamantberg Street en Berg Street staat een ander fraai gebouw, het in 1909 gebouwde **Kreplin-Haus** 4, ooit eigendom van de eerste burgemeester van Lüderitz, die ook directeur van een diamantfirma was. In **Berg Street** 5 zelf staan verscheidene, in prachtige kleuren beschilderde historische gebouwen vlak naast elkaar.

Lüderitz Museum

Diaz Street, tel. 063 20 25 82,
ma.-vr. 15.30-17 uur

Het interessante **Lüderitz Museum** 6 toont de privéverzameling van Friedrich Eberlanz, een ambachtsman die in 1914 naar deze plaats kwam. Oude zwart-witfoto's en diverse memorabilia geven een indruk van de geschiedenis van de stad, de diamantontginning en de geografie en geologie van de omgeving.

Van het Woermann-Haus naar het station

Zoals bij veel andere gebouwen in Lüderitz moest ook bij de bouw van het **Woermann-Haus** 7 eerst de rotsbodem met dynamiet worden geëgaliseerd om het fundament te kunnen leggen. De daarbij losgekomen steenbrokken werden gebruikt bij de bouw van de eerste verdieping. Geen wonder dat het huis eruitziet alsof het zo uit de rotsen groeit. De mooie zijde – met twee erkers en drie balkons – is naar het noorden gericht, de zware stormen komen van de andere kant.

De Vogelsang Street voert naar de in 1912 gebouwde **Turnhalle** 8. De eenvoudige lijnen van dit rechthoekige gebouw worden aan de voorzijde door een halfgebogen gevel onderbroken. Door de grote, door zuilen van elkaar gescheiden, rechthoekige ramen valt veel licht naar binnen. Vier jaar voor de sporthal bouwde men het **oude postkantoor** 9 in Schinz Street, waarin tegenwoordig Natuurbeheer is gevestigd. De klok in de toren sloeg voor het eerst op Nieuwjaar 1908. Sinds 1912 hangt hij in de kerktoren.

Door Bismarck Street gaat de wandeling verder in de richting van de haven. Bezienswaardig is het **station** 10, dat pas zeven jaar nadat de eerste trein hier binnenliep geopend werd. Net als de Turnhalle is ook het station een tamelijk eenvoudig gebouw met rechte lijnen, waaraan de pompeuze wilhelminische stijl van de vorige eeuwwisseling ontbreekt. Het werd gebouwd door de toenmalige staatsarchitect Kurt Lohse. In Bismarck Street is bovendien een **informatiebureau** gevestigd, waar georganiseerde reizen naar het Diamanten-Sperrgebiet kunnen worden geboekt.

Shark Island en Waterfront

Vanhier is het nog maar een kort stukje naar de haven. Toen Zuidwest-Afrika een Duitse kolonie werd, eiste Engeland alle voor de kust gelegen eilanden op. Zonder dralen vulden de Duitsers het smalle stuk water tussen de stad en **Shark Island** 11 op en sindsdien is het Haaieneiland een schiereiland en behoort het tot het vasteland. Op Shark Island ligt een van de mooiste nabij een stad gelegen kampeerterreinen van Namibië. Bezoekers kamperen hier op de plaats waar eens de overlevende Nama's, die tegen de Duitsers hadden gevochten, in strijd met het gesloten vredesverdrag gevangen werden gehouden. De meesten stierven in het voor hen ongebruikelijk koude en vochtige klimaat. Een **gedenksteen** 12 op Shark Island herinnert zowel aan de Namagemeenschap als aan de stichter van de stad, Adolf Lüderitz.

Lüderitz Waterfront

Aan het eind van Hafen Street, bij Harbour Square, is het **Lüderitz Waterfront** 13 (tel.

Lüderitz en het Lüderitzschiereiland

Het Goerke-Haus, gebouwd ten tijde van de diamantkoorts

063 20 27 02) opgetrokken, in een poging om een miniatuurversie van het origineel in Kaapstad te creëren. Het werd in maritieme stijl gebouwd: met patrijspoorten als ramen en touw- en staaldraadverbindingen als een herinnering aan de zeilschepen van weleer. Aan Harbour Square en het aan de andere kant van de haven gelegen Market Square is een aantal restaurants, winkels en kantoren gevestigd. Market Square verbindt het Lüderitz Waterfront met de stad. Helaas ontbeert het Waterfront de nodige sfeer om echt aantrekkelijk te zijn.

Woongebieden van de zwarte bevolking

In het stadsbeeld van Lüderitz lopen wel enkele zwarten rond, die hier werkzaam zijn, maar u krijgt toch de indruk, vooral vanwege de Europese architectuur, dat u zich in een bijna volledig 'blanke' stad bevindt. De meerder-

Adressen

heid van de gekleurde bevolking van Lüderitz woont in de troosteloze voorsteden **Nautilus** en **Benguela**, die zelfs zelden op de stadskaarten staan aangegeven.

Informatie

Lüderitz Safaris & Tours: Bismarck Street, tegenover de Nedbank, tel. 063 20 27 19, ma.-vr. 9-18, za. 8.30-10 uur. Informatiecentrum midden in de stad. U kunt hier terecht voor reserveringen voor alle georganiseerde tochten in de omgeving, rondleidingen, toegangskaarten voor Kolmanskop.

Accommodoatie

Prachtige ligging aan zee – **Nest Hotel** 1 **:** 820 Diaz St., tel. 063 20 40 00, www.nesthotel.com. Met 73 kamers het grootste hotel van de stad. Pal aan het strand gelegen en vanuit alle kamers uitzicht op de Atlantische Oceaan. De kamers zijn schoon, met tv en airconditioning. 2 pk met ontbijt vanaf N$ 1750.

Populair bij reisgezelschappen – **Protea Seaview Hotel Zum Sperrgebiet** 2 **:** Woermann Street, tel. 063 20 34 11. Dit hotel wordt door inwoners van Lüderitz vaak het skihotel genoemd (door de gelijkenis met de skihotels in de Alpen). Alle bustoeristen gaan hierheen. 2 pk met ontbijt vanaf N$ 915.

In het centrum – **Bay View Hotel** 3 **:** Diaz Street, tel. 063 20 22 88, www.luderitzhotels.com. De naam is misschien wat misleidend, want uitzicht op zee of de baai hebt u in dit centraal gelegen hotel niet; 22 eenvoudige kamers. Restaurant in het hotel, tegen de wind beschut zwembad. 2 pk met ontbijt vanaf N$ 850.

Eenvoudig, maar gastvrij – **Kapps Hotel** 4 **:** Bay Road, tel. 063 20 23 45, www.namibweb.com/kappshotel.htm. Eenvoudig hotel in het centrum van Lüderitz, in een gebouw uit 1907, met 14 kamers rond een binnenplaats en een grillrestaurant. 2 pk met ontbijt vanaf N$ 700.

Gezellig pension – **Kratzplatz** 5 **:** 5 Nachtigal St., tel. 063 20 24 58, www.namibweb.com/kratzplatz.htm. Opvallend rood geschilderd, rustig gelegen pension in een van de oudste gebouwen van Lüderitz, daterend uit het jaar 1900. U kunt kiezen uit een van de 5 gezellige kamers in het hoofdgebouw of uit de 7 kamers die zijn ingericht in de ernaast gelegen vroegere kerk. Momenteel de meest aanbevolen accommodatie in Lüderitz. Het **Barrels Restaurant** in het hoofdgebouw serveert smakelijke Duitse burgermanskost, zelfs varkenspootjes; drink er een ijskoude Jägermeister bij. 2 pk met ontbijt vanaf N$ 590-720.

Lüderitz en het Lüderitzschiereiland

In koloniale stijl – **Hansa Haus Guesthouse** 6 : 5 Mabel St., tel. 063 20 35 81. Historisch huis, helder turquoise geverfd, met 4 kamers, 2 badkamers, kookgelegenheid, fantastisch uitzicht op zee, mogelijkheid om te barbecueën. 2 pk zonder ontbijt N$ 550.

Winderig, maar met weids uitzicht – **Shark Island Resort** 7 : De **staatscamping** Shark Island is via een dam met Lüderitz verbonden. U beschikt hier over elektrisch licht en schoon sanitair; dit is een van de mooiste terreinen in Namibië op loopafstand van de stad. Reserveren via Namibia Wildlife Resorts (NWR) Central Reservations Office in Windhoek, tel. 061 28 57 200, reservations@nwr.com.na of in Swakopmund, tel. 064 40 21 72, sw.bookings@nwr.com.na of in Kaapstad, Zuid-Afrika, met aanvullende informatie over Namibië, in Burg Street, tel. 0027 21 422 37 61, ct.bookings@nwr.com.na, www.nwr.com.na. Island Chalets N$ 240 p.p., Lighthouse 2 pk N$ 300 p.p., kamperen N$ 136 p.p., maximaal 8 pers.

Historisch – **Alte Lodge Gästehaus** 8 : Mabel Street, tel. 081 124 30 60, www.historisches-ferienhaus-namibia.de, Facebook: Alte Loge. 4 kamers, een appartement en een bungalow met plaats voor 4 personen. Begin 2015 werd na een grondige renovatie dit prachtige pension geopend in een oud koloniaal landhuis, waar ook de lokale vrijmetselaarsloge zijn bijeenkomsten hield. Een welkome toevoeging is de 'Fisch Imbiss', die heerlijke oesters en de beroemde Lüderitzlangoustines serveert. In Lüderitz is de Fisch Imbiss ook voor niet-gasten geopend, wat mede met het oog op de beperkte restaurantkeuze een gelukkige zaak is. Als u vooraf belt, kunt u hier ook een goede steenovenpizza krijgen. Gratis wifi. 2 pk met uitgebreid ontbijtbuffet vanaf N$ 800.

Eten en drinken

Lüderitz staat vooral bekend om zijn heerlijke langoustines *(crayfish)*, langoesten *(rock lobster)* en verse oesters *(oysters)*.

Oesters, zo uit zee – **Penguin Restaurant Crayfish Bar & Lounge** 1 : In het Nest Hotel, 820 Diaz St., tel. 063 20 40 00, www.nesthotel.com, dag. 12-14, 18-23 uur. De Lüderitzoesters waren al zeer aan te bevelen en dankzij de in 2015 geopende **Crayfish Bar & Lounge** zijn de Lüderitzlangoustines in het Nest Hotel ook weer verkrijgbaar. Geniet ervan vanaf het terras op de eerste verdieping met een gekoelde sauvignon blanc en uitzicht op zee. Gratis wifi. Lavazzakoffie. Hoofdgerecht rond N$ 130.

Pizza en zeebanket – **Ritzi's Seafood Restaurant** 1 : Waterfront Block D, Hafen Street, tel. 063 20 28 18, ma.-za. 9-24 uur. Ritzi's is gelegen aan de waterkant op de 1e verdieping met uitzicht op de haven. Bij mooi weer kunt u buiten zitten. De visgerechten zijn over het algemeen goed. De pizza's zijn rijk belegd met kaas, dus kunnen soms een beetje zwaar op de maag liggen. Hoofdgerecht N$ 100.

Liefde voor detail – **Garden Café** 2 : 17 Hafen Street, naast de OK-Supermarkt, tel. 081 124 83 17, Facebook: Garden Café, ma.-vr. 8-18, za. 8-17, zo. 9-16 uur. Sinds 2015 is dit prachtige café gevestigd in het historische Woermann-Haus, door Lea en Paul Schroeter smaakvol en met nauwgezette aandacht voor detail ingericht met stukken uit de geschiedenis van Lüderitz. De tuin is een bloeiende oase met een prachtig uitzicht over de haven. Het eten, niet in de laatste plaats het gebak, is verbluffend. Een echte verrijking voor Lüderitz. Gerechten vanaf N$ 65.

Supervers – **Shearwater Oyster Bar** 3 : Insel Street, tel. 063 20 40 31, ma.-do. 10-18, vr. 10 uur tot laat. Hier komen de oesters meteen na de bestelling uit het koude Atlantische water op het bord. De sfeer in het rustieke restaurant op de 1e verdieping boven de oesterbanken is maritiem en koel. De glibberige lekkernijen worden desgewenst begeleid door Zuid-Afrikaanse witte wijn. De oesters kosten N$ 5 per stuk. Een must voor oesterfans en een hoogtepunt in Lüderitz.

Actief

Boottocht naar Halifax Island – 1 : zie Actief blz. 191.

Op langoustinevangst – *Crayfish* (de naam die hier wordt gehanteerd voor langoustines) mag van nov.-juni tussen zonsopkomst

Adressen

en zonsondergang gevangen worden, behalve tussen Diaz Point en Agate Beach. Maximaal 5 langoustines per dag en persoon, en niet meer dan 20 per boot. Het borstpantser moet langer zijn dan 65 mm.

Zwemmen – De zee voor de kust van Lüderitz is weliswaar heel schoon, maar de temperatuur van het water komt ook midden in de zomer zelden boven de 18 °C. Onverschrokken zwemmers die zich desondanks in de golven willen storten, kunnen terecht in Ostend, bij Agate Beach en in de Grote Baai. Opgepast: geen bewaakt strand!

Vervoer

Vliegtuig: Air Namibia vliegt 4 x per week van Windhoek naar Lüderitz. Reservering: tel. 061 22 96 39.

Trein: Er zijn plannen om de oude Duitse spoorwegverbinding tussen Keetmanshoop en Lüderitz weer in bedrijf te stellen. Dat zou een belangrijke toeristische aanwinst zijn voor de regio, want de belangstelling voor oude spoorlijnen neemt nog altijd toe. De oude wagons worden nu al in Lüderitz gerestaureerd. Momenteel kunt u met de trein van Windhoek naar Keetmanshoop of Aus rijden en vandaar per bus verder naar Lüderitz reizen. De rails en spoordijk tussen Aus en Lüderitz krijgen een grondige opknapbeurt. In 2017 moet alles volgens planning klaar zijn en kan de hele lijn weer in gebruik worden genomen.

Bus: Met de spoorwegbus van TransNamib naar Keetmanshoop. Reserveren: tel. 061 298 20 32.

BOOTTOCHT NAAR HALIFAX ISLAND

Informatie

Vertrek: Dag. om 8 uur, afhankelijk van het weer, van Lüderitz Waterfront
Duur: Ca. 3 uur
Boeken: Lüderitz Safaris, tel. 063 20 27 19
Kosten: N$ 400 p.p., kind tot 12 jaar gratis
Kaart: blz. 192

Hoofdattractie van de boeiende boottocht naar het door de wind gegeselde Diaz Point is de kolonie zwartvoetpinguïns die op **Halifax Island** 6 leeft. Op het eiland zijn resten bewaard gebleven van oude huizen uit de koloniale tijd, die door de koddige dieren in beslag zijn genomen. Ongeveer 1200 pinguïns leven hier op vriendschappelijke voet samen met een kolonie aalscholvers. De tocht begint vroeg in de ochtend, op een tijdstip dat het bijna altijd nog behoorlijk koud kan zijn – het kan daarom geen kwaad om een warm windjack mee te nemen. De boot – ingezet worden de gaffelschoener *Sedina* en de catamaran *Zeepaard* – vaart om het Lüderitzschiereiland heen. Hij passeert eerst het voormalige walvisstation bij de Sturmvogelbucht en vaart dan door naar Shearwater Bay en Guano Bay. Op weg naar Diaz Point proberen nieuwsgierige dolfijnen en robben steeds weer om een zwemwedstrijd te houden met de boot. In het Namibische voorjaar (september/oktober) zijn er met een beetje geluk zelfs walvissen te zien. De passagiers hebben een prachtig uitzicht op **Diaz Point** 5 , met de vuurtoren en de Kaapse pelsrobbenkolonie.

Lüderitz en het Lüderitzschiereiland

Uitstapje naar het Lüderitzschiereiland ▶

F 16

Kaart: boven

Het Lüderitzschiereiland hoort niet bij het streng bewaakte Diamanten-Sperrgebiet en mag daarom zonder enige beperking worden bezocht. Voor het uitstapje dat u met een eigen auto kunt maken, moet u minstens een halve dag rekenen. U kunt Lüderitz het best uitrijden via Bismarck Street (spoorlijn links).

Vier baaien

De eerste baai heet **Radford Bay** 1 . Deze is vernoemd naar David Radford, de eerste blan-

Uitstapje naar het Lüderitzschiereiland

ke kolonist, die hier uit juttersmateriaal een huis bouwde en met passerende schepen handeldreef: struisvogelveren, gedroogde vis en haaienlevertraan in ruil voor drinkwater.

In de **Second Lagoon** 2 worden oesters gekweekt. Bovendien kunt u hier vaak flamingo's zien. Vanaf **Griffith Bay** 3 hebben bezoekers een fraai uitzicht over de lagune op Lüderitz. Deze baai is vernoemd naar de Amerikaan Griffith, die hier door David Radford werd begraven. De officier was tijdens de Amerikaanse Burgeroorlog gedeserteerd terwijl zijn schip in Angra Pequena lag. Toen een tijd later een ander schip uit de VS binnenliep, werd hij wegens landverraad doodgeschoten.

Het derde strand op weg naar Diaz Point is de **Sturmvogelbucht** 4, waar de roestende restanten van een Noors walvisstation te zien zijn. In de enorme ketels werd vroeger walvistraan gekookt.

Diaz Point

Op 25 juli 1488 liet Bartolomeu Dias na de ronding van Kaap de Goede Hoop op **Diaz Point** 5 een kalkstenen kruis oprichten. Een houten loopbrug, die door het zilte water nogal glad kan zijn, verbindt de rots met het vasteland. Het originele kruis werd al in 1855 naar Kaapstad gebracht. Nadat zestig jaar lang een niet heel erg lijkende kopie de rotspunt sierde, werd bij de 500-jarige herdenking van de landing van Dias een nieuwe replica geplaatst – door de vondst van reststukken van het oorspronkelijke kruis ditmaal een beter geslaagd exemplaar. Maar de specialisten zijn het er nog steeds niet over eens of het origineel er zo uitzag of ook werkelijk op deze plek heeft gestaan. Hoe dan ook – de door de golven omspoelde rots, met de robben op de voorgrond, prikkelt de fantasie. Ertegenover staat sinds 1910 een vuurtoren als baken voor de scheepvaart.

Halifax Island

Tussen Guano Bay en de Knochenbucht ligt voor de kust **Halifax Island** 6, dat echter niet mag worden betreden. U kunt de zwartvoetpinguïns of brilpinguïns alleen met een verrekijker bekijken. Vanaf een boot (zie blz. 191) kunt u ze van dichterbij observeren.

Zowel Halifax als de andere rotseilanden ten noorden en zuiden van Lüderitz waren ooit met het vasteland verbonden en werden door de stijging van de zeespiegel ervan gescheiden. Hier leven duizenden zeevogels, waarvan de uitwerpselen – guano – ooit met duizenden kilo's tegelijk als mest werden afgegraven. In 1861 annexeerde Groot-Brittannië alle eilanden, na de Eerste Wereldoorlog kwamen ze bij Zuid-Afrika, en in 1994 werden ze samen met Walvis Bay aan Namibië overgedragen. Guano kan ook tegenwoordig nog geoogst worden, maar daarvoor is geduld vereist. Voor een 1 m dikke laag hebben de vogels ruim 35 jaar nodig.

Eberlanzgrot en Grote Baai

Langs de kust van het schiereiland kunt u goed picknicken of vissen. Wie graag een stukje wil wandelen, volgt de wegwijzers naar de **Eberlanzgrot** 7, waar de steile rotskust naar binnen wijkt en een grot heeft gevormd.

Het laatste strand voor geharde zwemmers is de **Grote Baai** 8, waar vaak flamingo's te zien zijn. Vandaar loopt de weg door een bijna onbegroeid maanlandschap naar Lüderitz terug. Met een beetje geluk ziet u hier een eenzame jakhals, een springbok of zelfs een bruine hyena. De kleur in dit landschap komt van de roze bloesems van de boesmanskers *(Bushman's candle)*. Door het hoge oliegehalte branden de bloesems goed. De San gebruikten ze vaak als kaarsen.

Agate Beach

Het 8 km van het stadscentrum gelegen **Agate Beach** 9 is ondanks het tamelijk koude water een mooi surf- en zandstrand, dat uitnodigt tot lange wandelingen. Vroeger werd hier agaat gevonden (vandaar de naam). Wie tegenwoordig een stukje van dit fraaie mineraal wil vinden, moet erg veel geluk hebben.

Hoofdstuk 3

De Namib

Als een smalle reep zand strekt de droogste woestijn van het land, de Namib, zich uit in het gebied langs de Atlantische Oceaan met zijn karakteristieke kustnevel. De woestijn is verdeeld in drie hoofdregio's, elk met een eigen karakter.

Het duinlandschap in het zuiden vormt een voortdurend veranderende, praktisch vegetatieloze zandzee met de hoogste duinen ter wereld. De hoge rode zandduinen van Sossusvlei behoren tot de bekendste trekpleisters van Namibië. Om de paar jaar krijgt deze regio er een extra attractie bij, als de Tsauchab de witte leemvallei aan de voet van de zandduinen met water vult (voor het laatst in april 2011).

De tweede regio van de Namibwoestijn bestaat uit de centrale steenslagvlakten met hun geïsoleerd oprijzende granietbergen. De grote verscheidenheid aan micro-ecosystemen hier vertoont in tegenstelling tot de zuidelijke regio een verbazingwekkende soortenrijkdom.

De derde regio, in het noorden, kenmerkt zich door sterk geplooide bergen en dalen. Talrijke grote seizoensrivieren hebben zich hier een weg naar de Atlantische Oceaan gebaand.

Vrijwel de hele Namibwoestijn maakt deel uit van het grootste natuurgebied van Afrika, het Namib-Naukluft National Park. Aan zijn oostelijke grens gaat dit park over in het NamibRand Nature Reserve, dat tot de grootste particuliere natuurbeschermingsgebieden in zuidelijk Afrika behoort. Hier vinden toeristen ook de mooiste tentenkampen en lodges van Namibië.

Aan de Atlantische kust wacht dan nog een restant van het Duitse koloniale verleden. In Swakopmund, het 'zuidelijkste Noordzeestrand van Duitsland', serveert men bier van het vat, varkenspoten en Schwarzwälder Kirschtorte. Het plaatsje, dat steeds meer in de mode komt, geldt overigens ook als een goede uitvalsbasis voor wie verlegen zit om een adrenalinestoot.

Markante granietbergen rijzen op uit de vlakte van de Namib

In een oogopslag: De Namib

Hoogtepunten

Sossusvlei: Rode, door de wind gevormde duingiganten, die tot 300 m hoog kunnen worden, omgeven een slechts af en toe met water gevulde leemvallei, die iets weg heeft van een oase (zie blz. 212).

Sandwich Harbour: Een langzaam verzandende, door talrijke vogels bewoonde lagune vormt het centrum van een idyllisch wetlandgebied tusen zand en zee, dat alleen met een terreinwagen bereikbaar is (zie blz. 229).

Fraaie routes

Van Sesriem naar Sossusvlei: De 65 km lange rit van de toegang van het Sossusvleipark naar de zandduinen biedt tal van fotogenieke uitzichten op het duin- en berglandschap en op de drooggevallen bedding van de Tsauchab (zie blz. 212).

Bergpassenweg: Een van de mooiste onverharde wegen door de bergen van Namibië is de panoramaroute via de Spreetshoogte Pass en de Gamsberg Pass (zie blz. 217).

Uitstapje naar de Welwitschiavlakte: Van Swakopmund voert een onverharde, maar goed aangegeven weg naar de oudste plant ter wereld, de beroemde welwitschia (zie blz. 246).

Tips

Dead Vlei: Dead Vlei, met zijn afgestorven kameeldoornbomen, is alleen te voet vanuit Sossusvlei te bereiken (zie blz. 213).

Solitaire: Wie in Solitaire benzine tankt, moet beslist ook een stuk van de meest afgelegen appeltaart in zuidelijk Afrika proeven – aan het buffet met een bekertje koffie (zie blz. 217).

Café Anton in Swakopmund: Het is een ongewone ervaring om aan de rand van de Namib in een café een kop koffie met Schwarzwälder Kirschtorte te nuttigen (zie blz. 244).

Duinsurfen: Bij Swakopmund roetsjt u op een surfplank staand of liggend de steile zandduinen af (zie blz. 232, 246).

Regenwater aan de voet van de Sossusvleiduinen

Rijtocht op Wolwedans: Te paard door grassavannes en duinzand (zie blz. 204).

Wandelen in de Naukluftberge: De moeder van alle *trails* in zuidelijk Afrika (zie blz. 214).

Quadrijden in de duinen: Op vier wielen over de zandheuvels bij Walvis Bay (zie blz. 223).

Met de terreinwagen naar Sandwich Harbour: Offroad-avontuur (zie blz. 230).

Living Desert Tour: Maak kennis met de geheimen van de Namibwoestijn (zie blz. 242).

In en rond het Namib-Naukluft Park

De Namib is de oudste woestijn ter wereld, zodat planten en dieren veel tijd hebben gehad om zich aan de zware klimatologische omstandigheden aan te passen. Het indrukwekkendste deel van dit enorme gebied wordt gevormd door het Namib-Naukluft Park tussen Lüderitz en Swakopmund. Met ruim 50.000 km^2 is dit het grootste wildreservaat van Afrika en het op drie na grootste ter wereld.

Geschiedenis en regio's

In het zuiden van het Namib-Naukluft Park overheersen de kiezelvlaktes. In het midden van de Namib strekt zich een oneindig lijkende zandzee uit, die ten noorden van de Kuiseb River weer plaatsmaakt voor een steenachtige vlakte.

Het duurde negentig jaar voordat het Namib-Naukluft Park zijn huidige omvang bereikte. Het Duitse bestuur riep het gebied tussen de Swakop en de Kuiseb River in 1907 uit tot natuurreservaat nr. 3. In 1941 kwam daar de regio rond Sandwich Harbour bij, in 1956 de Welwitschiavlakte, het Swakopdal en de Kuiseb Canyon. In 1968 werd het gehele, toentertijd meer dan 14.000 km^2 omvattende gebied omgedoopt in Namib Desert Park.

In hetzelfde jaar kocht de regering de Naukluft Farm en richtte het Naukluft Mountain Zebra Park in, om de bedreigde bergzebra te beschermen. In 1970 kwamen daar nog meer boerderijen bij, vooral ten westen van de bergen, zodat er een corridor ontstond voor de trekroutes van de oryxen (spiesbokken), die hierdoor de ruimte kregen om tussen de duinen en de bergen heen en weer te trekken. In 1979 werd het park uitgebreid met een deel van het voormalige Diamanten-Sperrgebiet II, ten zuiden van de Kuiseb, tot en met Sesriem en Sossusvlei. Dit gebied, onbewoonde stukken land, het Namib Desert Park en het Naukluft Mountain Zebra Park werden later samengevoegd, waardoor het 23.340 km^2 grote Namib-Naukluft Park ontstond. Dit verdubbelde in 1986 in omvang, doordat de rest van Sperrgebiet II en een deel van Sperrgebiet I tot de weg Aus-Lüderitz tot nationaal park werden uitgeroepen. In het oosten grenst het park aan het NamibRand Nature Reserve (zie blz. 200).

Het Namib-Naukluft Park laat zich grofweg in **vijf toeristische kernregio's** opdelen. In **Sesriem** en **Sossusvlei** vindt u woestijnen als uit een prentenboek. Hier steken enorme duinen, die tot de hoogste ter wereld behoren, hun wel 385 m hoge toppen de lucht in. Sesriem is de aanduiding voor de plaats waar men in het verleden zes riemen *(ses riem)* nodig had om het water uit de diepe kloof te halen. Na zware regenval, wat gemiddeld eenmaal in de tien jaar voorkomt, ondergaat de plaats een ware metamorfose. Dan stroomt de anders droge Tsauchab River tot aan Sossusvlei en verandert de droge leemvallei in een enorm meer.

In het eigenlijke **Naukluftdeel** van het park komen spectaculaire steile klippen voor in een gebied dat oorspronkelijk als reservaat voor de bedreigde bergzebra was gereserveerd. Tussen de sterk verweerde rotsformaties liggen verfrissende poeltjes.

In het gebied tussen de dalen van de **Kuiseb** en **Swakop** wordt de kiezelvlakte hier

Geschiedenis en regio's

en daar onderbroken door geïsoleerd liggende granietbergen. De Swakop stroomt door een rotsige woestijnvlakte. Deze kale woestenij verandert na regenval in een enorme grasvlakte, waarin kuddes springbokken, zebra's en oryxen (spiesbokken) grazen. Hoofdattractie van het gebied is de Kuiseb Canyon

Het **noordelijkste deel** van het park ligt niet ver van Swakopmund en is door de parkautoriteiten goed met borden aangegeven. Het gebied varieert van kiezelvlaktes tot verweerde, bizarre maanlandschappen. Hier groeit ook, zoals besloten ligt in de naam **Welwitschia Drive**, de opmerkelijkste plant van Namibië, de welwitschia: een prehistorisch relict, waarvan sommige exemplaren meer dan tweeduizend jaar oud zijn.

Sandwich Harbour aan de Atlantische kust is een van de mooiste wetlands van Namibië. De ondergrondse loop van de Kuiseb watert hier af in een lagune, die door een barrière van zand van de Atlantische Oceaan is gescheiden. Als gevolg daarvan is hier een hele reeks kleinere ecosystemen met zoet en/of zout water ontstaan, waar vogels een ideaal broedgebied vinden. Sinds jaar en dag is de lagune aan het verzanden. Wie oudere foto's bekijkt, kan nauwelijks geloven hoe klein de lagune is geworden. De conclusie is dan ook onvermijdelijk: er komt een dag dat de woestijn de lagune zal hebben opgeslokt.

Dierenwereld in het Namib-Naukluft Park

Grote zoogdieren, zoals leeuwen, neushoorns en olifanten, zijn al meer dan honderd jaar uit het gebied van het Namib-Naukluft Park verdwenen. Met een beetje geluk kunt u als bezoeker zebra's, springbokken, oryxen (spiesbokken), struisvogels, zadeljakhalzen, lepelhonden en bavianen observeren. De twee grootste roofdieren, de luipaard en de gevlekte hyena, laten zich haast niet zien. De Naukluftberge zijn met 204 verschillende

Spaarzame plukjes gras tussen de rotsen: voedsel voor de oryx (spiesbok)

geregistreerde soorten een uiterst interessant gebied voor vogelaars.

De onymacris, een kever, heeft zich op heel vernuftige wijze aan de onbarmhartige klimaatomstandigheden van de Namib aangepast. De kleine zwarte scharrelaar houdt zich namelijk pal achter de duinkam op, waar deze steil naar beneden gaat. En hij weet precies waarom. 's Nachts trekt de bij zeelieden zo beruchte mist van de Atlantische Oceaan over de zandheuvels, om direct achter de kam weer naar de grond te zakken. Met zijn kop omlaag vangt de kever de mist op met zijn achterlijf. Druppel voor druppel condenseert het vocht zo op zijn lichaam, loopt erlangs, direct zijn bek in. De kever kan in verhouding tot zijn lichaamsomvang enorme hoeveelheden water opnemen. Ter vergelijking: een mens met een gewicht van 70 kg zou in één keer 20 liter water moeten drinken.

In het onherbergzame klimaat gedijen slechts weinig planten: kameeldoornbomen (vooral in de droge rivierbeddingen), duingras, dat met zijn wijdvertakte wortels het door de mist afgezette vocht kan opnemen, en bladsucculenten, zoals welwitschia's en kokerbomen.

Vanaf Lüderitz

Na het verlaten van Lüderitz valt nog eenmaal de blik op Kolmanskop, aan uw rechterhand. De silhouetten van de huizen doen in de mist aan een geschilderd filmdecor denken. Kaarsrecht voert het gladde, inktzwarte asfaltlint naar Aus – maar dan is het voorlopig gedaan met het teer. De volgende paar honderd kilometer staan er onverharde wegen op het programma, die ook voor onervaren automobilisten nog goed te doen zijn. Allereerst gaat het via de C 13 in noordelijke richting, maar dan wordt de route nog eenzamer. Eerst neemt u de D 707, die zich tegen de grens van het Namib-Naukluft Park aanvlijt. Vanaf Spes Bona rijdt u korte tijd over de D 407, om dan via de D 826/C 27, die direct van Duwisib Castle komt, scherp naar het westen af te slaan.

Het landschap is de ene keer bergachtig, wordt dan weer onderbroken door zandvlaktes, nu eens is het rood, dan weer vertoont het een okergele ondergrond. Kleine opspringende steentjes maken een roffelend, tikkend geluid tegen de wieldoppen. Op sommige stukken heeft de weg een soort wasbordprofiel. Het golfvormige en keihard vastgekoekte zand doet de auto angstwekkend trillen. Op rullere stukken zand glijdt de wagen dan weer bijna probleemloos voort. In zo'n vangrailloze weidsheid en nagenoeg autoloze eenzaamheid speelt tijd plotseling geen rol meer. Alleen de zon, die langzaam maar zeker achter de horizon verdwijnt, geeft aan dat u al uren onderweg bent.

De herinnering aan de eeuwige files en de overvolle steden in Europa begint te verdwijnen. Hier wordt de weg het doel, het rijden een meditatieve ervaring.

NamibRand Nature Reserve

▶ G 13/14

Kaart: rechts

Aan de oostgrens van het Namib-Naukluft Park ligt het **NamibRand Nature Reserve** **1**, dat met een oppervlakte van bijna 2000 km² tot de grootste particuliere natuurreservaten van zuidelijk Afrika behoort. Voor een aangenaam verblijf staan verder enkele comfortabele particuliere kampeerterreinen en lodges garant.

The Wolwedans Collection

Na ruim 60 km op de D 826/C 27 wijst een bordje linksaf naar het Wolwedans Dune Camp in het NamibRand Nature Reserve. Een eenbaanszandweg voert over het terrein van een voormalige boerderij naar het oude hoofdgebouw, waar de auto kan worden geparkeerd. Na een welkomstdrankje om het stof van de rit weg te spoelen gaat

NamibRand Nature Reserve

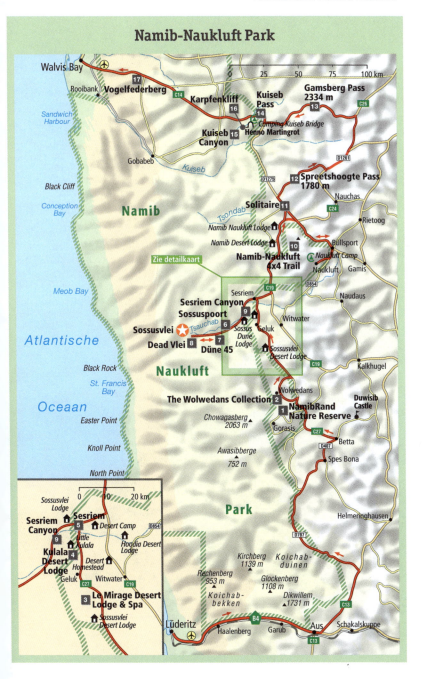

OVERNACHTEN IN LE MIRAGE

Aan de horizon doemen de machtige rode zandduinen van Sossusvlei op – het hart van het Namib-Naukluft Park. Wat dan links van de onverharde weg van Wolwedans naar Sesriem in de hete lucht schittert, is echter geen fata morgana, hoewel het okerkleurige bouwwerk aandoet als een Moors vestingcomplex. We hebben hier te maken met **Le Mirage** 3, een van de ongewoonste overnachtingsmogelijkheden in Namibië. De kamers zijn ruim, met hoge plafonds, luchtig en in aardtonen gehouden. De douchecel is zo groot dat twee personen er gemakkelijk tegelijk in kunnen – of vier goede vrienden. Van de manshoge vensters hebt u een eindeloos uitzicht over de woestijn. U bent hier in een prachtige lodge, met een groot zwembad op een met gras begroeide binnenplaats.

Hoogtepunt van Le Mirage is het wellnesscentrum. Gasten trekken op hun kamer hun zachte, wollige badjas aan en begeven zich naar de wellnessruimte, die op een Romeins badhuis lijkt. Rustgevende muziek en verrukkelijke aromatherapiegeuren laten al bij binnentreden een weldadig gevoel van ontspanning over de gast komen

Het vijfgangendiner dat 's avonds wordt bereid is goed, zeker als u bedenkt hoe afgelegen deze plek is. Het eten wordt opgediend in de stijlvolle eetzaal of op het terras.

Le Mirage Desert Lodge & Spa lijkt op een Moorse woestijnvesting

NamibRand Nature Reserve

Van Le Mirage uit kunt u een bezoek brengen aan de zandduinen van Sossusvlei en woestijntochten per quad ondernemen. Ook ritten te paard zijn mogelijk, en ballonvaarten niet te vergeten.
Opmerking: Net als andere accommodaties in Namibië reageert Le Mirage sterk op verandering van management. De auteur heeft bij zijn bezoeken aan de lodge zowel vijfsterrenervaringen als teleurstellingen beleefd, bijvoorbeeld met onverschillig bereid eten, slecht uitgevoerde massages en het ontbreken van airconditioning in de kamers.
Le Mirage Desert Lodge & Spa: 21 km ten zuiden van Sesriem aan de C 27, tel. 063 68 30 19, www.mirage-lodge.com. 2 pk met volpension N$ 4120.

de tocht per Land Rover verder door het rotsige, zanderige duingebied, waar luxetenten met ligbad, houten terrassen en een bijna onvoorstelbaar uitzicht klaar staan. In het natuurreservaat biedt **The Wolwedans Collection** [2] verschillende accommodatiemogelijkheden en activiteiten aan (zie blz. 205). Wolwedans is een Afrikaans woord en betekent 'waar de wolven dansen'. De naam vindt zijn oorsprong in het feit dat de eerste kolonisten hyena's voor wolven hielden en *wolw* sindsdien hyena betekent.

In het Europese voorjaar is het hier herfst en kan het behoorlijk koud worden. De bergketens zijn dan 's morgens soms bedekt met een laagje sneeuw, wat een haast surrealistisch beeld oplevert: boven in de lucht de diepblauwe hemel, dan witte sneeuw op donkerbruine bergen, strogeel gras op de vlakte en dieprood duinzand op de voorgrond.

De voormalige karakoelschapenboerderij ligt in het NamibRand Nature Reserve, aan de oostgrens van het Namib-Naukluft Park. Het hele gebied wordt beheerd door een vereniging van landbezitters, een systeem van natuurbeheer dat ook wordt toegepast in de regio Timbavati ten westen van het Zuid-Afrikaanse Kruger National Park. Boerderijen die door de droogte onrendabel zijn geworden, worden opgekocht en aan de natuur overgelaten. In de afgelopen jaren hebben de meeste boeren ontdekt dat er meer geld valt te verdienen met het behoud van de natuur dan met de schapenteelt. Ze verkopen hun voorheen waardeloze land aan de NamibRandstichting, die zijn reservaat op deze manier steeds een beetje kan uitbreiden.

Duurzaam toerisme

Wolwedans is de absolute pionier op het gebied van duurzaam toerisme. Omdat de staat activiteiten tot behoud van het milieu niet ondersteunt, moet alles particulier worden gefinancierd. Het hart van het geheel is een €400.000 kostende zonne-energiecentrale met enorme accu's in een geklimatiseerde ruimte, die wel het Starship Enterprise op een onbewoonde planeet lijkt. In kassen wordt het overgrote deel van de in de lodges benodigde kruiden, sla en groenten geteeld. Een varken draagt zorg voor het keukenafval. Bezoekers kunnen een rondleiding langs de installaties krijgen en zodoende een interessante blik achter de schermen van deze model-ecolodge werpen.

Onderweg in het natuurreservaat

Af en toe zijn oryxen (spiesbokken), het nationale dier van Namibië, te zien. Met hun lange spitse hoorns zijn ze uiterst weerbaar, wat veel roofdieren en jagers al tot hun schade hebben ontdekt, want in tegenstelling tot andere antilopen valt een gewonde spiesbok aan. Er zijn gevallen bekend dat een aangeschoten oryx kennelijk voor dood op de grond lag, de jager naderbij kwam en het dier al zijn krachten verzamelde voor een laatste aanval. De oryx is uitstekend aan het hete woestijnklimaat van de Namib aangepast. Hij overleeft

In en rond het Namib-Naukluft Park

RIJTOCHT OP WOLWEDANS

Informatie
Begin: Wolwedans Village
Duur: Aangeboden worden tochten van een halve dag, een hele dag en zes nachten.
Boeken: De gasten die in een lodge van de Wolwedans Collection zijn ondergebracht, kunnen bij reservering de ritten boeken.
Kosten: Morning Horse Riding (kinderen vanaf 8 jaar), 1,5-2 uur, N$ 600 p.p., minstens 2, max. 4 pers.; Breakfast Horse Ride (kinderen vanaf 12 jaar), 3-4 uur, N$ 900 p.p., minstens 2, max. 4 pers.; Sundowner Horse Ride (kinderen vanaf 12 jaar), 3-4 uur, N$ 900 p.p., minstens 2, max. 4 pers.; dagtocht naar de Jagkop (kinderen vanaf 12 jaar), 5-6 uur, inclusief picknicklunch, N$ 1800 p.p., minstens 2, max. 4 pers.; zesnachtentocht met overnachtingen in verschillende lodges van Wolwedans (mrt.-okt., prijs op aanvraag, minstens 4, max. 8 pers.).

De Wolwedans Collection biedt een aantal van de mooiste lodge-overnachtingen van het land in een absoluut grandioze natuur. Kan deze landschapservaring op een of andere manier nog verhoogd worden? Dat kan – door op de rug van een paard van alles te genieten in plaats van op de achterbank van een open SUV.

Mijn paard voor de rit wordt opgezadeld in de omheining van de voormalige boerderij, waar nu de Wolwedansreceptie zetelt. Ik ben geen ruiter, maar heb al eerder op een paard gezeten en sla in het zadel een redelijk figuur, als het dier niet al te pittig is en plotseling gaat draven. Ik behoor tot de categorie 'N' voor Novice – dat is meer dan 'B' voor Beginner met of Beginner zonder rijervaring. Na de 'N' komt 'I' voor Intermediair (in staat om op een rustige paard in draf en in galop te rijden) en 'A' voor Advanced (veilig op een paard in elk tempo).

Megan legt me opnieuw alle gangen van het paard uit: stap, draf en galop. Vooral bij de laatste ben ik nog steeds een beetje onzeker. Al bij het verlaten van de farm wordt duidelijk waarom paardrijsafari's zo uniek zijn. Een jakhals die op zoek is naar eten negeert de veronderstelde, hoewel een beetje vreemd antilope. De geur van het paard overheerst die van zijn berijder. We observeren de jakhals een tijdje, terwijl hij snuffelend op zoek is naar iets eetbaars.

Dan gaat het verder op de vlakte tussen de rode zandduinen en de Losberg Mountain Range door. Megan stelt een galop voor, maar de vele rotsblokken die hier over de grond verspreid liggen, houden me tegen. Misschien later in de duinen, die zien er wat zachter uit.

We naderen nu voorzichtig een kudde zebra's. Dat zijn eigenlijk heel naaste familieleden. Toch blijft de waakzame leider achterdochtig als hij ons ziet. Waarom, lijkt hij zich af te vragen, dragen deze soortgenoten geen zwart-wit gestreepte pyjama?

NamibRand Nature Reserve

> We bereiken de duinen en de grond is zacht. Het gaat nu bovendien omhoog. Het risico van een niet meer onder controle te houden paard lijkt me hier vrij klein. Megan toont me hoe ik mezelf tijdens het galopperen uit het zadel moet verheffen en het gewicht naar de stijgbeugel moet verplaatsen. Daar gaan we – we bestormen de zandheuvel! De paarden genieten er duidelijk van. Mijn viervoeter wil dit aan Megan laten zien. We galopperen langs haar – een geweldig gevoel. Net op tijd voor zonsondergang bereiken we de Wolwedans Dune Lodge boven op de rode zandsteenbergen. Dit doet allemaal sterk denken aan een western. Ik bestel echter geen whiskey, maar geef de voorkeur aan een typisch streekdrankje: gin tonic.

het hele jaar op een minimale hoeveelheid water, aangezien hij in verhouding tot zijn enorme lichaam een verbazend trage stofwisseling heeft, en daarom relatief weinig voedsel en drinkwater behoeft. Overdag rust hij in de schaduw. Als er geen schaduw is, gaat hij zo staan dat een zo klein mogelijk deel van zijn lichaam naar de zon toe is gekeerd. 's Avonds, 's nachts en 's ochtends vroeg is de oryx actief. Om te zorgen dat hij overdag geen vocht verliest, kan hij zijn lichaamstemperatuur verhogen en deze warmte 's nachts weer afgeven. In de buurt van de neus van de spiesbok bevindt zich een fijn netwerk van bloedvaten, dat dient om doorlopend bloed af te koelen. Zo houdt het dier ook bij grote hitte altijd zijn hoofd koel.

Iedere keer als de Land Rovers door het NamibRand Nature Reserve rijden, woelen ze het duinzand om. Als het 's nachts geregend heeft, is de weg daardoor goed begaanbaar. Bovendien is er dan geen stof dat het zicht hindert; de lucht is fris en helder.

Een rij halfcirkelvormige stenen muurtjes op een weidse vlakte herinnert eraan dat hier honderden jaren lang Bosjesmannen hebben gejaagd. Gewapend met pijl en boog lagen de jagers plat op de grond verborgen achter de stenen te wachten. Vrouwen en kinderen dreven het wild naar de stellingen toe. Zo gauw de beoogde jachtbuit naderbij was gekomen, sprongen de Sanjagers op en schoten hun gifpijlen af.

In het reservaat zijn alle oude afrasteringen verwijderd. Zo lang het wild gezond en krachtig was, vormden barrières van ijzerdraad geen echte hindernis, en konden de oryx en de springbok er gemakkelijk overheen springen. Maar als de dieren door langdurige droogte verzwakt waren, bleven ze op weg naar hun weidegebieden met tientallen tegelijk in de omheining hangen en kwamen zo jammerlijk aan hun eind. Hyena's, jakhalzen en lepelhonden ontfermden zich over de kadavers en verspreidden de afgekloven botten her en der in het landschap.

Andere sporen zullen nog tientallen jaren lang te zien blijven. Overal waar de boeren met hun voertuigen door het gebied reden, zijn diepe geulen ontstaan, die later door de wind met graszaad gevuld zijn. Als na jaren van droogte het zaad plotseling ontkiemt, ontstaan er overal parallelle groene lijnen, als nerven in het land. Om de schade uit het verleden te herstellen, gaat een deel van de inkomsten van Wolwedans en andere *camps* en lodges in het NamibRand Nature Reserve naar een fonds. Uit dit fonds wordt onder meer de herintroductie gefinancierd van uit het park verdwenen dieren, zoals giraffen en neushoorns.

Accommodatie, eten

Let op: Boven op alle vermelde prijzen komt nog de toegang tot het park, die N$ 210 p.p. per dag bedraagt. **The Wolwedans Collection:** NamibRand Safaris, tel. 061 23 06 16, www.wolwedans.com. Gelegen in het hart van het NamibRand Nature Reserve (www.namibrand.com), met 2000 km² een van de grootste particuliere natuurreservaten van zuidelijk Afrika. De prijs voor de accommodatie is inclusief alle maaltijden en activiteiten, zoals natuurrondritten in een open Land Rover en wandelingen onder leiding van een ranger. De beschikbare onderkomens zijn:

In en rond het Namib-Naukluft Park

Loge met uitzicht op de duinen – Wolwedans Dunes Lodge: De Dunes Lodge is het hele jaar geopend en biedt 9 ruime chalets met bad en een eigen veranda en een schitterend uitzicht op het omliggende duinlandschap. Een chalet kost alles inbegrepen voor 2 pers. N$ 9900 (voor 1 pers. N$ 6920), voor een kind in de leeftijd van 6 tot 12 jaar betaalt u N$ 1238. De 200 m² grote, open Mountain View Suite (het mooiste onderkomen in The Wolwedans Collection) met 2 bedden hoog op een duin kost N$ 12.500 (voor 1 pers. N$ 8750).

Luxetenten in het zand – Wolwedans Dune Camp: Geopend mrt.-nov. Dit comfortabele *camp* ligt op een 250 m hoog duin, waar bijna een soort pionierssfeer hangt. Het biedt plaats aan maximaal 12 gasten in 6 ruime, op houten platforms geplaatste tenten. Tweepersoonstent N$ 10.500 (voor 1 pers. N$ 7350), voor een kind van 6 tot 12 jaar betaalt u N$ 1313, alles inclusief.

Voldoet aan de hoogste eisen – Wolwedans Private Camp: Geopend 15 mrt.-15 dec. Dit exclusieve camp beschikt slechts over 2 tenten en biedt plaats aan 4 gasten (minimaal 2 pers. en 2 nachten). Met eigen kok en bediening plus activiteiten voor 2 pers. N$ 11.500, alles inclusief.

In een bijzonder rotslandschap – Boulders Safari Camp: Geopend mrt.-nov. De nieuwste aanwinst van The Wolwedans Collection is een *camp* van slechts 4 chalets voor elk 2 pers., heel afgelegen op 45 km van de Wolwedansreceptie. Het uitzicht over de woestijn is overweldigend en de chalets zijn prachtig. Chalet voor 2 pers., alles inclusief, N$ 12.500, voor een kind van 6 tot 12 jaar betaalt u N$ 1563.

Met alle denkbare luxe – &Beyond Sossusvlei Desert Lodge, reserveren in Zuid-Afrika via tel. 0027 11 809 43 00, www.andbeyondafrica.com. De lodge ligt aan de rand van het particuliere NamibRand Nature Reserve. Hier zijn aan de voet van de bergen uit steen en glas 10 bungalows (elk een suite) gebouwd, die een schitterend uitzicht bieden op de woestijn. De suites beschikken over airconditioning, een eigen veranda en een buitendouche. De keuken van het lodge-restaurant is bijzonder goed en er is een grote wijnkelder. Suite voor 2 pers., inclusief volpension, safari's en quadtocht afhankelijk van het seizoen vanaf N$ 6345-10.185 per nacht.

Relict van vroegere jagers: stenen muurtje in het NamibRand Nature Reserve

NamibRand Nature Reserve

Van het NamibRand Nature Reserve naar Sesriem

Kaart: blz. 201

Kulala Desert Lodge
▶ G 12

Al verder rijdend zorgen de geweldige zandduinen aan de horizon ervoor dat de reiziger zich in de Sahara waant, een gevoel dat versterkt wordt als de kegelvormige strodaken van de **Kulala Desert Lodge** 4 in zicht komen. De dakvorm in Dogonstijl stamt uit Mali. Ook het idee om de lokale aarde met water te vermengen en van dat materiaal de muren te bouwen, komt uit Noord-Afrika. Maskers en sculpturen voor de perfect in het landschap geïntegreerde gebouwen symboliseren de overgang naar het zuidelijk deel van het continent.

De enorme deur van de lodge is gemaakt van spoorwegbielzen en is zo zwaar dat hij in een apart kozijn moest worden geplaatst. Alleen de grote, onzichtbaar weggewerkte kogellagers zorgen ervoor dat het monstrum in beweging is te krijgen. Terwijl buiten de zon genadeloos brandt, is het binnen aangenaam koel. De bezoeker heeft heel wat tijd nodig om de talrijke details op zich te laten inwerken: oude, afgestorven bomen vormen pilaren, in kleine, in de lemen muren uitgespaarde nissen staan beeldjes en vazen; gebleekte dierenschedels, halskettingen en bontbedrukte stoffen sieren de in aardkleuren geschilderde muren.

U kunt vanuit de Kulala Desert Lodge aan de *sundowner*-tocht deelnemen: een **zonsondergangstocht** in een open Land Cruiser over het enorme terrein van de boerderij met zijn fantastische landschapsvormen. Op een bijzonder uitkijkpunt worden dan wijn en bier voor de *sundowner* uit de meegenomen koelbox gehaald. Wellicht dat u in het licht van de ondergaande zon nog een groep oryxen ziet, hun puntige hoorns scherp afstekend tegen de paarsgekleurde horizon.

Bovendien bestaat voor liefhebbers de mogelijkheid om de woestijn in vogelperspectief te beleven vanuit een **heteluchtballon** (zie Tip blz. 210).

Accommodoatie, eten

Wilderness Safaris onderhoudt 2 lodges – Kulala Desert Lodge en Little Kuala – in de omgeving van Sossusvlei. Informatie en reserveren via Wilderness Safaris Namibia, Windhoek, 061 27 45 00, www.wilderness-safaris.com. Gedetailleerde beschrijvingen van de lodges zijn te vinden op de website www.namibian.org, onder 'Lodges', 'Sossusvlei' en 'Sesriem & Sossusvlei'.

In Afrikaanse stijl – **Kulala Desert Lodge:** De lodge ligt 17 km ten zuiden van Sossusvlei en beschikt over een eigen ingang tot het Namib-Naukluft Park. Het hoofdgebouw is op Afrikaanse wijze opgetrokken uit lokaal gewonnen leem. De gasten overnachten in 12 prachtige, met riet gedekte *kulala* (Swahili voor 'rustplaats'), elk gebouwd op een verhoogd platform, waardoor maximale ventilatie wordt bewerkstelligd. Er is ook een dakterras, dat de mogelijkheid verschaft om onder de sterrenhemel te slapen. 2 pk met ontbijt en diner vanaf N$ 8664.

Toplodge op droomlocatie – **Little Kulala:** Met zijn 11 airconditioned chalets is Little Kulala de exclusiefste lodge in het gebied rond Sossusvlei. Elk chalet beschikt over een eigen badkamer met toilet, wastafel en douche (binnen- en buitendouche) en staat op een houten platform, dat voor een goede luchtcirculatie zorgt, een weldaad in dit woestijnklimaat. De kamers zijn licht en luchtig ingericht en bieden een adembenemend uitzicht over het landschap. Plafondventilatoren en airconditioning verlichten de hoge buitentemperaturen. Op elk dak staat een *skybed* voor een romantische nacht onder de sterrenhemel. Hierop worden futons uitgerold, voorzien van een warm dekbed voor koude woestijnnachten. Elke *kulala* (kulala betekent 'rustplaats' in het Swahili) ligt op een omheind stuk grond, zonder inkijk, met een klein zwembad en een beschaduwde zitplek. 2 pk, alles inclusief, vanaf N$ 12.666.

In en rond het Namib-Naukluft Park

Sesriem en Sossusvlei
▶ F/G 12/13

Kaart: blz. 201

Sesriem

Parktoegang volwassene N$ 80, kind tot 16 jaar gratis, auto N$ 10

Een goede 20 km verderop ligt **Sesriem** 5, met de ingang tot het duingebied van Sossusvlei. Hier vindt u behalve een met veel zorg in het landschap geïntegreerd groter hotel ook een door de overheid gedreven kampeerterrein, met staplaatsen onder schaduwgevende kameeldoornbomen.

Omdat het duingebied zelf 65 km van het toegangshek van het park ligt en men hier niet mag overnachten, moeten bezoekers die de duinen bij zonsopkomst willen fotograferen vroeg opstaan – ook omdat de laatste 5 km naar het natuurwonder alleen voor terreinwagens begaanbaar zijn en gewone auto's al eerder geparkeerd moeten worden.

Wie de zonsondergang wil vastleggen, moet een overnachting boeken op het kampeerterrein of in de Sossus Dune Lodge, die beide in het nationaal park liggen. De hoofd-*gate* van het park in Sesriem wordt na zonsondergang namelijk gesloten.

Wie een overnachting heeft geboekt buiten het nationaal park en desondanks tot na zonsondergang in het park wil blijven om foto's te maken, zorgt voor een *camping permit*. Omdat de *gate* 's avonds doorgaans bemand is, werkt vaak de methode om na het nemen van de foto's naar de *gate* terug te rijden, de *camping permit* te laten zien en te zeggen dat u in een van de lodges buiten het park wilt

Water aan de voet van de Sossusvleiduinen – een grandioos schouwspel, dat zich alleen na zware regenval voordoet

NamibRand Nature Reserve

dineren. Bijna altijd gaat het hek dan open en kunt u naar de door u geboekte lodge rijden om er te overnachten. 'Officiële' vergunningen om na zonsondergang in Sossusvlei te fotograferen zijn nauwelijks te krijgen en als het toch lukt zijn ze heel duur

Accommodoatie, eten

Klassieker – **Sossusvlei Lodge:** Reserveren via tel. 061 930 45 64, www.sossusvleilodge.com. De lodge ligt te midden van een grandioos landschap, direct in Sesriem, en de 45 kamers zijn sfeervol in Afrikaanse stijl gedecoreerd, met witlinnen overhuivingen in bedoeïenenstijl. Restaurant en zwembad. 2 pk met halfpension vanaf N$ 3432.

Voor wie zelf kookt – **Sossusvlei Desert Camp:** Tel. 063 69 32 05, www.desertcamp.com. Met zijn ligging op 4 km van de Sesriem Gate van het nationaal park is het Desert Camp de dichtst bij het park gelegen accommodatie voor wie zelf wil koken. Het ligt in een particulier, 40.000 ha groot reservaat en bestaat uit 20 comfortabele safaritenten met een compacte buitenkeuken, inclusief koelkast, fornuis en houtskoolgrill. Wie daar zin in heeft, kan in de Sossusvlei Lodge, van dezelfde eigenaars en maar 4 km verderop gelegen, aanschuiven voor het zeer aan te bevelen buffetdiner onder de sterrenhemel. Vooral de op een hete plaat geroerbakte gerechten zijn populair. Daarbij kunt u een vers getapt Hansabier drinken – een genot in de droge woestijnlucht. Het Desert Camp bezit een prachtig zwembad met rondom uitzicht op de woestijn, en bij elke tent hoort een beschaduwde parkeerplaats. 2 pk N$ 1592, diner in de Sossusvlei Lodge N$ 275.

Voor paardenliefhebbers – **Desert Homestead Lodge:** Reserveren: Kalahari Travel

In en rond het Namib-Naukluft Park

BALLONVAART OVER DE WOESTIJN

Van bovenaf gezien is de Namib een wonderland van vormen en kleuren. Een van de indrukwekkendste manieren om de woestijn te beleven is vanuit de mand van een heteluchtballon. En vergeet niet: een ballon is net als een zeppelin ook een luchtschip, geen vliegtuig. De passagiers vliegen niet door de lucht, ze varen.

Het avontuur is echter alleen weggelegd voor wie bereid is vroeg op te staan. Hoe kouder de lucht, des te beter stijgt de ballon op. En koud wordt het 's nachts in de Namib. Geruime tijd voordat de zon opgaat, stappen de slaapdronken gasten met een warme pullover om hun schouders in de terreinwagen. Een aanhanger vervoert de opgevouwen ballon en de mand van gevlochten wilgentenen waarmee de verwachtingsvolle ballonvaarders omhoog zullen gaan.

Rustig glijdt de kleurige ballon op de wind over het landschap, dat met zijn ruige schoonheid bijna onwerkelijk overkomt. Ruimte en tijd lijken niet meer te bestaan. Er is geen geluid te horen. Alleen de enorme butaangasbrander die af en toe de hete lucht in de ballon blaast, onderbreekt soms de stilte. Aan de horizon doemen de zandduinen van Sossusvlei op. In de verte ziet u oryxen plechtstatig over de rode duinen schrijden. Beneden worden de contouren van een droge rivierbedding zichtbaar. Een groep struisvogels slaat geschrokken op de vlucht als de enorme bonte 'roofvogel' een schaduw over hun schuilplaats werpt. In ganzenpas rennen ze over de vlakte.

Als de laatste fles butaangas zijn einde begint te naderen, zoekt de ballonvaarder naar een passende landingsplaats. De Land Cruiser, die de hele vlucht van beneden heeft waargenomen en de ballon en zijn passagiers weer zal oppikken, ziet er vanboven uit als een speelgoedautootje. Maar eerst moeten de inzittenden op hun hurken gaan zitten en zich aan de mand vasthouden, die met veel geknerp met de grond in aanraking komt, een eindje over de aarde wordt meegesleept en dan bijna omkiepert, voordat de passagiers heelhuids en in opperbeste stemming eruit klauteren.

De luchtballon landt waar de wind hem heenbrengt. Op de landingsplaats wordt vaardig een champagneontbijt geserveerd, als stijlvolle afsluiting van de tocht. Tijdens de rit terug naar de accommodatie krijgen de deelnemers nogmaals de kans om het majestueuze woestijnlandschap van dichtbij te beleven en de ervaring op zich te laten inwerken.

Informatie en boeken: Namib Sky Safaris, tel. 063 68 31 88, www.namibsky.com
Vertrek: Kulala Desert Lodge, Sossusvlei Lodge of kampeerterrein Sesriem, op afspraak ook bij andere overnachtingsplaatsen.
Vertrektijd: Een halfuur voor zonsopkomst
Duur: Ca. 1 uur; afhankelijk van de windkracht legt de ballon een afstand van ongeveer 15 km af.
Kosten: N$ 4950 p.p., inclusief champagne-ontbijt in de woestijn
Belangrijk: Kinderen zijn toegestaan vanaf een lichaamslengte van 130 cm – ze moeten over de rand van de mand heen kunnen kijken. Kleinere kinderen kunnen meerijden in de terreinwagen die de ballon begeleidt.

NamibRand Nature Reserve

Start van een unieke belevenis: een ballonvaart over de Namib

Centre, tel. 061 24 67 88, www.desert homestead-namibia.com. Het complex omvat 20 rietgedekte chalets. Tot het recreatieve aanbod behoren excursies te paard door een schitterend woestijnlandschap, slechts 31,5 km van Sesriem verwijderd. 2 pk met ontbijt N$ 2100, paardrijtocht bij zonsondergang N$ 680, diner N$ 220.

Fotografentip – **Sossus Dune Lodge:** Reserveren via Namibia Wildlife Resorts (NWR) Central Reservations Office in Windhoek, tel. 061 28 57 200, reservations@nwr.com.na, in Swakopmund, tel. 064 40 21 72, sw.bookings@nwr.com.na of in Kaapstad, Zuid-Afrika, met aanvullende informatie over Namibië, in Burg Street, tel. 0027 21 422 37 61, ct.bookings@nwr.com.na; www.nwr.com.na. Deze in 2007 geopende, door de staat gedreven lodge ligt in het nationaal park en kan qua ontwerp, stijl en comfort uitstekend wedijveren met de particuliere lodges die rond Sossusvlei liggen. De 23 Desert Chalets (elk met 2 bedden) hebben een grandioos uitzicht en kosten N$ 5400 p.p. inclusief ontbijt, diner en parktoegang; de 2 ruime, speciale Honeymoon Chalets kosten N$ 6600 p.p. inclusief ontbijt, diner en parktoegang. De Sossus Dune Lodge biedt onder meer tochten met

In en rond het Namib-Naukluft Park

gids naar Sossusvlei, het Namib-Naukluft Park en de Elim Dunes (elk N$ 500 p.p.). Ook worden er wandelingen met gids naar de Sesriem Canyon georganiseerd (N$ 250 p.p.). Degenen die over een eigen auto beschikken, hebben het grote voordeel dat ze tot na zonsondergang foto's kunnen maken, omdat ze alleen maar terug hoeven te rijden naar de lodge, die binnen de grenzen van het park ligt. Wacht echter niet tot het helemaal donker is, want de zijweg naar de lodge is dan niet meer goed te onderscheiden.

Luxueuze bungalows – **Hoodia Desert Lodge:** Aan de C 19, vanaf Maltahöhe, zo'n 15 minuten van Sossusvlei, tel. 063 68 33 21, www.hoodiadesertlodge.com. De lodge is vernoemd naar de hoodia, een plant die al door de San werd gebruikt om het hongergevoel te onderdrukken en die tegenwoordig erg populair is bij mensen die willen afvallen. De 12 rietgedekte bungalows met eigen terras en openluchtbadkamer staan aan de oever van de Tsauchab. Restaurant in de lodge, terras vlak boven de rivier, natuurstenen zwembad. Excursies naar Sossusvlei. Chalet voor 2 pers. met ontbijt en diner N$ 2900.

Gunstig gelegen kampeerterrein – **Sesriem Campsite:** Reserveren via Namibia Wildlife Resorts (NWR) Central Reservations Office in Windhoek, tel. 061 28 57 200, reservations@nwr.com.na of Swakopmund, tel. 064 40 21 72, sw.bookings@nwr.com.na of in Kaapstad, Zuid-Afrika, met aanvullende informatie over Namibië, in Burg Street, tel. 0027 21 422 37 61, ct.bookings@nwr.com.na; www.nwr.com.na. Dit door de overheid gedreven kampeerterrein moet als het even kan lang van tevoren worden gereserveerd, omdat er maar 24 staplaatsen zijn en deze heel populair zijn. Ook hier hebben de gasten, net als bij de Sossus Dune Lodge, het grote voordeel dat ze tot laat in de rode duinen kunnen fotograferen, omdat het kampeerterrein in het park ligt en dit dus niet voor zonsondergang verlaten hoeft te worden. Met restaurant, zwembad, toiletten en douches. Max. 8 pers. per plaats, N$ 180 p.p.

Alternatief voor camper – **Sossus Oasis Campsite:** Aan de C 27, vanaf het zuiden uitkomend voor de *gate* van Sossusvlei links, naast het Engen-benzinestation, tel. 0027 21 930 45 74, www.sossus-oasis.com. Zeer comfortabele camping met zwembad en 12 schaduwrijke plaatsen, elk met eigen toilet, wastafel, warme en koude douche, barbecue, gootsteen en stroom. Volwassene 180 N$, kind 5-11 jaar N$ 90, tot 5 jaar gratis.

Panoramaroute van Sesriem naar Sossusvlei

De meeste bezoekers zijn zo benieuwd naar het duingebied dat ze vanaf Sesriem zonder dralen de 65 km naar Sossusvlei rijden. De geasfalteerde weg loopt parallel aan de droge rivierbedding van de Tsauchab. Na 24 km bereikt u het uitkijkpunt **Sossuspoort** [6], dat een mooi uitzicht over het rivierdal, de duinen en het berglandschap biedt.

Bij km 45 torent aan de linkerhand **Duin 45** [7] omhoog. Bijna niemand kan de verleiding weerstaan om naar boven te klimmen, waarbij men gemakkelijk de hoogte van het duin onderschat – en de warmte die er heerst. Het is een belevenis om in reuzenstappen langs de zeer steile flanken naar beneden te springen. Na 60 km bereikt u de parkeerplaats voor personenwagens met tweewielaandrijving, vanwaar de overige 5 km door het diepe, zachte zand te voet of met vierwielaandrijving worden afgelegd. Om hier doorheen te komen zonder met de wielen te blijven steken, moeten zelfs terreinvoertuigen hun bandenspanning op 1-1,5 bar laten brengen.

Op de weg terug van Sossusvlei lijken de duinen van binnenuit op te lichten in het schijnsel van de ondergaande zon. Als op de terugreis naar Sesriem het donker invalt, ziet u in het licht van de autolampen misschien datgene wat overdag werd gemist: honderden oryxen (spiesbokken). (Toegang voor niet-overnachtende bezoekers alleen tussen zonsopkomst en zonsondergang.)

❀ Sossusvlei

Aan het eind van de weg ligt het als een enorm amfitheater ogend rode zandgebergte van **Sossusvlei**. *Sossus* komt uit de taal van de Nama en betekent 'blinde rivier'. Vroeger stroomde de Tsauchab naar zee, nu wordt hij in zijn loop gestuit door een machtige duinenrij en eindigt hij in het zand. Dit zand heeft een lange weg achter zich. Eerst kwam het als erosieproduct met de Oranjerivier in de Atlantische Oceaan terecht, daar werd het met noordwaarts gerichte zeestromen naar de kust gespoeld, om vervolgens door de wind naar de Namib te worden geblazen.

Zelfs als de Tsauchab na de zelden voorkomende regenval vol met water staat, komt hij hier niet meer verder. Dan vormt zich aan de voet van de duinen een groot meer, dat veel dieren trekt. Na een zware stortvloed in januari 1997 bleef het water een jaar lang in de vlei staan. Hevige regenval in het voorjaar van 1998 zorgde ervoor dat dit unieke natuurtafereel nog een tijd langer bleef voortbestaan.

In 2000 bereikte de Tsauchab weer voor korte tijd het duingebied en half januari 2006 zorgden zware stortbuien opnieuw voor het bijzondere natuurschouwspel in Sossusvlei. Voor de Sossusvlei Lodge en het kampeerterrein Sesriem waren de 85 mm neerslag in 45 minuten (!) echter een beetje te veel van het goede, zeker als u bedenkt dat minder dan 100 mm per jaar in deze regio normaal is. Alles overstroomde. Gelukkig raakte niemand gewond, aangezien alle hotel- en campingbezoekers op tijd geëvacueerd konden worden. De laatste keer dat de Sossusvlei volliep met water was na zware regenval in april 2011.

Scherper kunnen contrasten niet zijn: aan de ene kant strekt de levensvijandige woestijn zich uit, en direct ernaast ligt het levenbrengende water. De duinen en de hemel weerspiegelen in het meer, lijken daarin op te lossen. De kameeldoornbomen spreiden hun knoestige takken als de armen van een drenkeling. Eerst waren ze bijna omgekomen van de dorst, nu dreigen ze te verdrinken. Aan de rand van de watervlakte is het werk van de onbarmhartig brandende zon alweer waar te nemen. Langzaam trekt het water zich terug, verdampend in de lucht of wegsijpelend in de grond. Er blijft een korst achter, eerst vochtig, dan droog, ten slotte breekt de grond open en ziet er dan uit alsof hij overdekt is met honderden kleischerven.

Al even boeiend is de alleen te voet vanuit Sossusvlei bereikbare **Dead Vlei** 8, met uit het zand opstekende dode kameeldoornbomen. Het hout is door zon en wind gebleekt als het karkas van een dood beest. De ondergaande zon maant tot terugkeer. De *gate*, die vanaf 65 km verwijderd is, moet voor zonsondergang gepasseerd zijn, anders volgt er een boete.

Sesriem Canyon

Een tweede bezienswaardigheid die vanaf het kampeerterrein in Sesriem is te bereiken, is de bijna 5 km verderop gelegen **Sesriem Canyon** 9. De smalle, 1 km lange en 30 m diepe kloof ontstond toen de Tsauchab zich een weg door het zachte kalksteen baande. De naam Sesriem slaat op de zes leren riemen die aan elkaar geknoopt moesten worden om water uit de kloof te kunnen scheppen. Beneden is het koel en schaduwrijk, maar ook droog, afgezien van een paar poeltjes. Van het parkeerterrein bij de kloof voert een pad naar de bodem. De duiven die hier nestelen hebben de rotswanden flink bemest.

Door de Naukluftberge ▶ G 12

Kaart: blz. 201

Van Sesriem gaat het nog een stukje verder over de C 27, dan bereikt u weer de onverharde hoofdweg C 19. Door de corridor, die de Namib met het bergachtige Naukluft Park verbindt, voert deze weg direct naar het noorden. De Naukluftberge verheffen zich tot gemiddeld 1000 m boven hun omgeving; de hoogste toppen zijn iets meer dan 2000 m hoog. Het ontoegankelijke gebergte is niet alleen een veilig toevluchtsoord voor dieren, ook mensen hebben zich in het verleden in dit gebied met zijn het hele jaar door gevulde rotspoeltjes verborgen gehouden. Een van

Actief

WANDELEN IN DE NAUKLUFTBERGE

Informatie

Begin: Kampeerterrein Naukluft
Lengte: Olive Trail 10 km, Waterkloof Trail 17 km, Naukluft Hiking Trail 120 km (in de kortere variant 58 km)
Duur: Olive Trail 4-5 uur, Waterkloof Trail 6-7 uur, Naukluft Hiking Trail 8 dagen (in de kortere variant 4 dagen)
Aantal deelnemers: Min. 3, max. 12
Kosten: Naukluft Hike N$ 11.000 voor 4-7 pers., kamperen N$ 150 p.p.
Belangrijk: Vóór sprake kan zijn van deelname aan de Naukluft Hiking Trail moet een medisch attest worden overgelegd aan de parkbeheerders, waaruit de vereiste lichamelijke fitheid blijkt. Proviand en vooral voldoende drinkwater moeten zelf worden meegenomen. Omdat er onderweg geen kampvuur mag worden aangelegd, is het raadzaam om een gasbrander bij u te hebben. Overnacht wordt in oude boerderijen en primitieve stenen hutten (neem een slaapzak mee), waar gelegenheid wordt geboden om de waterflessen te vullen. Hier zijn ook wc's. 's Nachts koelt het aanzienlijk af, zorg daarom ook voor warme kleding.

Door de Naukluftberge

Wie zich in plaats van op pk's eens op de kracht van zijn beenspieren wil verlaten, kan in de Naukluftberge naar hartenlust zijn gang gaan. Op het kampeerterrein Naukluft begint de 10 km lange **Olive Trail**. Hierbij moet u met behulp van in de rotswand geslagen kettingen een waterval overwinnen – dat is alleen iets voor ervaren wandelaars! De **Waterkloof Trail** is met 17 km weliswaar langer, maar ook eenvoudiger, afgezien van enkele steile beklimmingen. Beide wandelingen zijn het hele jaar uitvoerbaar.

Voor alles wacht in de Naukluftberge echter de 'moeder van alle trails' in zuidelijk Afrika op bedwingers: de 120 km lange **Naukluft Hiking Trail**, waarvoor acht dagen uitgetrokken moet worden. Hij geldt als extreem zwaar en is alleen aan te raden aan zeer volhardende en ervaren wandelaars. Er is een kortere weg, die de afstand tot 58 km, oftewel vier dagen, verkort.

De eerste dagetappe is 14 km lang en kan in ongeveer 6 uur worden afgelegd. De route, die hier een wildpaadje volgt, vereist afgezien van twee steile beklimmingen geen grote inspanningen en biedt steeds weer een fraai uitzicht op het 300 m dieper gelegen dal. De overnachtingsschuilhut **Putte** is genoemd naar de nabijgelegen put; wie hier ijverig de handpomp bedient, kan van een verfrissende douche genieten.

Op de tweede dag wandelt u 3 uur lang over een hoogvlakte, om daarna bij **Bergpos** te beginnen aan de zware afdaling in de spectaculaire **Ubusis Kloof**. De route is hier gedeeltelijk met kettingen beveiligd. Na nog eens 3 uur en in totaal 15 km bereikt u de **Ubusisschuilhut**.

Op de derde dag loopt u eerst terug omhoog naar **Bergpos**. Vandaar voert de 12 km lange dagetappe opnieuw over de hoogvlakte. In deze streek is het niet onwaarschijnlijk dat u bergzebra's en koedoes te zien krijgt. Na een wandeling van 4 tot 6 uur arriveert u bij de **Adlerhorstschuilhut**.

De vierde, ongeveer 17 km lange dagetappe voert door de kloof van de **Tsams River**. De route verlaat de droge bedding op een punt waar een waterval gepasseerd moet worden. Waar het pad weer bij de rivier uitkomt, staat een imposante moringaboom met een doorsnede van bijna 4 m. U loopt daarna langs een aantal fraaie bronnen en bereikt ten slotte na ongeveer 6-7 uur de **Tsams Ostschuilhut**. Bij deze schuilhut eindigt de vierdaagse wandeling. Voor vervoer hiervandaan naar een van de nabijgelegen lodges wordt gezorgd.

Wie verder wandelt, zet op de vijfde dag zijn tanden in de steile klim van Tsams Ost naar **Broekskeur**. Daar aangekomen voert het pad slingerend langs euphorbia's, kokerbomen en moringa's. Bij **Fonteinpomp** kunnen de waterflessen weer gevuld worden. Na ongeveer 17 km en 6-7 uur lopen arriveert u bij de **Die Valleschuilhut**.

Ook de zesde dag begint met een steile klim. Het doel is een 200 m hoger gelegen waterval, **Die Valle**. Hij ligt weliswaar doorgaans droog, maar biedt vanaf de top een spectaculair uitzicht. Vanaf de waterval voert de route door een nauwe kloof verder omhoog, om ten slotte in het Arbeit-Adelt-Tal (!) weer omlaag te gaan. Na ongeveer 6 uur en zo'n 16 km bereikt u de **Tufaschuilhut**.

Op de zevende dag loopt u in een begroeide kloof omhoog langs een droge waterval; kettingen bieden hierbij houvast. De volgende rustplaats is **Bakenkop**, het hoogste punt van de wandeling, waar u een adembenemend uitzicht hebt op het 600 m dieper gelegen dal van de Tsondap. Het eindpunt van de ongeveer 14 km lange en circa 5 uur durende dagetappe is de **Kapovlakteschuilhut**. Onderweg krijgt u met een beetje geluk oryxen (spiesbokken) en springbokken te zien.

De laatste, ongeveer 16 km lange dagetappe kan in zo'n 5 uur worden afgelegd. Kort voor het einde stuit u in de droge bedding van de **Naukluft River** op een aantal waterbekkens, waarin u een verfrissend bad kunt nemen. Vanaf hier bent u in circa 40 minuten terug op het kampeerterrein Naukluft.

In en rond het Namib-Naukluft Park

deze mensen was Hendrik Witbooi (zie Thema blz. 54), die zich tijdens een conflict met het Duitse koloniale leger tussen 1891 en 1894 samen met zijn mensen en het vee in de bergen verborgen hield. Enkele Duitse graven herinneren aan de gevechten.

De Naukluftberge zijn niet voor dagtochten toegankelijk. Alleen wie een kampeerplaats in Naukluft heeft gereserveerd, krijgt toegang tot dit deel van het Namib-Naukluft Park. Vanaf het kampeerterrein kunnen bezoekers twee dagwandelingen door het gebied ondernemen, een achtdaagse, zeer inspannende trektocht (zie Actief blz. 214) maken of een 4x4-trail verkennen (parktoegang N$ 80, tot 16 jaar gratis, auto N$ 10).

Namib-Naukluft 4x4 Trail

In de Naukluftberge loopt door het natuurgebied een speciale route voor terreinwagens. De op sommige stukken extreem steile **Namib-Naukluft 4x4 Trail** 10 is bij avonturiers heel geliefd. Het offroadtraject volgt een oude landweg, die midden jaren 40 werd 'aangelegd'. Een boer wilde boven op het plateau naar water boren voor zijn schapen, die dorst leden in het dal. In 1948 laadden hij en twee vrienden zwaar boormateriaal op een oude achtcilinder-Ford zonder portieren. Uit angst dat de auto op de steile helling naar beneden zou glijden, bond de boer een veiligheidstouw om zijn buik. Als de auto omlaag zou storten, dan zouden zijn vrienden hem bliksemsnel aan het touw door de deuropening naar buiten trekken. Na de succesvolle boring stroomde het water van het plateau via pijpleidingen naar beneden.

Accommodoatie, eten

Met goed restaurant – **Namib Naukluft Lodge:** Aan de C 36, 19 km ten zuiden van Solitaire, boeken via African Extravaganza, tel. 061 37 21 00, www.namib-naukluft-lodge.com. Deze accommodatie, die er aan de buitenkant uitziet als een zandkleurig Amerikaans motel, heeft niet de luchtigheid die de meeste andere lodges in deze streek kenmerkt. De betegelde vloeren en betrekkelijk kleine vensters in de kamers zorgen voor een enigszins ingesloten gevoel. Het mooie zwembad en het voortreffelijke eten maken dit manco ruimschoots goed. 2 pk met ontbijt N$ 1960, diner N$ 220.

Aan de voet van versteende duinen – **Namib Desert Lodge & Namib Dune Star Camp:** Aan de C 19, 30 km ten zuiden van Solitaire, 70 km ten noorden van Sesriem, tel. 061 23 00 66, www.gondwana-collection.com. Deze lodge ligt in een gebied met versteende zandduinen; mooie sundowner-tocht in een open terreinwagen. 55 kamers, restaurant met bier van het vat. 2 pk met ontbijt vanaf N$ 2218. Er is ook een camping op het terrein, in de schaduw van acaciabomen, op een droge rivierbedding (N$ 150 p.p.). De plaatsen zijn voorzien van elektriciteit, water, een windscherm, een barbecue en een sanitairblok. Hoog op een duin met weids uitzicht ligt het in 2015 geopende, eco-vriendelijke **Dune Star Camp** (2 pk met ontbijt vanaf N$ 2746).

Kamperen – **Naukluft Camp:** Reserveren via Namibia Wildlife Resorts (NWR) Central Reservations Office Windhoek, tel. 061 28 57 200, reservations@nwr.com.na of Swakopmund, tel. 064 40 21 72, sw.bookings@nwr.com.na of in Kaapstad, Zuid-Afrika, met aanvullende informatie over Namibië, in Burg Street, tel. 0027 21 422 37 61, ct.bookings@nwr.com.na; www.nwr.com.na. Max. 8 pers. per plaats, N$ 158 p.p.

Actief

Terreinwagentocht – **Namib-Naukluft 4x4 Trail:** Deze voor terreinwagens uitgezette route door het natuurbeschermingsgebied is het hele jaar begaanbaar. De route is zo ontworpen dat u de nacht in de Naukluftberge doorbrengt. In plaats van te overnachten in de vrijwel onbeschutte stenen huisjes met hun golfplaten daken kiest u misschien liever voor een daktent op de auto of een vrije tent op de grond. Voor de 73 km lange tocht hebt u twee dagen en veel offroadervaring nodig, want het gaat hier om een van de zwaarste 4x4-trails in Namibië. Reserveren via Namibia Wildlife Resorts (NWR) Central Reservations

Het is even schrikken: in de winkel van Solitaire

Office in Windhoek: tel. 061 28 57 200, reservations@nwr.com.na, of in Swakopmund: tel. 064 40 21 72, sw.bookings@nwr.com.na, of in Kaapstad, Zuid-Afrika, met aanvullende informatie over Namibië, in Burg Street: tel. 0027 21 422 37 61, ct.bookings@nwr.com.na; www.nwr.com.na. N$ 300 per voertuig.

Verder naar het noorden: Solitaire

De volgende plaats in noordelijke richting is **Solitaire** 11 . Dit stadje, ooit een klein slaperig gat, is de laatste jaren flink gegroeid. Het kampeerterrein is nu volledig uitgerust met kookgelegenheden, barbecueplaatsen en warme douches (www.solitairecountrylodge.com). Daarnaast is er rond het zwembad een lodge gebouwd. De beroemde lekkere en altijd versgebakken appeltaart, die vroeger al verleidelijk op de toonbank stond, is gelukkig gebleven. Alleen wordt hij nu in een rietgedekte cafetaria geserveerd – helaas wat minder stijlvol op milieuonvriendelijke plastic bordjes, en de koffie krijgt u in een kartonnen bekertje.

Bergpassenweg

▶ G/H 10/11

Kaart: blz. 201
Liefhebbers van spectaculaire bergpassen wordt aangeraden niet direct naar de Kuiseb Canyon te rijden, maar liever een omweg te maken. De **Spreetshoogte Pass** 12 (1780 m) en de **Gamsberg Pass** 13 (2334 m) met hun hier en daar adembenemende hellingen behoren tot de mooiste bergwegen

In en rond het Namib-Naukluft Park

van Namibië. De eerste voert vanaf de Namib naar het hoogland, de tweede weer terug naar de woestijn. Beide passen bieden een schitterend uitzicht. De Spreetshoogte Pass is met een stijgingspercentage van 23% de op een na steilste van het land, na de beruchte Van Zyl's Pass in Kaokoland (zie blz. 324). Op het Gamsbergplateau heeft het Heidelbergse Max-Planck-Institut al in 1970 een kleine sterrenwacht ingericht, want nergens zijn de nachten zo helder als hier.

Wie denkt dat de bijna 200 km lange omweg over de beide passen de moeite niet loont, aangezien er nog een kortere weg is via de **Kuiseb Pass** 14, vergist zich. Het Engelse woord 'pass' slaat op elke doorgang over een bergmassief. In het geval van de Kuiseb Pass is dat niet meer dan een rivierbedding.

Wie de kortere weg kiest, komt eerder op zijn bestemming, maar mist ook twee schitterende uitkijkpunten op de voornoemde passen. Deze geven een onverwacht kijkje op de geografie van de streek. De schijnbaar oneindige bergachtige Khomashoogvlakte valt plotseling omlaag naar de in de diepte gelegen, pastelkleurige Namibwoestijn, die er vanboven uitziet als een prachtige aquarel.

Kuiseb Canyon ▶ G 10

Kaart: blz. 201

Al snel na de Kuiseb Pass volgt een ander landschappelijk hoogtepunt: de **Kuiseb Canyon** 15, die doorsneden wordt door een labyrint van droge rivierbeddingen. De Kuiseb staat vaak jarenlang droog, maar na zware regens op de hoogvlakte stijgt het waterpeil van de rivier razendsnel. Dat betekent dat de rivier in een woeste stroom verandert die door het uitgedroogde land dondert. Daarbij spoelt het door de wind in de rivierbedding gewaaide zand terug naar de zee en verhindert zo dat de duinen nog verder oprukken naar de zich vanaf de Swakoprivier naar het noorden uitstrekkende vlaktes.

Ruim 9 km ten westen van het kampeerterrein in de Kuiseb Canyon voert een bewegwijzerde zijweg naar de **Karpfen Cliff** 16. Van dit uitkijkpunt kunt u een blik in de diepte van de kloof werpen – wat vooral bij ondergaande zon een fascinerend kleurenschouwspel biedt. In dit gebied lag de eerste schuilplaats van de Duitse wetenschappers Henno Martin en Hermann Korn. Uit angst voor internering hielden ze zich gedurende de Tweede Wereldoorlog 2,5 jaar in de Kuiseb verborgen (zie Thema blz. 219).

Accommodoatie

Eenvoudige, maar mooie locatie – **Camping Kuiseb Bridge:** Kuiseb Canyon. De onbewaakte ruimte is bijzonder fraai gelegen, maar dringend toe aan renovatie. Op dit moment is het kamperen daar toegestaan, maar er zijn geen faciliteiten en kampeerders moeten alle benodigdheden, zoals water en proviand, zelf meebrengen.

Naar Walvis Bay
▶ E-G 10

Kaart: blz. 201

Nadat u door de Kuiseb Pass bent gereden en de kloof bent gepasseerd, ligt er alleen nog een kaarsrechte onverharde weg (C 14) voor u. Uw ogen vinden hier nergens houvast meer. Opnieuw heerst er een eindeloze weidsheid – sommigen noemen het zwart en troosteloos, anderen genieten ervan. Na lange tijd doemt aan de horizon een verheffing in het landschap op. Hij komt steeds dichterbij en wordt een oriëntatiepunt. De **Vogelfederberg** 17 heet de rode granietformatie weinig toepasselijk. Een eenvoudig, maar weids uitzicht biedend kampeerterrein en een picknickplaats nodigen uit tot een rustpauze.

Waar vroeger een afrastering aangaf dat de voormalige Zuid-Afrikaanse enclave **Walvis Bay** (zie blz. 222) was bereikt, is deze rol nu al weer lange tijd overgenomen door elektriciteitsmasten. Walvis Bay is inmiddels met 60.000 inwoners de op een na grootste stad van Namibië.

'Als er oorlog komt, gaan we de woestijn in'

In de Kuiseb Canyon

Gedurende de Tweede Wereldoorlog vluchtten de Duitse geologen Henno Martin en Hermann Korn met hun hond Otto de woestijn in om te ontsnappen aan de oorlog en de internering. Ze leefden ruim tweeënhalf jaar onder uiterst primitieve omstandigheden in de Namib en de Kuiseb Canyon.

'Mijn vriend Korn en ik vonden dat dit niet onze oorlog was. We zagen hem lang van tevoren aankomen en hebben om die reden Europa verlaten. We wilden geen aandeel hebben in de zelfmoord van beschaafde volkeren.' Ze trokken de woestijn in en overleefden door het verzamelen van honing, vissen in de poeltjes van de kloof, het telen van groenten en de jacht. Ze bezaten een geweer met 44 kogels en een pistool met nog ongeveer 300 patronen. Henno Martins herinneringen aan deze tijd – *Wenn es Krieg gibt, gehen wir in die Wüste (Als er oorlog komt, gaan we de woestijn in)* – is al jarenlang een bestseller in Namibië. De filosofische uitweidingen zijn af en toe een beetje lang, maar de ervaringen met de natuur zijn boeiend geschreven en nog altijd actueel.

Het ergste was de honger: 'We konden alleen nog maar aan eten denken en over eten praten. Als we 's avonds van de honger niet konden slapen, spraken we eindeloos over wat we zouden gaan koken als we dit of dat ter beschikking hadden.'

Omdat ze zuinig met de munitie moesten omgaan en weinig ervaring hadden, was de jacht moeilijk. Het kwam geregeld voor dat ze hun buit alleen maar verwondden, maar soms hadden ze geluk: 'Hermann schoot een stevige zebrahengst, gebruikte daarbij echter drie kogels. (…) Bij het trancheren bestudeerden we daarom de anatomie van het dier, om een kwetsbaarder plek te vinden. Het schouderblad was smal, de ribben breed en met grote tussenruimten. Het hart was heel groot. We ontdekten op een schouderblad de plek van het visgraatpatroon waaronder het hart lag. Op die plek konden we zebra's dan op een afstand van wel zestig meter met één schot in het hart raken. (…) Heel lekker was zebragoulash, die we kortweg "Zebrash" noemden.'

Hermann Korn werd ziek door vitaminegebrek en Martin bracht hem naar de boerderij van een bekende, die hem naar Windhoek vervoerde. Hijzelf keerde met hond Otto terug naar de schuilplaats. 'Op de avond van de tweede dag kwam de politie mij halen. (…) Vrienden hadden Hermann overtuigd dat ik hier niet alleen kon blijven.' De twee mannen werden niet geïnterneerd en gingen vlak voor het einde van de oorlog voor de Namibische overheid werken.

Hermann Korn verongelukte in 1946 met zijn auto en ligt in Windhoek begraven. Henno Martin woonde eerst in Kaapstad, later ging hij terug naar Duitsland, waar hij in Göttingen een leerstoel voor geologie bekleedde. Hij overleed in 1997.

De Namibwoestijn tussen Sossusvlei en Swakopmund

Aan de Atlantische kust

Walvis Bay, de enige commerciële haven van Namibië, was nog tot 1994 een Zuid-Afrikaanse enclave. De stad heeft weinig eigens. Omdat het veel aantrekkelijkere Swakopmund slechts 34 km verder naar het noorden ligt, zal Walvis Bay ook in de toekomst tweede keus blijven voor bezoekers die graag goed eten en lekker willen overnachten.

Walvis Bay ▶ E 10

Kaart: blz. 224 en 228

De 60.000 inwoners van **Walvis Bay** [1] leven primair van hun diepzeehaven (de enige in Namibië), de visvangst, de visverwerking en de winning van zeezout. Er zijn nauwelijks historische bezienswaardigheden te vinden, zodat toeristen daar niet op afkomen. Desondanks hangt er een soort grootsteedse sfeer, iets wat in Namibië verder alleen in Windhoek het geval is.

De langdurige Zuid-Afrikaanse aanwezigheid heeft zijn stempel op de stad gedrukt. De straten zijn aangelegd in een schaakbordpatroon, *roads* voeren in de richting van de kust, *streets* lopen parallel. Inmiddels hebben veel van de genummerde straten de namen van Namibische politici en vrijheidsstrijders gekregen. Bezienswaardig is vooral de **Rheinische Missionskirche** [1], die in 1879 geprefabriceerd en in losse onderdelen vanuit Hamburg hiernaartoe werd verscheept en in 1880 in elkaar werd gezet. Heel aantrekkelijk is ook een wandeling langs de **Esplanade** [2], die langs de lagune loopt, met een aaneenschakeling van chique villa's. In de voortuinen reiken slangendennen met hun tentakelvormige takken naar de hemel. Vanwege hun geometrische groeivormen worden deze coniferen in het Engels ook wel *monkey puzzle trees* genoemd ('apenbomen' in het Nederlands).

Het is vooral de mooie omgeving van Walvis Bay die bezoekers trekt. De 'Schone Slaapster' van Namibië ontwikkelt zich daardoor tot een serieus te nemen vakantieoord. Nieuwe hotels, restaurants en een aanbod van excursies moeten in de toekomst concurrentie bieden aan Swakopmund.

De Portugese zeevaarder Bartolomeu Dias ontdekte de baai op 8 december 1487 en constateerde dat het een goede ankerplaats was; hij noemde hem Golfo de Santa Maria da Conceição, de Maria-Ontvangenisbaai. Portugese handelaars doopten hem later om in Bahia des Baleas, 'baai van de walvissen'. In de daaropvolgende eeuwen gingen hier regelmatig walvisjagers voor anker, maar vanwege het ontbreken van waterbronnen in de omgeving ontwikkelde zich er geen permanente nederzetting. In 1793 bezetten Nederlandse troepen, afkomstig van de Kaap, de baai en op 12 maart 1878 annexeerden de Britten Walvis Bay. Lange tijd bleef de watervoorziening van de stad een uitgesproken dure zaak. De ontwikkeling van de haven won pas na de ontsluiting van het achterland aan belang.

Nadat de Duitsers vanaf 1893 begonnen waren van Swakopmund (zie blz. 231) een haven voor Duits Zuidwest-Afrika te maken en goederen via een spoorweg naar het binnenland gingen transporteren, verloor Walvis Bay in snel tempo aan betekenis. En dat terwijl er in 1898 een ruim 200 m lange pier (de eerste in de streek) was gebouwd. In 1910 trad Walvis Bay toe tot de Zuid-Afrikaanse Unie, en vanaf 1915, nadat een spoorwegverbinding met Swakopmund tot stand was gekomen, nam de betekenis van de stad weer toe. In 1927 kwam een nieuwe haven tot stand en na de Tweede Wereldoorlog ontwikkelde Walvis Bay zich tot een moderne stad. Na de

Walvis Bay

QUADRIJDEN IN DE DUINEN

Informatie
Begin: Walvis Bay of Swakopmund
Duur: Een halve tot een hele dag
Boeken: Diverse aanbieders in Walvis Bay (zie blz. 229) en Swakopmund (zie blz. 246) hebben georganiseerde quadtochten op het programma staan.
Kosten: N$ 500-850 per persoon.

Quadbikes zijn niet onomstreden in Namibië. Dat komt vooral doordat onverantwoordelijke vakantiegangers in het verleden quads achter op aanhangwagens uit Zuid-Afrika naar Namibië reden en daar onbeheerst door gevoelige gebieden gingen rondraggen. De Namibische regering overwoog daarom een totaalverbod op de vierwielige 'motorfietsen', maar besloot ten slotte om het gebruik ervan streng te reglementeren en drastische straffen op te leggen aan iedereen die buiten de toegestane gebieden rijdt.

Quadbiken is een van de populairste buitenactiviteiten tussen Swakopmund en Walvis Bay – en vormt een belangrijke bedrijfstak. Talrijke lodges bieden quadtochten in de omgeving aan, als een duurzaam en natuurvriendelijk alternatief voor de traditionele *sundowner*-tochten in een open Land Rover. Wie aan een quadtrip meedoet, kan dat zonder slecht geweten doen, want de lokale gidsen weten precies waar gereden kan worden zonder de natuur te beschadigen. Dus niet in duingebieden met vegetatie, niet op de kwetsbare puinvlaktes en niet in de buurt van vogelbroedgebieden. En altijd over al bestaande paden.

Zelfs beginnelingen kunnen goed overweg met de vierwielers. Stuur en zitting zien er net zo uit als bij een motorfiets, het besturen gaat als bij een auto, maar om gas te geven gebruikt u een kleine hendel bij het rechterhandvat, die met de duim wordt bediend. De meeste quads hebben een rustige viertaktmotor en een centrifugaalkoppeling. U hoeft dus alleen gas te geven en niet te schakelen. De banden zijn zacht, met een spanning van 0,8 bar. Ze laten in het duinzand dus alleen tijdelijke sporen achter, die door de wind worden uitgewist.

En er wordt natuurlijk niet alleen gereden. De gemotoriseerde gidsen stoppen vaak en vertellen veel interessants over de natuur en geschiedenis van Namibië.

Zo leggen ze uit waarom er bij een bepaalde duinenrij zoveel botten liggen. Duizenden botten. 'Dit is het paardenkerkhof van Swakopmund', wordt de quadrijders verteld. Om en nabij de 2600 paarden en muildieren van de zegevierende Zuid-Afrikaanse troepen werden hier in 1915 doodgeschoten, omdat ze door een bacteriële ziekte waren getroffen. De gebleekte schedels en botten in het zand vormen een afschuwelijk, maar ook heel fotogeniek schouwspel.

In het vegetatievrije zand wordt natuurlijk ook het rijplezier niet vergeten. Langs een steile duinwand brullen of over een duin springen vormen daarbij onbetwistbare offroad-hoogtepunten.

Walvis Bay

Bezienswaardig
1. Rheinische Missionskirche
2. Esplanade
4. Protea Hotel Walvis Bay
5. Ngandu at Sea
6. Esplanade Park Municipal Bungalows

Accommodoatie
1. Lagoon Loge
2. Langholm Hotel
3. Protea Hotel Pelican Bay

Eten en drinken
1. The Raft
2. Crazy Mamma's
3. Probst Bakery, Café, Restaurant

Actief
1. Eco Marine Kayak Tours
2. Levo Tours
3. Mola Mola Safaris
4. Kuiseb Delta Adventures

---

onafhankelijkheid van Namibië in 1990 bleef de stad aanvankelijk een Zuid-Afrikaanse enclave. Pas in 1994 droeg Nelson Mandela, de toenmalige president van Zuid-Afrika, de haven over aan Namibië.

Informatie
Walvis Bay Tourism Centre: Union Street, tel. 064 20 06 06, www.walvisbaycc.org.na. Vriendelijke service, tips voor accommodatie, restaurants en activiteiten.

Accommodoatie
Gastvrij pension – **Lagoon Loge** 1 : 88 Kowambo Nujoma Dr., tel. 064 20 08 50, www.lagoonloge.com.na. Meteen al de vriendelijke, geelgeverfde façade van het direct aan de lagune gelegen pension komt heel uitnodigend over. Een Frans echtpaar drijft hier met veel liefde voor detail een luxueus guesthouse met 8 kamers voorzien van veranda of balkon. Er zijn fietsen en hengels te huur. 2 pk met ontbijt N$ 1680.

Met idyllische binnenplaats – **Langholm Hotel** 2 : 24 Second St. West, tel. 064 20 92 30, www.langholmhotel.com. Modern hotel in de buurt van de lagune met 12 kamers en satelliet-tv. 2 pk met ontbijt vanaf N$ 1300.

Comfortabel ketenhotel – **Protea Hotel Pelican Bay** 3 : Esplanade, direct aan de steiger bij de lagune, tel. 064 21 40 00, www.proteahotels.com/pelicanbay. Het interieur van dit hotel aan de lagune van Walvis Bay weerspiegelt alle elementen in de omgeving: licht, land en zee. Het hotel beschikt over 50 kamers en 2 suites. 2 pk met ontbijt vanaf N$ 1200.

Kleurige architectuur – **Protea Hotel Walvis Bay** 4 : Hoek Sam Nujoma Avenue/10th Road, tel. 064 20 95 60, www.proteahotels.com/walvisbay. Hotel dat opvalt door zijn kleurgebruik. 20 kamers, excursies naar de lagune. 2 pk met ontbijt vanaf N$ 1100.

Voormalig woonhuis – **Ngandu at Sea** 5 : Hoek 1st/Theo Ben Gurirab Street, tel. 064 20 73 27. In de Kavangotaal betekent ngandu 'krokodil' – waar komt die naam vandaan? Dat is heel eenvoudig: de eigenaars drijven in Rundu, hoog in het noorden van Namibië, de Ngandu Safari Lodge. Het grote, verbouwde huis biedt in totaal 25 kamers, en daarnaast het **Croc-Bites-Restaurant** (dag. 18-23 uur). Ook zijn er enkele barbecueplaatsen. 2 pk met ontbijt vanaf N$ 800.

Voordelige huisjes – **Esplanade Park Municipal Bungalows** 6 : Esplanade, na het passeren van 8th Rd. links op de weg naar het zuiden in de richting van Sandwich Harbour, reserveren via Walvis Bay Resorts, tel. 064 20 61 45. In totaal 26 cottages aan de lagune, met keuken, telefoon en tv. Vanaf N$ 750.

Eten en drinken
Mooi bij zonsondergang – **The Raft** 1 : Esplanade, tel. 064 20 48 77, www.theraftrestaurant.com, dag. 12-15, 18-22 uur. In de lagune gebouwd paalhuis; tijdens het diner kunt u genieten van een spectaculaire zonsondergang, bij vloed laten zeehonden en dolfijnen zich zien. U eet hier verse vis en vlees. Hoofdgerecht N$ 150.

Pizza en pasta – **Crazy Mamma's** 2 : 133 Sam Nujoma Ave., tel. 064 20 73 64, Facebook: Crazy Mama's, ma.-vr. 12-15, 18-23, za. 18-23

Pelikanen in de lagune van Pelican Point

Aan de Atlantische kust

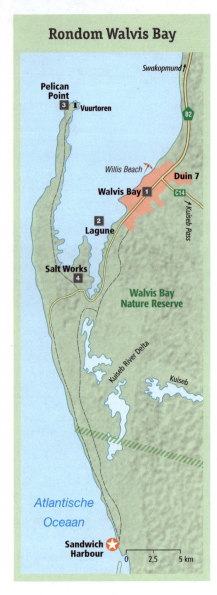

Voor gebakliefhebbers – **Probst Bakery, Café, Restaurant** 3 : 12th Road/Theo Ben Gurirab Street (9th Street), tel. 064 20 27 44, Facebook: Probst Willi Bakery, ma.-vr. 6.15-18, za. 6.15-14.15 uur. Probst, dat in 1957 zijn deuren opende, is een instituut in Walvis Bay en niet alleen bekend vanwege het lekkere ontbijt of de smakelijke lunch. De keuze aan taart, gebak en broodjes is gigantisch. Legendarisch: de Schwarzwälder Kirschtorte. Gerechten N$ 70-110.

Actief

Kajaktrips in de lagune – Een tocht in een één- of tweepersoonskajak over de prachtige, door zee en woestijn geflankeerde **lagune** maakt het mogelijk om van vlakbij contact te krijgen met Kaapse pelsrobben en soms ook dolfijnen. Maar vooral de mogelijkheden om vogels te observeren worden gewaardeerd door de kajakkers. Voor de veiligheid aan boord zorgen een mobilofoon, een gps, vuurpijlen en zwemvesten. De verschillende touraanbieders in Walvis Bay (zie hierna) zorgen bovendien voor kajak en peddel(s), waterdichte windjacks, neopreenschoenen, waterdichte cameratassen, drinkwater, frisdrank en snacks. Tijdens de overtocht naar Pelican Point, waar de kajaktocht begint, passeert u grote aantallen flamingo's, aalscholvers, pelikanen, steltlopers en een enorme hoeveelheid andere zeevogels. Deze 40 km lange boottocht valt bij de toeristen vaak net zo in goede aarde als de eigenlijke kajaktocht.
Eco Marine Kayak Tours 1 : 63 9th St., tel. 064 20 31 44, www.emkayak.iway.na. Kajaktochten in de lagune van Walvis Bay voor beginnelingen en ervaren kajakkers. Duur 2-5 uur, N$ 500-650 p.p. **Levo Tours** 2 : 32 3rd St., tel. 064 20 75 55, www.levotours.com. Boottochtjes in de lagune om dolfijnen en Kaapse pelsrobben te observeren; aan boord worden champagne en verse oesters geserveerd. N$ 600 p.p. **Mola Mola Safaris** 3 : Hoek Atlantic Street/Esplanade, tel. 064 20 55 11, www.mola-namibia.com. Aanbieder van boottochtjes in de lagune (N$ 600) voor het observeren van pelsrobben en dolfijnen. Daarnaast zijn er ook excursies per ter-

uur, zo. gesloten. Prima pizza en pasta, naar men zegt de beste van Namibië. Na The Raft, waar een minder ontspannen sfeer heerst, is dit het bij de inwoners van Walvis Bay populairste restaurant. Hoofdgerecht N$ 80.

reinwagen mogelijk naar Sandwich Harbour. N$ 1200 p.p.

Quadrijden in de duinen – **Kuiseb Delta Adventures** 4 : Fanie du Preez, tel. 064 20 25 50, www.kuisebonline.com. Fanie heeft verschillende lange tochten per quad op het programma staan, indien gewenst ook met een overnachting. 3 uur N$ 750, 4 uur N$ 850, 5 uur N$ 950, inclusief video-opname (zie ook Actief blz. 223).

Vervoer

Vliegtuig: Air Namibia vliegt 4 x per week van Windhoek naar Walvis Bay. Reserveren: tel. 061 22 96 39. Aangezien Walvis Bay een internationale luchthaven heeft, zijn er ook directe vluchten mogelijk vanaf Kaapstad.

Bus: Intercape Mainliner bedient de route van Kaapstad via Keetmanshoop naar Windhoek en Walvis Bay en terug. Inlichtingen en reserveringen: tel. 061 22 78 47. Ook **Ekono Liner** rijdt via Windhoek op en neer tussen Walvis Bay en Kaapstad, tel. 061 23 69 46.

Trein: Op het traject Windhoek-Swakopmund rijdt dag. behalve zaterdag een trein. Ook zijn er speciale ritten met de Desert Express (zie Thema blz. 142). Inlichtingen en reserveringen via TransNamib Rail Central Reservations, tel. 061 298 20 32. Bovendien gaan er regelmatig treinen van Walvis Bay naar Swakopmund en Tsumeb.

Uitstapjes vanuit Walvis Bay ▶ E 10

Kaart: zie blz. 228

Lagune en Pelican Point

In de **lagune** 2 van Walvis Bay, de hoofdattractie, leven ca. 120.000 zeevogels, waaronder pelikanen, grote sterns en flamingo's. Door een landtong beschut tegen de open zee zoeken ze in het ondiepe, voedselrijke water naar vis en schelpdieren.

Het noordelijkste punt van de landtong is **Pelican Point** 3 , met een vuurtoren en een kleine kolonie Kaapse pelsrobben. De weg erheen is alleen per terreinwagen af te leggen – en alleen bij eb. Het alternatief voor de weg over land is een tochtje per boot, dat kan worden opgeluisterd met champagne en oesters.

De vogels zijn niet erg gesteld op het geluid van de scheepsmotoren. Ze laten zich 's ochtends vroeg vanaf het vasteland of vanuit een kajak nog het beste waarnemen. Er strijken regelmatig meer dan 20.000 flamingo's neer in de lagune, maar niet om te broeden. Dat doen ze meer naar het noorden, in het Etosha National Park (zie blz. 296), als het daar heeft geregend, wat gemiddeld één keer in de zeven jaar voorkomt. Om uit te zoeken hoe het met de watersituatie in het noorden is gesteld, gaan enkele flamingo's op verkenning naar Etosha. Als ze niet terugkeren, gaan de andere ze achterna.

Salt Works

Zo'n 5 km ten zuiden van Walvis Bay liggen de **Salt Works** 4 , de grootste zoutproducent van Afrika. Op de 3500 ha grote zoutvelden wordt jaarlijks 400.000 ton hoogwaardig zout gewonnen. Al van ver doemen de zoutbergen op, die sneeuwwit tegen de blauwe lucht afsteken.

Wie bij het verdampingsreservoir links aanhoudt, komt in de rivierdelta van de Kuiseb terecht. Hier volgt men de breed uitwaaierende bandensporen tot aan de afrastering van het Namib-Naukluft Park, die in de buurt van het strand gepasseerd wordt. Hier begint een 20 km lang stuk rul zand. Uiterlijk hier moet de bandenspanning worden verminderd. Daarna kunt u verder rijden naar het strand of door de duinen. Na 16 km bereikt u de noordrand van de lagune, waar het voertuig geparkeerd moet worden. U gaat dan te voet verder om de vogels niet te storen.

❧ Sandwich Harbour

Het 45 km ten zuiden van Walvis Bay gelegen Sandwich Harbour maakt sinds 1979 deel uit van het Namib-Naukluft Park en is een van

Aan de Atlantische kust

TERREINWAGENTRIP NAAR SANDWICH HARBOUR

Informatie
Begin: Walvis Bay Waterfront
Duur: Halve dag (13-17.30 uur) en hele dag (10-16.30 uur)
Kosten: Halve dag N$ 1100, hele dag N$ 1700 p.p.
Aanbieder: Mola Mola Safaris, hoek Atlantic Street/Esplanade, tel. 064 20 55 11, www.mola-namibia.com; Sandwich Harbour 4x4, tel. 081 147 39 33, www.sandwich-harbour.com
Belangrijk voor wie zelf rijdt: Het traject mag alleen overdag en met een vergunning worden bereden. Het is het hele jaar door toegankelijk, dag. 6-20 uur; beste tijd om vogels te observeren: sept.-mrt. Overnachten bij Sandwich Harbour is verboden.

De tocht per terreinwagen naar Sandwich Harbour vormt een van de zwaarste offroad-routes van Namibië. De Atlantische Oceaan komt over grote afstanden direct tot aan de duinen. Omdat het duin- en strandlandschap voortdurend verandert, is er geen vaste route die u kunt volgen. Heel wat toeristen hebben in het verleden hun voertuig vastgereden in het zand en moesten dan hulpeloos toekijken hoe de opkomende vloed de wagen langzaam in de richting van de Atlantische Oceaan sleurde, om hem daar voor altijd te laten verdwijnen.

Duidelijk minder inspannend en zenuwslopend is daarom de deelname aan een georganiseerde tour naar Sandwich Harbour, zeker als er een deskundige gids aan het stuur van de terreinwagen zit. Deze stuurt zijn voertuig virtuoos over de duinen en het strand, rijdt zigzaggend naar boven en naar beneden, voelt precies aan waar het zand draagt en waar niet. Wie vanuit de passagiersstoel het ongerepte landschap aan zich voorbij ziet gaan, is blij dat hij niet op eigen gelegenheid is gaan rijden – ook omdat de uitleg van de gids vaak bijzonder interessant is.

Het contrast tussen de blauwe hemel, de hoge, goudgele duinen, de weelderige groene vegetatie aan de lagune en de woeste branding van de Atlantische Oceaan is de rit zeker waard. Elk jaar neemt de Atlantische Oceaan de lagune steviger in de wurggreep. Deskundigen houden er rekening mee dat de verzanding van Sandwich Harbour ergens in de komende jaren helemaal zal zijn voltooid – een reden te meer om het natuurfenomeen zo spoedig mogelijk te gaan bekijken.

Regelmatig zijn sporen van zadeljakhalzen te zien, die argeloze vogels desnoods tot in het water achterna zitten. Ook bruine hyena's komen soms helemaal tot aan de zee op zoek naar een prooi. Een groep in formatie vliegende pelikanen werpt schaduwen op de duinen. Hier vindt u ook enkele voorbeelden van inventief diergedrag. Normaal gesproken opent de kelpmeeuw schelpen door ze vanaf grote hoogte op de rotsen te laten vallen. Omdat er in de buurt van Sandwich Harbour geen rotsen zijn, hebben de meeuwen een andere methode ontwikkeld. Ze leggen de schelpen eenvoudig in het warme zand, waar ze na 1 of 2 uur in de zon vanzelf opengaan.

Ook de flora vertoont hier enkele eigenaardigheden. Voor de in de Namibwoestijn levende Topnaar-Nama is de pompoenachtige *nara*-vrucht, waarvan de lange wortels altijd tot aan het grondwater reiken, noodzakelijk voor het overleven. *Nara's* slaan heel veel water op en hun zaden bevatten meer vet dan pinda's.

Op de terugweg wordt nog eens de onbarmhartigheid van de natuur duidelijk. Achter een duin liggen drie menselijke skeletten. Uit de sieraden van struisvogeleieren en het benen mes is af te leiden dat het om vroege inwoners van Namibië gaat, die hier waarschijnlijk van de dorst zijn omgekomen. Het zijn slechts drie van de ontelbare offers die de oudste woestijn ter wereld in de afgelopen eeuwen heeft opgeëist.

de mooiste plekken aan de Namibische kust. De lagune biedt ondanks de voortschrijdende verzanding leefruimte aan een groot aantal vogels, en ook de flora is heel interessant (zie Actief blz. 230).

Namaherders ontdekten hier zoetwaterbronnen vlak bij de zee en noemden de omgeving *anichab*, 'bronwater'. Portugese zeevaarders noemden de lagune Port d'Ilheo, 'haven van het rotseiland'. De naam Sandwich Harbour dook in 1791 voor het eerst op een landkaart op. De cartograaf van de Britse East India Company, Alexander Dalrymple, had de kaart vervaardigd naar een schets van Samuel Enderby, die eind 18e eeuw op walvisvangst ging en wiens schip *Sandwich* heette.

Lange tijd gingen zeilschepen van piraten en walvisjagers in de 'haven' van Sandwich Bay voor anker. In 1890 bouwden de Duitsers aan de zuidkant van de lagune een vleesverwerkingsfabriek; de runderen werden uit het binnenland door de woestijn hierheen gedreven. Vijf jaar later begon de monding van de lagune te verzanden en werd de fabriek opgegeven. In 1910 begon de guanowinning. Het transport van deze organische meststof, over dezelfde weg die de terreinwagens ook nu nog gebruiken, was uiterst avontuurlijk. De gebruikte Studebakervrachtwagens hadden voor het geval van pech een speciaal anker bij zich, dat bij vloed moest zorgen dat ze niet door de zee werden weggespoeld. In de jaren 50 raakte de guano op.

De natuur heeft inmiddels alle bouwsels tot zich genomen, afgezien van een kleine, in het riet verborgen schuilhut van de natuurbeschermingsorganisatie.

Van Walvis Bay naar Swakopmund ▶ E 9/10

Waar het koude water van de Atlantische Oceaan op de kust breekt, gaan de golven over in een uitgestrekte zandzee. En als er, zoals vaak, een dichte mist over de kuststrook hangt, krijgt het landschap het aanzien van een decor in een sciencefictionfilm. Dit effect wordt versterkt als u over het stuk tussen Walvis Bay en de noordelijke buurstad Swakopmund rijdt. De fel verlichte steden in de woestijn lijken vanuit de verte op ruimtestations.

Ongeveer 14 km ten noorden van Walvis Bay ligt het populaire resort **Dolphin Park** (20 volledig ingerichte vakantiehuisjes met eigen kookgelegenheid en een aquapark pal aan het strand). Na nog eens 3 km komt u bij het vakantiedorp **Langstrand** (ook bekend onder de Engelse naam **Long Beach**), met onder meer een vispier, restaurant en kampeerterrein, waar veel welgestelde Namibiërs een strandhuis bezitten. Langstrand werd bekend door de Hollywoodacteurs Angelina Jolie en Brad Pitt, die hier in 2006 hun zwangerschapsvakantie doorbrachten. Ze hadden het luxueuze guesthouse Burning Shore meteen in zijn geheel voor een paar weken afgehuurd. Het complex was aan alle kanten goed te beveiligen tegen paparazzi en er waren in de omgeving genoeg ziekenhuizen om de ware locatie van de bevalling zo lang mogelijk geheim te houden. De eigenaars van Burning Shore probeerden later munt te slaan uit het bezoek door het guesthouse tegen een hoge prijs te verkopen, wat echter niet lukte.

Aan de Atlantische kust

Duinsurfen, een populaire buitenactiviteit in de buurt van Swakopmund

Maar ook zonder Hollywoodglamour is de ligging van Dolphin Park en Langstrand, ingeklemd tussen de gigantische duinen van de Namibwoestijn en de donderende branding van de Atlantische Oceaan, beslist uniek. Bovendien behoren de twee resorts tot de weinige plekken in Namibië waar ook zwemmers aan hun trekken kunnen komen – getijdenzwembaden maken het mogelijk om veilig in zee te zwemmen. Na een sprong in het koude zeewater zullen de meeste toeristen echter het zwembad van hun hotel prefereren.

Accommodoatie, eten
<u>Vlak bij het strand</u> – **Dolphin Park Chalets & Resort:** Dolphin Park, tel. 064 20 43 43. De 20 vakantiehuisjes voor zelfvoorzienende gasten bestaan uit 3 slaapkamers met 6 bedden, 2 badkamers met douche, een woonkamer, keuken en balkon met uitzicht op zee. Een satelliet-tv, barbecue en afsluitbare garage behoren eveneens tot de voorzieningen. De huisjes liggen op ongeveer drie minuten lopen van de zee en het restaurant van Langstrand. 2 pk zonder ontbijt vanaf N$ 850.

Swakopmund

Relaxt en gezinsvriendelijk – Protea Long Beach Lodge: Langstrand, tel. 064 218 820, www.proteahotels.com. Voor rolstoelen aangepaste lodge met 17 kamers, alle met eigen balkon en uitzicht op zee. Koffiebar, terras op de bovenverdieping met barbecue, beschutte binnenbarbecue met tuin. 2 pk met ontbijt vanaf N$ 1250.

Swakopmund ▶ E 9

Kaart: blz. 234

De hoofdstraat van Swakopmund draagt sinds 2002 niet meer de naam van keizer Wilhelm, maar van ex-president Sam Nujoma. In de supermarkten klinken uit de luidsprekers echter nog altijd authentieke Duitse schlagers. In het café spreekt de zwarte kelner Duits en serveert *Bienenstich* (amandelgebak) en *Käsekuche* (cheesecake). Aan de stamtafel leest men de *Allgemeine Zeitung*.

De stad wordt door de Namibiërs ook wel spottend het 'zuidelijkste Noordzeestrand ter wereld' genoemd. Als het hele land tussen november en maart zucht onder de zomerse hitte, heerst hier een aangename temperatuur. Veel gegoede Namibiërs uit Windhoek gaan dan naar hun vakantiehuizen aan de Atlantische kust. En nauwelijks iemand weet hoe de naam van de plaats tot stand kwam. De Nama noemden de plaats *tsoa-xoub*, wat het periodiek opkomen van de door slijk bruin gekleurde rivier beschrijft. *Tsoa* betekent 'achterste', *xoub* is het Namawoord voor 'ontlasting'.

Voorzien van Hollywoodglamour – The Burning Shore: 152 4th St., Langstrand, tel. 064 20 75 68, www.burningshore.na. Prachtig gelegen tussen de rand van het duingebied en de Atlantische Oceaan, moderne architectuur van vijfsterrenniveau: 4 Standard Rooms, 3 Luxury Rooms, 4 Superior Rooms en 1 suite. Met restaurant en bar. Activiteiten bestaan onder meer uit quadtrips en dolfijnenboottochten. Tip: een *afternoon tea* of *sundowner* op het terras, met een fantastisch uitzicht over zee. 2 pk met ontbijt vanaf N$ 2000.

Geschiedenis van de stad

Omdat de haven van Walvis Bay al in 1878 door de Engelsen werd geannexeerd, moesten de Duitse koloniale machthebbers een eigen haven bouwen. Na lang beraad en uitgebreid onderzoek viel de keuze op een plaats ten noorden van de Swakop. Op 4 augustus 1892 arriveerde kapitein Curt von François met de kanonneerboot *Hyäne* en liet twee bakens op de plek van de huidige vuurtoren plaatsen – Swakopmund was geboren.

Swakopmund

Bezienswaardig
1. station
2. Museum Swakopmund
3. vuurtoren
4. Kaiserliches Bezirksgericht
5. Marinemonument
6. Ludwig-Schröder-Haus
7. Haus Altona
8. Alte Post
9. Evangelisch-lutherische Kirche
10. OMEG-Haus
11. Otavi-Bahnhof
12. Ritterburg
13. Woermann-Haus (Damaratoren)
14. Hohenzollernhaus
15. jetty (aanlegsteiger)
16. National Marine Aquarium
17. mole (havenhoofd)

Accommodoatie
1. Strand Hotel
2. Hansa Hotel
3. Swakopmund Guesthouse
4. The Delight
5. Sam's Giardino Hotel
6. Brigadoon B & B Cottages
7. Hotel Eberwein
8. The Secret Garden Guesthouse
9. The Stiltz

Eten en drinken
1. The Tug
2. Western Saloon & Pizzeria
3. Jetty 1905
4. Kücki's Pub
5. Erich's Restaurant
6. Swakopmund Brauhaus
7. The Lighthouse Pub & Restaurant
8. Village Café
9. Café Anton

Winkelen
1. African Kirikara
2. Peter's Antiques
3. Hans Lohmeier
4. Swakopmunder Buchhandlung

Actief
1. Camel Farm
2. Okakambe Trails
3. Desert Explorers
4. Dare Devil Adventures

Swakopmund

Op 23 augustus 1893 volgden de eerste 40 Duitse bewoners, onder toeziend oog van 120 koloniale soldaten. In 1894 begon rederij Woermann met een regelmatige vrachtdienst tussen Swakopmund en Hamburg. De rederij bezat praktisch het monopolie op alle transporten naar Zuidwest-Afrika. Het parlementslid Erzberger, vertegenwoordiger van de katholieke Zentrumspartei, hield op 24 maart 1906 in de Duitse Rijksdag een rede waarin hij de praktijken van de Woermann-Linie bekritiseerde. Deze had 3 miljoen mark aan te hoge vrachtkosten en 3 miljoen mark aan ongerechtvaardigde liggelden geïncasseerd. In augustus preciseerde hij op grond van nieuwe cijfers zijn bezwaren in een brief aan rijkskanselier Von Bülow. Het materiaal bewees dat de Woermann-Linie 'per ton vracht 185 mark ontving, terwijl een ander stoomschip in dezelfde tijd ongeveer 20 mark ontving'.

Dagboekaantekeningen uit die tijd geven een beeld van Swakopmund bij het ontstaan van de nederzetting: 'Op een vlak stuk land aan zee staan drie miserabele hutten van golfplaat [...] en een linnen tent. De grond, die bij gebrek aan vloerplanken uit fijn zand van de hoogvlakte bestaat, wemelt van miljoenen zandvlooien. [...] Van planken getimmerde krotten, daken van walvisribben, die overal op het strand verspreid liggen, [...] met golfplaat, stukken zeildoek en repen asfaltpapier, waarover zand is gestrooid.'

Er werden verschillende pogingen ondernomen om aanlegplaatsen voor schepen te maken. In 1903 werd een kade aangelegd, maar de haven verzandde heel snel. De ladingen van de stoomschepen moesten tamelijk ver uit de kust worden gelost, de tocht in de kleine bootjes door de branding naar de kant waren vanwege de vaak ruwe zee voor zowel passagiers als vracht niet ongevaarlijk. De mannen die de roeiboten bemanden, werden *Kruleute* of *kruboys* genoemd (*kru* is vermoedelijk een verbastering van het Engelse woord *crew*, bemanning). Het waren over het algemeen ervaren Liberiaanse zeelieden die rederij-eigenaar Adolf Woermann op zijn reis naar de Namibische kust in het West-Afrikaanse land aan boord nam. Hij kocht eenvoudig de inheemse hoofden om, die dan de jonge mannen onder dwang aan boord lieten gaan – een moderne variant van de slavenhandel. Als de *kruboys* een paar reizen hadden overleefd, mochten ze met het volgende schip dat op Hamburg voer terug naar hun vaderland. In de loop van de tijd zouden zo'n zeshonderd man voor de rederij gevaren hebben. Hun dagloon bedroeg 1 mark, Woermann verdiende miljoenen.

Iets zuidelijker van het havenhoofd volgde ten slotte de bouw van een houten aanlegsteiger, die in 1912 vervangen werd door een ijzeren exemplaar. Deze staat er nog altijd – voor de zoveelste keer fris gerenoveerd – en wordt vooral door hengelaars en wandelaars gebruikt. Bijzonder fotogeniek is de aanlegsteiger aan het eind van de middag, als de zon ondergaat in de Atlantische Oceaan.

Swakopmund werd na de bouw van de aanlegsteiger de voornaamste haven van het protectoraat Zuidwest-Afrika en een van de zes nederzettingen die in 1909 de stadsstatus verkregen. Na de aanleg van een smalspoorbaan naar het binnenland nam zijn betekenis nog verder toe. Veel overheidsinstellingen en bekende Duitse handelshuizen hadden hier hun kantoren.

Toen de Zuid-Afrikaanse Unie gedurende de Eerste Wereldoorlog het bestuur over het land overnam, werden alle havenactiviteiten naar Walvis Bay verplaatst. Het aantal inwoners daalde drastisch. Pas de opkomst van het toerisme heeft Swakopmund weer tot leven gewekt, zodat de stad nu weer ruim 20.000 inwoners telt.

Bezienswaardigheden

Station

Een van de mooiste gebouwen is het uit 1901 daterende oude **station** 1 . Het is bijzonder stijlvol gerenoveerd en herbergt tegenwoordig een luxehotel, dat zich van een eenvoudig stationshotel onderscheidt als een roestige Kever van een Mercedes S-Klasse. Bij het Swakopmund Hotel hoort een *entertainment centre* met een casino en een ruimte

met videospelletjes voor kinderen, waar een jongetje vrolijk huppelend in verdwijnt nadat hij eerst nog 'half uitgehongerd' op straat voor het hotel om wat kleingeld heeft staan bedelen.

Museum Swakopmund

Strand St., tel. 064 40 26 95, 40 20 46, dag. 10-17 uur, volwassene/kind N$ 30/15. Het museum organiseert excursies naar de uraniummijn Rössing. Ze beginnen elke 1e en 3e vr. van de maand om 10 uur op Am Zoll St.; rond 14 uur bent u weer terug. U wordt met een bus van de mijnmaatschappij opgehaald, een individueel bezoek is niet mogelijk, volwassene/kind N$ 50/40

Via de Theo Ben Gurirab Street (vroeger Bahnhof St.) en Strand Street komt u uit bij het **Museum Swakopmund** 2 , dat tot de interessantste musea van Namibië behoort. Het is ondergebracht in het gebouw van het voormalige Kaiserliche Hauptzollamt (het douanekantoor), dat aan het begin van de Eerste Wereldoorlog door de Britse kruiser *Kinfauns Castle* onder vuur werd genomen. Diorama's en diverse tentoonstellingsstukken geven de bezoeker inzicht in de vroege en koloniale geschiedenis van de stad en het land. De twee belangrijkste ecosystemen van Namibië, zee en woestijn, worden met driedimensionale modellen uitgelegd. Ook is de voormalige Adlerapotheek te bezichtigen, in originele staat nagebouwd, net als een oude tandartspraktijk, de Jugendstilkamer uit het Schmerenbeck-Haus en een ossenwagen. Er vinden ook wisseltentoonstellingen plaats. In de museumwinkel kunt u boeken, ansichtkaarten en souvenirs kopen.

Vuurtoren

Tegenover het museum staat de in 1902 gebouwde rood-witte **vuurtoren** 3 tussen de palmen. Hij werd in 1910 met 10 m verhoogd en torent nu met een hoogte van 21 m boven alle andere gebouwen in Swakopmund uit. Hoewel de haven al lang is verzand, zendt de vuurtoren nog altijd lichtsignalen uit over de Atlantische Oceaan.

Duitse architectuur

Het vroegere **Kaiserliche Bezirksgericht** (kantongerecht) 4 stamt uit 1902, de houten toren volgde in 1945. Tegenwoordig doet het gebouw dienst als zomerverblijf van de Namibische president. Tussen het kantongerecht en het om zijn goede keuken bekendstaande Café Anton aan de overkant van de straat wordt altijd kunstnijverheid verkocht. Naast het kantongerecht herinnert het in Berlijn vervaardigde en in 1908 ingewijde **Marinemonument** 5 aan de Duitse mariniers die omkwamen in de Herero- en Namaoorlogen.

Aan de andere kant van de Daniel Tjongarero Avenue staan het **Ludwig-Schröder-Haus** 6 en het **Haus Altona** 7 . Reeds in 1900 opende rederij Woermann een kantoor met bijbehorende woonruimte in Swakopmund. Drie jaar later was het te klein geworden en werd een groter gebouw op de hoek van Moltke Street neergezet, dat tegenwoordig het Ludwig-Schröder-Haus heet. Kort daarop was er weer meer woonruimte nodig en zo kwam in 1904-1905 het door Friedrich Höft ontworpen Haus Altona tot stand. Om de wat saaie gevel te verlevendigen werden later een seintoren en een fronton toegevoegd.

Aan de andere kant van de straat staat de **Alte Post** 8 , ontworpen door architect Gottlieb Redecker. Van zijn hand zijn ook de Christuskirche en het Tintenpalast in Windhoek. In het gebouw is nu een deel van het stadsbestuur ondergebracht.

Op de hoek Daniel Tjongarero Avenue/Nathanael Maxuilili Street staat een aanplakzuil met een affiche uit 1905, dat nog aan de 'goede oude tijd' herinnert. Voor de **Evangelisch-lutherische Kirche** 9 uit 1911 maakt alleen het tegen de stoeprand hoog opgewaaide zand duidelijk dat de bezoeker zich in Afrika en niet in Duitsland bevindt.

Via de Lüderitz Street bereikt u de hoofdslagader van de stad, die sinds 2002 niet meer de Kaiser Wilhelm Street, maar de Dr. Sam

Luxueus slapen in een oud station: het Swakopmund Hotel

Aan de Atlantische kust

Aanlegsteiger in de mist

Nujoma Avenue heet. In die tijd begon de Namibische regering ermee om straatnamen om te dopen. Verrassend genoeg zijn de namen Leutwein Street, Woermann Street, Bismarck Street en Lüderitz Street tot nu toe behouden gebleven.

Het centrum verlatend komt u aan uw rechterhand langs twee interessante gebouwen. Het **OMEG-Haus** 10 is het voormalige pakhuis van de Otavi Minen- und Eisenbahn-Gesellschaft. Wetenschappers die Swakopmund bezoeken vinden er tegenwoordig onderdak. Het in 1901 in wilhelminische stijl gebouwde en in de tussentijd gerestaureerde **Otavi-Bahnhof** 11 herbergt een klein **Snake Park** met Namibische slangensoorten (ma.-vr. 8.30-17 uur, volwassene N$ 30, kind N$ 20). Hier vindt u ook de **Sam-Cohen-Bibliothek** met een verzameling van circa 10.000 boeken en een archief met een bijna complete krantenverzameling van 1898 tot op heden. De collectie historische foto's, landkaarten en documenten maakt van de bibliotheek een paradijs voor wie zich voor de Duitse koloniale geschiedenis in Zuidwest-Afrika interesseert (tel. 064 40 26 95, ma.-vr. 9-13, 15-17 uur).

Nu begint het eigenlijke flaneren, over de Dr. Sam Nujoma Avenue in de richting van het strand. In de hoofdstraat vindt u zowel het **toeristenbureau**, waar het personeel behulpzaam en vriendelijk is, als een van de oudste boekwinkels van Namibië, de **Swakopmunder Buchhandlung**. Verder lopend in de richting van de zee staat rechts de **Ritterburg** 12, gebouwd voor employés van de Woermann-Linie. Het is genoemd naar de eerste bewoners, een gezin met de naam Ritter. Tegenwoordig heeft het ministerie van Natuurbescherming en Toerisme er een kantoor.

Woermann-Haus en Damaratoren
Toegang toren: dag., N$ 10 p.p.
In Bismarck Street liet het Hamburgse Damara & Namaqua Handelsgesellschaft in 1894 het **Woermann-Haus** 13 neerzetten. In 1903-1904 werd het kantoor verbouwd en uitgebreid, onder andere met houten lambriseringen. In 1909 nam de rechtsopvolger van het handelshuis, de firma Woermann, Brock & Co., het mooie huis over. De door architect

Swakopmund

Friedrich Höft ontworpen **Damaratoren** diende als watertoren en navigatiepunt voor de schepen van de Woermann-Linie. Bovendien konden de functionarissen door middel van een spiegeltelegraaf met de scheepsbemanningen communiceren. Net als de bovenverdieping van het huis is ook de toren in vakwerkstijl gebouwd. In 1921 vestigde Zuid-Afrika in het gebouw een internaat, het zogeheten Hofmeyer Hostel. Later besloot men het gebouw af te breken, maar daar kwam de bevolking van Swakopmund tegen in opstand. Er werd geld ingezameld om de restauratie van het Woermann-Haus te financieren. Tegenwoordig zijn er de stadsbibliotheek en een kunstencentrum in ondergebracht. Strenge oudere dames, die doen denken aan de directrice van een kostschool, beheren de sleutel tot de Damaratoren, die een mooi uitzicht biedt over de stad en de woestijn. Natuurlijk kunt u vanuit dit hoge standpunt ook de mooiste foto's van Swakopmund en zijn zanderige omgeving maken.

Hohenzollernhaus

Via de Libertine Amathilas Avenue, de vroegere Brücken Street, gaat de weg een stukje terug naar het prachtige, neobarokke **Hohenzollernhaus** 14, dat na zijn voltooiing in 1906 in eerste instantie als hotel diende. Helaas bestaat het hotel niet meer. Het verhaal gaat dat het spelen om geld binnen de muren van het hotel zo de overhand kreeg dat het in 1912 gesloten moest worden. Op de punt van de voorgevel draagt een machtige Atlas de hemelbol. Het betreft echter niet meer het oorspronkelijke gipsen beeld, dat door de woestijnwind en de zoute lucht te veel was aangetast. De kopie van fiberglas is daar duidelijk minder gevoelig voor – en voor de toeschouwer is het verschil niet te merken.

In de Tobias Hainyeko Street (vroeger Moltke St.) tegenover het Hohenzollernhaus stuit u op een van de weinige antiekwinkels van Namibië. Bij **Peter's Antiques** 2 vindt u behalve parafernalia uit de koloniale tijd ook oude Afrikaanse kunstnijverheid. De winkel, die meer op een museum lijkt, is een goudmijn voor wie ervan houdt om in oude spullen te snuffelen.

De ijzeren jetty

Dan komt de weg eindelijk bij de zee uit. Het symbool van de stad is de meer dan honderd jaar oude ijzeren **jetty** (Engels voor 'aanlegsteiger') 15, die door constante roestvorming steeds op de nominatie staat om ten onder te gaan. Vreemd is dat niet, want de golven van de Atlantische Oceaan donderen hier volgens de specialisten met een kracht van 50.000 kg/m² tegen het 'obstakel' aan. Is de steiger beschadigd, dan worden voetgangers niet meer toegelaten tot er genoeg geld is opgehaald om hem te restaureren. Al diverse malen dreigde de steiger voorgoed in zee te verdwijnen, maar steeds weer werd hij door inspanningen van trouwe Swakopmunders en andere gulle gevers gered. De jetty is gebouwd in 1911, toen Namibië nog Duits Zuidwest-Afrika heette. De Duitsers planden oorspronkelijk een 640 m lange steiger, maar door het uitbreken van de Eerste Wereldoorlog stopten de werkzaamheden bij 262 m. Bij deze lengte bleef het tot op heden. Inmiddels is er een nieuwe stabiele houten pier voor bezoekers gebouwd waar zich aan het eind een restaurant bevindt met een prachtig uitzicht, **Jetty 1905** 3, tevens oester- en sushibar.

National Marine Aquarium en mole

Di.-zo. 10-16 uur, voedertijd dag. 15 uur, di., za. en zo. voert een duiker de haaien met de hand, volwassen N$ 40, kind N$ 20

Wie zich voor haaien en andere zeedieren interesseert, vervolgt zijn weg in zuidelijke richting over de strandpromenade naar het **National Marine Aquarium** 16, tegenover Hotel Adler. Bezoekers wandelen door een glazen tunnel tussen de haaien en andere vissen door.

Via de strandpromenade wandelt u naar het Museum Swakopmund, waar de in 1899-1903 aangelegde **mole** 17 het havenbekken beschermt. Kort daarop verzandde de haven echter en tegenwoordig ligt er

Aan de Atlantische kust

aan de voet een klein zandstrand. Het ligt in de bedoeling om hier een Waterfront als in Kaapstad aan te leggen. De zee is hier echter alleen geschikt voor geharde zwemmers: de watertemperatuur ligt tussen de 20 °C in de zomer en 13 °C in de winter. Swakopmund bezit daarom sinds 1972 een groot zwembad met een schuifdak, dat geopend wordt als de zon schijnt.

Informatie
Namib I Information: Dr. Sam Nujoma Ave., tel. 064 40 31 29, ma.-vr. 8-13, 14-17, za. 9-12, 16-18, zo. 9-12, 15-17.30 uur. Zeer vriendelijke medewerkers, die tips geven over accommodatie, restaurants en activiteiten in en rond Swakopmund.

Accommodoatie
In een historisch station – **Swakopmund Hotel** 1 : 2 Theo Ben Gurirab Ave., tel. 064 410 52 00, www.swakopmundhotel.co.za. Luxehotel in een van de mooiste gebouwen van Swakopmund, het oude Duitse spoorwegstation, met 90 kamers en een casino. 2 pk met ontbijt N$ 3200.

Relaxte luxe aan zee – **Strand Hotel** 1 : Molenweg, aan de mole, tel. 064 411 43 08, www.strandhotelswakopmund.com. In 2015 opende dit viersterrenhotel op een fantastische locatie vlak bij de mole. Met zijn moderne design kon het nieuwe Strand Hotel gemakkelijk in het trendy Kaapstad staan. De inrichting is licht gehouden en ondanks de 125 kamers is de sfeer vriendelijk en kleinschalig. Er zijn verschillende restaurants in het hotel, zoals de **Ocean Cellar**, met heerlijke visgerechten, kreeft en oesters, de **Brewer and Butcher Beer Garden**, met mini-brouwerij, biertuin en vlees van de grill, en de **Farmhouse Deli** met een bakkerij, een koffiebar en natuurlijk uitzicht op zee. Het Strand Hotel is ook voor niet-gasten een belangrijke aanwinst. Gratis wifi. 2 pk met ontbijt vanaf N$ 3000.

Comfortabele Duitse ambiance – **Hansa Hotel** 2 : 3 Hendrik Witbooi St., tel. 064 41 42 00, www.hansahotel.com.na. Het oudste hotel van Namibië is een klassieker onder de bevolking van Swakopmund. Het hotel werd in 1905 gebouwd en biedt traditionele Duitse gezelligheid, ruime kamers met airconditioning en satelliettelevisie met Duitse programma's. Het hotel heeft bovendien een goed restaurant; de uitgebreide menukaart is op de mooi gemaakte website alvast te bekijken. 2 pk met ontbijt vanaf N$ 2100, suites vanaf N$ 2600.

Trendy boetiekhotel – **Swakopmund Guesthouse** 3 : 35 Hendrik Witbooi St., tel. 064 46 20 08, www.swakopmundguesthouse.com. In tegenstelling tot de elders gangbare gedegen, zelfs wat burgerlijke uitstraling is de ambiance hier licht en luchtig. Dit boetiekhotel zou zelfs in trendy Kaapstad een goed figuur slaan. Ter compensatie van de eindeloze aanvoer van varkensham, Schwarzwälder Kirschtorte en vers getapt bier kunnen ook coole cruiserfietsen worden geleend, waarmee u Swakopmund sportief en milieuvriendelijk kunt leren kennen. Zeer vriendelijke service. Gratis wifi, tegen extra betaling doet men ook uw was. 4 Standard Rooms, 7 Luxury Rooms en 1 Family Suite. 2 pk met ontbijt N$ 1760-2600.

Luchtig design – **The Delight** 4 : Hoek Theo-Ben Guriab Av./Nathaniel Maxuilili, tel. 061 42 72 00, www.gondwana-collection.com. In 2015 heeft Gondwana Collection dit coole, trendy hotel geopend in Swakopmund. Net als in het Strand Hotel is de sfeer hier ook totaal niet muf of belegen. Licht en luchtig 'Kaapstad'-design, op korte loopafstand van de pier. 54 kamers, gratis wifi. 2 pk met ontbijt N$ 1930.

Onder Zwitsers management – **Sam's Giardino Hotel** 5 : 89 Anton Lubowski St., tel. 064 40 32 10, www.giardinonamibia.com. Dit hotel met een Zwitserse eigenaar biedt 10 comfortabele kamers. Het staat bovendien bekend om zijn uitstekende restaurant met Italiaanse en Zwitserse specialiteiten (vier- tot vijfgangendiner N$ 250 p.p.). Ook is er een uitgebreide wijnkaart met meer dan honderd verschillende soorten. 2 pk met ontbijt N$ 1500.

Smaakvol en vlak bij het strand – **Brigadoon B & B Cottages** 6 : 16 Ludwig Koch St.,

Swakopmund

Schwarzwälder Kirschtorte: de specialiteit van Café Anton

tel. 064 40 60 64, www.brigadoonswakopmund.com. De chalets beschikken alle over een kitchenette, telefoon en televisie. Het ontbijt wordt geserveerd, voor lunch en avondeten moet u zelf zorgen. 2 pk met ontbijt N$ 1520.

Victoriaans juweel – **Hotel Eberwein** 7 : Sam Nujoma Ave., tel. 064 41 44 50, www.eberwein.com.na. Dit in 1909 opgetrokken fraaie woonhuis werd 90 jaar later verbouwd tot hotel. Gezellig, klein, vriendelijk personeel en vlak bij het centrum. 2 pk met ontbijt N$ 1550-1890.

Met mooie tuin – **The Secret Garden Guesthouse** 8 : 36 Bismarck St., tel. 064 40 40 37, www.secretgarden.com.na. Achter de ingang in Bismarck Street wacht heel verrassend een binnenhof met een groen gazon, kleurige bloembedden en exotisch aandoende palmen. Het hotel maakt een vrolijke en kleurige totaalindruk. 6 kamers en 2 suites, alle met ontbijt, bijzonder kindvriendelijk. 2 pk met ontbijt vanaf N$ 1200.

Op palen gebouwd – **The Stiltz** 9 : Tel. 064 40 07 71, www.thestiltz.com. Een architectonisch meesterwerk, midden tussen de wild groeiende tamarisken bij de monding van de Swakoprivier. De creatieve Swakopmunder Danie Holloway bouwde hier 9 rustieke bungalows en twee luxueuze villa's, allemaal op palen. Hij is ook eigenaar van het zeer aan te raden restaurant **The Tug** 1 (zie blz. 243). Bungalows voor 2 pers. vanaf N$ 1500.

Eten en drinken

Een welvoorzien buffet – **Platform One** 1 : 2 Theo Ben Gurirab Ave., een van de twee restaurants die het Swakopmund Hotel rijk is,

LIVING DESERT TOUR

Informatie
Begin: Swakopmund (u wordt opgehaald bij hotel of pension).
Duur: 4-5 uur, van 8-13 uur
Boeken: Living Desert Adventures, tel. 064 40 50 70 of 081 127 50 70, www.living-desert-adventures.com; Living Desert Tours, tel. 081 128 10 38, www.tommys.iway.na; Close-up Africa Safaris, tel. 064 40 42 07, www.close-up-africa.com
Kosten: N$ 650 p.p., kinderen tot 12 jaar betalen de helft.

Deze interessante en onderhoudende terreinwagentocht naar de alleen op het eerste gezicht vijandige woestijn zou op elke 'What-to-do-lijst' in Swakopmund moeten staan. Of u nu met Chris van Living Desert Adventures, Tommy van Living Desert Tours of Marius van Close-up Africa Safaris op stap gaat – de gidsen zullen u onmiddellijk besmetten met hun enthousiasme voor de natuur.

Het is net Animal Planet live: van het plantenmateriaal aan de duinrand, door de gidsen 'kevermuesli' genoemd, tot de radslagen uitvoerende spin, die met 44 omwentelingen per seconde vanaf de duinen rolt. Het diertje is een van de 'Little Five' van de Namibwoestijn en wordt in het Engels 'Dancing White Lady' genoemd.

De tocht begint op een plaats waar duizenden verbleekte botten uit het woestijnzand steken – een spookachtige aanblik in de ochtendmist. Honderden paarden zijn hier begraven, sommige nog met zadels en hoofdstellen. Door de wind komen de botten steeds weer bloot te liggen. 'Ze zijn aan acute loodvergiftiging overleden,' zegt de gids met een glimlach, en wijst op de kogelgaten in de schedels. Aanvankelijk werd aangenomen dat het de paarden van de Duitse koloniale troepen waren, maar uit verslagen van het Zuid-Afrikaanse leger bleek dat het om hun dieren ging. Ze waren geïnfecteerd met een dodelijke bacteriële ziekte. Vervolgens moesten 1695 paarden en 944 muilezels worden doodgeschoten.

De resterende verkenning van de duingordel tussen Swakopmund en Walvis Bay verloopt minder triest. De gids leest nu eerst de *Bushman*-krant. Zo wordt dat hier genoemd als men 's ochtends in de duinen op zoek gaat naar sporen die informatie geven over wat er in de voorgaande nacht is gebeurd.

Plotseling grijpt de woestijnmoderator in het zand en houdt een kleurige kleine woestijngekko omhoog. Even later hangt het diertje als een levend ornament aan het oor van een van de kinderen. De kleine gekko hapt in een reflex in het oor van het kind – dankzij de ontbrekende tanden kan het geen kwaad, en het staat leuk op de foto.

Bij iedere stop ontdekken de deelnemers aan de tocht meer woestijnbewoners: schorpioenen, hagedissen, slangen, kevers en insecten – allemaal aangepast aan de omstandigheden in de woestijn. Mijn favoriet is de Namaquakameleon *(Chamaeleo namaquensis)*, die wanneer hij bang is, helemaal wit wordt. Hij wordt donkerder naarmate hij meer ontspannen is. De gids

Swakopmund

heeft ondertussen een paar kevers verzameld, die hij op enige afstand aan de kameleon laat zien. Die draait zijn beweegbare ogen in de richting van de lekkernijen. Bliksemsnel schiet de lange, plakkerige tong uit de bek en verdwijnt er net zo snel weer in – met een kever.

Het hoogtepunt van de tocht is een rit door de duinen, die elke achtbaan in de schaduw stelt. Steil naar boven, weer naar beneden en in een hellende positie langs de duinflanken. Natuurlijk alleen daar waar er geen vegetatie is, om te voorkomen dat de fragiele natuur wordt beschadigd. De wind zal 's nachts alle sporen uitwissen. Zodat er de volgende ochtend weer een nieuwe uitgave van de *Bushman*-krant uitkomt.

tel. 064 40 08 00, dag. 12.30-14.30, 19-22 uur. 064 40 08 00, dag. 12.30-14.30, 19-22 uur. Gegarandeerd het beste stationsrestaurant in Afrika. Het overvloedige buffet is een aanrader. Hoofdgerecht ca. N$ 160.

Uitzicht op zee – **The Tug** 1 : Beachfront, Jetty Promenade, tel. 064 40 23 56, www.thetug.com, dag. 18-22, za., zo. 12-15 uur, *sundowners* vanaf 17 uur. In de romp van een oude zeesleper zit dit restaurant, dat vooral beroemd is om zijn schaal- en schelpdieren, maar de steaks zijn ook niet te versmaden. De bar is ondergebracht op de voormalige commandobrug. Hoofdgerecht N$ 140.

Steakparadijs – **Western Saloon & Pizzeria** 2 : 8 Moltke St., tel. 064 40 39 25. Bekend om zijn voortreffelijke steaks (rund, spiesbok, zebra, struisvogel), maar ook de knapperige pizza's uit de houtoven smaken uitstekend. Hoofdgerecht ca. N$ 130.

Eten boven de zee – **Jetty 1905** 3 : The Jetty, tel. 064 40 56 64, www.jetty1905.com, Facebook: Jetty 1905, di.-do. 12-14, 17-22, vr., za. 11-22, zo. 11-21 uur. Restaurant met fraai uitzicht aan het einde van de kade. De wandeling 's avonds naar het restaurant kenmerkt zich door een unieke sfeer wanneer de mist uit de Atlantische Oceaan het land in trekt en de golven tot aan de houten brug klotsen. Aan tafel kijkt u uit op de stadslichten op de oever. Bij binnenkomst in het restaurant loopt u over een glazen vloer, wat een spannende blik naar beneden biedt. Naast vleesgerechten vooral veel vis, oesters en sushi. Hoofdgerecht ca. N$ 130.

Vis en vlees – **Kücki's Pub** 4 : Hoek Tobias Hainyeko Street/Woermann Street, tel. 064 40 24 07, www.kuckispub.com. In het centrum van Swakopmund, dag. lunch en diner. Een van de beroemdste pubs van Namibië, vaak met livebands. Bekend om zijn grote porties. Zeebanket en gegrild vlees. Hoofdgerecht ca. N$ 120.

Verfijnde wildgerechten – **Erich's Restaurant** 5 : Daniel Tjongarero Ave., tel. 064 40 51 41, Facebook: Erich's Restaurant – Swakopmund, ma.-za. 18 uur tot laat. Al meer dan 20 jaar een vaste waarde in Swakopmund. Aanraders: gebakken camembert en de wildgerechten. Hoofdgerecht ca. N$ 110.

Bier van het vat en varkensham – **Swakopmund Brauhaus** 6 : The Brauhaus Arcade, tel. 064 40 22 14, www.swakopmundbrauhaus.com, dag. 10-14.30, 17-21.30 uur. Hier kunt u terecht voor de traditionele Duitse keuken, inclusief de beste varkenspootjes van Namibië, maar ook voor Namibische wild- en visgerechten. Inheems bier van het vat en geïmporteerde biersoorten. Ook kunt u buiten eten. Hoofdgerecht ca. N$ 100.

Fantastisch uitzicht – **Lighthouse Pub & Restaurant** 7 : Pal aan de mole, tel. 064 40 08 94, dag. 11-22 uur. Rustieke pub met restaurant aan het strand met een aangename sfeer en goede vis- en vleesgerechten. Hoofdgerecht ca. N$ 90.

Nostalgische sfeer – **Raith's Museums Cafe** 2 : tel. 064 40 20 46, Swakopmund Museum, dag. 10 uur tot zonsondergang. Dit historische café is getrouw naar het originele brouwerijcafé weer opgebouwd in het Swakopmund Museum. Gasten kunnen hier in een stijlvolle ambiance met uitzicht op het havenhoofd genieten van een versgetapt biertje. Na de sluiting van de Hansabrouwerij werden het brouwerijcafé en veel

Aan de Atlantische kust

Per Land Rover door de onherbergzame Welwitschiavlakte

voorwerpen uit de brouwerij hiernaartoe verhuisd. De bovenste helft van een van de grote koperen brouwketels dient tegenwoordig als zonwering boven de ingang van het museum. Namibia Breweries, tot de sluiting eigenaar van de Hansabrouwerij, investeerde ca. N$ 750.000 in de N$ 1 miljoen kostende restauratie. De ambiance is heel aantrekkelijk en het eten is goed – de keuken wordt beheerd door het Zuid-Afrikaanse delicatessenbedrijf Raith Gourmet. Hoofdgerecht ca. N$ 80.

Oma's recepten – **Village Café** 8 : 23 Sam Nujoma Ave., tel. 064 40 47 23, www.villagecafenamibia.com, Facebook: Village Café, ma.-vr. 7-18, za. 7-14 uur. Coole inrichting, zelfgemaakte lichte gerechten en gebak. Hoofdgerecht ca. N$ 60.

Schwarzwälder Kirschtorte – **Café Anton** 9 : 1 Bismarck St., tel. 064 40 03 31, dag. 7-18 uur. Bij de oude vuurtoren aan de haven. Dit ouderwetse café in enigszins gedateerde jaren 80-stijl is beslist het bekendste van Namibië. De legendarische Schwarzwälder Kirschtorte, waar misschien een beetje meer kirsch in zou mogen, wordt geserveerd door perfect Duits sprekende Namibiërs. Heel smakelijk zijn ook de *Käsekuchen* (cheesecake) en de *Bienenstich* (amandelgebak). Gebak vanaf N$ 40.

Winkelen

Kunstnijverheid – **African Kirikara** 1 : Am Ankerplatz, Dr. Sam Nujoma Drive, tel. 064 46 31 46, www.kirikara.com, ma.-vr. 9-13,

Swakopmund

14.30-17.30, za. 9-13, 16-18, zo. 10-12 uur. Winkel met stijlvolle kunstnijverheid die gegarandeerd uit zuidelijk Afrika, en niet uit China, afkomstig is.

Antiek – **Peter's Antiques** 2 : Tobias Hainyeko St., tel. 064 40 56 24, www.petersantiques.com, ma.-vr. 9-13, 15-18, za. 9-13, 17-18, zo. 17-18 uur. Grote keuze aan boeken uit de koloniale tijd, oude ansichtkaarten, snuisterijen en oude Afrikaanse kunstnijverheid. Ideaal voor als u een origineel souvenir zoekt.

Safarikleding – **Hans Lohmeier** 3 : Dr. Sam Nujoma Ave., tel. 064 40 25 15, ma.-vr. 9.30-13, 15-18, za. 9.30-13 uur. Kaki safarikleding, schoenen en laarzen uit koedoeleer, *bush hats*.

Boeken en tijdschriften – **Swakopmunder Buchhandlung** 4 : Dr. Sam Nujoma Ave., tel. 064 40 26 13, Facebook: Swakopmunder Buchhandlung, ma.-vr. 9-18, za. 9-13 uur. Deze boekhandel bestaat al sinds 1900 en heeft een grote collectie boeken en andere publicaties over de geschiedenis van Swakopmund en Duits Zuidwest-Afrika.

Actief

Swakopmund is zo ongeveer de sport- en adrenaline-hoofdstad van Namibië. U vindt hier aanbieders van een enorm spectrum aan soms heel bijzondere buitenactiviteiten. Kajakken tussen dolfijnen en pelsrobben kost N$ 600-700 p.p., tandemparachutespringen ca. N$ 1700 p.p., parasailen N$ 600 p.p., ziplinen

Aan de Atlantische kust

(aan een 1200 m lange kabel) N$ 650 p.p., landzeilen door de woestijn N$ 550 p.p., *sandboarding* (duinsurfen) N$ 400-500 p.p.

Kameelrijden – **Camel Farm** 1 : 12 km ten oosten van Swakopmund, tel. 064 40 03 63, www.swakopmundcamelfarm.com, dag. 14-17 uur. Op een kameel de koloniale kameelruiters achterna (zie blz. 248). 15 min. volwassenen N$ 150, tieners N$ 100, kinderen tot 13 jaar N$ 75.

Paardrijden – **Okakambe Trails** 2 : 12 km van de stad, via de B 2 in de richting van de luchthaven, rechts de D 1901 op, de stallen liggen dicht bij de Camel Farm. tel. 064 40 27 99 en 40 52 58, www.okakambe.iway.na. Onder begeleiding te paard de zonsondergang aan het strand tegemoet of drie dagen met een Damaragids in het maanlandschap hier in de streek. Rit van 1 uur voor 1 pers. N$ 650, 2 of meer pers. N$ 550, 1,5 uur N$ 750/650, 2 uur N$ 820/750, 3 uur N$ 900/860, *sundowner*-rit N$ 700/600, dagtocht (6 uur) met lunch N$ 2350/1900, tweedaagse tocht (volpension) N$ 7500/5200, driedaagse tocht (volpension) N$ 11.000/7100.

Adrenalinesporten – **Desert Explorers** 3 : 2 Woermann St., tel. 064 40 60 96, www.namibiadesertexplorers.com. De tochten van Desert Explorers beginnen aan de weg naar Walvis Bay, vlak voor de brug over de Swakop links. Desert Explorers biedt een groot aantal spannende buitenactiviteiten aan, zoals duinsurfen, quadrijden, paragliden en parachutespringen, maar ook rustiger activiteiten als ballonvaren, vissen, dolfijnen observeren, paardrijden enzovoort. **Dare Devil Adventures** 4 : Tussen Swakopmund en Walvis Bay, tegenover Long Beach, mobiel 081 755 35 89, www.daredeviladventures.com. Duinsurfen en quadrijden (tochten van verschillende lengte, van 10 tot 40 km).

Sandboarding – **The Alter-Action Sandboarding Experience:** tel. 064 40 27 37, www.alter-action.info. Surfen in de duinen van Swakopmund, liggend (N$ 400) of staand (N$ 550).

Parachutespringen – **Ground Rush Adventures:** tel. 064 40 28 41, www.skydiveswakop.com.na. Tandemparachutespringen boven de woestijn en de zee, een schitterend uitzicht is gegarandeerd. Het beginpunt is het vliegveld van Swakopmund, hangar 13.

Ballonvaren – **African Adventure Balloons:** tel. 064 40 34 55, www.africanballoons.com. Tochten met een heteluchtballon in de omgeving van Swakopmund, inclusief champagne-ontbijt na de landing, voor N$ 3500 p.p.

Landzeilen – **Landyachting Eco Fun:** tel. 064 40 32 53. Twee uur lang door de duinen van de oudste woestijn ter wereld rijden op een driewielige constructie met een enorm zeil. N$ 550 p.p.

Vervoer

Vliegtuig: Air Namibia vliegt 6 x per week van Windhoek naar Swakopmund. Reserveren: tel. 061 22 96 39.

Bus: Intercape Mainliner rijdt van Kaapstad via Keetmanshoop naar Windhoek en Swakopmund en weer terug. Inlichtingen en reserveren: tel. 061 22 78 47. Ook **Ekono Liner** rijdt via Windhoek tussen Swakopmund en Kaapstad. Inlichtingen en reserveren: tel. 061 23 69 46.

Trein: Op het traject tussen Windhoek en Swakopmund rijdt dagelijks behalve zaterdag een trein. Inlichtingen en reserveren: **TransNamib Rail Central Reservations**, tel. 061 298 20 32. Sinds april 1998 rijdt op de oude Duitse spoorlijn tussen Windhoek en Swakopmund tevens de luxueuze **Desert Express** (zie ook Thema blz. 142). Inlichtingen en reserveren via Private Bag 13204, Windhoek, tel. 061 298 26 00, dx@transnamib.com.na.

Uitstapje naar de Welwitschiavlakte

▶ F 9

Een goed aangegeven rondrit voert van Swakopmund naar de **Welwitschiavlakte**, in het noordelijke deel van het Namib-Naukluft Park. Voor toegang tot de vlakte hebt u een *permit*

Uitstapje naar de Welwitschiavlakte

De Welwitschiavlakte dankt zijn naam aan deze plant

(vergunning) nodig, te krijgen bij het Namibische natuurbeschermingsbureau in de Ritterburg. Wie op de Welwitschiavlakte wil kamperen, kan hier alvast reserveren.

Als u de asfaltweg B 2 vanuit Swakopmund in de richting van Usakos blijft volgen, ziet u aan uw rechterhand de locomobiel **Martin Luther**, die inmiddels door een bakstenen huisje met grote glazen deuren beschermd is tegen de elementen. In 1896 importeerde de Duitse officier Edmund Troost het 1,4 ton zware, door stoom aangedreven voertuig. Hij financierde het project uit eigen zak en wilde zo onafhankelijk zijn van spoorrails en ossenwagen. Toen echter bleek dat hij voor de afstand van Walvis Bay naar Swakopmund drie maanden nodig had, een enorme hoeveelheid water verdampte en voortdurend in het zand bleef steken, kreeg Troost bedenkingen. Het gevaarte had bovendien zoveel hout nodig om het vuur te kunnen stoken dat er nauwelijks nog plaats voor vracht overbleef. Na een vierde poging gaf Troost ten slotte op en hij liet het voertuig achter in de woestijn.

De bijnaam voor het voertuig kwam tot stand toen iemand de woorden citeerde die de kerkhervormer Maarten Luther zou hebben gesproken: 'Hier sta ik, ik kan niet anders.'

Voorbij de *Martin Luther* gaat de weg rechtsaf naar de Khomashoogvlakte. Door het dal van de Swakop River bereikt u de ingang van het Namib-Naukluft Park. Al spoedig geeft een stenen wegwijzer linksaf de weg aan naar de **Welwitschiaroute**.

Wie de tijd neemt en het landschap eens goed bekijkt, stelt vast dat de Namib niet alleen droog en zonder leven is. Stenen en grond zijn bedekt met korstmossen die water halen uit de mist die 's nachts vanaf zee landinwaarts komt gedreven. Wat er uitgestorven uitziet, kan met een beetje water tot leven worden gewekt. Wie uit een veldfles een scheutje water op de grond giet, ziet dat de korstmossen ogenblikkelijk opbloeien en van kleur veranderen – een fascinerend gezicht, dat bewijst dat de woestijn leeft.

Naast de weg zijn nog oude sporen van ossenwagens te zien. De wielen reden over de

Per schip door de woestijn – Duitse kameelruiters

Al in 1889 had Curt von François een kameel, die hij op Tenerife had gekocht, naar Duits Zuidwest-Afrika gebracht. Het dier voelde zich echter zo eenzaam dat het steeds weer losbrak en naar het strand liep, waar het ten slotte in Sandwich Harbour verdronk. Op 23 juli 1891 werden nog eens tien kamelen in Walvis Bay aan land gebracht.

De in 1891 geïmporteerde kamelen waren bestemd voor troepentransport en de pakketpostbestelling tussen Walfischbucht (Walvis Bay) en Windhoek. Pas toen Lorenz Hagenbeck, zoon van de beroemde dierentuindirecteur Carl Hagenbeck uit Hamburg, de organisatie van het kamelentransport op zich nam, arriveerden grotere aantallen van het dier. Op 19 april 1906 waren het 535 stuks, zes daarvan waren tijdens de overtocht geboren.

Om de Nama van Simon Kopper te bestrijden, moesten de soldaten van het Duitse koloniale leger een truc bedenken. Kopper en zijn mannen hadden hun kampement in het toenmalige Brits Beetsjoeanaland (het huidige Botswana) opgeslagen, midden in de Kalahari – in 1906 nog een witte vlek op de landkaart. De Nama en hun paarden leefden van de woestijnmeloen (tsammas) en konden in tegenstelling tot de Duitsers bijna zonder water overleven. Op hun rooftochten drongen ze steeds weer het Duitse gebied binnen, overvielen boerderijen en nederzettingen om zich daarna weer in de onbekende woestijn terug te trekken.

De Duitse ruiters besloten van het paard op de kameel over te stappen. Zo trokken tijdens de Erckertveldtocht de kamelen van de koloniale troepen massaal op tegen het laatste vrije Namahoofd, Simon Kopper. De eenheid van kapitein Friedrich von Erckert bestond uit 27 officieren, 373 soldaten, 129 inheemsen, 710 kamelen, elf ossen, twee paarden, vijf ezels en vier machinegeweren. Tijdens een negen maanden durende opleiding, waarop Erckert persoonlijk toezicht hield, leerden de mannen en kamelen aan elkaar te wennen, net als aan de bittere woestijnmeloen, de enige 'waterbron' in de Kalahari.

Op 8 mei 1908 kregen de kamelen hun laatste water voor de oversteek door de Kalahari. Von Erckert volgde de sporen van zijn tegenstanders, die geen rekening hielden met een achtervolging in de woestijn. Op de avond van 15 maart bereikten de Duitsers Koppers kampement in Seatsub, in het Britse deel van de Kalahari. Op de vroege ochtend van 16 maart bestormden ze het kamp in een verrassingsaanval. Kapitein Von Erckert sneuvelde als eerste, veertien andere Duitse soldaten kwamen ook om het leven. De meeste van Koppers mannen kwamen in de strijd om.

Ondanks het succes van de kameeltroepen kwam het niet meer tot verdere grote acties. Nadat de Zuid-Afrikanen de Duitse kolonie hadden overgenomen, gebruikten sommige politie-eenheden af en toe nog kamelen, maar met de komst van de terreinwagen met vierwielaandrijving eindigde dit tijdperk ten slotte halverwege de 20e eeuw.

korstmossen en beschadigden de kwetsbare plantjes, die zich tot op heden niet hersteld hebben. Dat is niet verrassend, want ze groeien slechts een halve millimeter in het jaar.

Even verderop ziet u het **maanlandschap** dat ontstond toen de wijdvertakte Swakop River zich in een vochtige periode 460 miljoen jaar geleden een weg door de zachte oppervlaktelagen baande. Op de achtergrond doemt de uraniummijn van **Rössing** op, die lange tijd van grote economische betekenis was, maar de omgeving ook radioactief besmette. Vanwege de grote internationale vraag naar uraniumerts werd de mijn kortgeleden weer in gebruik genomen.

Het naast de weg liggende schroot en vuil mag niet worden verwijderd, aangezien het bijna antiek is. In 1915 hadden Zuid-Afrikaanse troepen hier hun kamp opgeslagen. Behalve kapotte flessen en roestige blikjes treft men hier ook nog de ijzeren rupsband van een oude pantserwagen aan. Een interessante geologische bijzonderheid vormen de gitzwarte lagen in de bruine rots. Het gaat hier om erosiebestendig doleriet.

Dan bent u eindelijk bij wat iedere botanicus in vervoering brengt: een exemplaar van de beroemde **Welwitschia mirabilis**, een kegeldragende, naaktzadige plant. Hij werd in 1853 ontdekt door de Oostenrijker Friedrich Welwitsch in Zuid-Angola, en ziet er op het eerste gezicht uit als een hoopje verdorde bladeren. Er zijn zowel mannelijke als vrouwelijke planten, die duidelijk door de 'bloeivormen' van elkaar te onderscheiden zijn. Voor bestuiving is de plant afhankelijk van een insect, de rode welwitschiakever. De botanische rariteit en de kever zijn van elkaar afhankelijk, de plant wordt echter zo'n 2000 jaar ouder. De wortels van de plant reiken tot 3 m diep. Wat eruitziet als vele bladeren, zijn er in werkelijkheid slechts twee, tot 8 m lang, door de wind gespleten, waarmee de plant vocht uit de optrekkende zeemist haalt.

Informatie
Ministry of Environment and Tourism (MET): Ritterburg, hoek Dr. Sam Nujoma Ave./Bismarck Street, Swakopmund, tel. 064 40 45 76, www.met.gov.na, ma.-vr. 8-17, za., zo. 8-13 uur, voor vergunningen *(permits)* ma.-vr. 8-15, za.-zo. 9-12 uur, kosten: auto N$ 10, volwassene N$ 40, kinderen gratis. De Welwitschiavlakte wordt door rangers gecontroleerd; wie geen *permit* heeft, riskeert een boete.

Accommodoatie
Kamperen op de Welwitschiavlakte – Wie hier op een van de primitieve kampeerterreinen wil overnachten, moet reserveren via **Namibia Wildlife Resorts**. In Windhoek, tel. 061 285 70 00, in Swakopmund, tel. 064 40 21 72, of in Kaapstad, Zuid-Afrika, in Burg Street, tel. 0027 21 422 37 61, ct. bookings@nwr.com.na; www.nwr.com.na. De plaatsen (maximaal 4 personen) beschikken niet over sanitaire voorzieningen. Hout en water moet u zelf meebrengen. Na renovatie is het kampeerterrein in 2016 weer heropend.

Bloetkoppie en Archer's Rock ▶ F 10

Voor liefhebbers van tochten per terreinwagen loont een uitstapje naar het **Bloedkoppie**, waarvoor u eerst een *permit* bij de Natuurbescherming in Swakopmund moet halen. De rit begint op de C 28 en vervolgt over puinvlakten en gladgeslepen rotsen, door droge rivierbeddingen, langs duinen en enorme granietheuvels *(koppies)*. Ook het Bloedkoppie is zo'n granietheuvel. Het dankt zijn naam aan het feit dat het bij zonsondergang bloedrood kleurt. De heuvel kan ook beklommen worden, maar wees voorzichtig, want de laagjes geërodeerd gesteente brokkelen snel af!

Als u genoeg tijd hebt, kunt u via Klein en Midden-Tinkas, waar overigens een rondwandeling van 4 tot 5 uur begint, doorrijden naar de bizarre rotsformatie **Archer's Rock**. Zowel hier als bij het Bloedkoppie liggen eenvoudige kampeerterreinen, die wel tevoren bij de Natuurbescherming in Swakopmund besproken moeten worden.

Hoofdstuk 4

Geraamtekust en Damaraland

Op de onberekenbare Atlantische Oceaankust ten noorden van Swakopmund zijn in het verleden honderden schepen gestrand. Plotseling opkomende mistbanken en een vrijwel altijd stormachtige zee hebben aan de Geraamtekust al voor veel catastrofes gezorgd. Piloten en kapiteins onderschatten de natuur, vliegtuigen stortten neer, schepen leden schipbreuk. Degenen die het vege lijf wisten te redden, kwamen van dorst om in de Namib, waarvan de duinen naadloos in het zandstrand overgaan. Deze tragedies gaven dit stuk kust zijn naam. Sinds 1967 is het Skeleton Coast National Park beschermd gebied en sinds 2010 valt het geheel onder natuurbescherming. Het strekt zich uit van de benedenloop van de Ugab tot aan die van de Kunene: het noordelijke derde deel van de Namibische kust. De 200 km lange kuststrook tussen Swakopmund en het Skeleton Coast National Park vormen het Dorob National Park. Bij Cape Cross (Kaap Kruis) verzamelen zich in de paartijd tussen november en december tot 250.000 Kaapse pelsrobben (Cape fur seals). Buiten de paartijd zijn er ook nog steeds bijna 100.000 dieren aanwezig. Cape Cross Seal Reserve is daarmee de grootste van de 23 robbenkolonies aan de kust van Zuid-Afrika en Namibië, waar in totaal 1,6 miljoen van deze dieren leven.

In Damaraland, dat ten oosten van de Geraamtekust ligt, is een groot aantal geologische en archeologische hoogtepunten te vinden: Namibiës hoogste berg, de Brandberg, de prachtig geërodeerde Spitzkoppe, versteende bossen, de monumentale Vingerklip en het grootste openluchtmuseum van Afrika met schilderingen en gravures van de San bij Twyfelfontein. Een bijzondere ervaring in Damaraland is het opsporen van woestijnolifanten, die over het algemeen in droge rivierbeddingen rondtrekken. Er zijn ook andere dieren te ontdekken: onder andere antilopen, giraffen, zebra's en de zeer zeldzame zwarte of puntlipneushoorns.

De Vingerklip in Damaraland is 35 m hoog

In een oogopslag: Geraamtekust en Damaraland

Hoogtepunten

Cape Cross Seal Reserve: Bij Cape Cross verzamelen zich elk jaar in de paartijd (november/december) tot maar liefst 250.000 Kaapse pelsrobben *(Cape fur seals)*, ook Zuid-Afrikaanse zeeberen genoemd – een luidruchtige en de reukzin prikkelende ervaring (zie blz. 256).

Twyfelfontein: Hier zijn 2400 tot 6000 jaar oude rotsgravures en -schilderingen bewaard gebleven. Wetenschappers gaan ervan uit dat de afbeeldingen in zes verschillende periodes met kwartsstenen een paar millimeter diep in het zandsteen zijn gekrast. In 2007 heeft de UNESCO ze op de Werelderfgoedlijst gezet (zie blz. 269).

Vingerklip: Deze imposante kalksteenzuil, het geërodeerde restant van een tafelberg, staat aan de rand van de bedding van de Ugab en biedt een fantastisch uitzicht op de eindeloze weidsheid van Namibië (zie blz. 271).

Fraaie routes

Naar de Grootberg Lodge: Schitterende, onverharde weg over de Grootberg, een van de vele tafelbergen in Damaraland, 1600 m boven de canyon van de Klip River (zie blz. 271).

Rond de Spitzkoppe: De opvallend uit de vlakte oprijzende granietkoepel van de Spitzkoppe wordt omringd door wegen met een fantastisch uitzicht (zie blz. 274).

Tips

De mooiste camps en lodges: De **Palmwag Lodge** (zie blz. 266) en het **Damaraland Camp** (zie blz. 266) organiseren safaritochten naar de zeldzame woestijnolifanten. De **Grootberg Lodge** (zie blz. 271) is eigendom van de lokale gemeenschap en biedt een geweldig uitzicht.

Aba-Huab Campsite: Dit kampeerterrein in Twyfelfontein is een schoolvoorbeeld van *community based tourism*, dus het betrekken van de lokale bevolking bij een toeristisch project. De camping wordt uitstekend beheerd en de bar is een hoogtepunt na een hete dag (zie blz. 270).

Henckert Tourist Centre in Karibib: Dit souvenirwalhalla biedt niet alleen toeristische informatie, maar ook hoogwaardige kunstnijverheid uit Namibië en andere landen in zuidelijk Afrika (zie blz. 277).

Op de Ugab Hiking Trail: De inspanningen op deze conditioneel uitdagende *trail* houden het midden tussen wandelen en klimmen (zie blz. 260).

In het spoor van de woestijnolifant: Een ontmoeting met de zeldzame, aan de moeilijke omstandigheden in de woestijn aangepaste dikhuid is een van de hoogtepunten van een reis door Namibië (zie blz. 268).

Met de Daureb Mountain Guides naar de Brandberg: Inheemse, speciaal opgeleide gidsen geven op tochten van verschillende lengte informatie over de flora en fauna van het Brandberggebied (zie blz. 272).

Geraamtekust

Ten noorden van Swakopmund begint de roemruchte Geraamtekust, die in het Dorob en Skeleton Coast National Park wordt beschermd. Het unieke natuurreservaat is tot aan Terrace Bay toegankelijk voor toeristen met een vergunning. Een levendig hoogtepunt langs de kust is de kolonie Kaapse pelsrobben bij Cape Cross.

De kust bleef relatief lang verschoond van exploitatie. Pas eind 19e eeuw en in de koloniale tijd werd de zee voor de Geraamtekust overbevist door Noord-Amerikanen en Britten. Ook walvissen werden afgeslacht. Hiervan getuigen de vele geraamtes langs de kust.

Sinds 1967 is het **Skeleton Coast National Park** al een beschermd natuurgebied. Het beslaat het gebied van de benedenloop van de Ugab tot de Kunene. In 2010 werd de 200 km lange kuststrook tussen Swakopmund en het Skeleton Coast Park, de voormalige National Westcoast Tourist Recreation Area, uitgeroepen tot het **Dorob National Park**.

Met een overnachtingsvergunning kunt u op eigen gelegenheid tot aan Terrace Bay reizen. Het noorden van de Geraamtekust, van de Hoanib River tot aan de Kunene, is concessiegebied en kan alleen georganiseerd worden bezocht. Bijna alle scheepswrakken die vaak op foto's te zien zijn, liggen hier.

Van Swakopmund naar Cape Cross

Kaart: blz. 257

Swakopmund Saltworks Private Nature Reserve
▶ E 9

Ten noorden van Swakopmund ligt, net als bij Walvis Bay, een installatie voor de winning van zeezout. Deze *salt works* zijn uitgeroepen tot het **Swakopmund Saltworks Private Nature Reserve** [1]. Vogelaars kunnen hier hun hart ophalen: er verzamelen zich duizenden zeevogels in dit reservaat, onder andere damarasterns *(Damara tern)*, futen *(great crested grebe)* en een grote kolonie Kaapse aalscholvers *(Cape cormorant)*, plus flamingo's en kleine flamingo's *(greater/lesser flamingo)*. Ongeveer 80% van de 7000 damarasterns die er ter wereld nog zijn, broedt aan de rand van de Namibwoestijn, waar ze in september en oktober aankomen na hun trek vanuit West-Afrika. De kleine grijswitte vogel met zwarte kruin maakt een nest voor slechts één ei, tussen kiezelvlaktes en duinen.

Verder naar het noorden zijn langs de kust een paar eenvoudige kampeerterreinen ingericht, die, bij afwezigheid van markante punten in de omgeving, bijzonder pragmatisch genoemd zijn naar de afstand die ze van Swakopmund scheidt. Iets comfortabeler, met bungalows en stapelaten, diepvrieskisten en gemeenschappelijke keuken, is camping **Mile 4**, even buiten Swakopmund.

Verder naar het noorden duikt aan uw linkerhand het vakantiedorp **Wlotzkasbaken** [2] op. Watertanks op hoge houten stellages bepalen het aanzien van het plaatsje. Veel sportvissers hebben hier een weekendhuisje. Aan kleurige vlaggetjes is te zien of de mensen thuis zijn. Walvisribben zijn gebruikt om de percelen af te bakenen. Wlotzka, zoals het dorp vaak kortweg wordt genoemd, is op curieuze wijze fotogeniek, maar voorzieningen voor toeristen ontbreken.

Van Swakopmund naar Cape Cross

Henties Bay ► E 9

Het 75 km noordelijk van Swakopmund gelegen **Henties Bay** 3 heeft zich daarentegen tot een echte vakantieplaats ontwikkeld. Deze nederzetting is beroemd om haar rijkdom aan vis; in het seizoen komen hier honderden sportvissers af op de kabeljauw *(kob)*, steenbrasem *(steenbras)*, zwarte brasem *(swartbras)*, galjoen en barbeel *(barbel)*. Om overbevissing te voorkomen, mag elke visser niet meer dan acht vissen per dag binnenhalen. De beste plekjes hebben grappige namen als Bennie se Rooi Lorrie, 'Bennies rode vrachtwagen' – die zal hier ooit wel gezonken zijn.

In het plaatsje vindt u een paar organisatoren van hengeltrips. Henties (spreek uit: 'Henkies') Bay is genoemd naar majoor Hentie van der Merwe, die in het mondingsgebied van de Omaruru een zoetwaterbron had ontdekt. Hij keerde zo vaak naar de plaats terug dat die onder zijn naam bekend werd. In het lokale café valt een record te bewonderen: met zijn 33 meter is de toog de langste van Namibië. Een prima excuus om daar een Windhoek Lager te gaan nuttigen, of een light als u nog moet rijden.

Accommodoatie

Paradijs voor hengelaars – **Byseewah Guesthouse:** Henties Bay, Auas Street, tel. 064 50 11 11. Comfortabel hotel nabij het strand met 9 tweepersoonskamers. Met een goed restaurant, waar voor niet-gasten de lunch en voor gasten op aanvraag het diner wordt geserveerd. 2 pk met ontbijt N$ 1000.

Met de flair van een jeugdherberg – **De Duine Hotel:** 34 Duine Rd., Henties Bay, tel. 064 50 00 01, www.deduinehotel.com. Klein hotel aan zee met 20 kamers en een goed restaurant. 2 pk met ontbijt N$ 650.

Eten en drinken

Met authentieke pub – **Spitzkoppe Restaurant:** Jakkalsputz Road, tel. 064 50 01 00. Steaks en zeebanket. Bar met speelautomaten en biljarttafels. Hoofdgerecht N$ 70.

Decoratief toegangshek van het Skeleton Coast Park

Cape Cross Seal Reserve ▶ D 8

Kaart: rechts

De volgende stop belooft een intense ervaring, zowel voor het gehoor als voor de reukzin. Bij Cape Cross verzamelen zich in de paartijd (nov.-dec.), tot 250.000 Kaapse pelsrobben *(Cape fur seals)*, ook wel Zuid-Afrikaanse zeeberen genoemd. Buiten deze tijd, die vooral voor de mannetjes erg inspannend is, zijn er altijd nog bijna 100.000 dieren aanwezig. Het **Cape Cross Seal Reserve** is daarmee de grootste van de 23 robbenkolonies langs de kust van Zuid-Afrika en Namibië, waar alles bij elkaar 1,6 miljoen robben leven. Bezoekers mogen tot vlak bij de dieren kruipen, met alleen een muurtje ertussen (dag. 10-17 uur, toegang N$ 80 p.p., geen overnachtingsmogelijkheid, alleen drinkwater en wc's).

Kaapse pelsrobben

Hun pels heeft een dikke laag kort haar onder de langere, grovere bovenvacht. Als de bovenlaag nat wordt, blijft de fijne ondervacht droog en vormt met het onderhuidse vet een perfecte isolatielaag. De warmbloedige robben met een lichaamstemperatuur van 37 °C kunnen op deze manier langere tijd in het koude water (10-15 °C) van de Benguelastroom blijven. Een mannetje 'bedient' tijdens de bronsttijd een groep van maximaal 25 vrouwtjes en verliest gedurende deze periode heel wat gewicht. Terwijl hij in het begin 300 of 350 kilo in de schaal legt, is hij na zes tot acht weken nog maar half zo zwaar, een ware vermageringskuur. De drachtige vrouwtjes blijven in de kolonie achter en brengen hun jong tijdig ter wereld, voordat de mannetjes het volgende jaar weer terugkomen. Twee weken na de geboorte zijn de vrouwtjes alweer vruchtbaar.

De jaarlijkse grootschalige slachting van robben in Namibië is zeer omstreden. Namibiers beschouwen de pelsrobben net als vis als een natuurlijke hulpbron die ze exploiteren; ze spreken dan ook van *harvesting*, het 'oogsten' van de robben. Sinds 1990 gebeurt het tenminste gecontroleerd. De jongen van zeven tot tien maanden worden vooral gedood om hun zachte vacht, die als hun isolatielaag dienstdoet. Van de volwassen mannetjes wordt het vlees gebruikt. Jaarlijks slachten ongeschoolde arbeiders zo'n 13.000 jongen en 1200 volwassen mannetjes in de kolonie. Dit is de reden dat het robbenreservaat op vrijdag gesloten is: het bloederige schouwspel maakt niet zo'n goede indruk op de toeristen. Natuurlijke vijanden van de pelsrob zijn de zadeljakhals en bruine hyena, die het vooral op jonge en zieke dieren voorzien hebben.

Meer dan een derde van alle pelsrobben sterft voor de volwassenheid. De belangrijkste oorzaken zijn een te vroege geboorte, verwondingen die de jonge dieren oplopen als de mannetjes in het gedrang van de kolonie per ongeluk over ze heen walsen, verdrinking of de hongerdood als de moeder bij het voedsel zoeken om het leven komt.

De eerste Europeaan in Namibië

De eerste Europese voetstap op Namibische bodem werd gezet nabij de pelsrobbenkolonie, en wel in 1486. Toen richtte de Portugees Diogo Cão op de huidige Cape Cross (Kaap Kruis) een stenen kruis op ter ere van koning João II van Portugal. Tijdens de vier eeuwen daarna interesseerde zich echter geen Europeaan meer voor het gebied. Tegenwoordig staat er een replica van het **stenen kruis van Diogo Cão** naast een niet erg bijpassend granieten monument. Dat laatste is afkomstig van de Duitse keizer Wilhelm II. Het origineel van het Cãokruis staat tegenwoordig op de binnenplaats van het Duits Historisch Museum in Berlijn. Samen symboliseren de twee gedenktekens en het platform waar ze op staan het Zuiderkruis, het sterrenbeeld waar Diogo Cão zich tijdens zijn zeereis op oriënteerde. Hij was overigens in gezelschap van een Duitser uit Nürnberg, Martin Beheim, die als navigator van het schip fungeerde.

Accommodaotie, eten

Een trefpunt van jakhalzen – **Cape Cross Lodge:** 60 km ten noorden van Henties Bay,

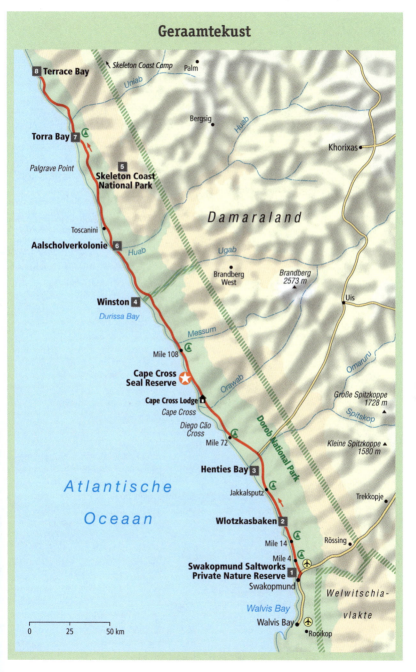

FLY-INSAFARI AAN DE GERAAMTEKUST

Een rondvlucht is beslist de indrukwekkendste manier om de Geraamtekust te verkennen. De **Skeleton Coast Safaris** van de Namibische familie Schoeman worden al sinds 1977 georganiseerd. De Schoemans, met veel kennis van het land, waren pioniers op het gebied van ecotoerisme. In een eenmotorige Cessna Centurion vliegt u eerst van Windhoek laag boven de grond westwaarts naar de Atlantische Oceaan, via bruinverbrande bergen, dalen, zandvlaktes en duinen. De piloot vliegt op sommige plaatsen zo laag dat de passagiers de oryxantilopen op de grond kunnen observeren. Al van ver kondigt een streep dikke mist de koude oceaan aan. In vogelperspectief wordt het contrast nog veel duidelijker dan op de grond. Het toestel vliegt over het wrak van de *Eduard Bohlen* bij Conception Bay. Het schip was op een zandbank gelopen en al bijna bevrijd. Precies toen het kanaal dat van de volle zee naar het schip was gegraven klaar was, wierp een geweldige storm het schip op het strand, waar het vervolgens goudzoekers jarenlang van een onderdak voorzag. Ondanks de indruk die door de schitterende foto's in brochures, reisgidsen en fotoboeken gewekt wordt, is dit in feite een van de nog maar twee enigszins bewaard gebleven scheepswrakken aan de hele Namibische kust. Alle andere wrakken zijn in de loop der jaren helemaal vergaan en inmiddels niet meer als schip herkenbaar. En nu de navigatie via satellieten loopt, komen er gelukkig geen nieuwe wrakken meer bij. Hoewel het wrak nauwelijks meer te zien is, landt de piloot na een steile daling pal naast de laatste overblijfselen van de *Winston* voor een picknick. Er wordt overnacht in eenzaam gelegen, eenvoudige *camps*. Van daaruit worden excursies gemaakt in oude Land Rovers met een rij stoeltjes op de imperiaal gemonteerd, zodat u bij de steile ritten de duinen af bij Terrace Bay spectaculair uitzicht hebt. De duinen zijn niet alleen steil, ze maken ook geluid. Als het zand losraakt, wrijven de kwartsdeeltjes tegen elkaar en veroorzaken een vibrerend geluid – het duin 'bromt'. Daarna wordt het nog indrukwekkender. De Cessna vliegt in scheervlucht laag over de Namibwoestijn en door een nauwe kloof naar Purros. Het laatste kamp ligt aan de Kunene, de grensrivier met Angola. Kortom: een niet goedkope vliegsafari – die zijn prijs beslist waard is – voor iedereen die van spectaculaire vluchten houdt en fraaie luchtopnames wilt maken.

Informatie en boeken: Skeleton Coast Safaris, Shop 15B, 2nd floor, Maerua Park, Windhoek, tel. 061 22 42 48, www.skeletoncoastsafaris.com, kosten: vanaf US$ 7260 p.p., duur: 4 dagen.

tel. 064 46 16 77, www.capecross.org. Lodge vlak aan zee. Alle twintig kamers, waarvan een aantal met balkon, kijken uit op de baai. 's Avonds verzamelen zich in het strijklicht van de lodge jakhalzen op het strand, om te huilen – en uiteraard om robben te verslinden. In het restaurant met een opvallend goede wijnkaart worden Zuid-Afrikaanse specialiteiten geserveerd. Er worden ook excursies naar de robbenkolonie georganiseerd. 2 pk met ontbijt en diner vanaf N$ 3000, lunchpakket N$ 85.

Een Cessnavlucht boven de duinenzee aan de Geraamtekust levert spectaculaire foto's op

Langs de Geraamtekust naar Terrace Bay

Kaart: blz. 257

Aan de Ugab staat het veelvuldig gefotografeerde toegangshek met de reusachtige doodskoppen dat de ingang van Skeleton Coast National Park markeert. Als de Ugab volloopt (zie blz. 25) wordt het toegangshek overbodig, want dan komt er sowieso niemand meer doorheen. Iets vergelijkbaars geldt voor de rivieren Koigab en Uniab verder naar het noorden. In januari en februari is de kans het grootst dat er zoveel neerslag valt dat er water in de beddingen stroomt.

Geschiedenis

Een stuk voorbij het opvallende hek daalt de weg links naar het strand af. Op een bordje staat het woord **Winston** 4 te lezen. Jammer genoeg is er niet al te veel meer over van het in tweeën gebroken scheepswrak waarnaar het bordje verwijst, zo diep is het al in het zand weggezonken.

Aan de monding van de Ugab staan de resten van de behuizing van de vroegste bewoners van dit stuk kust, de *strandlopers*. Dit was een volk van jager-verzamelaars, dat misschien wel vanaf ruim 30.000 jaar geleden langs (en van) de kusten van zuidelijk Afrika leefde. Hun voornaamste voedsel bestond uit aangespoelde vissen, walvissen en robben. Naast hun van walvisribben gebouwde hutten liggen nog steeds bergen schelpen.

Skeleton Coast National Park ▶ C/D 5-7

Voor toeristen met een overnachtingsvergunning is het zuidelijke deel van het **Skeleton Coast National Park** 5 via een goede onverharde weg tot Terrace Bay toegankelijk. Op

OP DE UGAB HIKING TRAIL

Informatie

Begin: Zuidelijke ingang van het park, aan de Ugab River

Tijden en organisatie: Apr.-okt. iedere 2e en 4e dinsdag van de maand. Deelnemers dienen zich op de betreffende dinsdagochtend voor 9 uur bij de ingang van het Skeleton Coast Park op te geven. Hun voertuigen kunnen ze bij het parkkantoor bewaakt achterlaten. Vandaar worden ze door een ranger per auto naar het beginpunt bij de monding van de Ugab River gebracht. Het is aan te raden om voor de wandeling de nacht door te brengen op het kampeerterrein Mile 108. Overnachten in Henties Bay kan ook, maar dan moet u vroeg opstaan.

Lengte/duur: 50 km/3 dagen

Informatie over de wandelingen en reserveren: Namibia Wildlife Resorts in Windhoek, tel. 061 285 70 00, of in Swakopmund, www.nwr.com.na

Kosten: N$ 220 p.p.

Belangrijk: Voor u aan de wandeling mag beginnen, moet u een doktersverklaring kunnen laten zien, die niet langer dan veertig dagen geleden is afgegeven. Het minimumaantal deelnemers aan de wandeling is 6 en het maximumaantal 8. Het meenemen van een kampeeruitrusting, water, levensmiddelen en hout is verplicht. De wandelroute wordt af en toe gesloten, wanneer er te veel leeuwen in de Ugab onderweg zijn.

Een meer inspanning vereisend alternatief voor een fly-insafari boven de Skeleton Coast is een wandeling. U hebt in het park de keus uit twee routes: de twee tot drie uur durende Uniab Delta Walk, die naar de delta van de Uniab River leidt, en de 50 km lange en drie dagen durende **Ugab Hiking Trail**, die van oost naar west lopende droge bedding van de Ugab River volgt.

De Ugab Hiking Trail is een conditioneel uitdagende wandeling onder begeleiding van parkrangers. Hij is niet zo vermoeiend als de beroemde Fish River Canyon Hiking Trail, maar voert eveneens door een prachtig natuurgebied. De begeleide wandeling is flexibel, dat wil zeggen elke ranger stippelt een eigen route uit. De wandelaars geven hun voorkeuren door en beslissen vervolgens in overleg met de ranger hoe lang de wandeling wordt.

Wanneer de Ugab water voert, gaan de gidsen met hun gasten liever op pad in het noordelijke mondingsgebied van de rivier, waar de fascinerende rotsformatie **Ugab Eye** te bewonderen is. Het spectaculaire natuurmonument is ontstaan door de op diverse manieren verweerde lagen van verschillende gesteentes.

Op deze *trail* wisselen wandelen en klimmen elkaar af en hier en daar wordt afgedaald naar een opgedroogde (steile) 'waterval'. Onderaan heeft het zich vroeger omlaag stortende water de rotsen spiegelglad gepolitoerd. De afzettingen vormden ooit de bodem van een diepe zee. Door tektonische krachten zijn ze opgekruld.

Niet minder boeiend is de flora: langs de route groeien talrijke soorten vetplanten. Langs het droge rivierbed kuieren soms ook olifanten en neushoorns.

deze weg ziet u Namibië weer van zijn wilde en eenzame kant. Het woeste landschap maakt een bijna dreigende indruk als de koude Benguelastroom zijn mistbanken het binnenland instuurt. Steeds weer gaan er bandensporen of weggetjes richting zee, meestal naar goede visplekjes. Het nemen van zo'n paadje is alleen aan te bevelen als u in een terreinwagen rijdt, want het kan snel erg zanderig worden.

Op het strand rennen spookkrabben *(ghost crabs)* met opgeheven scharen rond tussen de schelpen en het aangespoelde zeewier, voortdurend op zoek naar aas. Je zou ze de schoonmakers van de stranden van de Geraamtekust kunnen noemen. Een gestorven pelsrob wordt hier vliegensvlug opgeruimd. Na een paar uur resten alleen zijn botten. Iets wat in eerste instantie akelig veel op de hand van een geraamte lijkt met een gescheurde leren handschoen eromheen, blijkt bij nader inzien de half verteerde voorvin van een pelsrob te zijn.

De zoutrijke ondergrond van de door autobanden aangewalste onverharde weg maakt dat die er op sommige plaatsen uitziet als een asfaltweg. Wie geluk heeft, ziet in de van hitte trillende lucht boven de zandvlaktes een eenzame zadeljakhals op zoek naar een prooi – een fascinerend gezicht. Rechts aan de horizon zijn heel wazig de bergen van Damaraland te zien.

Minder mooi, maar wel opvallend zijn de op altaren lijkende bergen lege flessen die hier en daar aan de rand van de weg zijn opgestapeld, vanwaar steeds weer bandensporen in de richting van de Atlantische Oceaan lopen. Waarschijnlijk zijn het aanwijzingen in code van Namibische vissers die elkaar op goede visplaatsen wijzen.

Aalscholverkolonie ▶ C 7

De enige brug van de Geraamtekust gaat over de Huab. Hij werd in de jaren 60 gebouwd door een diamanten- en oliezoeker die bij Toscanini naar olie boorde. Na het oversteken van de rivier ziet u rechts het skelet van een voormalig olieboorplatform. Omdat zich hier tegenwoordig een **aalscholverkolonie 6** *(white-breasted cormorants)* met broedende vogels ophoudt, mag u er niet in de buurt komen. Alles wat niet roodbruin verroest is, licht wit op van de zeevogelpoep, de guano, die graag als mest wordt gebruikt.

Vanhier wordt het landschap bepaald door sikkelduinen. De zuidwestenwind geeft ze steeds nieuwe vormen en posities.

Torra Bay en Terrace Bay
▶ C 5/6

Vervolgens komt u bij het sportvissersmekka **Torra Bay 7** (alleen tijdens het seizoen in dec./jan. toegankelijk). Het noordelijkste punt voor zelfstandige reizigers is het voormalige mijndorp **Terrace Bay 8** (toegang volwassene N$ 40, kind tot 16 jaar gratis, auto N$ 10), waar nog primitieve huisjes staan die tegenwoordig voor toeristen bedoeld zijn. Het omringende kust- en duinenlandschap is des te indrukwekkender.

Accommodatie

Campings – **Mile 14, 72, 108 en Jakkalsputz** werden na een ingrijpende renovatie geprivatiseerd. Reserveren is mogelijk bij Tungeni Africa: 47 Nelson Mandela Ave., Klein Windhoek, tel. 061 40 02 05, www.tungenisereniti.com, N$ 100 p.p., N$ 30 per auto, kind tot 7 jaar gratis.

Torra Bay Camp: Na een grondige facelift zijn hier uitstekende douches, spoelwc's en een nieuwe winkel te vinden. 60 plaatsen zonder elektriciteit (max. 8 pers.), N$ 150 p.p. (alleen dec./jan. geopend).

Terrace Bay Camp: 2 pk (met 2 bedden) met ontbijt N$ 1000 p.p., *beach chalet* (strandhuisje met 6 of 10 bedden) N$ 850 p.p., minimale bezetting 4 pers.

Voor reserveringen kunt u terecht bij Namibia Wildlife Resorts (NWR) Central Reservations Office in Windhoek, tel. 061 28 57 200, reservations@nwr.com.na, in Swakopmund, tel. 064 40 21 72, sw.bookings@nwr.com.na en in het Zuid-Afrikaanse Kaapstad bij de vestiging van Namibia-Info in de Burg Street, tel. 0027 21 422 37 61, ct.bookings@nwr.com.na; www.nwr.com.na.

Levenstekens in het grensgebied: jakhalssporen op een strand aan de Geraamtekust

Noodlotskust – verdrinken of verdorsten?

Aan het strand lagen naast elkaar twaalf geraamtes zonder schedel, de beenderen van een kind en een handgeschreven boodschap: 'Ik probeer een rivier 60 mijl noordwaarts te bereiken. God helpe degene die deze brief vindt en mij volgt.' Een van de ontelbare tragedies die zich hier, aan de eenzaamste kust ter wereld, heeft afgespeeld.

Het verhaal van de ondergang van de *Dunedin Star* lijkt te zijn ontsproten aan het brein van een avonturenschrijver met veel fantasie. Het Britse transportschip liep op 29 november 1942 op een klip; de romp scheurde open. Er waren 106 mensen aan boord (21 passagiers en 85 bemanningsleden), post, springstof en allerlei oorlogsmaterieel. De kapitein liet het schip aan de grond lopen en seinde naar Walvis Bay, vanwaar het noodsignaal naar Kaapstad werd doorgestuurd.

Vier schepen vertrokken uit Walvis Bay om de schipbreukelingen bij te staan: de Britse *Manchester Division*, de Noorse *Temeraire*, de Zuid-Afrikaanse mijnenjager *Nerine* en de eveneens Zuid-Afrikaanse sleepboot *Sir Charles Elliott*.

In de ochtend van 30 november besloot de kapitein van de *Dunedin Star* het schip te evacueren. Het lag zo'n 500 m van het strand af en de golven waren zo hoog geworden dat het ieder moment in stukken kon breken. Hij had maar één motorboot ter beschikking; voordat die het opgaf, speelde kapitein Lee het klaar alle 21 passagiers (onder wie acht vrouwen en drie baby's) en 42 bemanningsleden veilig aan land te brengen. Aan boord bleven 43 zeelieden achter.

Opnieuw seinde de kapitein naar Walvis Bay en vroeg om een reddingsvliegtuig. Op de derde dag na het ongeluk arriveerden de vier schepen. Iedereen die nog aan boord van het wrak was, werd gered en naar de *Manchester Division* overgebracht. Maar geen van de vier schepen kon dichter bij het strand komen – de zee was te ruig.

De *Temeraire* moest als eerste terug naar de haven. Toen de kolen van de *Sir Charles Elliott* opraakten, stoomde die ook weg. De zorg om de schipbreukelingen, die het met weinig water en proviand op het strand moesten zien uit te houden, werd steeds groter. De Zuid-Afrikaanse politie stuurde een konvooi van acht wagens naar de Geraamtekust.

Op de vierde dag begonnen de mensen op het strand langzaam de hoop te verliezen. De nachten waren bitter koud, de dagen moordend heet. De zeewind waaide zonder onderbreking. In de ochtend probeerde de bemanning van de *Nerine* op vlotten gebonden proviand aan land te sturen. Zonder succes: de sterke stroming deed de dringend nodige voedingsmiddelen naar het noorden afdrijven. Tegelijkertijd steeg in Kaapstad een Lockheed-Venturabommenwerper op, die proviand aan parachutes voor de schipbreukelingen moest afwerpen.

Op zijn vlucht langs de kust kon de piloot zijn ogen nauwelijks geloven. Direct onder hem lag een van de reddingsschepen, de *Sir Charles Elliott*, aan de grond, ongeveer 300 m uit de kust. De sleepboot was 20 km uit de koers geraakt en gestrand. De bemanning probeerde in de reddingsboot te klimmen, maar die sloeg om. Slechts drie matrozen wisten het strand te bereiken en op het wrak bleven zeventien mannen achter. Naudé verzond een noodsignaal en vloog verder. Hij wierp de pakketten met drinkwater, proviand en medicamenten boven de schipbreukelingen af en besloot toen spontaan te landen, zodat hij in elk geval de vrouwen en kinderen in veiligheid kon brengen. Bij de poging op te stijgen liep de bommenwerper hopeloos vast in het zand. 's Avonds moest de *Manchester Division* terug naar Kaapstad. Op de ochtend van de vijfde dag moest ook de *Nerine* het opgeven. Het schip had nog precies genoeg kolen om terug naar Walvis Bay te kunnen varen.

Op de zesde dag vertrok een tweede Venturabommenwerper uit Kaapstad. Bij de vastgelopen *Sir Charles Elliott* waren nog dertien man aan boord; aan het strand zag de piloot een bootje. Vijf van de zeventien aan boord gebleven mannen hadden geprobeerd de kust te bereiken in een oude roeiboot. De boot was gekapseisd. Een van hen slaagde erin terug naar het wrak te komen, drie zwommen naar het strand, één werd door de stroom meegevoerd en nooit teruggezien. De piloot wierp proviand af voor de schipbreukelingen van de *Sir Charles Elliott* en kort daarna ook voor die van de *Dunedin Star*.

Op de achtste dag steeg er weer een vliegtuig op en de overlevenden van de *Sir Charles Elliott* kregen de boodschap toegeworpen dat ze naar Rocky Point moesten gaan, waar er mogelijkheid was om te landen. Daarop werd het eerder op pad gestuurde konvooi uit Windhoek ontdekt. Dat was in het diepe zand vastgelopen en had maar één luchtpomp en geen seinapparatuur bij zich.

Vanuit Windhoek vertrok op 5 december een tweede konvooi, dat de sporen van het eerste volgde. Het eerste bereikte op 8 december eindelijk de zee. Twee Ventura's brachten de overlevenden van Rocky Point terug naar de beschaafde wereld. Het tweede konvooi reed verder.

Op 9 december slaagde de *Nerine* erin negentien schipbreukelingen van de *Dunedin Star* in veiligheid te brengen, de dag erna nog zeven. Op de elfde dag moest het schip weer terug naar Walvis Bay. Inclusief de vierkoppige bommenwerperbemanning bleven er 41 mensen achter op het strand.

Op 12 december, de dertiende dag na de schipbreuk van de *Dunedin Star*, reed het eerste konvooi zich weer vast – 3 km van de plaats des onheils verwijderd. De commandant en een arts gingen te voet verder en brachten de schipbreukelingen naar de wagens. De volgende dag reden ze terug en kwamen na 10 km het tweede konvooi tegen. Vier dagen later waren ze bij Rocky Point, vanwaar een Ventura de uitgeputte mensen naar een ziekenhuis in Walvis Bay vloog. Iedereen herstelde goed; een hoogzwangere vrouw bracht een paar dagen later een gezonde baby ter wereld.

Eind goed, al goed? Nog niet. De piloot van de vastgelopen bommenwerper wilde zijn vliegtuig onder geen beding opgeven en keerde naar de Geraamtekust terug met 27 man, tien wagens en een bulldozer. Met nog twee bemanningsleden slaagde hij er op 20 januari 1943 inderdaad in van het noodlotsstrand op te stijgen. Drie kwartier later viel een van de motoren uit en de Ventura stortte in de Atlantische Oceaan. Gewond, maar nog in leven klemden de drie mannen zich aan de ronddobberende wrakstukken vast en lieten zich naar de kust drijven.

Omdat ze seinapparatuur noch proviand bij zich hadden, bleef er maar één kans over: hun wagenkonvooi de weg afsnijden. Het lukte ze nog ook. Zes weken nadat ze vertrokken waren om hun bergingspoging te doen, kwamen ze terug in Windhoek. De verroeste restanten van een van de vliegtuigmotoren liggen tot op de dag van vandaag in het zand van de Geraamtekust.

Door Damaraland

In Damaraland, dat aan de oostelijke Geraamtekust grenst, vindt u heel wat geologische en archeologische hoogtepunten: Namibiës hoogste berg, de Brandberg, de prachtig geërodeerde Spitzkoppe, versteende bossen, de monumentale Vingerklip en het grootste openluchtmuseum van Afrika, met Sanschilderingen en -gravures, bij Twyfelfontein.

Van Terrace Bay naar Khorixas

Kaart: rechts

Als u vanaf de Geraamtekust naar Damaraland wilt gaan, houd dan op de kruising bij Torra Bay de oostelijke richting aan en rijd naar de Springbok Gate (ook Springbokwasser Gate) van het Skeleton Coast Park. Voorbij de grens van het park krijgt de goed onderhouden onverharde weg de aanduiding C 39.

Palmwag Lodge ▶ D 5

Na voortdurend stijgen en dalen door een indrukwekkend, rood berglandschap komt u, bijna 90 km ten oosten van Torra Bay en 58 km na het passeren van de Springbok Gate, bij een afslag naar links: een relatief goede onverharde weg die ook met een gewone auto te rijden is. Hij gaat in noordelijke richting naar **Palmwag Lodge** 1. Eerst komt u langs het tankstation, een van de zeer weinige in Kaokoland, kort daarna bij de strogedekte huisjes van de lodge, die omringd worden door makalanipalmen. Vanhier kunt u plaatsen bereiken waar u een goede kans hebt woestijnolifanten te zien te krijgen. De lodge organiseert safaritochten van 3 uur naar het naburige natuurbeschermingsgebied. Behalve olifanten en de zeldzame zwarte neushoorn leven hier giraffen, zebra's en verschillende antilopesoorten. Een verkenning te voet is ook mogelijk: een korte wandelroute voert langs de droge bedding van de Uniab.

Accommodoatie, eten

Poort tot Kaokoland – **Palmwag Lodge:** tel. 064 40 44 59, www.palmwaglodge.com. Gelegen in het zuiden van Kaokoland en het noorden van Damaraland. Smaakvolle rietgedekte huisjes, een goed restaurant, een door palmen omzoomd zwembad, wildobservatietrips en meerdaagse trips op het terrein van de lodge. 2 pk met ontbijt en diner vanaf N$ 1345 p.p., camping N$ 180 p.p.

Damaraland Camp ▶ D 6

Terug op de hoofdroute C 39 komt u al snel bij een afslag naar rechts in de richting van het **Damaraland Camp** 2. In het zuiden, ruim 100 km verderop, kunt u het imposante Brandbergmassief onderscheiden, dat eruitziet als het schild van een reusachtige schildpad. De laatste kilometers naar het *camp* zijn alleen geschikt voor auto's met vierwielaandrijving. Gasten met een gewone auto die zich bijtijds hebben aangemeld, worden vlak voorbij de afslag afgehaald; de auto's blijven achter op een bewaakte parkeerplaats.

Het door Wilderness Safaris beheerde *camp* in de Huab Valley bedrijft ecotoerisme. Alle werknemers zijn Damara uit de omgeving die ter plaatse tot kok, ranger of manager worden opgeleid. De gasten overnachten in luxueuze safaritenten met badkamer en toilet in plaats van in gebouwen. Het is avontuurlijk, dicht bij de natuur en milieuvriendelijk. Het tentenkamp ligt verborgen in een zijdal van de Huab en wordt omgeven door bergen, vlaktes en zandduinen. De mistbanken die uit de Atlantische Oceaan het land intrekken

Van Terrace Bay naar Khorixas

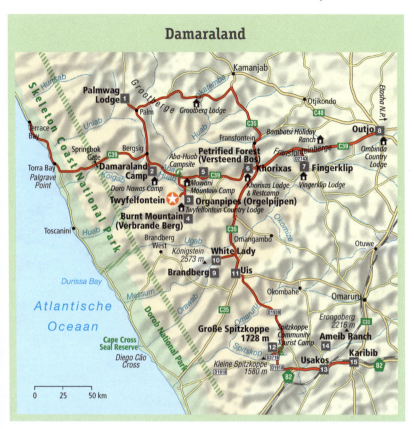

volgen de loop van de droge rivierbeddingen; het vocht houdt een heel gevarieerde plantenwereld in leven. De hitte van de dag kunt u ontvluchten in de rotspoel onder een kleine waterval. Tijdens koude winternachten zorgen douches op zonne-energie en een warmwaterkruik in bed voor warmte.

Accommodoatie, eten

Wilderness Safaris beheert twee camps in Damaraland: Doro !Nawas en Damaraland Camp, beide heerlijk eenzaam gelegen en zeer exclusief, met luxueuze safaritenten en 'badkamers'. De overnachtingskosten zijn inclusief alle maaltijden en een groot aantal activiteiten, van wildobservatietrips per terreinwagen tot georganiseerde wandelingen. De *camps* kunnen geboekt worden via Wilderness Safaris Namibia, Windhoek, 061 27 45 00, www.wilderness-safaris.com.

Geweldige locatie – **Damaraland Camp:** Fantastisch rustig gelegen en voornamelijk door Damara uit de omgeving beheerd camp met luxueuze safaritenten in de omgeving van de Huab River, tussen Torra Bay en Khorixas, ongeveer 12 km van de hoofdweg verwijderd. 8 luxetenten met 2 bedden, toilet en douche, verzorgde maaltijden en bijzonder vriendelijke rangers. Terreinwagentochten naar de woestijnolifanten. Kinderen welkom. Tweepersoonstent inclusief ontbijt en diner vanaf N$ 4482.

In olifantenland – **Doro !Nawas:** Eenzame ligging op een rotsplateau in de Abu Huab.

Door Damaraland

Actief

IN HET SPOOR VAN DE WOESTIJNOLIFANT

Informatie
Begin: Zowel de Palmwag Lodge als Damaraland Camp zijn via zijwegen van de C 39 bereikbaar.

Duur: Terreinwagentocht met gids 3 uur
Kosten: De tochten zijn in de overnachtingsprijs inbegrepen.
Kaart: blz. 267

In Damaraland hebt u op twee plekken een goede kans om woestijnolifanten te zien te krijgen, en wel in de omgeving van de Palmwag Lodge en van Damaraland Camp.
De **Palmwag Lodge** ligt aan een permanent watervoerende bron nabij de Uniab River. Hier komen vaak woestijnolifanten, die soms ook de twee zwembaden op het terrein als drinkbak gebruiken – een fascinerend schouwspel, als u niet net aan het zwemmen bent. Als u op eigen houtje met een terreinwagen verder wilt rijden, met name naar de droge bedding van de Hoanib om daar naar olifanten op zoek te gaan, moet u in de Palmwag Lodge een vergunning halen, omdat dat gebied hun concessie is. Als u geen terreinwagen hebt, kunt u deelnemen aan een 3 uur durende terreinrit georganiseerd door de Palmwag Lodge, waarbij u een goede kans hebt dat u olifanten en neushoorns te zien krijgt.
Het nabijgelegen **Damaraland Camp** geeft voor elke gast die in het *camp* overnacht een vast bedrag aan het Desert Elephant Water Fund. Dit fonds zorgt ervoor dat in onbruik geraakte waterputten in de Huab opgeknapt worden, zodat op strategische punten water voor alle wilde dieren beschikbaar is. Verder betaalt het fonds de wildwachters van de lokale gemeenschap om de bedreigde woestijnolifanten te beschermen. Het hoogtepunt van een bezoek is de speurtocht naar de dikhuiden. Hiervoor worden terreinwagentochten georganiseerd. Daarbij zijn er ook nog andere dieren te ontdekken: onder andere antilopen, giraffen, zebra's en met veel geluk puntlipneushoorns.

Actief

Op zoek naar de San – Damaraland Trails and Tours: tel. 061 23 46 10. Op het spoor van de oorspronkelijke bewoners, de San, en hun rotskunst. Ecologisch georiënteerde berg- en woestijntochten, groepsgrootte maximaal 10 personen.

Twyfelfontein ▶ E 6

Kaart: blz. 267

Na terugkeer op de C 39 volgt u deze ongeveer 30 km tot aan een afslag; hier neemt u de D 3254 naar rechts. Na 15 km komt u bij een rots met het opschrift Aba-Huab. Rechtsaf leidt de weg naar de prachtige **Aba-Huab Campsite**, die u bereikt na een rit van 6 km door een droge rivierbedding. De watertank van de camping in de schaduw van hoge kameeldoornbomen wordt vaak bezocht door woestijnolifanten, die even langskomen om wat te drinken.

Vanhier is het nog 15 minuten rijden naar **Twyfelfontein**. Achter de Afrikaanse naam gaat een verhaal schuil: een boer die Levin heette, kocht het land in 1947 en twijfelde eraan of de plaatselijke bron, die maar matig water gaf, nog lang zou stromen. In 1964 verkocht hij het land aan de staat, die het in het Damarathuisland integreerde.

Bij Twyfelfontein wordt een bescheiden toegangsprijs geheven. Om te zorgen dat niemand iets beschadigt, komt er een inheemse gids mee op de hete tocht. De rotsen reflecteren de hitte. Het is beslist noodzakelijk een hoed op te zetten, water mee te nemen en als het mogelijk is vroeg in de ochtend of laat in de middag op pad te gaan.

Rotstekeningen

In Twyfelfontein zijn 2400 tot 6000 jaar oude rotstekeningen bewaard gebleven. Wetenschappers gaan ervan uit dat de werken in zes verschillende periodes met kwartsstenen een paar millimeter diep in het zandsteen zijn gekrast. Een kwart van de afgebeelde antilopen is niet te identificeren; van de rest stellen 67 een oryx voor en 34 een springbok. Het meest worden giraffen afgebeeld – al met al 316 keer – en verder zijn er 283 struisvogels, 175 zebra's en 144 neushoorns. Daarbij komen 383 in de vlakke bruine rotsen ingekraste sporen van dieren. Ruim 15% van de kunstwerken is abstract of toont hand- en voetafdrukken. Het is ongebruikelijk dat gravures en schilderingen bij elkaar op dezelfde plaats voorkomen. De schilderingen zijn steeds op beschutte plaatsen onder overhangende rotsen of in spelonken aangebracht, de gravures op onbeschut zandsteen. Over de betekenis van de rotstekeningen is de wetenschap het niet eens. Waarschijnlijk is dat ze onder meer dienden om territoria aan te duiden en om kennis over de jachtbuit over te dragen.

Accommodoatie, eten

Tussen de rotsen – Mowani Mountain Camp: Reserveren via Visions of Africa, tel. 061-23 20 09, fax 061-22 25 74, www.mowani.com. Dicht bij Twyfelfontein, met een prachtig uitzicht over het Aba-Huabdal. Heel mooie, Afrikaans gedecoreerde lodge met koepelvormige grasdaken boven twaalf op palen gebouwde luxetenten en een luxe suite met rieten dak. De aardkleurige lodge (zie de website) verdwijnt bijna tegen de achtergrond van de granietrotsen. 2 pk, alles inclusief, vanaf N$ 2380 p.p.

Rotsfestijn – Camp Kipwe: Reserveren: Visions of Africa, tel. 061 23 20 09, www.kipwe.com. Nieuwe lodge tussen roodbruine rotsen, die net als het iets duurdere Mowani Mountain Camp tot de keten Visions of Africa behoort. 2 pk met ontbijt N$ 2050 p.p., lunch N$ 175, diner N$ 300, natuur-/olifantensafari (4-6 uur, 's ochtends) inclusief drankjes N$ 650 p.p., excursie naar Twyfelfontein, Burnt Mountain en Organ Pipes (2 uur, 's middags) inclusief drankjes N$ 325 p.p.

Rotstekeningen – Twyfelfontein Country Lodge: 4 km van Twyfelfontein. Reserveren:

Door Damaraland

Wave Rock, Twyfelfontein

tel. 061 37 47 50, www.twyfelfonteinlodge.com. Heel mooi in de verschroeide natuur opgaande lodge met 56 kamers, in de directe omgeving van de natuurlijke attracties Burnt Mountain, de rotstekeningen van Twyfelfontein, de Organ Pipes en het Petrified Forest (Versteende Bos). De lodge organiseert safari's in een gesloten Land Rover met airconditioning. 2 pk met ontbijt vanaf N$ 2200.

Oog in oog met olifanten – **Aba-Huab Campsite:** 6 km van de rotstekeningen van Twyfelfontein, tel. 061-25 59 77, fax 25 59 57, www.nacobta.com.na. Door de lokale Damaragemeenschap beheerd, bijzonder fraai kampeerterrein onder hoge, schaduwrijke kameeldoornbomen. Restaurant en bar hebben een alcoholvergunning. Op verzoek worden traditionele gerechten van de Damara voor u bereid. Als er belangstelling voor de cultuur is, organiseert het Aba-Huabmanagement ook graag uitvoeringen van traditionele liederen en dans. De Aba-Huab Campsite kan in totaal aan maximaal 120 mensen onderdak voor de nacht bieden. De staplaatsen voor tenten strekken zich uit langs de oever van de rivier. Ze zijn voorzien van vuurplaatsen, tafels, bankjes en stromend water. Soms wordt het kampeerterrein bezocht door woestijnolifanten. Er zijn vier gemeenschappelijke wasruimtes met warme douches en spoelwc's. Twee van de wasruimtes zijn zo gebouwd dat ze in de natuur geïntegreerd zijn. Als accommodatie zijn er verder eenvoudige hutten met een spits rieten dak, kamers en tenten (reserveer tijdig). Camping N$ 85 p.p.

Burnt Mountain ▶ E 6

Kaart: blz. 267

Een paar kilometer van Twyfelfontein staan basaltzuilen als orgelpijpen, de **Organ Pipes** 3, in een rivierbedding. Ze zijn soms wel 5 m hoog en meer dan 100 miljoen jaar oud. Daarachter verrijst de **Burnt Mountain** 4, de **Verbrande Berg**. Hij ontleent zijn naam aan het feit dat de uit zwart geworden kalksteen en zwart doleriet bestaande platte berg eruitziet alsof er net een alles verwoestende brand overheen is geraasd. In het licht van de ondergaande zon gloeit hij op als een dovend vuur.

Op de kleine weggetjes komt u telkens opnieuw langs boerderijhekken. Op de meeste plaatsen staan kinderen klaar om de hekken voor toeristen open te doen en weer te sluiten. In plaats van ze geld te geven, kunt u ze beter wat te eten aanbieden. Sommige souvenirkraampjes, waar halskettingen en met snijwerk versierde kokosnoten te koop worden aangeboden, zijn fantasievol ingericht in autowrakken langs de rand van de weg. De kans dat u in dit gebied op woestijnolifanten stuit is relatief groot. De plaatselijke bewoners weten vaak precies waar de dikhuiden zich op dat moment ophouden.

Petrified Forest
▶ E 6

Kaart: blz. 267
Eenmaal weer op de C 39 bereikt u na 21 km het officiële Petrified Forest, het **Versteende Bos** 5, waarvan de ingang links van de weg ligt. Het is een beschermd monument. Net als bij het Kokerboomwoud bij Keetmanshoop is er ook van het Petrified Forest een inofficiële variant, die een paar kilometer verder naar het westen ligt, aan de rechterkant van de weg. Een handgeschreven bordje met het opschrift *New big one pedrified forest* wijst de weg. Een gids die geen woord Engels spreekt, brengt bezoekers tegen een kleine vergoeding naar een plateau waar inderdaad tientallen reusachtige boomstammen liggen. Ze zijn ongeveer 300 miljoen jaar oud en lagen ooit begraven onder zand, dat ervoor zorgde dat het hout niet verging. De afzonderlijke cellen werden door kiezelzuur geconserveerd: de boom 'versteende'. Wind en regen hebben de stammen ten slotte weer blootgelegd.

Vanhier is het nog ongeveer 50 km tot **Khorixas** 6, de zetel van de regionale overheid. Het plaatsje bestaat slechts uit een paar huizen en een supermarkt. Ervoor staan ezelkarren geparkeerd. Onder een boom zit een groepje Himbanomaden.

Accommodoatie, eten
Op de rand van de canyon – **Grootberg Lodge:** Reserveren via tel. 061 24 67 88, lodge tel. 067 68 70 43, www.grootberg.com. Gebouwd op de rand van het Etendekaplateau in Damaraland, met adembenemende uitzichten over de canyon van de Klip River. Twaalf uit steen, riet en hout opgetrokken chalets met een eigen veranda, vlak langs de afgrond. Zowel de gastheer als het personeel is heel vriendelijk en attent. De lodge ligt in een 12.000 ha groot beschermd natuurgebied en is eigendom van de lokale gemeenschap. Het is een ideale halteplaats halverwege Swakopmund en Etosha. Vanuit de lodge worden verschillende excursies georganiseerd, onder meer naar de Himba en ter observatie van woestijnneushoorns en -olifanten. 2 pk inclusief ontbijt en diner N$ 2714.

Voordelig – **Khorixas Lodge & Restcamp:** Reserveren via Namibia Wildlife Resorts (NWR) Central Reservations Office in Windhoek: tel. 061 28 57 200, reservations@nwr.com.na, of in Swakopmund: tel. 064 40 21 72, sw.bookings@nwr. com.na, of in het Zuid-Afrikaanse Kaapstad, met aanvullende informatie over Namibië, in Burg Street: tel. 0027 21 422 37 61, ct.bookings@nwr.com.na; www.nwr.com.na. Resort in de buurt van Twyfelfontein en het Petrified Forest. Het beschikt over 38 verschillend geoutilleerde bungalows en een kampeerterrein met 50 staplaatsen. Met zwembad, restaurant en bar. Bush Chalet met ontbijt (2 bedden) N$ 520 p.p., Family Chalet (4 bedden) met ontbijt N$ 650 p.p., kamperen N$ 136 p.p. (max. 8 pers. per staplaats).

Uitstapje naar de Vingerklip ▶ F 6

Kaart: blz. 267
Voor de volgende geologische bijzonderheid moet u een kleine omweg op de koop toe nemen. Als u Khorixas in oostelijke richting

Door Damaraland

MET DE DAUREB MOUNTAIN GUIDES NAAR DE BRANDBERG

Informatie

Begin: Kantoor van de Daureb Mountain Guides aan de voet van de Brandberg (routebeschrijving op www.nacobta.com.na, klik onder 'enterprises' op 'services')
Seizoen: De wandelingen met gids vinden plaats van 15 april tot 15 september.
Duur: 2 uur tot verschillende dagen
Kosten: Korte tochten vanaf N$ 200 p.p., campingwandeling van vijf dagen onder leiding van een gids N$ 7500 p.p. (4-7 pers., mimimumleeftijd 12 jaar)

Informatie en boeken: Daureb (Brandberg) Mountain Guides, P.O. Box 159, Uis, tel./fax 064 50 41 62, of via info@namibweb.com, www.namibweb.com/brandg.htm. Tochten onder leiding van een gids worden ook aangeboden door Safaris Unlimited, Windhoek, tel. 61 26 45 21 61 26 43 89, www.namibweb.com/trailhopper.htm.
Belangrijk: Bij aanmelding moet een medische verklaring van lichamelijke fitheid worden overlegd; neem eigen proviand en slaapzak mee.

Het Brandberggebied staat al lang bekend om zijn overvloed aan rotsschilderingen, maar laat tegenwoordig ook van zich spreken door zijn flora en fauna. Op het afgevlakte, geïsoleerd liggende bergmassief ontdekten wetenschappers een heel nieuwe insectenorde, de gladiatorsprinkhanen *(Mantophasmatodea)*. Kort daarop zorgde de ontdekking van een bepaalde vliegensoort voor opzien, omdat die tot dat moment als uitgestorven gold en alleen bekend was als insluitsel in barnsteen. Ook de plantenwereld is bijzonder, met endemische (alleen hier voorkomende) soorten, zoals de Brandbergacacia *(Acacia montis-usti)*, die met zijn wortels tot het grondwater reikt.

Wie als wandelaar niet aan deze schatten wil voorbijgaan, heeft een deskundige gids nodig. Dit geldt des te meer omdat de Brandberg een zwaar wandelgebied is: gemarkeerde wandelroutes ontbreken en telkens weer moet er over kleine en grote rotsblokken geklauterd worden – overblijfselen van de dikwijls optredende, door erosie veroorzaakte steenlawines. Het moeilijk toegankelijke terrein is beslist de belangrijkste reden waarom de Brandberg nog geen drukbezochte bestemming is. Het beklimmen van de Königstein duurt drie dagen en vereist een uiterst goede conditie. De klim is extra zwaar door de grote hitte en het gebrek aan water – water komt op maar weinig plekken van nature voor, en wie verdwaalt loopt het gevaar van dorst om te komen.

Al deze problemen worden vermeden als u voor de wandeling een inheemse gids in de arm neemt. De Daureb (Brandberg) Mountain Guides zijn allen afkomstig uit de plaatselijke gemeenschappen en zijn speciaal opgeleid om wandelaars te begeleiden. Ze geven informatie over interessante planten langs de route, zoals de stekelige, zeer giftige *Euphorbia virosa*, de stinkende *Boscia foetida* en de boterboom *(Cyphostemma currorii)* met zijn opvallend gele schors. En als het water begint op te raken, weten ze wat ze moeten doen: karakteristieke spleten in de rots leiden naar kleine poeltjes, die echter meestal al door vogels bevuild zijn. Daarom graven de *guides* in het zand dat zich eromheen heeft verzameld tot ze op water stuiten. Als vervolgens alle zwevende deeltjes omlaag zijn gezakt, kan er helder, fris en bovendien koel (!) water gedronken worden.

Onderweg moet de hele uitrusting, inclusief proviand en genoeg water voor een dag, meegedragen worden. Maar ook daarvoor is hulp beschikbaar. Wie een rugzak te zwaar vindt, kan een drager inhuren.

Voor het begin van de wandeling kan overnacht worden in het Ugab Wilderness Camp, dat door de bevolking wordt beheerd, of in een van de gastenverblijven in Uis. Tijdens de wandeling wordt in de openlucht geslapen.

uitrijdt, komt u na ongeveer 49 km op de C 39 bij een kruising; vandaar is het over de D 2743 nog eens 18 km naar de 35 m hoge **Vingerklip** 7 . Deze rijst op het terrein van de boerderij van Bertram naar de hemel omhoog en ziet er inderdaad uit als een dreigend geheven vinger. Bij het hek van de boerderij betaalt u een bescheiden entree. Daarna kunt u doorrijden naar de voet van de kalksteenformatie en een eind omhooglopen.

Als u de C 39 naar het oosten volgt, komt u in het stadje **Outjo** 8 , vanwaar de C 38 naar de Andersson Gate aan de westelijke ingang van het Etosha National Park loopt.

Accommodoatie, eten

In de schaduw van de Vingerklip – **Vingerklip Lodge:** Tussen Outjo en Khorixas, lodge tel. 067 29 03 19 en 68 71 58, www.vingerklip.com.na. Lodge met rieten dak en schitterend uitzicht op de Vingerklip, die op het terrein van de belendende boerderij staat. Gasten van de lodge hoeven overigens geen toegangsgeld te betalen. 11 dubbele bungalows met rieten dak en uitzicht, waarvan 5 berekend op gezinnen met 2 kinderen, zwembad, restaurant met 's avonds buffet. 2 pk met ontbijt N$ 2290.

Authentieke vakantieboerderij – **Bambatsi Holiday Ranch:** Halverwege Outjo en Khorixas aan de C39, tel. 067 31 38 97, www.bambatsi.com. Een van de eerste vakantieboerderijen van Namibië, sympathieke eigenaars, goede keuken. Aanrader: de twee rustieke bungalows nr. 8 en 9. 2 pk met ontbijt en diner vanaf N$ 920 p.p.

Brandberg en White Lady ▶ E 7

Kaart: blz. 267

Om bij de Brandberg te komen, moet u een stuk terug rijden. Neem de onverharde C 35 naar het zuiden; de D 2319 en D 3359 brengen u bij de al van ver zichtbare **Brandberg** 9 . De Hereronaam voor deze 500 miljoen jaar oude granietmassa, die soms geheel onder dichte kustnevel schuilgaat, luidt *Omukuruwaro*, Berg van de Goden. Uit dit bergmassief van ruim 30 km doorsnee rijst de machtige Königstein 2573 m omhoog. De hoogste bergtop van Namibië gloeit bij zonsondergang vuurrood op. Kleine, altijd watervoerende bronnen in de kloven van het gebergte maken het voor grotere zoogdieren mogelijk om te overleven: klipspringers, bergzebra's en luipaarden.

De streek rond de Brandberg is beroemd vanwege een Sanrotstekening van een paar duizend jaar oud: de **White Lady** 10 . De schildering bevindt zich onder een tegen weersomstandigheden beschuttende overhangende rots die bekendstaat als Maack's Shelter, naar de Duitse landmeter Reinhard Maack, die de schildering in 1917 ontdekte toen hij de Königstein beklom. In 1955 werd het oude kunstwerk wereldberoemd. Abbé Henri Breuil, een Franse archeoloog en geestelijke, destijds 's werelds grootste autoriteit op het gebied van *rock art*, kopieerde en beschreef de figuur als 'blanke vrouw' uit het Middellandse Zeegebied, waarschijnlijk van Fenicische of Kretenzische oorsprong. Een typisch eurocentrische houding: zo'n mooi kunstwerk kon niet door een Afrikaan zijn gemaakt. Sindsdien zijn er heel wat controverses geweest over het ontstaan en de herkomst. Eén ding staat vast: de afgebeelde persoon is noch wit, noch vrouwelijk. Het feit dat de figuur geen borsten heeft en met pijl en boog is uitgerust, duidt erop dat het om een krijger gaat die om rituele redenen een deel van zijn lichaam met witte verf heeft ingesmeerd. Daarvoor pleit ook het feit dat de 45 cm grote figuur te midden van een jachtscène met diverse dieren is afgebeeld. De misplaatste naam wordt echter nog steeds gebruikt.

Maack's Shelter ligt in de rotsachtige Tsisabkloof. Hoewel de White Lady al wat verbleekt, de weg ver en inspannend is en de zon brandt, loont de wandeling van één tot twee uur door de kloof en weer terug naar de parkeerplaats (waar een bescheiden toegangsprijs wordt geheven) beslist de moeite. U moet alleen niet midden op de dag op gewone schoenen gaan. De schildering wordt tegenwoordig beschermd door tralies. Onverschillige, onverantwoordelijke toeristen hadden om het contrast te verbeteren allerlei vloeistoffen over de rots gegoten om betere foto's te kunnen maken.

De inmiddels overleden Harald Pager leefde acht jaar bij de Brandberg en documenteerde meer dan 40.000 rotsschilderingen. De op papier gekopieerde kunstwerken zijn, van commentaar voorzien, in een meerdelige catalogus gepubliceerd.

Uis ▶ F 7

Kaart: blz. 267

Terug op de C 35 gaat het verder zuidwaarts, naar het bijna uitgestorven stadje **Uis** 11 . Uitgestorven is het overigens alleen maar op het eerste gezicht. Bij het oprijden van het terrein van het enige, met hoog prikkeldraad omheinde tankstation van het plaatsje wordt u direct door een handvol jongens omringd die allemaal een kartonnen bak voor hun buik dragen, gevuld met allerlei mineralen die schitteren in de zon. Ze zoeken de brokken in de enorme witte bergen steenafval van de voormalige, in 1922 geopende tin- en wolfraammijn, ooit de levensader van het stadje. Maar helaas zijn grondstoffen afhankelijk van de prijs op de wereldmarkt. Toen de prijzen in 1990 een vrije val maakten, moest de mijn gesloten worden. De regering probeert nu investeerders te vinden om Uis in een vakantiecentrum te veranderen – een mal idee, als naar de wonden wordt gekeken die de mijnbouw in de aarde geslagen heeft. Niettemin is de aanleg van een golfterrein met negen holes alvast voltooid.

Spitzkoppe ▶ F 8

Kaart: blz. 267

Op de D 1930 van Uis zuidwaarts naar Usakos is het lonend als u na 76 km rechtsaf gaat en

Spitzkoppe

De Spitzkoppe, de 'Matterhorn van Namibië'

de D 3716 neemt naar het Spitzkoppemassief, de 'Matterhorn van Namibië'. De plaatselijke Damara beheren het gebied. Ze hebben rondom de twee geïsoleerde granietreuzen, de **Grosse Spitzkoppe** (1728 m) **12** en de **Kleine Spitzkoppe** (1580 m), en de halfronde rug van de Pondokberg *(pondok* = ronde hut) idyllische campings met vuurplaatsen, afvalbakken en toiletten ingericht. Er zijn ook een paar hutten met strodaken, voorzien van barbecues. Aan de ingang betaalt u een geringe toegangsprijs en kunt u brandhout kopen. Zelf hout kappen is in natuurbeschermingsgebieden streng verboden.

De granietformaties tussen de twee Spitzkoppetoppen zijn deels tot bizarre vormen geërodeerd. Er zijn enorme bollen en bruggen te zien. Ook met terreinwagens, die op sommige zandwegen van pas komen, mag alleen op de wegen gereden worden.

Een hoogtepunt in het natuurreservaat is **Bushman's Paradise**, een vruchtbare groene hoogvlakte die op de Pondok ligt. De vlakte is bereikbaar via een steile helling, waar u zich aan een ijzeren ketting hand voor hand omhoog kunt trekken. Helemaal boven is er water; er zijn bomen, struiken, gras en spelonken. Geen wonder dat de San hier vroeger woonden, goed beschermd en met een onbelemmerd uitzicht. Rotstekeningen, die helaas voor een groot deel door primitieve vandalen beschadigd zijn, zijn er het bewijs van.

De granietbergen bestaan uit niet aan het aardoppervlak gekomen magma, dat uitkristalliseerde en pas later door erosie werd blootgelegd. Bergbeklimmers hebben zich er al vaak aan gewaagd; ze hebben het niet allemaal overleefd. De beklimming staat dan ook bekend als bijzonder gevaarlijk.

Door Damaraland

Als hij niet meer rijdt, kan hij altijd nog als kraampje worden gebruikt

Accommodoatie, eten

Eersteklas camping – **Spitzkoppe Community Tourist Camp**, reserveren via tel. 061-25 59 77, fax 25 59 57, www.nacobta.com.na. De kampeerterreinen rond de schitterende rotsformaties van de Grosse en de Kleine Spitzkoppe behoren tot de mooiste van Namibië. Het Spitzkoppe Restcamp bestaat uit een aantal goed afgeschermde staplaatsen rond de berg. Ze beschikken allemaal over een barbecue en sommige ook over een eigen toiletruimte. Daarnaast zijn er vier eenvoudige hutten met buitentoiletten en -douches. Beddengoed wordt ter plaatse beschikbaar gesteld. U kunt een tocht met gids boeken naar de ontelbare rotstekeningen of een wandeling gaan maken op en rond de berg. Ervaren bergbeklimmers kunnen een poging doen om de top te bereiken (uitrusting zelf meenemen). Op verzoek worden er tochtjes met een ezelwagen geregeld. Aan de bar worden ijskoude (!) *sundowners* geserveerd. In het restaurant kunt u ontbijten, lunchen en dineren. De Spitzkoppe (www.spitzkoppe.com) ligt in een zeer droge omgeving. Water voor dagelijks gebruik kan bij de receptie gekocht worden. Bezoek overdag N$ 40 p.p., camping N$ 150 per staplaats, plus N$ 120/70 per volwassene/kind (6-12 jaar), chalet N$ 400 p.p.

Usakos en Karibib
▶ G 8

Kaart: blz. 267

Usakos

Over een stoffige, onverharde weg gaat het verder naar **Usakos** **13**, direct aan de B 2, de belangrijkste verbindingsweg tussen Swakopmund en Windhoek. Zoals altijd in Namibië is het na lange ritten op onverharde wegen een bijzonder prettig gevoel als u eindelijk weer asfalt onder uw wielen hebt. Usakos heeft niet veel te bieden, behalve een fotogenieke watertoren die rond de vorige eeuwwisseling gebouwd is en de smalspoorlocomotief van Henschel uit 1912, die een plaats heeft gekregen voor het spoor-

Usakos en Karibib

wegstation. Vanuit Usakos komt u in westelijke richting snel en comfortabel naar Swakopmund of in oostelijke richting over Okahandja naar Windhoek. Op deze route vindt u als alternatief voor de auto Namibiës enige luxetrein, de Desert Express (zie Thema, blz. 142).

Uitstapje naar de Ameib Ranch

Een uitstapje naar de zuidwestrand van het geplooide Erongogebergte voert naar de **Ameib Ranch** 14 . Deze *guest farm* ligt 12 km ten noorden van Usakos aan de D 1935. Op het terrein van de boerderij vindt u twee bezienswaardigheden die ook door dagbezoekers bekeken kunnen worden (toegang N$ 50): **Bull's Party** en de tot nationaal monument uitgeroepen **Phillip's Cave**. In deze 'Philipsgrot', feitelijk een overhangende rots, zijn rotstekeningen met talrijke voorstellingen van mensen en dieren te zien. Giraffen, zebra's en struisvogels bevolken de wanden – het duidelijkst te herkennen en daarom ook het beroemdst is de 'Witte Olifant'. De wandeling omhoog naar de 'grot' vanaf de parkeerplaats van de ranch duurt ongeveer 45 minuten en is niet eenvoudig, maar loont beslist de moeite.

Een ander hoogtepunt zijn de bizarre, door erosie ontstane rotsformaties op het boerderijterrein. Ze dragen sprekende namen als Bull's Party (Stierenfeest) en Elephant's Head (Olifantskop). De geërodeerde granietblokken maken deel uit van een reusachtige rotskring, die uitnodigt om beklommen te worden.

In de omgeving zijn bovendien verschillende wandelroutes uitgezet, die de gelegenheid bieden om dieren te observeren. U vindt hier Hartmans zebra, oryx, koedoe, springbok, klipspringer, steenbokantilope, klipdas, giraf, baviaan en tal van kleine zoogdieren.

Accommodoatie, eten

Spectaculaire omgeving – **Ameib Ranch:** Bij Usakos, tel. 064 53 08 03, www.ameib.com. Deze gastenboerderij biedt 8 tweepersoonskamers, 2 bungalows, 3 chalets en een kampeerterrein. De huisjes en het kampeerterrein beschikken elk over een eigen zwembad. Het eten – goede, voor Namibië typerende, degelijke gerechten – wordt geserveerd in de vorm van een buffet. Bungalows (2 bedden) en tweepersoonskamers met halfpension op aanvraag, chalet (2 bedden) met ontbijt N$ 1450 p.p., camping N$ 170 p.p.

Karibib

In tegenstelling tot Usakos is het 31 km verder naar het oosten gelegen **Karibib** 15 wel een kort bezoek waard. Karibib ligt precies halverwege Windhoek en Swakopmund. Er zijn veel gerestaureerde gebouwen te bewonderen uit de Duitse koloniale tijd, waaronder het **station** (1900), de deels uit Karibibmarmer opgetrokken **Christuskirche** (1910) en het als hotel gebouwde **Rosemannhuis** (1900). Het **Henckert Tourist Centre** is royaal behuisd en verschaft niet alleen informatie, maar u kunt er ook lokaal met de hand gemaakte sieraden kopen en bovendien souvenirs uit bijna heel Afrika. In de weefschool ernaast kunt u bekijken hoe tapijten van karakoelwol worden geknoopt. De winkel heeft een groot filiaal in Swakopmund (www.swakopmund.henckert.com).

Karibib staat bekend om het marmer dat hier sinds 1904 gewonnen en bewerkt wordt. Karibibmarmer is zeer hoogwaardig en het hardste ter wereld. De steensoort wordt niet alleen ter plaatse gebruikt, maar ook naar Europa geëxporteerd. Maandelijks wordt 10 km ten westen van de stad zo'n 100 ton marmer gewonnen. In blokken van 20 ton gaat het edele gesteente naar de marmerfabriek, waar het door de grootste marmerzaag van Afrika in 'handzame' schijven wordt gesneden. Bezichtiging van de fabriek is mogelijk.

Winkelen

Kunstnijverheid – **Henckert Tourist Centre:** Karibib, Hidipo Hamutenya Avenue, tel. 064 55 07 00, www.henckert.com. Inlichtingen over de omgeving, boeken en souvenirs te kust en te keur; naast andere kunstnijverheid ook plaatselijk gemaakte sieraden en handgeweven karakoeltapijten. De kleine weverij is ook in het gebouw te vinden. Koffiebar.

Hoofdstuk 5

Waterberg Plateau en Etosha Pan

In het Waterberg Plateau National Park leven enkele zeldzame dieren, zoals paard-, sabel- en elandantilopen, blauwe gnoes, breed- en puntlipneushoorns, buffels, luipaarden en jachtluipaarden. Het Etosha National Park, dat jaarlijks zo'n 130.000 bezoekers trekt, is de belangrijkste bezienswaardigheid van Namibië. Vanwege zijn ligging en uitgestrektheid behoort het tot de mooiste beschermde natuurgebieden ter wereld.

Op deze route komen dierenvrienden volop aan hun trekken. Het begint met de struisvogelboerderij Ombo bij Okahandja, waar bezoekers meer te weten komen over de grote loopvogel. In Okonjima zetelt de Africat Foundation, een instituut dat gesticht werd om de roofdieren van Namibië tegen uitroeiing te beschermen. Bezoekers hebben de mogelijkheid om jachtluipaarden en luipaarden te zien.

Het Waterberg Plateau is 48 km lang, 15 km breed en ligt bijna 200 m boven het omliggende land. Het Waterberg Plateau National Park biedt met het Waterberg Camp niet alleen een van de mooiste door de overheid beheerde overnachtingsmogelijkheden in het land, maar ook tal van dieren die tijdens safari's met kundige rangers kunnen worden geobserveerd. Sinds 1972 valt het hele gebied onder natuurbescherming. Tot dat jaar werd er op het plateau vee geweid. Het park bestaat uit twee delen: een deel is *wilderness area*, waar de natuur volledig ongerept is, in het andere liggen wegen en kunstmatige drinkplaatsen waar u de dieren kunt observeren. In plaats van koeien en schapen leven er tegenwoordig ongeveer 90 verschillende zoogdiersoorten op het plateau, waaronder enkele zeldzame of zelfs met uitsterven bedreigde soorten. Daarnaast komen er twintig vleermuissoorten en dertien kikkersoorten voor. De beste safari's maakt u mee in de beroemde Etosha Pan in het Etosha National Park.

Goed gecamoufleerd: leeuw op jacht in het Etosha National Park

In een oogopslag: Waterberg Plateau en Etosha Pan

Hoogtepunten

Tsumeb Museum: Toen het Duitse koloniale leger zich in 1915 moest terugtrekken, liet het een groot deel van zijn uitrusting in het Lake Otjikoto afzinken. Duikers hebben veel ervan geborgen. Dit materiaal is te zien in de Khorabzaal van het Tsumeb Museum (zie blz. 295).

Etosha National Park: Met zo'n 130.000 bezoekers per jaar is dit nationaal park de belangrijkste bezienswaardigheid van Namibië. Op een oppervlak van in totaal 22.270 km² waant u zich in een paradijs: honderden soorten dieren, zeer zeldzame planten en bomen en grandioze landschappen vormen een ensemble van adembenemende schoonheid (zie blz. 296).

Fraaie routes

Van Otjiwarongo naar het Waterberg Plateau: Op de rit naar het Waterberg Plateau ontvouwen zich steeds weer fotogenieke uitzichten op het steil uit de vlakte oprijzende en verrassend groene bergmassief (zie blz. 288).

Op safari in het Etosha National Park: Het Etosha National Park biedt onderdak aan enorme kuddes savannedieren. Op een safari kunt u bijzondere taferelen meemaken: olifanten steken de weg over, giraffen blijven staan, zebra's grazen in de berm, een groep struisvogels waggelt voorbij. Met een beetje geluk krijgt u ook leeuwen, luipaarden en jachtluipaarden te zien (zie blz. 297).

Tips

Mbanguru Woodcarvers Market: Op de markt in Okahandja is het houtsnijwerk rechtstreeks te koop bij de kunstenaars (zie blz. 285).

Gross Barmen: Hier kunt u uw vermoeide lijf heerlijk ontspannen in een warm bad (zie blz. 285).

Africat Foundation: De in 1992 opgerichte stichting ter bescherming van de grote katachtigen van Namibië heeft in Okonjima zijn hoofdkwartier. Bezoekers kunnen er luipaarden en jachtluipaarden zien (zie blz. 287).

Overnachten in het Waterberg Plateau Park: Het in 2007 geheel gerenoveerde Waterberg Camp is een van de mooiste door de overheid beheerde *camps* in Namibië (zie blz. 292).

Wandelen in het Waterberg Plateau Park: Vanwege zijn ligging, opmerkelijke geologische gesteldheid en de bijzondere planten- en dierenwereld vormt de Waterberg een ideaal wandelgebied. U kunt het park op wandelingen van verschillende lengte verkennen, met of zonder gids (zie blz. 290): van een bedaard halfuurtje tot driedaagse tochten onder begeleiding.

Op fotosafari naar de drinkplaatsen van Etosha: U mag in uw eigen auto naar de drinkplaatsen in het park rijden – wie eens echt professionele foto's wil maken, kan daarom afhankelijk van de lichtval en de drinkgewoontes van de dieren een eigen route samenstellen. Een gedetailleerde kaart is voor een paar Namibische dollar bij de informatiebalie verkrijgbaar (zie blz. 302).

Van Windhoek naar het Waterberg Plateau

In het Waterberg Plateau National Park leven enkele zeldzame diersoorten, zoals paard-, sabel- en elandantilopen, blauwe gnoes, breed- en puntlipneushoorns, buffels, luipaarden en jachtluipaarden. Het park biedt niet alleen een van de mooiste overheids-*camps* in het land, maar ook georganiseerde safari's met deskundige rangers.

Tungeni Von Bach Dam Recreation Resort
▶ J 8

Kaart: blz. 283
Via de B 1 komen reizigers snel en moeiteloos in het 71 km ten noorden van Windhoek gelegen, 11.000 inwoners tellende **Okahandja**, een productiecentrum van *biltong* (gedroogd vlees). Kort voor deze plaats gaat u rechtsaf naar het **Tungeni Von Bach Dam Recreation Resort** 1, waar de Swakop wordt afgedamd en een klein stuwmeer vormt. Hier kan naast watersport ook aan sportvissen worden gedaan. Het in 1970 aangelegde Von Bachstuwmeer heeft een capaciteit van 54 miljoen m³ en is een van de belangrijkste watervoorraden van de hoofdstad Windhoek. In het nabijgelegen, recentelijk gerenoveerde *camp* vindt u accommodatie, een restaurant en een wellnesscentrum.

Okahandja ▶ J 8

Kaart: blz. 283
Voor de Herero is **Okahandja** 2 een zeer belangrijke plaats. Hier liggen namelijk hun voorouders begraven, die eenmaal per jaar, tijdens een weekend in augustus, worden geëerd. Ter gelegenheid hiervan komen dan enkele honderden Herero en Himba samen in Okahandja (zie blz. 284). Rond 1800 vestigden uit het noorden migrerende Herero zich op de plek waar de rivieren Okahandja en Okakango samenvloeien, in een gebied dat al door Nama werd bewoond. Ze noemden de streek Okahandja, wat in de Hererotaal verschillende betekenissen heeft: 'Plaats van de kleine doorns', 'Zandvlakte', 'Plaats van de oorlog' en 'Kleine breedte'. Mogelijk is er samenhang met gewapende conflicten die plaatsvonden in de bedding van de Okahandja, die breder is dan de hoofdrivier, de Swakop. In de Khoikhoitaal is de naam van het gebied Keikheis, wat 'Grote, zandige plek' betekent. In 1843 vestigden twee zendelingen van de Rheinische Missionsgesellschaft, Carl Hugo Hahn en Heinrich Kleinschmidt, zich aan de Okahandja bij een bron om een zendingspost voor de plaatselijke Herero op te richten. Ze vernoemden hem naar Heinrich Schmelen, de schoonvader van Kleinschmidt, die in opdracht van de London Missionary Society al zestien jaar eerder op deze plaats was geweest. Toen de bron opdroogde, trokken ze naar Otjikango, het huidige Gross Barmen. De eerste zendeling die zich in 1849 voor langere tijd in Okahandja vestigde, was Friedrich Kolbe. Maar na drie maanden werd hij verjaagd door de lokale Namaleider Jonker Afrikaner. Een kleine heuvel, ongeveer 600 m ten noorden van de afslag naar Gross Barmen, aan de B 2, wordt Moordkoppie – 'Moordberg' – genoemd. Hier werden op 23 augustus 1850

Okahandja

Van Windhoek naar het Waterberg Plateau

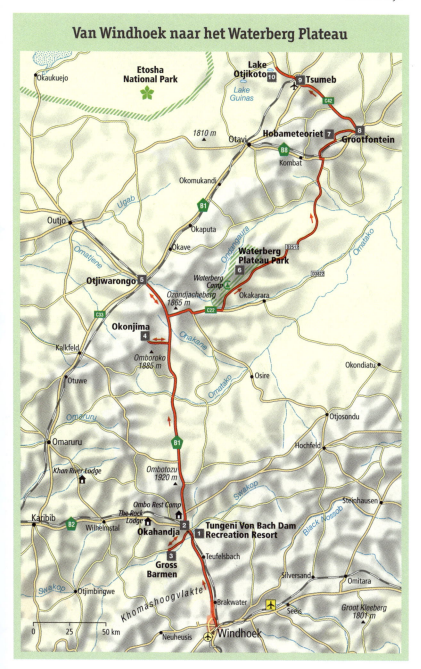

Van Windhoek naar het Waterberg Plateau

HEROES' DAY IN OKAHANDJA

Heroes' Day (Heldendag) of Hererodag biedt de beste mogelijkheid om foto's te maken van de Hererovrouwen met hun indrukwekkende, kleurrijke gewaden. Ze komen eenmaal per jaar samen – tijdens het weekend rond 26 augustus – om hun gevallen stamleden en hun tegenstanders te eren. Voor hen is Okahandja een belangrijke bedevaartplaats omdat hier de hoofdmannen en helden van hun volk begraven liggen.

De plechtigheden beginnen met een heilig vuur, waar de priesters zich verzamelen. Tijdens de ceremonie spreken de priesters met de doden. Leiders van de drie Herero-ondergroepen Mbanderu, Maherero en Zeraua treden op in fantasie-uniform, gevolgd door krijgers in een uitdossing waarin allerlei Europese stijlelementen zijn verenigd. Veel uniformen lijken op die van het Duitse koloniale leger, de veteranen spreken elkaar aan met Duitse officiersrangen *(olojtnanta* – 'Leutnant' (luitenant)) – dat is de ironie van de geschiedenis. Blaaskapellen spelen marsmuziek. De Hererovrouwen dragen hun pofferige wilhelminische kleding met het karakteristieke, bijbehorende hoofddeksel: de Mbanderu in groen-wit-zwart, de Maherero in rood-zwart en de Zeraua in zwart-wit.

Hererovrouw met een kenmerkend, fraai hoofddeksel

De Himba verschijnen in traditionele stamkleding, dus 'topless' en met bruinrood beschilderd lichaam. Het is heel indrukwekkend om de vrouwen langs de graven te zien lopen en de gedenkstenen met Duitse namen te zien aanraken. Naast gedanst wordt er ook gezongen: oorlogsliederen en vrome koorliederen. Elk jaar houdt de Duitse ambassadeur in Namibië tijdens de festiviteiten een toespraak. Op vragen van de Herero over genoegdoening reageert hij steevast met het antwoord dat de huidige ontwikkelingshulp uit Duitsland ten goede komt aan alle volken in Namibië.

ongeveer 700 Herero en hun hoofdman Kahitjenne door de Nama gedood.

Aan het zuidelijke eind van de Church Street staat de **Rhenish Mission Church**, die tussen 1871 en 1876 werd gebouwd. Op de begraafplaats achter de kerk liggen enkele Duitse soldaten, zendelingen en Hererohoofdmannen begraven. Pal tegenover de kerk, aan de andere kant van de straat, liggen Jonker Afrikaner, die in 1861 stierf, en de Hereroleiders Clemens Kapuuo en Hosea Kutako begraven. Hoofdman Clemens Kapuuo, de eerste president van de partij Demokratiese Turnhallenalliansie, kwam in 1978 in Katutura om bij een aanslag. Hoofdman Hosea Kutako geldt als de vader van het zwarte nationalisme in Namibië. In 1946 protesteerde hij als eerste zwarte bij de VN tegen de Zuid-Afrikaanse heerschappij in Zuidwest-Afrika. Om zijn verlangen naar eenheid te tonen, liet hij zich naast de vroegere aartsvijand van de Herero, Jonker Afrikaner, begraven en niet, zoals de traditie bepaalde, op de begraafplaats van zijn voorouders. Deze ligt zo'n 600 m noordelijker langs de Church Street. Een klein bord langs de weg wijst naar het gezamenlijke graf van de Hererohoofdmannen Tjamuaha, diens zoon Maherero en Samuel Maherero, zoon van Maherero.

Aan de hoofdstraat van Okahandja ligt de **Mbanguru Woodcarvers Market**, een centrum voor houtbewerkers uit het noorden van Namibië.

Accommodoatie, eten

Watersportparadijs – **Tungeni Von Bach Dam Recreation Resort:** tel. 062 50 01 62, www.tungeni.com, Facebook: Tungeni Von Bach Dam Resort. Het recreatieoord is samen met enkele andere kleine reservaten door Namibia Wildlife Resorts verkocht aan de firma Tungeni, dat N$ 15 miljoen uitgaf aan de renovatie. Op het terrein vindt u ook het Oujere Lifestyle Village met een appartementencomplex, golfbaan, restaurant en wellnesscentrum – dat nog eens zo'n N$ 400 miljoen heeft gekost. 2 pk met ontbijt vanaf N$ 1400, kamperen volwassene/kind N$ 100/50, dagjesmensen toegang volwassene/kind N$ 40/15.

... buiten Okahandja

Bij de natuur – **The Rock Lodge:** 12 km ten westen van Okahandja aan de B 2 naar Swakopmund, tel. 062 50 60 00, www.rocklodge.com.na, Facebook: The Rock Lodge. De rietgedekte lodge van steen en hout is goed opgenomen in het natuurlijke rotslandschap. Op safari's op het 24 km² grote farmterrein zijn antilopen, giraffen en zebra's te zien. 31 kamers in mooie, rietgedekte chalets (eventueel met diner). 2 pk met ontbijt vanaf N$ 820.

Wildlodge – **Khan River Lodge:** 20 km ten noorden van Wilhelmstal, aan de B 2 tussen Okahandja en Karibib, tel. 062 50 38 83, www.khanriverlodge.com. Kleine lodge in de bush voor maximaal tien personen, gespecialiseerd in wildgerechten, die 's avonds boven een open vuur worden bereid. Met zwembad. Wildobservatie bij een nabijgelegen drinkplaats; berg- en quadtochten. 2 pk met ontbijt vanaf N$ 1650.

Gross Barmen ▶ H 8

Kaart: blz. 283

Wie onderweg nog tijd heeft voor een uitstapje, kan over een kleine weg 24 km naar **Gross**

Van Windhoek naar het Waterberg Plateau

Barmen 3 rijden. Dit kuuroord is gebouwd op de locatie van een van de oudste missieposten van Namibië. Gross Barmen is enigszins in verval geraakt, anders zou de 65 °C warme, mineraalhoudende bron een regelrecht succes zijn. Het complex wordt gecompleteerd door een groot zwembad, waarin het 65 °C warme bronwater wordt afgekoeld naar een aangename 40 °C.

Informatie

Gross Barmen: Restaurant, winkel, kiosk, tankstation, zwembad, thermaal en mineraalhoudend bad.

Accommodoatie, eten

Aan een stuwmeer – **Gross Barmen:** Reservering via Namibia Wildlife Resorts (NWR) Central Reservations Office in Windhoek, tel. 061 28 57 200, reservations@nwr.com.na, Swakopmund, tel. 064 40 21 72, sw.bookings@nwr.com.na of in het Zuid-Afrikaanse Kaapstad met aantrekkelijk Namibië-infopunt in Burg Street, tel. 0027 21 422 37 61, ct.bookings@nwr.com.na; www.nwr.com.na. Rond een met riet begroeid stuwmeer gerangschikte chalets van diverse categorieën, kampeerterrein, restaurant en winkel. Ook kinderspeelplaatsen en tennisbanen. Bushchalet (2 bedden) met ontbijt N$ 2000 per persoon, gezinschalet met ontbijt (4 bedden) N$ 1730 per persoon, 'premier' chalet (2 bedden) met ontbijt N$ 2300 per persoon, kamperen N$ 150 per persoon, maximaal 8 personen per stapplaats.

Op een struisvogelfarm – **Ombo Rest Camp:** 10 km ten noorden van Okahandja aan de B1, dan 2 km op de C 31 Hochfeld Road, rechts van de weg, tel. 062 50 20 03, www.ombo-rest-camp.com. Struisvogelfarm met overnachtingsmogelijkheid in vier bungalows en op een kampeerterrein. Restaurant en barbecueplaats, in de farmwinkel is barbecuevlees en brandhout verkrijgbaar. De naam van het camp is interessant: 'Ombo' betekent 'struisvogel' in Hererotaal. In het bijbehorende restaurant kunt u natuurlijk struisvogelvlees en -eieren eten. Op drie kwartier durende rondleidingen horen bezoekers veel wetenswaardigheden over de grootste vogelsoort op aarde. Behalve de vleugellamme loopvogels vallen er ook krokodillen te bewonderen. 2 pk met ontbijt vanaf N$ 800, kamperen N$ 100 per persoon.

Okonjima ▶ H 7

Kaart: blz. 283

Op het overige traject naar het noorden vallen links van de weg – midden in het landschap – twee bergen op die veel lijken op de niet onaanzienlijke boezem van Pamela Anderson, vandaar hun bijnaam *Pam Rocks*. Ongeveer 130 km ten noorden van Okahandja, 48 km ten zuiden van Otjiwarongo, buigt links de zandweg D 2515 af naar de *guest farm* **Okonjima** 4. Dit Herrerowoord betekent 'plaats van bavianen'.

Hier is de in 1992 opgerichte stichting **Africat** (zie ook Thema rechts) gevestigd, die de grote katachtigen van Namibië beschermt. Op de farm hebben gasten de mogelijkheid om meer te weten te komen over het beschermingsprogramma. Maar het ooit nauwe contact met tamme jachtluipaarden behoort niet meer tot het aanbod. In het reservaat van de lodge zijn soms jachtluipaarden en luipaarden te zien. De meeste grote katten dragen een halsband met zender *(radio collar)*, zodat hun verblijfplaats altijd kan worden afgelezen en meer informatie over het leven van de dieren kan worden verkregen.

Veel 'natuurfotografen' legden hier hun gevlekte roofkatten vast op foto's die steeds weer in tijdschriften en reisgidsen opduiken. In Okonjima wordt het verschil tussen de katachtigen luipaard en jachtluipaard, die in het begin vaak door bezoekers worden verwisseld, voor eens en altijd duidelijk. Luipaarden zijn groter, sterker en steviger gebouwd, en hebben een door zwart omrande rozetten getekend vel. Jachtluipaarden zijn zwart gestippeld, kleiner en sierlijker dan luipaarden. Ze kunnen weliswaar snelheden van 70 km per uur halen, maar zijn na dergelijke sprints vaak zo uitgeput dat ze door leeuwen, hyena's of luipaarden worden aangevallen en gedood

Africat Foundation – klingelen in plaats van schieten

jachtluipaard

De in november 1992 gestichte Africat Foundation is een belangeloze Namibische organisatie die zich ten doel heeft gesteld om de roofdieren van Namibië, vooral jachtluipaarden en luipaarden, op de korte, middellange en lange termijn voor uitsterven te behoeden.

Tussen 1982 en 1992 doodden Namibische boeren zo'n 7000 jachtluipaarden. Er leven er nu nog slechts 2500 in het land, waarvan 5% in nationale parken, de rest op privégrond. Voor de luipaarden geldt hetzelfde. Circa 95% leeft op de ongeveer 6000 veehouderijen; hun aantal is moeilijk vast te stellen, maar is sinds de jaren 60-70 sterk afgenomen.

Africat probeert in gesprekken de veeboeren te overtuigen van alternatieven voor het doden van de dieren. Zo zijn er roofdierbestendige omheiningen voor kalfjes, tot ze ongeveer vier maanden oud zijn en door hun moeder worden beschermd. Ook wordt een kalverseizoen ingevoerd waarin het vee beschermd tegen roofdieren op omheinde weiden verblijft om te vermijden dat kalfjes ongezien in de *bush* worden geboren. Veel boeren hebben intussen onder stroom staande omheiningen geplaatst. Ezelinnen, die samen met het vee vlak bij het huis worden gehouden, staan erom bekend dat ze jachtluipaarden met trappen en bijten verjagen. Houders van kleinvee kunnen hun kudde beschermen met afgerichte bavianen, die ook agressief reageren op indringers. Het afschieten van roofkatten is geen oplossing, omdat ze territoriaal zijn en de plaats van het gedode dier vaak al enkele weken later door een soortgenoot wordt ingenomen.

Een andere beproefde beschermingsmethode bij Indiase tijgers en Noord-Amerikaanse jakhalzen is leren door negatieve ervaring. Hierbij krijgen gevangen luipaarden en jachtluipaarden een halsband om die op afstand onder (zwak)stroom kan worden gezet. Een runderkalf krijgt in de tussentijd een belletje omgehangen. Wanneer de roofkat zijn klingelende prooi nadert, krijgt hij een stroomstoot. Jachtluipaarden hebben er wat langer voor nodig, maar luipaarden leren heel snel om klingelende dieren te mijden en geven de negatieve ervaring zelfs door aan hun kroost. Na het leerproces worden de dieren weer uitgezet op boerderijen waar de kalfjes een belletje dragen, of in particuliere natuurreservaten.

En terwijl aanvankelijk alleen gevlekte roofkatten het doelwit van de reddingsacties waren, bekommert de Africat Foundation zich tegenwoordig ook om de andere grote roofdieren van Namibië – leeuwen, gevlekte hyena's, bruine hyena's en wilde honden – die ook permanent overhoop liggen met de veeboeren.

Contact en informatie: The Africat Foundation, Otjiwarongo, Namibië, tel. 067 30 45 66 of 30 65 85, www.africat.org.

Van Windhoek naar het Waterberg Plateau

als ze hun prooi niet onmiddellijk afstaan en ervandoor gaan.

Otjiwarongo ▶ H 6

Kaart: blz. 283
Even voorbij de afslag naar de Okonjima Farm op de B 1 buigt de C 22 af naar het oosten, in de richting van het Waterberg Plateau Park. De route is eerst geasfalteerd en gaat dan over in een voor personenauto's begaanbare zandweg.

Alle wegen naar het in het noorden gelegen Etosha National Park komen door **Otjiwarongo** 5 . Dit tegenwoordig ongeveer 10.000 inwoners tellende stadje werd door de Herero al 'plaats van de vette koeien' genoemd. De veehouderijen rond de plaats zijn tegenwoordig alle stevig in handen van blanke boeren.

Informatie
Tourist Rendezvous Otjiwarongo: Main Street (Hage Geingob Street), tel. 067 30 70 85. Informatie over Otjiwarongo en omgeving, boeking van accommodatie en activiteiten, souvenirwinkel en internetcafé.

Accommodoatie, eten
Luipaarden van dichtbij – **Okonjima Camp & Lodge:** 48 km ten zuiden van Otjiwarongo

Het Waterberg Plateau bij zonsondergang

en 130 km ten noorden van Okahandja, aangegeven op de B 1, vandaar nog 24 km over een onverharde weg naar de lodge, tel. 067 68 70 32 en 68 70 33, www.okonjima.com. In het hoofdkamp 10 tweepersoonskamers en in het luxueuze bushkamp, 3 km van de hoofdlodge in de wildernis, 8 Afrikaans gedecoreerde chalets. Geen toegang voor dagjesmensen of kinderen tot 12 jaar. 2 pk in het hoofdkamp met diner, B&B vanaf N$ 1650 per persoon, chalets in het bushkamp met volpension vanaf N$ 5200 per persoon.

Handige tussenstop – **Out of Africa Town Lodge:** Long Street, Otjiwarongo, van de B 1 vanuit Windhoek bij het begin van de plaats direct rechts, tel. 30 22 30, www. out-of-africa. com. In het guesthouse zijn 20 kamers voor mensen die zichzelf bedruipen, in de lodge 10 kamers met ontbijtservice en een gerieflijker inrichting, die enigszins Afrikaans aandoet. Restaurant en bar in het pand. 2 pk met ontbijt vanaf N$ 750.

Waterberg Plateau
▶ J 6

Kaart: blz. 283

Het Waterberg Plateau meet 48 km bij 15 km en torent bijna 200 m boven het omringende land uit. De hoogvlakte dankt zijn naam aan het water dat wegsijpelt in het plateau en uiteindelijk door de kleilaag aan de voet van het bergmassief wordt geperst om in de vorm van bronnen weer naar buiten te komen. De groene vegetatie hier vormt een sterk contrast met de verder dorre omgeving.

Waterberg Plateau Park

Sinds 1972 staat het hele gebied onder natuurbescherming, voor die tijd werd er op het plateau vee gehoed. Het **Waterberg Plateau Park** 6 bestaat uit twee delen: een stuk is *wilderness area*, waar de natuur aan zichzelf wordt overgelaten, in het andere liggen onverharde wegen en kunstmatige drinkplaatsen waar de dieren kunnen worden geobserveerd. In plaats van koeien en schapen leven er tegenwoordig ongeveer 90 verschillende zoogdiersoorten op het plateau, waaronder enkele zeldzame soorten, zoals paard-, sabel- en elandantilopen, blauwe gnoes, breed- en puntlipneushoorns, buffels, luipaarden en jachtluipaarden. Bovendien leven er 20 vleermuissoorten en 13 kikkersoorten. Van de 200 in het park waargenomen vogelsoorten zijn de Kaapse gieren het zeldzaamst. Dit is de enige broedkolonie van Namibië. Wereldwijd zijn er nog maar 2000 broedparen, daarvan komt 1% voor op de Waterberg. Op woensdag zijn er uitstapjes naar een schuilplaats waar ze kunnen worden geobserveerd (alleen als er een kadaver beschikbaar is).

Van Windhoek naar het Waterberg Plateau

WANDELEN IN HET WATERBERG PLATEAU PARK

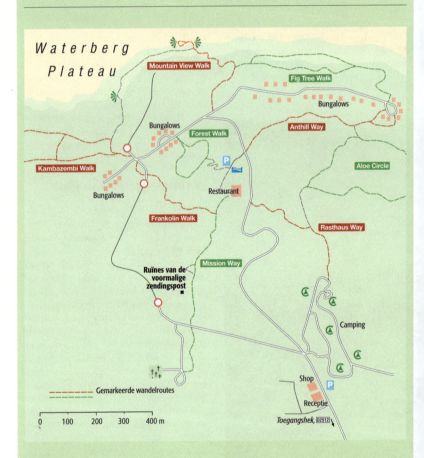

Informatie

Begin: Wandeltocht met gids (Waterberg Wilderness Trail) bij Onjoka Gate 15 km ten NO van Waterberg Camp. Wandeltocht zonder gids (Waterberg Trail) in het *rest camp*; vandaar ook diverse korte wandelingen.

Vertrekdag: De wandeltocht met gids begint elke 2e, 3e en 4e donderdag van de

Waterberg Plateau

maand; de wandeltocht zonder gids is elke woensdag mogelijk.
Duur/lengte: Wandeltocht met gids 3 dagen (dagetappes van 15 km); wandeltocht zonder gids 4 dagen (42 km); korte wandelingen rond het *camp* 15 à 90 min.
Kosten: Wandeltocht met gids N$ 400 per persoon; wandeltocht zonder gids N$ 200 per persoon.

Informatie en boeken: Aanmelden bij Namibia Wildlife Resorts (NWR) Central Reservations Office in Windhoek: tel. 061 28 57 200, reservations@nwr.com.na, of in Swakopmund: tel. 064 40 21 72, sw.bookings@nwr.com.na, www.nwr.com.na. Voor deze wandelingen is een fitheidsverklaring van een arts niet nodig.

Vanwege zijn ligging, bijzondere geologische gesteldheid en unieke planten- en dierenwereld vormt de Waterberg een ideaal wandelgebied. In de droge tijd, tussen april en november, vallen er twee wandeltochten te maken. De eerste is een driedaagse tocht met gids in het westen van het park, de tweede een vierdaagse tocht op eigen gelegenheid door het zuidelijke deel van het cuestagebergte.

Wie de natuur van het Waterberg Plateau Park beter wil leren kennen met behulp van een ranger, kan het best deelnemen aan een **wandeltocht met gids in het wildernessgebied**. Hierbij worden vanuit een vast kampement dagtochten ondernomen. De lengte en het tempo van de etappes worden afgestemd op de langzaamste deelnemer in de groep – gewoonlijk wordt er zo'n 15 km per dag gelopen. Onderweg blijft de ranger vaak staan om iets te vertellen over interessante dieren en planten, waarbij u natuurlijk gelegenheid hebt om foto's te maken. De vaste overnachtingsplaats heeft als voordeel dat er geen zware rugzakken mee hoeven. Aan deze wandelingen met gids moeten minimaal 6 personen deelnemen; het maximale aantal is 8. De deelnemers hoeven zelf alleen proviand en een slaapzak mee te nemen; voor een tent, serviesgoed en water wordt gezorgd.

De **wandeltocht zonder gids (Waterberg Trail)** vergt niet al te veel inspanning. Alleen de steile klim naar het plateau kost enige zweetdruppels. Eenmaal boven loopt de route – die helaas niet overal duidelijk is aangegeven – over relatief vlak terrein. Een heel mooi stuk van de wandeling voert langs de rand van het plateau, waar u een fantastisch uitzicht hebt over de oneindig lijkende savanne. Reken voor deze wandeling qua pure looptijd op ongeveer 20 uur. Of u uiteindelijk drie of vier dagen nodig hebt, hangt af van het aantal tussenstops – en natuurlijk van uw conditie. Het is aan te raden om de nacht voor en na de wandeling door te brengen in het Waterberg Camp of in een van de *guest farms* in de nabije omgeving, omdat u op de eerste en laatste dag zo'n zes uur onderweg bent. Tijdens de wandeling wordt overnacht in overdekte, maar rondom open schuilhutten; in de buurt hiervan zijn steeds toiletten en water te vinden. Bij deze wandeling zonder gids worden groepen gevormd van minimaal 3 en maximaal 10 personen. Kinderen dienen minimaal 12 jaar oud te zijn en in gezelschap zijn van een volwassene. De deelnemers aan deze wandeling dragen hun hele uitrusting zelf mee.

Wie minder fit is kan kiezen uit negen korte wandelroutes in het Waterberg Plateau Park: de **Kambazembi Walk**, **Mountain View Walk**, **Forest Walk**, **Francolin Walk**, **Mission Way**, **Fig Tree Walk**, **Anthill Walk**, **Aloe Circle** en **Rasthaus Way**. Alle routes zijn goed gemarkeerd; gedetailleerde beschrijvingen zijn verkrijgbaar in het parkkantoor. De historische **Mission Way** voert langs de ruïnes van de eerste zendingspost naar het Duitse soldatenkerkhof (zie blz. 292), terwijl de **Mountain View Walk** in steile bochten langs de cuesta (de scherp oprijzende helling van het bergmassief) het plateau beklimt. De klim duurt ongeveer een halfuur (senioren zullen er wat langer over doen), maar boven wordt de inspanning beloond met een adembenemend uitzicht over de zich eindeloos tot aan de horizon uitstrekkende savanne.

Van Windhoek naar het Waterberg Plateau

De vegetatie in het park bestaat uit struik- en boomsavanne; in totaal zijn er wel 479 plantensoorten geteld. Gasten mogen het park niet in de eigen auto bezoeken. Ze kunnen mee op 's ochtends en 's avonds georganiseerde safari's in een open terreinwagen onder leiding van een ranger.

Niet ver van het *camp*, gemarkeerd op de bij de ingang verkrijgbare parkplattegrond, ligt het Duitse soldatenkerkhof. Opvallend zijn de inschriften op de grafstenen. Op deze voor de Herero noodlottige berg, waar een groot deel van hun volk stierf, zijn geen Duitse soldaten gevallen, maar 'vermoord'. Er liggen kransen met de tekst *Traditionsverband ehemaliger Schutz- und Überseetruppen*. Op 12 augustus 1994 heeft de Duitse soldatenvereniging op de linkermuur van de begraafplaats een metalen plaquette aangebracht ter nagedachtenis aan de in de slag op de Waterberg gevallen Hererokrijgers.

Informatie

Waterberg Plateau Park: Toegang volwassene N$ 80, auto N$ 10, kind tot 16 jaar gratis. De parkpoort is het hele jaar van 6-21 uur geopend. Na hevige regenval is de weg soms onbegaanbaar. Neem in dat geval contact op met het parkkantoor en informeer op tel. 067 30 50 01 naar de toestand van de wegen. In het *rest camp* vindt u een restaurant, kiosk, levensmiddelenwinkel en zwembad. Het terrein is zeer rul en mag niet in de eigen auto worden begaan. In plaats daarvan biedt het parkbeheer ritten in open terreinwagens aan, die 's ochtends vroeg en in de namiddag plaatsvinden (N$ 500 per persoon).

Accommodoatie, eten

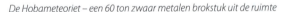

Mooi overheidskamp – **Waterberg Camp:** Pas in 1989 werd door het nationalepark-orgaan dit kamp geopend (het voormalige Bernabé de la Bat Rest Camp), dat sinds een complete renovatie in 2007 kortweg Waterberg Camp heet. Het is een van de betere overheidskampen in het land (als het personeel erbovenop zit). Alleen al het zwembad kan de concurrentie aan met dat van vijfsterrenhotels en de bungalows zijn zeer ruim. Het in het uit 1908 stammende, voormalige Duitse politiebureau ondergebrachte restaurant bereidt behoorlijk eten. Kamperen is ook mogelijk. Opgelet: het kamp biedt een tankstation, maar u kunt er geen diesel krijgen.

De Hobameteoriet – een 60 ton zwaar metalen brokstuk uit de ruimte

Reservering via Namibia Wildlife Resorts (NWR) Central Reservations Office in Windhoek, tel. 061 28 57 200, reservations@nwr.com.na, of in Swakopmund, tel. 064 40 21 72, sw.bookings@nwr.com.na, of in het Zuid-Afrikaanse Kaapstad met een aantrekkelijk Namibië-infopunt in Burg Street, tel. 0027 21 422 37 61, ct.bookings@nwr.com.na; www.nwr.com.na. 2 pk inclusief ontbijt N$ 600 per persoon, bushchalet (2 bedden) met ontbijt N$ 730 per persoon, bushchalet (4 bedden) met ontbijt N$ 840 per persoon, gezinschalet (4 bedden) met ontbijt N$ 730 per persoon, 'premier' bushchalet (2 bedden) met ontbijt N$ 880 per persoon, ochtend- of middagsafari N$ 500 per persoon (kinderen tot 6 jaar niet toegestaan). Kamperen N$ 147 per persoon (maximaal 8 personen per staplaats) en N$ 110 per staplaats.

Voor wandelaars – **Waterberg Wilderness Lodge:** tel. 067 68 70 18, www.waterberg-wilderness.com. De lodge, sinds 1907 in de familie, is een ideaal uitgangspunt voor excursies in de Waterberg Wilderness op de zuidoosthelling van de berg. U vindt hier 9 grote tweepersoonskamers met een overdekte veranda of terras (plus 2 kamers voor gezinnen), een restaurant met goede farmgerechten, een koffieterras, twee door bronwater gevoede bassins met een ligweide en een kleine bibliotheek. Tot het aanbod van de lodge behoren 3 à 4 uur durende begeleide wandelingen langs de rotsen van het Waterberg Plateau, ook mogelijk zijn onbegeleide wandelingen door de Otjosongombe-kloof (alleen voor overnachtende gasten). 2 pk met diner en ontbijt vanaf N$ 1780, safari's N$ 350, begeleide wandelingen en overige excursies (onder andere cultuurtochten in het Hererogebied) op aanvraag.

Via Grootfontein naar Tsumeb

Kaart: blz. 283
Wie op de stoffige D 2512 van het Waterberg Plateau verder naar het noordoosten rijdt, moet zich houden aan het Afrikaanse voorschrift op de borden *Maak die hek toe*. Het betekent 'sluit het hek'. De boerderijen worden van elkaar gescheiden door ijzeren hekken in plaats van veeroosters *(cattle grids)*. Soms hebt u geluk en staan de kinderen van de landarbeiders al klaar om het hek te openen en te sluiten. Bij de boerderij Rietfontein komt de geasfalteerde weg B 8 in zicht.

Hobameteoriet ▶ K 5

De Hobameteoriet bereikt u door de B 8 een stukje naar het westen te volgen en daarna 15 km voor het dorp Kombat rechts af te slaan naar de D 2860. Volg de wegwijzers. Bij het informatiecentrum waarschuwt een bord bezoekers: *Beware of falling meteorites* (Pas op voor vallende meteorieten). Maar de kans dat op deze plaats nogmaals zo'n brok als 80.000 jaar geleden neerkomt, is uiteraard vrij klein. De 3 m brede **Hobameteoriet** 7 ligt ongeveer 20 km ten westen van Grootfontein en is met een gewicht van ruim 60 ton het zwaarste uit de ruimte afkomstige metalen object dat ooit op aarde is gevonden (dag. 9-17 uur, bescheiden entreegeld, kiosk met koele drankjes).

Om te zorgen dat souvenirjagers er geen stukken afhakken, wordt de rots bewaakt. Na betaling van het geringe entreegeld kunt u de meteoriet bezichtigen. Hij werd bij toeval ontdekt: in 1920 kwam de jager Jacob Brits erlangs en verwonderde zich over het imposante blok gesteente. Hij hakte er een stuk af en liet dit onderzoeken. Het resultaat – een ijzergehalte van 82%, ruim 16% nikkel en de rest kobalt – bewees dat het brokstuk uit het heelal kwam. Aan de hand van een bepaalde, zeldzame nikkelisotoop waren wetenschappers later in staat om de ouderdom vast te stellen.

Vreemd genoeg heeft het brokstuk geen diepe krater achtergelaten: men denkt omdat het horizontaal op de aarde af raasde en eerst enkele malen over de grond stuiterde alvorens tot stilstand te komen. Daardoor nam de vaart sterk af en boorde de meteoriet zich niet diep in de bodem.

Grootfontein ▶ K 4

*Museum: tel. 067 24 23 51 en 24 35 84,
di. 16-18, wo. 9-11, vr. 16-18 uur*

Van de Hobameteoriet is het niet ver meer naar **Grootfontein** 8 . *Otjivandatjongue* – 'Luipaardheuvel' – werd de plaats genoemd door de Herero, lang voordat de eerste blanken kwamen. In 1893 kreeg de stad een mijnbouwvergunning. Drie jaar later werd het Duitse **fort** gebouwd, dat in 1978 is gerestaureerd en waarin tegenwoordig een museum is ondergebracht. In de nabijheid ligt de natuurlijke bron waar Grootfontein zijn naam aan ontleent.

Informatie
Grootfontein Municipality: tel. 067 24 31 01, www.grootfonteinmun.com.na. Hier krijgt u informatie over de stad, de omgeving en de Hobameteoriet (ongeveer 15 km hiervandaan gelegen).

Tsumeb ▶ K 4

Kaart: blz. 283

Ten noorden van Grootfontein ligt de voornaamste mijnbouwstad van Namibië en met bijna 45.000 inwoners ook de op twee na grootste stad van het land: **Tsumeb** 9 . De Damara smolten hier, voordat de eerste Europeanen het land bereikten, al koper in primitieve ovens. De mijn produceerde tot de sluiting in 1998 koper en lood en kleine hoeveelheden zilver en zink. Het straatbeeld van Tsumeb is voor een mijnstad onverwacht groen. Overal staan bloeiende palissanderbomen en bougainvilles. Dit is te danken aan het ten noordwesten van de stad gelegen **Lake Otjikoto**, waarvan het water de stad in wordt gepompt. Het Duitse verleden is terug te zien in het straatbeeld van Tsumeb. De **Barbarakirche** werd ter bescherming van de mijnwerkers gewijd aan de heilige van de mijnbouw (de H. Barbara) en in het **Etosha Café** serveert Duitssprekend personeel koffie met taart. Het **toeristenbureau** doet met veel informatiemateriaal over het noorden van het land recht aan Tsumebs naam als de 'poort tot Etosha'.

Tsumeb Museum
Main Street, tel. 067 22 04 47, ma.-vr. 9-12, 15-18, za. 9-12 uur

Heel interessant is het **Tsumeb Museum** in de uit 1915 daterende voormalige school. De exposities belichten de mijnbouw en tonen voorwerpen uit de Sancultuur en uit Lake Otjikoto opgevist oorlogstuig dat de Duitsers bij hun aftocht in het water hadden gedumpt.

Lake Otjikoto ▶ J 4

Kaart: blz. 283

Het turquoise **Lake Otjikoto** 10 – *otjikoto* is een Hererowoord voor 'diep gat' – ligt ongeveer 24 km ten noordwesten van Tsumeb. Het ligt pal aan de weg, verstopt achter vijgenbomen en eucalyptussen. De inheemse bevolking heeft lang gedacht dat Otjikoto en het ernaastgelegen **Lake Guinas** geen bodem hadden. In 1851 ontdekten de onderzoekers Galton en Andersson echter dat Otjikoto 55 m diep is. Moderne metingen bevestigen dit, maar wijzen ook uit dat het meer op enkele plaatsen 90 m diep is. Lake Guinas bleek nog dieper: 100-130 m. Maar het bijgeloof over de bodemloosheid bleef bestaan en werd zelfs versterkt toen in 1927 de postkantoordirecteur Johannes Cook na een stoere duik in Lake Otjikoto niet meer bovenkwam. Maar ook daarvoor is een wetenschappelijke verklaring. Het meer heeft de vorm van een omgedraaide paddenstoel. Waarschijnlijk dook Cook op onder een overhangende rots, stootte zijn hoofd en verdronk.

Omdat de meren niet door een toevoerwater worden gevoed, konden zich hier twee unieke vissoorten ontwikkelen, waaronder een brasemachtige, de **Otjikoto-tilapia**, die 14 cm lang kan worden en – waarschijnlijk door het ontbreken van roofvissen – bont gekleurd is. De tilapia heeft de **muilbroeder** *Pseudocremilabrus philander (southern mouthbreeder)* uit de diepere delen van de meren verdrongen. Deze vis-

Lake Otjikoto

Avondprogramma bij Grootfontein: de sterrenhemel bewonderen

soort zwemt een tijd lang met zijn jongen in de bek rond en houdt zich gewoonlijk in ondiep water op.

Maar Lake Otjikoto is vooral om een andere reden beroemd. Toen de Duitse soldaten zich in 1915 moesten terugtrekken, lieten ze een groot deel van hun uitrusting – artillerie en munitie – in Lake Otjikoto zinken, om te zorgen dat deze niet in handen kwam van het oprukkende Zuid-Afrikaanse leger. Jaren later hebben duikers van de Windhoek Underwater Club in samenwerking met het overheidsmuseum diverse stukken opgedoken, waaronder een bijna perfect bewaard gebleven munitietransportvoertuig. De *carrier* staat tegenwoordig in het Museum Alte Feste in Windhoek.

Bij latere duikgangen wist men kanonnen, machinegeweren en andere wapens naar de oppervlakte te brengen. Deze zijn te zien in de Khorabzaal van het **Tsumeb Museum** (zie blz. 294).

Het grootste deel van het materieel, waaronder een kist met onbekende inhoud, ligt nog altijd in zijn unieke 'onderwatermuseum'. Van Tsumeb is het niet ver meer naar Etosha National Park, de hoofdbezienswaardigheid van Namibië.

Accommodoatie

Klein, maar fijn – **Makalani Hotel:** Ndilimani Cultural Troupe St., tel. 06 22 10 51, www.makalanihotel.com. Eenvoudig, klein hotel (28 kamers) met een zwembad, mooie biertuin, restaurant, bar; airco en satelliet-tv op de kamer. 2 pk met ontbijt vanaf N$ 804.

Eten en drinken

Schaduwrijke biertuin – **Etosha Café:** President Street, tel. 067 22 12 07, Facebook: Etosha Cafe & Beergarden, ma.-vr. 7-17, za. 8-13 uur, zo. gesloten. Versgebakken chocolade- en kwarktaart, leverkaas, broodjes biefstuk en stevige ontbijten. Binnenplaats met biertuin. Gerecht circa N$ 75.

Winkelen

Kunstnijverheid – **Tsumeb Arts and Crafts Centre (TACC):** 18 Main St., tel. 067 22 02 57, ma.-vr. 9-17, za. 9-13 uur. De organisatie zonder winstoogmerk TACC verkoopt inheemse kunstnijverheid in een eigen winkel.

✱ Etosha National Park

Met 22.270 km² is het Etosha National Park ruim half zo groot als Nederland. In 1907 riep de eerste gouverneur van het Duitse bestuur, Friedrich von Lindequist, grote stukken land in het noorden van Namibië, waaronder de Etosha Pan, uit tot beschermd natuurgebied. De reden daarvoor was dat beroepsjagers uit winstbejag bezig waren om het wildrijke gebied 'leeg te schieten'.

Bij de stichting van het nationaal park was Etosha National Park met bijna 100.000 km² het grootste ter wereld. Toen de Zuid-Afrikaanse apartheidswetten in 1970 ook in Zuidwest-Afrika werden toegepast en er thuislanden werden gecreëerd voor de Herero en de Damara, verkleinde men het park aanzienlijk, noemde het noordelijke deel Ovamboland en bouwde een 850 km lang hek, waarmee de natuurlijke trekroutes van de dieren werden verstoord. Duizenden gnoes konden in de droge tijd niet meer naar het vochtigere Angola trekken. Ter compensatie werden er meer drinkplaatsen aangelegd. Toen de gnoes uiteindelijk in het park bleven, raakte het land overbegraasd, waardoor het in steppe veranderde.

Om bezoekers de mogelijkheid te geven de dierenwereld te 'ervaren', legde men een netwerk van onverharde wegen aan (met een totale lengte van 700 km), wat de meeste antilopen en olifanten indirect het leven kostte. Slechts een tiende van de gnoes en een derde van de steppezebra's overleefde. Om kiezelstenen te winnen voor het tracé van de wegen werden namelijk grote gaten gegraven, die zich met regenwater vulden en een broedplaats werden voor miltvuurbacteriën. Alleen de vleesetende dieren in het park waren resistent tegen de ziekte.

Met ruim 130.000 bezoekers per jaar is het park tegenwoordig de belangrijkste bezienswaardigheid van Namibië. Vanwege zijn ligging en uitgestrektheid behoort het tot de mooiste beschermde natuurgebieden ter wereld. Het westen was tot 2011 alleen toegankelijk voor Namibische touroperators, maar tegenwoordig is het dat ook voor overnachtende gasten van het Dolomite Camp.

Etosha Pan

De witte Etosha-kleipan (*etosha* betekent 'grote witte plaats') beslaat 5000 km², bijna een vierde van de totale oppervlakte van het park. De Ovambo noemen de pan 'plaats van het droge water', omdat hij soms jarenlang droogstaat, om dan, als de rivier de Ovambo in het oosten of de Ekuma en de Oshigambo in het noorden veel water bevatten, in een groot meer te veranderen. Daarin groeien algen die honderdduizenden flamingo's aantrekken. De 'witte plaats' wordt dan een 'roze plaats'. Soms – wanneer de zon het water van het meer te vroeg en te snel laat verdampen – eindigt dit in een catastrofe. Zoals in 1969, toen tienduizenden flamingokuikens die nog niet konden vliegen plotseling zonder voedsel op het droge stonden. Natuurbeschermers redden 20.000 kuikens door ze naar de nog water bevattende Fischer's Pan in het oosten van Etosha te brengen. Twee jaar later droogde het meer opnieuw te snel op. Maar ditmaal wandelden 30.000 kuikens onder leiding van enkele volwassen vogels 80 km naar het noorden. Na vier weken bereikten 25.000 overlevende kuikens de waterrijke Ekumadelta.

Lake Otjikoto

Op safari in het Etosha National Park

Kaart: blz. 299

Tot de opening van het Dolomite Camp was het westen van het Etosha National Park ruim honderd jaar niet toegankelijk voor het publiek. Wie vanuit Okaukuejo komt, ziet achter de Ozonjuitji m'Bari-waterplaats de vegetatie veranderen. Het grasland gaat over in mopanebos en vanaf Nomab Waterhole in acaciabushland. Aan de horizon duiken dan de eerste dolomieheuvels op. En bij de Duineveld Waterhole wordt de bezoeker al omringd door ruige, gekloofde rotsformaties. Alleen hier zijn bergzebra's, paardantilopen en bavianen te zien; oostelijker komen ze niet voor. Bij de drinkplaatsen in het verkeersluwe westen van Etosha National Park zijn de dieren schuwer, omdat ze geen auto's gewend zijn. Rijd dus zeer langzaam langs de drinkplaatsen. De interessantste drinkplaatsen in het westen van het park zijn: **Klippan**, **Rateldraf**, **Dolomietpunt** (zichtbaar vanuit het Dolomite Camp), **Okawao**, **Renostervlei**, **Olifantsrus** (waar het nieuwe kampeerterrein ligt) en **Tobiroen**.

Namutoni Rest Camp
▶ H 3

In het park liggen vier door de overheid beheerde *rest camps*: Namutoni in het oosten, Halali in het midden en Okaukuejo in het westen. Het interessantst is beslist **Namutoni 1**, een door het Duitse koloniale leger in 1902-1903 gebouwd fort. Voor de naam bestaat een nogal vreemde verklaring. In de Ovambotaal betekent *nà-mutoni* 'grote mannelijke geslachtsdelen'. Om een baan als contractarbeider te krijgen, werden de inboorlingen van tevoren onderzocht – ook op geslachtsziekten. Sindsdien noemen ze de plaats Namutoni.

Voor de bouw van het fort was de drinkplaats bekend als de plek waar de Zweedse avonturier Charles John Andersson en de Brit Francis Galton samen met een Ovambogids in 1851 hun nachtkamp hadden opgeslagen voordat ze als eerste Europeanen de Etosha Pan bereikten.

In de regentijd vullen de waterpoelen zich met het lang verhoopte vocht

Etosha National Park

Na 1897 diende Namutoni als controlepost tijdens de runderpestepidemie, en daarna als grenspost voor de controle op de handel met Ovamboland. Op 28 januari 1904, een jaar nadat het was gebouwd, werd Fort Namutoni overvallen door 500 Ovambo en verwoest. De Duitse soldaten, welgeteld zeven, wisten in het nachtelijke duister te ontkomen. Later zou koning Nehale, de leider van de aanval, een van de buitgemaakte, zeer waardevolle fokstieren teruggeven. Toen de Duitse delegatie die hem kwam afhalen was gearriveerd, liet Nehale de stier brengen en voor de ogen van zijn eigenaars doodschieten – ze zouden wel eens zien wie er de baas was. Op 28 januari 1996, precies 92 jaar na de aanval op het fort, werd de Namutonidrinkplaats door president Sam Nujoma officieel omgedoopt in King Nehale Source (Koning Nehalebron).

In 1906 begon de wederopbouw van het fort met gebruik van de oude bouwplannen en met honderden dwangarbeiders. In 1950 werd het complex op de monumentenlijst geplaatst, in 1957 opende het fort voor de eerste maal zijn deuren voor bezoekers.

Dik-Dik Drive ▶ J 3

Enkele kilometers van Namutoni begint de **Dik-Dik Drive**, waar regelmatig de kleine, schattige Kirks dikdiks *(damara dik-dik)* te zien zijn. Deze 5 tot 6 kg zware antilopesoort (ter vergelijking: de elandantilope, de grootste in zijn soort ter wereld, weegt ruim 800 kg) komt uitsluitend in Namibië voor, en dan nog alleen op het Waterberg Plateau en op deze Dik-Dik Drive in het Etosha National Park. Paartjes blijven hun hele leven bij elkaar. Alleen wanneer de partner sterft, gaat het diertje op zoek naar een nieuwe. Om zijn terrein af te bakenen, doet de dikdik zijn behoefte altijd op dezelfde plaats. Een oud Bosjesmanverhaal vertelt waarom: op een dag zwierf de dikdik door de *bush*, toen hij over een enorme olifantendrol struikelde. Hij was zo kwaad, dat hij vanaf dat moment zijn uitwerpselen steeds op dezelfde plaats deponeerde, in de hoop ook eens de olifant te laten struikelen wanneer hij opnieuw langs deze plek kwam.

De olifanten van Etosha

In de loop van de rit zullen bezoekers van het park maar zelden een olifant zien struikelen, maar misschien zien ze er wel één een boom omduwen. De dikhuiden doen dat om aan de bijzonder smakelijke, jonge blaadjes te komen. Hoewel ze de bomen soms verwoesten, zorgen ze tegelijkertijd ook voor hun verspreiding. De na het eten van marula-, apenbroodboom-, palm- en acaciatakken in het spijsverteringskanaal belande zaden gedijen na het uitpoepen bijzonder goed. Zo'n veertig Afrikaanse boomsoorten zijn zo direct afhankelijk van de grijze reuzen en hun uitwerpselen. De olifanten van Etosha zijn met een schofthoogte van 4 m de grootste van het continent, hun slagtanden behoren evenwel tot de minst indrukwekkende van Afrika. Een gebrek aan mineralen in dit gebied, zoals calcium, is de reden voor de broosheid van het ivoor.

Het veruit bijzonderste orgaan van de olifant is zijn slurf, waarin 50.000 spieren hem in staat stellen zelfs de kleinste takjes en blaadjes met de 'vingers' van de punt te betasten en op te pakken. Andere functies zijn het afbreken van takken, het drinken van water of het afspoelen van het lichaam om af te koelen. Bij het zwemmen in rivieren wordt de slurf een praktische snorkel. Het opmerkelijkst aan de grote dikhuid is de zeer nauwe familieband in de meestal door een ouder wijfje aangevoerde kudde. Kalfjes groeien samen met de volwassen dieren van de groep op en worden door allemaal vertroeteld en met zorgen omringd, wat gebeurt door zachte duwtjes met de slurf. Jongere wijfjes doen vaak dienst als 'kindermeisje' voor de baby's en passen op de jonge dieren.

Net als mensen treuren ook olifanten om gestorven familieleden. Er vinden regelrechte begrafenisrituelen plaats, de dode dieren worden met twijgen en aarde bedekt, de kudde staat in een kring om het 'graf', de slurven raken zachtjes het overleden familielid aan. Aan het eind van de ceremonie trompetteren de dieren en trekken dan langzaam gezamenlijk weg – een gedrag dat uniek is in de dierenwereld en dat zoölogen nog altijd intrigeert.

Lake Otjikoto

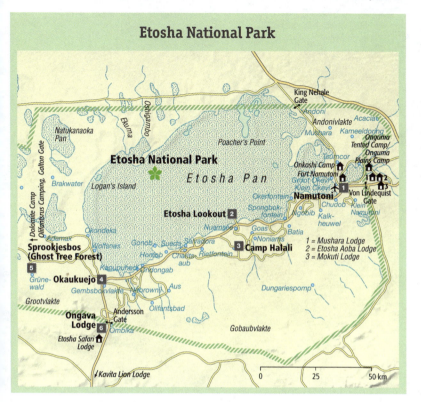

Etosha Lookout en Camp Halali ▶ H 4

De **Etosha Lookout** 2 is het enige punt waar u over een onverharde weg een stukje de zoutpan in kunt rijden. De dapperste bezoekers lopen van de parkeerplaats nog 150 meter verder – het is een vreemd, onheilspellend gevoel om de eindeloze, witte, glinsterende vlakte voor zich te zien.

Ongeveer halverwege de Von Lindequist Gate in het oosten en de Andersson Gate in het zuidwesten van het park ligt het in 1967 geopende, door mopanebos omgeven **Camp Halali** 3. Het woord herinnert aan de Duitsers, die op de jachthoorn het 'halali' bliezen om aan te geven dat de jacht voorbij was.

Okaukuejowaterpoel ▶ G 4

Aan de 's nachts met schijnwerpers verlichte waterpoel van **Okaukuejo** 4 komen overdag vaak zebra's, gnoes, giraffen, olifanten, oryxen, koedoes, struisvogels en jakhalzen samen drinken. Hier vond enkele jaren geleden een incident plaats dat de voorpagina's van de kranten haalde. Een toerist was op een van de bankjes voor de omheinde poel in slaap gevallen. Op de een of andere manier wisten een oude, tandeloze leeuwin en een mannetjesleeuw de omheining te omzeilen. Ze slopen door het *camp* en doodden de slapende man. Later werden de leeuwen afgemaakt.

Volgens een telling waren er in augustus 1997 nog maar 144 van deze mooie dieren over in Etosha National Park. Als ze over de

Springbokken, zebra's, gnoes en oryxen bij de drinkplaats Okaukuejo

OP FOTOSAFARI NAAR DE DRINKPLAATSEN VAN ETOSHA

Informatie

Begin: Het startpunt van de fotosafari hangt af van de accommodatie. Een gedetailleerde routekaart is verkrijgbaar in de parkkantoren in Okaukuejo, Namutoni en Halali.
Seizoen: De beste tijd om in Etosha National Park dieren te observeren, is de zuidelijke winter (dus de Europese zomer, begin juni tot eind september). Dan is het droog en verzamelt het wild zich rond de drinkplaatsen. Desondanks is geduld vereist. Stel u gewoon op bij een van de poelen en wacht af wat er gebeurt. Hieronder staat een overzicht van de dieren die komen drinken in het gebied tussen Namutoni en Okaukuejo, en waar.
Kosten: Toegang park N$ 80 per persoon, auto N$ 10
Kaart: blz. 299

Andoni: Etosha's noordelijkste drinkplaats is een dalkom waar vooral vogelaars aan hun trekken komen. Hier nestelen zo'n 60 zwarte kroonkranen: voor fans een goede reden om de 100 km lange rondrit vanuit Namutoni op de koop toe te nemen.

Groot Okevi: Deze natuurlijke bron ligt 6 km ten noorden van Namutoni en trekt vooral jachtluipaarden, luipaarden, olifanten, zebra's en koedoes.

Klein Okevi: Ligt slechts 1 kilometer verwijderd van Groot Okevi. Behalve jachtluipaarden, luipaarden en olifanten zijn hier regelmatig giraffen, gnoes, springbokken, zwartkopimpala's en koedoes te zien.

Namutoni **1**: De natuurlijke bron achter het fort wordt 's nachts verlicht. Hekken onder hoogspanning voorkomen een direct contact tussen de bezoekers en de fauna. Hier komen

Lake Otjikoto

groepen olifanten, zebra's, gnoes, springbokken, zwartkopimpala's en oryxen (spiesbokken) tegelijk drinken. Soms ziet u een van de weinige zwarte neushoorns (puntlipneushoorns) van het nationaal park.

Klein Namutoni: Deze drinkplaats is zeer populair bij fotografen, omdat hij slechts 2 km van het fort ligt. Bezoekers kunnen tot vlak bij het water lopen en de olifanten, zwarte neushoorns (puntlipneushoorns), zebra's, giraffen, gnoes, springbokken, zwartkopimpala's, oryxen en koedoes van heel dichtbij meemaken. Ideaal gelegen voor opnames in het late middaglicht.

Chudob: Eveneens een geliefde fotolocatie, zowel voor ochtend- als voor middagopnames. Deze natuurlijke bron kan bogen op een fotogeniek rieteiland in het midden. Chudob is het beste punt om vanaf de verhoogde parkeerplaats kuddes giraffen van soms wel dertig dieren vast te leggen. Bovendien duiken hier soms zeldzame elandantilopen op.

Kalkheuwel: Dit is de absolute nummer één voor fotografen. Aantrekkelijk gelegen in een mopanebos. Honderden dieren komen hier gelijktijdig drinken. De kans om leeuwen te zien is groot. 's Ochtends vroeg is het licht op zijn mooist.

Batia: Halverwege tussen Namutoni en Halali. Hier komen grote groepen olifanten, gnoes, springbokken, oryxen en jachtluipaarden.

Goas: Behoort tot de beste waterplaatsen van Etosha. Van twee kanten te observeren, dus geschikt voor ochtend- en middagopnames. Er komen hier grotere groepen leeuwen en olifanten, maar ook honderden zebra's, gnoes, paardantilopen en zwartkopimpala's. Luipaarden komen er ook regelmatig.

Halali 3 : Een mooi tussen rotsen aangelegde, kunstmatige drinkplaats in het Halali Rest Camp. Van de verhoogde zitplaats zijn leeuwen, olifanten, neushoorns en hyena's vaak direct eronder te observeren.

Rietfontein: Is zeer in trek en een van de grootste drinkplaatsen van het park, 19 km ten westen van Halali. Hier komen alle dieren van Etosha. Goede mogelijkheden om roof- en watervogels te observeren. De parkeerplaats ligt echter ver van de *waterhole*, zodat een krachtige telelens vereist is. Het licht is laat in de middag op zijn mooist. Er komen dan vaak luipaarden, leeuwen en grote groepen olifanten.

Salvadora en Sueda: Deze vlak bij elkaar gelegen locaties worden zeer druk bezocht, vooral door jachtluipaarden, leeuwen en grote groepen zebra's, gnoes en springbokken. Een goede plek om zowel 's ochtends vroeg als in de late namiddag de kuddes te fotograferen die passeren met de sneeuwwitte pan op de achtergrond.

Olifantsbad: Zoals de naam al aangeeft, komen hier vooral grote groepen olifanten, maar ook leeuwen, zebra's, wrattenzwijnen, gnoes, paardantilopen, springbokken en koedoes. Zeer aantrekkelijke locatie in mopanebos, in de late namiddag is het licht ideaal.

Gemsbokvlakte: Deze 15 km ten zuidoosten van Okaukuejo gelegen drinkplaats is populair, omdat men hier in het late middaglicht groepen olifanten en jachtluipaarden, leeuwen en zwarte neushoorns van dichtbij kan observeren. Maar natuurlijk komen hier ook de oryxen (hier gemsbokken genoemd) die hun naam aan de drinkplaats hebben gegeven.

Nebrownii: 10 km ten oosten van Okaukuejo. U komt hier vlak bij het wild. Het beste licht is in de late namiddag. Veel bezocht door kleine groepen olifanten, die dan vaak uitbundig om zich heen spuitend aan de drinkplaats komen spelen.

Okaukuejo 4 : De bekendste en drukstbezochte drinkplaats in het park. 's Ochtends ideaal licht om te fotograferen, 's nachts branden er schijnwerpers; dan laten zich hier met name hyena's, leeuwen, luipaarden, olifanten en zwarte neushoorns (puntlipneushoorns) zien.

Ombika: Vlak bij de Andersson Gate. 's Ochtends vroeg komen hier vaak zwarte neushoorns (puntlipneushoorns) drinken.

Etosha National Park

omheining klimmen en op particulier farmland komen, worden ze afgeschoten, hoewel de leeuw sinds 1996 een beschermde soort is. Boeren zijn eigenlijk verplicht Nature Conservation te informeren wanneer er op hun land leeuwen opduiken. De medewerkers verdoven de dieren dan en brengen ze terug naar het park. Maar een leeuw die eenmaal een koe heeft gedood, onthoudt hoe eenvoudig dat is en valt vaak in herhaling. Het ontbreekt het Namibische parkbestuur aan middelen om de 1700 km lange omheining van de noodzakelijke hoogspanning te voorzien.

Wanneer de leeuwen zich na het vallen van de duisternis dan eindelijk naar de verlichte drinkplaats van Okaukuejo begeven en zebra's en springbokken in blinde paniek wegvluchten, turen honderden paren ogen van opgewonden toeristen door de zoeker van hun digitale camera om voor de thuisblijvers hun eigen dierendocumentaire op te nemen.

Sprookjesbos ▶ G 4

Van Okaukuejo kunt u een mooi uitstapje maken naar het westelijker gelegen **Sprookjesbos** 5 *(Ghost Tree Forest* of *Fairy Forest)*, waar honderden exemplaren van de zeldzame moringaboom groeien. Deze komt alleen in Namibië voor en heeft normaal gesproken een rechte stam. In het Sprookjesbos zijn de bomen echter krom gegroeid, wat te wijten is aan het feit dat ze als jonge zaailing steeds weer worden aangevreten door giraffen en olifanten. Tot voor enkele jaren konden toeristen niet verder reizen, maar sinds het overheidskamp Dolomite Camp in 2011 zijn deuren opende, kunnen overnachtende gasten van het kamp ook het nog onontsloten westelijke deel van het Etosha National Park leren kennen.

Galton Gate ▶ G 4

De westelijke ingang, de **Galton Gate** bij **Otjovasondu**, kon bij de opening van **Camp Dolomite** in 2011 alleen worden gebruikt door gasten die daar een kamer hadden geboekt, maar sinds 2014 is de Galton Gate voor alle bezoekers geopend. Sindsdien is er met de **Olifantsrus Campsite** (zie Accommodoatie blz. 307) ook voor het eerst een echte overheidscamping in het Etosha National Park.

Ongava Lodge ▶ G 4

Kort na het verlaten van het park via de Andersson Gate rijdt u rechts naar de door Wilderness Safaris beheerde, exclusieve **Ongava Lodge** 6 . Het rietgedekte hoofdgebouw voegt zich naadloos in het landschap, net als het een paar kilometer verder gelegen luxe tentenkamp, waar een directe natuurbeleving gegarandeerd is. De Ongava Lodge organiseert naast safari's in het Etosha National Park ook *game drives* in open terreinwagens in het eigen, 30.000 ha grote natuurreservaat, waar in tegenstelling tot het park ook 's nachts mag worden gereden. Naast de karakteristieke dieren van Etosha zijn hier ook meer witte neushoorns (breedlipneushoorns) en waterbokken te bewonderen.

Informatie

Het **hoofdkwartier** van het Etosha National Park ligt in **Camp Okaukuejo**, maar ook in Halali en Namutoni vindt u informatiekantoren en shops waar de Engels/Duitstalige **Map of Etosha** te koop is. Behalve nauwkeurige routebeschrijvingen biedt de kaart informatie over de planten- en dierenwereld in het park. Het Etosha Park is geopend van zonsopkomst tot zonsondergang, bij het vallen van de duisternis moet u in een van de Rest Camps zijn of het park verlaten hebben. De toegang bedraagt N$ 80 per persoon en N$ 10 per voertuig met maximaal 10 personen.

Voor mensen die zelf rijden geldt een aantal aandachtspunten. De maximaal toegestane snelheid in het park is 60 km per uur. Houdt u zich hieraan – niet alleen vanwege de vele wildroutes, maar ook om de flora te beschermen. Bij een hogere snelheid waait er meer stof op, dat tot de volgende regenval

Grillig gevormde moringabomen in het Sprookjesbos

Etosha National Park

de bladeren bedekt, de fotosynthese verhindert en de planten in het ergste geval doet afsterven.

Als de huurauto in het park de geest geeft: verlaat in geen geval het voertuig. Wacht altijd in de auto op hulp, ook als het snikheet is. Als de 'verpakking' eenmaal verdwenen is, gelden toeristen bij de leeuwen van Etosha als een welkom 'tussendoortje'. Het is natuurlijk ook streng verboden om met voertuigen met open dak of op een motorfiets het natuurreservaat te doorkruisen.

Accommodoatie, eten

In het Etosha National Park vindt u momenteel vijf **overheidskampen:** Okaukuejo, Halali, Namutoni, Onkoshi en Dolomite, plus het kampeerterrein Olifantsrus. De wat verouderde camps Okaukuejo, Halali en Namutoni zijn in 2007 gerenoveerd en bieden sindsdien vijfsterrencomfort – voor duidelijk verhoogde prijzen. In 2008 is het luxueuze Onkoshi Camp geopend; de Olifantsrus-camping maakt sinds 2014 het nog grotendeels onontsloten westen van het park toegankelijk. Reservering via Namibia Wildlife Resorts (NWR) Central Reservations Office in Windhoek, tel. 061 28 57 200, reservations@nwr.com.na, in Swakopmund, tel. 064 40 21 72, sw.bookings@nwr.com.na of in het Zuid-Afrikaanse Kaapstad met aantrekkelijk Namibië-infopunt in Burg Street, tel. 0027 21 422 37 61, ct.bookings@nwr.com.na, www.nwr.com.na.

Aan de drinkplaats – **Okaukuejo Camp:** Absolute overnachtingshoogtepunten zijn de vijf **Waterhole Units** in **Okaukuejo**, die zijn omgetoverd tot luxueuze, uit twee etages bestaande chalets met balkon, vanwaar de drukste drinkplaats vanuit de ligstoel kan worden geobserveerd. Maar dit genoegen is niet bepaald goedkoop. 2 pk 'A' (2 bedden) met ontbijt N$ 1150 per persoon, 2 pk 'B' (2 bedden) met ontbijt N$ 1190 per persoon, bushchalet met ontbijt (2 bedden) N$ 1210 per persoon, gezinschalet (4 bedden) met ontbijt N$ 1330 per persoon, Waterhole Chalet 2 pk (2 bedden) met ontbijt N$ 1650 per persoon, Premier Waterhole Chalet (4 bedden, twee etages) met ontbijt en diner N$ 2850 per persoon, ochtend- of middagsafari N$ 500 per persoon, nachtsafari N$ 600 per persoon (geen kinderen tot 6 jaar). Kamperen N$ 220 per staplaats plus N$ 136 per persoon (maximaal 8 personen per staplaats).

In hartje park – **Halali Camp:** Hier zijn de vijf 'premier' bushchalets en Honeymoon Suites de beste overnachtingsplekken. 2 pk met ontbijt N$ 920 per persoon, bushchalet (4 bedden) met ontbijt N$ 1060 per persoon, bushchalet (2 bedden) met ontbijt N$ 1270 per persoon, bushchalet voor gehandicapten (2 bedden) met ontbijt N$ 1110 per persoon, gezinschalet (4 bedden) met ontbijt N$ 1270 per persoon, Honeymoon Suite (groot tweepersoonsbed) met ontbijt N$ 1270 per persoon, ochtend- of avondsafari N$ 500 per persoon, nachtsafari N$ 600 (geen kinderen tot 6 jaar). Kamperen N$ 220 per staplaats plus N$ 136 per persoon (maximaal 8 personen per staplaats).

Lake Otjikoto

Duits legerfort – Namutoni Camp: Dit onder monumentenzorg geplaatste fort is tegenwoordig het hart van de activiteiten, met een verhoogd houten voetpad aan de drinkplaats. 2 pk met ontbijt N$ 980 per persoon, bushchalet (2 bedden) met ontbijt en diner N$ 1176 per persoon, ochtend- of avondsafari N$ 500 per persoon, nachtsafari N$ 600 (geen kinderen tot 6 jaar). Camping N$ 220 per staplaats plus N$ 136 per persoon (maximaal 8 personen per staplaats).

Van staatswege verordende luxe – Onkoshi Camp: Net als de Sossus Dune Lodge in Sossusvlei hoort ook het Onkoshi Camp in Etosha bij de exclusieve keten NWR Premier Collection. Zowel de ligging en architectuur als de overnachtingstarieven zijn bijzonder. Onkoshi Chalet (2 personen) N$ 2100 per persoon, Onkoshi Honeymoon Chalet (groot tweepersoonsbed) N$ 2500 per persoon, altijd inclusief volpension en alle activiteiten.

In het verlaten westen van Etosha – Dolomite Camp: In het ontoegankelijke, dierrijke westen van het park ligt het Dolomite Camp, overwegend opgetrokken uit natuurmaterialen. Bushchalet (2 bedden) 2 pk met ontbijt N$ 1620 per persoon, luxe chalet met ontbijt N$ 1900 per persoon, ochtend- of avondsafari N$ 500 per persoon.

Kampeerterrein in het westen – Olifantsrus Campsite: 26 km ten oosten van het Dolomite Camp biedt Olifantsrus Campsite de eerste echte kampeermogelijkheid van Etosha. Sinds 2014 bestaat deze overnachtingsplek in het westelijk deel van het park. Naast een informatiecentrum en een winkel met kleine gerechten en drankjes, zijn er 10 staplaatsen (maximaal 8 pers.) met stroomaansluiting beschikbaar. N$ 270 per persoon, kind 6-12 jaar N$ 135. Dagjesmensen die de picknickplaats willen gebruiken, betalen N$ 50 (en hebben alleen toegang tot 16 uur).

Op de veranda van de lodge Onguma The Fort kunnen de dieren van het Etosha National Park in alle rust worden bekeken

Etosha National Park

In de stijl van een koloniaal fort – Onguma The Fort: Architectonisch lijkt het nieuwe vlaggenschip van de Ongumaketen wel een Marokkaans woestijnfort. Het staat aan de rand van de Fischer's Pan, die bij de Etosha Pan hoort. U vindt er een hoofdcomplex met restaurant, 12 standaardkamers, 1 Fort-suite en 1 Bush-suite. 2 pk met ontbijt en diner vanaf N$ 3150 per persoon.

Vijfsterrententen – Onguma Tented Camp: Bij de oostingang van het Etosha National Park ligt het Onguma Tented Camp. Reservering via tel. 061 23 70 55, www.ongumanamibia.com. Het zeer stijlvol vormgegeven, luxeuze tentenkamp (zie website) biedt 7 tenten in een 200 km² grote, particuliere wildernis die aan het nationaal park grenst. Alle bieden een grandioos uitzicht op de 's nachts met schijnwerpers verlichte drinkplaats. 2 p-tent met halfpension N$ 2700 per persoon. Op het terrein vindt u bovendien een bushcamp met 10 2 pk en 2 gezinskamers met ontbijt vanaf N$ 1350 per persoon, 6 drinkplaatskamers vanaf N$ 1970 per persoon plus een kampeerterrein N$ 220 per persoon.

Boomhuizen op palen – Onguma Tree Top Camp: Onguma heeft nog twee kampementen op zijn grondgebied. Het **Tree Top Camp** ligt in de nabijheid van het Safari Tented Camp en is met 4 rietgedekte houten hutten nog intiemer dan dat. Alle 'kamers' en het hoofdcomplex met de eetzaal zijn naar de drinkplaats toe geopend. 2 pk met ontbijt en diner vanaf N$ 1860 per persoon.

Exclusief en persoonlijk – Ongava Lodge & Tented Camp: Bij de zuidwestingang van het Etosha National Park ligt deze lodge. Reservering via Wilderness Safaris Namibia, tel. 061 27 45 00, www.ongava.com. Het exclusieve, 30.000 ha grote wildreservaat wordt op persoonlijke wijze geleid. De Ongava Lodge biedt plaats aan 20 personen en het 15 km

Heel dichtbij: ontmoeting met olifanten in het Okaukuejo Camp

Lake Otjikoto

verder gelegen luxe tentenkamp aan 10 personen. Inbegrepen in de overnachtingsprijs zijn twee safari's in een open terreinwagen per dag (ook 's nachts, wat in het Etosha National Park niet mogelijk is) en volpension. 2 pk alles inclusief vanaf N$ 5626 per persoon.

Met een wellnesscentrum – **Epacha Game Lodge & Spa:** Voor de Andersson Gate links op de D 2695, 28 km verder ligt rechts de Epacha-toegang, tel. 067 69 70 47, www.epacha-lodge.com. Een luxueus kamp in een 210 km² groot, particulier wildreservaat met een mooi wellnesscentrum en 18 rietgedekte, met antiek meubilair ingerichte natuurstenen chalets. 2 pk met ontbijt en diner N$ 3500 per persoon.

Nabij het park – **Mushara Lodge:** 8 km van de Lindequist Gate, tel. 067 22 91 06, www.mushara-lodge.com. Vlak bij het park gelegen lodge met 10 airconditioned bungalows en een zwembad. Begeleide natuurwandelingen en safari's in het Etosha Park. 2 pk met ontbijt en diner vanaf N$ 3040, lunch N$ 140 per persoon, safari in het Etosha Park N$ 650 per persoon.

Voormalige farm – **Onguma Etosha Aoba Lodge:** Vlak voor de oostelijke ingang van het Etosha National Park rechts, 10 km van de hoofdweg, tel. 067 22 91 00, www.etosha-aoba-lodge.com. Deze comfortabele lodge is ontstaan uit een voormalige farm. Neem deel aan de goed georganiseerde safari's in het Etosha Park, smakelijk avondeten. Kinderen vanaf 12 jaar toegestaan. 2 pk met ontbijt en diner vanaf N$ 1520 per persoon, diner (driegangenmenu) N$ 270 per persoon, lunch N$ 100 per persoon, safari N$ 650 per persoon.

Restaurant met townshipsfeer – **Etosha Safari Lodge & Camp:** 10 km van de Andersson Gate, tel. 061 23 00 66, www.gondwana-collection.com. Een van de origineelste restaurants van het land ligt in het Etosha Safari Camp; de ontwerpers waren ook verantwoordelijk voor de inrichting van het Cañon Roadhouse in het zuiden (zie blz 158). Ditmaal was het thema 'shebeens', de illegale townshipkroegen. Oude autodeuren fungeren als vensters. De wat hoger op het terrein gelegen Etosha Safari Lodge is gebouwd in Duits-koloniale stijl en biedt 65 kamers met uitzicht over de savanne. 2 pk met ontbijt vanaf N$ 1271 per persoon.

In de bush – **Mokuti Lodge Etosha:** Pal voor de Lindequist Gate, tel. 061 38 84 00, www.mokutilodge.com. Mokuti is een Himba-woord voor 'in de bush'. Het compleet gerenoveerde complex bezit nu tevens een wellnesscentrum met fitnesszaal. U vindt hier 8 afzijdig gelegen Etosha-suites, 8 Safari-suites, 34 Safari Club-kamers en 56 luxe 2 pk. 2 pk met ontbijt vanaf N$ 1850.

In de heuvels – **Eagle Tented Lodge & Spa:** In het westen van het park, tel. 067 68 71 61, www.eagletentedlodge.com. Luxe tentaccommodatie, maar 'tent' is een understatement. 8 standaardtenten en 8 grote luxe tenten met een houten terras en vrijstaande badkuip. Standaard/luxetent voor 2 personen met diner en ontbijt vanaf N$ 3800.

Hoofdstuk 6

Kaokoland

Kaokoland is met 49.000 km² iets groter dan Nederland. Het ligt in de noordwesthoek van Namibië en grenst in het noorden aan Angola en in het oosten aan Ovamboland en het Etosha National Park; ten zuiden ervan ligt Damaraland en in het westen de Atlantische Oceaan. De hier woonachtige Himba behoren tot de laatste nog op de oorspronkelijke manier levende nomadenvolken van Afrika.

Een tocht door het hoge noorden van Namibië is een van de avontuurlijkste reizen die in zuidelijk Afrika is te maken. Een rit van bijna 1000 km zonder proviand te kunnen inslaan, de van krokodillen wemelende Kunene en gebieden die alleen stapvoets rijdend begaanbaar zijn, wachten op bezoekers. Alleen met minimaal twee degelijke terreinwagens tegelijk is de route te doen. Maar u wordt voor de moeite beloond met een kennismaking met een van de laatste natuurvolken op aarde, met een grandioze ongerepte natuur en met een blik op de zeldzame woestijnolifanten.

Betrekkelijk eenvoudig af te leggen is het traject naar de Epupa Falls in de Kunene. De weg is hobbelig en bezaaid met stenen, maar bewegwijzerd en vrij van grote obstakels of passages met mul zand. Alleen na regenval kan de rit over de bedding van de Ombuku bij Okongwati moeilijk zijn. De waterval stort zich naar beneden in een paradijselijke natuur met apenbroodbomen (baobabs).

Het zwaarste traject in Kaokoland voert over de Van Zyl's Pass door het Otjihipagebergte, ten westen van Otjitanda. De smalle bergweg ligt vol keien en scherpe stenen en de hellingen zijn op sommige plaatsen extreem steil. U kunt de bergpas uitsluitend van oost naar west nemen, dus alleen bergafwaarts. De ongeveer 10 km lange route is in ongeveer drie uur af te leggen. Dit is alleen mogelijk in een goede terreinwagen met een krachtige motor en veel ruimte tussen de weg en het chassis.

Sieraden en haardracht hebben bij de Himba een speciale betekenis

In een oogopslag: Kaokoland

Hoogtepunten

★ **Offroadtrip naar de Himba:** De leden van het nomadische Himbavolk behoren alleen al door hun uiterlijk tot de fascinerendste bewoners van Afrika. Dat komt ten eerste doordat de vrouwen ter reiniging en bescherming tegen de zon en muggen een pasta van boter en ijzerhoudend steenpoeder op hun huid smeren (zie blz. 318).

Epupa Falls: Hier stort de Kunene zich op weg naar zijn monding in de Atlantische Oceaan met donderend geraas bijna 40 m omlaag. Het indrukwekkendst is dit schouwspel in april (zie blz. 321).

Woestijnolifanten: Een van de absolute hoogtepunten van een tocht door Kaokoland is een ontmoeting met de legendarische woestijnolifanten (zie blz. 329, 330).

Fraaie routes

Over de Van Zyl's Pass: De 'moeder van alle bergpassen' in zuidelijk Afrika, met een hoogteverschil van 572 m over 10,4 km. Hier kunt u laten zien hoe bedreven u bent in het besturen van een terreinwagen (zie blz. 324).

Hartmann Valley: Deze route loopt door een van de eenzaamste en meest afgelegen gebieden van zuidelijk Afrika en is alleen met een extra voorraad benzine af te leggen. De routebeschrijving is voor uw oriëntatie voorzien van gps-coördinaten (zie blz. 329).

Door de bedding van de Hoanib: De zandige droge bedding van de Hoanib vormt een van de laatste echte wildernissen in Namibië. Hier kunt u woestijnolifanten spotten, die niet gestoord mogen worden door er te dicht naartoe te rijden. Voor de rit door de bedding is een vergunning van de Palmwag Lodge nodig (zie blz. 330).

Tips

Purros Campsite: Dit door de lokale gemeenschap beheerde kampeerterrein behoort tot de fraaiste van het land – een woestijnolifant spotten tijdens het ontbijt is hier zo goed als gegarandeerd (zie blz. 329, 335).

Ongongowaterval: Kamperen aan de rand van een rotsbekken met kristalhelder, koel water – het ideale besluit van een tocht door het stoffige en snikhete Kaokoland (zie blz. 330).

Overnachten in Fort Sesfontein: Na een dag rijden door stof en hitte in Kaokoland doemt het oude Duitse Fort Sesfontein op als een oase in de woestijn (zie blz. 331).

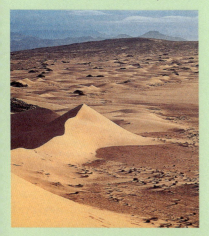

Duinen in de Hartmann Valley

Wildwatervaren op de Kunene: De lokale Kunene River Lodge organiseert tochten per rubberboot over de van krokodillen wemelende Kunene. De rivier vormt tussen Epupa en Ruacana twee groepen stroomversnellingen die ideaal zijn om op te wildwatervaren (zie blz. 322).

Kaokoland

Kaokoland (of Kaokoveld) is een van de laatste echte wildernissen van Afrika en dat komt hoofdzakelijk door de geografische ligging van deze regio: in het westen wordt de streek begrensd door de onherbergzame Geraamtekust en in het oosten door een droge, zeer ruige bergketen. Een groot deel van Kaokoland bleef tot in de 20e eeuw onontdekt en 'onderontwikkeld'.

Landschap en klimaat

Kaokoland ligt grotendeels op een hoogte van 600-1200 m. De hoogste berg (2039 m) maakt deel uit van de Baynes Mountains. Het landschap is afwisselend en de fascinerende berggebieden strekken zich uit van de droge dolomietheuvels in het zuiden tot de hoge toppen van de **Baynes** en **Otjihipa Mountains** in het noorden. Een ruige, circa 80 km brede bergkam parallel aan de kust scheidt het hoogland in het binnenland van de lagergelegen, semiaride steppe, die glooiend in de kiezelvlaktes en duinen van de Namib overgaat. In het oosten reiken de zandvlaktes van Ovamboland zo'n 40 km in Kaokoland.

De **Kunene** met zijn grote populatie krokodillen is de enige continu watervoerende rivier in Kaokoland en vormt de grens met Angola. Hij ontspringt in het regenrijke hoogland van Midden-Angola en stuit 35 km ten westen van de Ruacana Falls op de grens met Namibië. Vervolgens kronkelt de rivier via het Zebra-, Baynes- en Otjihipagebergte naar de halfwoestijnvlaktes en mondt ten slotte uit in de Atlantische Oceaan. Een aantal seizoensrivieren, die in het noorden in de Kunene uitmondt of in het westen in de Atlantische Oceaan, watert het centrale plateau af. Hoewel ze alleen na zware regenval bovengronds stromen, voeren ze het gehele jaar ondergronds water. Verspreid over de hele streek zijn bovendien natuurlijke bronnen aan te treffen, met name in de karstachtige kalksteen- en dolomietregio's, die mens en dier van drinkwater voorzien.

Bevolking

Het herdersvolk van de **Herero** zou rond 1550 van Angola naar Kaokoland zijn getrokken. Nadat het daar 300 jaar volledig geïsoleerd van de Europeanen had geleefd, werd het in 1850 door de blanken 'ontdekt'. Tegenwoordig wonen er zo'n 17.000 mensen in Kaokoland. Het merendeel daarvan behoort tot de Herero en 5000 tot de *ovaHimba*, de inheemse naam van de Himba. Enkele leden van de volken Zemba, Thwa, Tjavikwa, Ngambwe en Kuvare, de meesten afkomstig uit Angola, hebben zich eveneens in dit gebied gevestigd. Nog tot 1963 woonden in de afgelegen Baynes en Otjihipa Mountains de jager-verzamelaars van de *ovaTjimba*, die uitsluitend stenen als gereedschap gebruikten.

De **Himba-nomaden** vormen alleen al door hun uiterlijk een van de fascinerendste volken van zuidelijk Afrika. Himbavrouwen smeren als reinigingsmiddel en tegen zon en muggen een pasta van boter en ijzerhoudend steenpoeder op hun huid. Het steen waarvan dit poeder wordt gemaakt, is genoemd naar de plaats waar het wordt gevonden: *otjize*. Himbavrouwen wassen zich hun hele leven niet; ze maken zich schoon door zich constant met *otjize* in te wrijven. De rode poederlaag is bovendien een probaat middel tegen muggen en verbranding door de zon. Ook de vaste uitrusting van de nomaden, waaronder kalebasflessen en lederen zakken, is geïmpregneerd met de rode, geurige substantie. De mannen smeren zich overigens in met een zwart vet.

De vrouwen dragen korte schorten van kalfsleer en prachtige sieraden van koper, messing of ijzer. Vaak hebben ze om hun hals een zware ketting met het grote kegelvormige huis van de ngomaslak, die uitsluitend in warm water leeft. Aan de koude Atlantische Oceaan is dit weekdier maar op één locatie, namelijk aan de Angolese kust, te vinden. Als een Himbaman een vrouw ten huwelijk wil vragen, maakt hij een lange tocht naar die plaats in Angola, zoekt een mooi slakkenhuis uit en schenkt dat aan de bruid van zijn keuze. De uitverkorene hangt dit geschenk vervolgens als sieraad om haar hals. Getrouwde Himbavrouwen dragen een leren hoofddoek; hun bovenlichaam is naakt. De haardracht van de jonge meisjes – twee naar voren stekende vlechten op het hoofd – symboliseert de hoorns van de koeien, die door de Himba als heilige dieren worden vereerd. Ten teken van hun huwbaarheid dragen de meisjes versierde kroontjes van dierenhuid op hun hoofd.

Fauna

De ooit zo florerende wildstand van het Kaokoland werd vooral tijdens de zich jarenlang voortslepende Zuid-Afrikaanse grensoorlog (1965-1989) en door activiteiten van stropers sterk uitgedund.

Vers vlees van de 'openluchtslager' bij de Epupa Falls

Kaokoland

Woestijnolifanten

Kaokoland staat bekend om zijn **woestijnolifanten** *(desert elephants)*. Deze machtige dieren vormen geen aparte ondersoort van de Afrikaanse olifant, maar hebben zich simpelweg goed aangepast aan het warme en droge klimaat. Ze komen niet alleen voor in het zuiden van Kaokoland, maar ook in Noord-Damaraland (zie blz. 268). De olifanten kunnen dagelijks afstanden van wel 80 km afleggen en hebben een verbazingwekkend goed oriëntatievermogen, waardoor ze een op de heenreis ontdekte waterpoel maanden later op de terugweg direct kunnen terugvinden.

De olifanten in Kaokoland maakten ooit deel uit van de populatie in het Etosha National Park. Maar na de inkrimping van het park met 77% splitste de populatie zich. De groep olifanten in het oosten breidde zich te snel uit, waardoor een aantal door rangers moest worden afgeschoten voor het behoud van het natuurlijke evenwicht. De geïsoleerde populatie in het westen werd daarentegen steeds kleiner, omdat de olifanten in de Kuneneregio en langs de droge rivierbeddingen aan de Geraamtekust te weinig beschutting tegen jagers konden vinden. Bij de stroperij en jacht op trofeeën kwam ook nog eens de enorme droogte aan het eind van de jaren 70 en begin jaren 80 van de twintigste eeuw. In het volgende decennium kon de olifantenpopulatie in het noordwesten zich weer enigszins herstellen. Tegenwoordig leven er in Kaokoland vijftig tot zestig exemplaren. Om hun overleven te verzekeren heeft Wilderness Safaris het Desert Elephant Water Fund opgericht (zie blz. 268).

Zwarte neushoorns en nijlpaarden

De zwarte neushoorn *(black rhino)* werd nog zwaarder getroffen door stropers en droogte. De populatie liep terug van 250 exemplaren in 1934 tot elf exemplaren in 1991. Dankzij intensieve bescherming en het onthoornen van de dieren lopen er nu weer zo'n honderd rond. Daarmee bezit het Kunenegebied de enige in de vrije natuur levende zwarteneushoornpopulatie ter wereld die toeneemt. De Zuid-Afrikaanse en Keniaanse neushoorns leven allemaal in reservaten. Het nijlpaard was nooit talrijk in de Kunene. Naar schatting leven er nog maar een tiental.

Leeuwen, luipaarden en jachtluipaarden

Deze roofkatten zijn hier door veehoeders vrijwel uitgeroeid, omdat ze nu en dan een kalf, schaap of geit opaten. Sporen laten echter zien dat in afgelegen gebieden enkele dieren hebben overleefd. Af en toe bereiken leeuwen via droge rivierbeddingen de Geraamtekust, waar ze op pelsrobbenjacht gaan.

Hoefdieren

In 1990 leefden er nog maar 29 giraffen in Kaokoland, maar de populatie is sindsdien gegroeid door dieren uit te zetten. Het vlees van de langnekken wordt door de inheemse bevolking als een lekkernij beschouwd. Bovendien vervaardigen de bewoners sandalen van het stevige giraffeleer. Verder leven hier steppezebra's (gewone zebra's), bergzebra's, springbokken, impala's, oryxen (spiesbokken), koedoes, Kirks dikdiks, duikerbokken, steenbokantilopen en klipspringers.

Vogels

Ondanks de grote droogte en het schrale landschap komen er in Kaokoland 382 soorten vogels voor. Tien daarvan zijn endemisch en dus uitsluitend in Noordwest-Namibië aan te treffen: de hererotapuit *(Herero chat)*, de Rüppells papegaai *(Rüppell's parrot)*, de Monteiro's tok *(Monteiro's hornbill)*, de Rüppells trap *(Rüppell's korhaan)*, de namibleeuwerik *(Gray's lark)*, de roodstuitrotszanger *(Damara rock-runner)*, de tapuitklauwier *(whitetailed shrike)*, de Hartlaubs frankolijn *(Hartlaub's francolin)*, de Carps mees *(Carp's black tit)* en de naaktwangbabbelaar *(barecheeked babbler)*.

Vegetatie

Kaokoland laat zich onderverdelen in veertien verschillende vegetatiezones, waarvan er hier drie worden beschreven. In de Marienfluss,

Vegetatie

Zwarte neushoorns zijn met uitsterven bedreigd en worden intensief beschermd

in de Hartmann Valley, op de Giribes Plains en de vlaktes ten noord- en zuidwesten van Orupembe strekt zich een **grasvlakte** uit, bijna zonder bomen of struiken. Karakteristiek voor deze zone zijn de onbegroeide ronde plekken: de heksen- of elfenkringen *(fairy rings)*. De oorsprong van dit fenomeen is tot op heden onbekend. Sommige onderzoekers gaan ervanuit dat op deze plaatsen vroeger wolfsmelk *(Euphorbia)* groeide, die na afsterven gifstoffen in de rode bodem heeft achtergelaten. Anderen denken dat in vochtiger tijden door de wind termieten naar Namibië werden meegevoerd; deze zouden binnen de kringen kolonies hebben gevormd, die in drogere tijden weer afstierven. Volgens een derde theorie is de bodem op deze locatie zo hard dat er geen water in kan dringen, waardoor er dus niets kan groeien. Het meest fantastisch is de verklaring waaraan het verschijnsel zijn naam te danken heeft: er is voor heksen natuurlijk geen mooiere dansplaats denkbaar dan de verlaten woestijnvlaktes onder een eindeloze sterrenhemel.

Savanne

De droge **mopaneboomsavanne** strekt zich uit op de centrale bergrug, in het dal van de Hoarusib tussen Orupembe en Opuwo, bij Sesfontein en Warmquelle en in de oostelijke en noordelijke regio's van Kaokoland. De meest voorkomende vegetatie hier is **mopane**, die als boom of in struikvorm voorkomt. Hij is gemakkelijk te herkennen aan zijn paarsgewijs groeiende bladeren, die enigszins op olifantsoren lijken – ze worden vanwege hun eiwitgehalte graag gegeten door de dikhuiden. Het loof van de mopane vormt het voedsel voor de rups van de mopanenacht-vlinder, die op zijn beurt als eiwitrijke snack wordt gegeten door de Noord-Namibiërs.

In een aantal van de hierboven genoemde gebieden groeit de **bloedvruchtboom** *(Terminalia prunioides,* Engels: *purple-pod terminalia)* met zijn vele, paarsrood glanzende gevleugelde zaden.

Een opvallende boom in de berggebieden, op de Van Zyl's Pass, bij de Kunene en langs de weg van Opuwo naar Sesfontein is de **mirre** *(Commiphora)* met zijn glanzende, koperkleurige stam.

Tropische vegetatie

Op sommige plaatsen langs de Kunene, met name ten oosten van de Epupa Falls, is de begroeiing weelderig en bijna tropisch. Hier gedijen hoofdzakelijk *leadwood (Combretum imberbe),* jakhalsbes *(Diospyros mespiliformis,* Engels: *jackalsberry)* en sycamorevijg *(Ficus sycomorus,* Engels: *sycamore fig).* De fraaie **mokolwanepalm** *(Hyphaene petersiana)* groeit goed in Kaokoland, vooral rond de Epupa Falls, waar honderden van deze bomen staan. Ze kunnen 25 m hoog worden. Uit de bladeren worden manden gevlochten en van het zaad worden sleutelhangers gemaakt die overal in Namibië te koop zijn.

In droge rivierbeddingen staan wilde **tamarisken**. De typisch Afrikaanse **apenbroodboom** *(baobab)* bereikt in Kaokoland niet zo'n omvang als in Bushmanland, maar is toch indrukwekkend. De meeste vindt u bij de Epupa Falls en ten zuidoosten van Opuwo.

Offroadtrip naar de Himba

Kaart: blz. 319

Van het Etosha National Park naar Opuwo ▶ D/E 2-4

Sinds de idyllisch gelegen Hobatere Lodge is afgebrand en men heeft besloten hem niet te herbouwen, valt er een strategisch gelegen accommodatie weg. Daarom rijdt u het best door naar Opuwo om daar te overnachten en zet u de volgende dag uw reis naar de Kunene voort. Op de droge rivierbedding, die parallel aan de landerijen van de voormalige farm loopt, zijn vaak olifanten, soms leeuwen en bijna altijd antilopen te zien. Helaas is hier in de afgelopen tijd veel gestroopt.

De route naar Opuwo voert over een perfect onderhouden **steenslagweg**, die ook per auto met tweewielaandrijving is af te leggen. Links van de weg duiken de eerste **Hereronederzettingen** op. Tussen de leemhutten ziet u vrouwen in enorme, uiterst kleurige gewaden, waarvoor soms wel 12 m stof wordt gebruikt, het hoofd bedekt met een brede, tweepuntige muts. Deze wilhelminische kleding moesten ze dragen van de echtgenotes van Duitse kolonisten. Voordat de Duitsers zich in zuidwestelijk Afrika vestigden, droegen de Herero, net als de Himba nu nog, uitsluitend een lendenschort. In de koloniale tijd wilden de preutse Duitse vrouwen ervoor zorgen dat hun mannen zich niet vergaapten aan de fraaie, halfnaakte lichamen van de Hererovrouwen. Daarom introduceerden ze rond 1900 een nieuw kledingvoorschrift voor Hererovrouwen, dat verrassend genoeg nog altijd wordt gevolgd.

Voor een met koemest geïsoleerde hut staat een jonge Hererovrouw een deel van haar uitdossing te strijken. Het oude ijzeren strijkijzer is gevuld met kolen – een antiquiteit. Halfnaakte kinderen spelen met van ijzerdraad en stukken blik gemaakte 'terreinwagens', waarvan de vooras sen zelfs kunnen draaien. De kinderen hebben de voorbijstuivende auto's van de toeristen gekopieerd, tot de nummerplaten aan toe.

Opuwo 1 (18°03'29"Z/13°15'31"O) is het laatste verversingsstation voor de avontuurlijke tocht door Kaokoland begint. Hier moet u proviand, benzine en drinkwater inslaan voor de hele terreinwagentocht, die inclusief het traject door de Hartmann Valley ruim 1100 km lang is.

De onverharde weg van Opuwo in noordoostelijke richting is goed berijdbaar – ook

Offroadtrip naar de Himba

Kaokoland

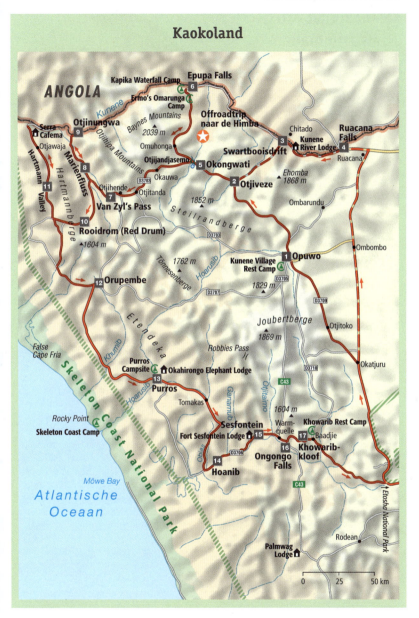

met een gewone personenauto. Af en toe zijn aan de kant van de weg geboorde waterputten aan te treffen. Kinderen brengen geiten naar deze drinkplaatsen en kijken nieuwsgierig naar de voorbijkomende auto's en de passagiers. Kleine trucks met vee komen u

De toekomst van de Himba-nomaden

Er is veel weerstand tegen een door de overheid geplande stuwdam bij de Epupa Falls. Deze bedreigt niet alleen een uniek natuurmonument, maar ook het leefgebied en de weidegronden van veel Himba-nomaden. De overstroming zou nog meer Himba naar Opuwo drijven.

In Opuwo wonen de Himba en Herero in golfplaten huisjes. Alcoholmisbruik is aan de orde van de dag. Om aan geld te komen verkopen Himbavrouwen hun waardevolle sieraden aan toeristen op doorreis. Hier worden geen traditionele schorten meer gedragen, maar T-shirts vol gaten. Overal liggen flessen, blikjes, plastic afval en gesloopte autowrakken.

De regering in Windhoek beschouwt de Himba niet als gesprekspartners, maar als 'halve wilden'. De vroegere SWAPO-strijders kunnen de nomaden nog altijd niet vergeven dat ze in de Zuid-Afrikaanse grensoorlog hebben gecollaboreerd met het Zuid-Afrikaanse leger. Destijds kwamen de Himba terecht tussen twee fronten. In Kaokoland vocht de beruchte Koevoet-eenheid van oudpolitiemannen aanvankelijk met gestolen Zuid-Afrikaanse wapens tegen soldaten van de SWAPO. Dit met zoveel 'succes', dat het Zuid-Afrikaanse leger al snel wapens aan deze strijders leverde om Kaokoland 'SWAPO-vrij' te houden.

De neutrale Himba bevonden zich plotseling in de frontlinie. Telkens opnieuw drongen SWAPO-soldaten vanuit Angola het nomadengebied binnen. Ze martelden, soms tot de dood, veel stamleden om iets over de speciale eenheid te weten te komen. De Himbamannen gaven zich niet over, maar lieten zich opleiden door de Koevoeters. Ze leerden schieten met kalasjnikovs, raakten bedreven in het besturen van allerlei legervoertuigen en kwamen tegen de indringers in het geweer. Nadat het Zuid-Afrikaanse leger een beloning op het hoofd van SWAPO-militairen had gezet, brachten de Himba zoveel soldaten om dat ze de lijken niet terug konden brengen om de beloning te incasseren. Maar het leger nam genoegen met afgehakte handen, waarvan er soms honderden aan de legerauto's van de Koevoeteenheden hingen. Na afloop van de Zuid-Afrikaanse grensoorlog gaven de Himba hun automatische geweren aan het leger terug en wijdden zich opnieuw aan hun traditioneel vreedzame bestaan.

Maar het sterk toenemende toerisme zal het leven van de Himba veranderen. In de toekomst zullen de nomaden bij projecten voor cultuur- en natuurbehoud in Kaokoland moeten worden betrokken en nieuwe inkomstenbronnen moeten worden gegenereerd.

U kunt zich in Opuwo aanmelden voor georganiseerde uitstapjes naar diverse Himbadorpen in de omgeving. Vaak reist er een tolk mee, die de tradities van de Himba kent en de communicatie kan bevorderen. Zelfs bij zoiets alledaags als elkaar een hand geven kunnen misverstanden ontstaan. De handdruk van een Himba is slechts een lichte aanraking. Een stevige handdruk betekent 'ik ben sterker dan jij' – geen goed begin van een bezoek.

tegemoet. De inzittenden zijn meestal Ovambo, die voor een beetje geld of ruilmiddelen als alcohol of maismeel geiten en koeien van de Himba kopen, die ze met aanzienlijke winst in het naar vlees 'hunkerende' Ovamboland doorverkopen.

Uitstapje: Ruacana Falls
▶ D 1

Op de rit van Opuwo naar Swartbooisdrift hebt u op de kruising bij **Otjiveze** 2 de mogelijkheid om een lonend uitstapje te maken over een wat ruigere, onverharde weg, die alleen begaanbaar is voor een hoger op de wielen staande terreinwagen: in **Swartbooisdrift** 3 (17°20'28"Z/13°50'56"O) aan de Kunene biedt de Kunene River Lodge namelijk door professionele gidsen begeleide wildwatertochten, waarvoor geen raftervaring nodig is (zie Actief blz. 322). De heen- en terugweg zijn samen ruim 120 km lang – houd daar rekening mee bij het inslaan van benzine. Als alternatief voor de beschreven route kunt u over de goede onverharde weg MR 67 rechtstreeks naar het noorden rijden tot **Ruacana** (17°24'46"Z/14°21'19"O) en vandaar over een hobbelig traject (DR 3700) langs de Kunene naar de Kunene River Lodge. Maar in de droge tijd bieden de **Ruacana Falls** 4 een treurig schouwspel – dan vallen ze namelijk droog. Het overige water drijft, verstopt in de rotsen, de turbines aan waarmee in de centrale onder aan de waterval stroom wordt opgewekt. De volgende etappe voert dan via Otjiveze weer naar Opuwo, om daar de tank vol te kunnen gooien en proviand en water te kopen.

Epupa Falls ▶ C 1

De rit naar de Epupa Falls vanaf Okongwati is sinds 2007 mogelijk over een goed onderhouden onverharde weg. Eerder waren de watervallen nauwelijks met een gewone auto te bereiken. Als u **Okongwati** 5 (17°26'01"Z/13°16'20"O) in noordelijke richting verlaat, komt u bij een modeldorp van de Himba met een hut voor de hoofdman, een runderkraal en een heilig vuur. Tegen een kleine vergoeding is het te bezichtigen. Ook fotograferen is geen probleem. De autowrakken langs de kant van de weg dateren voor het grootste deel nog van de Zuid-Afrikaanse grensoorlog, toen de verbindingswegen naar het noorden door landmijnen werden geblokkeerd.

Even voor het bereiken van de **Epupa Falls** 6 (17°00'09"Z/13°14'39"O) loopt een slechte onverharde weg links steil tegen een heuvel op, vanwaar u een schitterend uitzicht op de watervallen en het omliggende landschap hebt. Er groeien palmen op de oevers van de Kunene, waar het – anders dan in het binnenland – vochtig warm is. Op de plaats waar de waterval kleine bassins heeft uitgesleten, kunt u veilig voor krokodillen gaan zwemmen – een weldaad bij deze hitte. De Himbakinderen zijn hier zo gewend aan toeristen dat ze zonder gêne aan de campingtafel komen zitten.

'Epupa' is het klanknabootsende Herero-woord voor het oorverdovende lawaai waarmee het water zich van de rotsen stort. In december is de waterstand van de Kunene het laagst en in april is de 40 m hoge waterval op zijn indrukwekkendst. Een alleen in een lendenschort geklede jongen probeert in de Kunene met pijl-en-boog een vis te vangen, wat hem wonderwel lukt. Meisjes baden in een zijarm van de rivier en op de oever staan koeien te drinken. Het eenvoudige kampeerterrein wordt beheerd door de gemeenschap. De openluchtdouches en -wc's zijn stijlvol opgetrokken uit hout en bamboe.

De Himba leven in een kraal (inheems huttendorp) in de buurt van de waterval. Daar wordt bier gebrouwen en de slager verkoopt het vlees van de aan een boomtak opgehangen koe, die net is geslacht. Een uit Angola afkomstige Zembavrouw laat haar kom vullen met orgaanvlees van het dier. Het gewicht en de prijs worden op gevoel bepaald, waarna uitgebreid wordt onderhandeld.

Uitgesteld, maar nog niet volledig van de baan is het plan van de Namibische regering om bij de Epupa Falls een stuwdam en een waterkrachtcentrale te bouwen. Deze centrale zou de totale energiebehoefte van Namibië

WILDWATERVAREN OP DE KUNENE

Informatie
Begin: Kunene River Lodge, 50 km ten westen van de Ruacana Falls, 100 km ten oosten van de Epupa Falls, tel. 065 27 43 00, www.kuneneriverlodge.com. Meerdaagse tochten: www.africanrafting.co.za.
Seizoen: van april tot oktober (droge tijd).
Duur: halve dag of 2-4 dagen

Kosten: halve dag N$ 500, meerdaagse tochten (naar aantal deelnemers) v.a. N$ 1200
Andere activiteiten: Sundowner met vogels observeren N$ 310, kanohuur N$ 210 per dag, bezoek Himbadorp N$ 280
Accommodoatie: Kunene River Lodge, eenvoudig verblijf onder de palmen; restaurant en bar. 2 pk met ontbijt vanaf N$ 895 p.p.
Kaart: blz. 319

De wildwateractiviteiten van de Kunene River Lodge bestaan al sinds 1997. Dit is nog altijd de eerste en enige firma in Namibië die wildwatervaren aanbiedt. De Kunene River Lodge gebruikt alleen de beste uitrusting en grondig opgeleide gidsen. De riviertrips worden gemaakt met rubberboten (2 tot 8 tegelijkertijd). De imposante Kunene is een van de jongste rivieren van Afrika en stroomt sneller dan de meeste andere. Sneller betekent meer lol! De 150 km tussen de Ruacana Falls en Epupa Falls bieden alles wat wildwatertochten zo spannend en aantrekkelijk maakt: van rimpelloze inhammen om uit te rusten tot woeste, borrelende stroomversnellingen door smalle rotskloven. Ook hier biedt YouTube een goede indruk (eenvoudig

Kunene River Rafting intikken). Omdat de Kunene River zo afgelegen is, is deze adrenalineactiviteit tegelijkertijd een bijzondere natuurbelevenis. De oeverzones zijn bijna geheel ongerept. Af en toe staan er Himba langs het water. De Ondorusu Gorge behoort tot de beste wildwaterbestemmingen in zuidelijk Afrika. Hier zijn de omstandigheden ideaal. De ervaren gidsen geven de beste route door het 'witte', snelstromende water zowel door aan de angstige beginnelingen als aan doorgewinterde deelnemers die al vaker hebben geraft. En precies op het juiste moment meppen ze met een peddel op de kop van een krokodil die de rubberboten te dicht nadert. De stroomversnellingen hebben evenals die van de Zambezi tot de verbeelding sprekende namen als Fish Pop, La Bamba en Devil's.

moeten dekken en zelfs voldoende elektriciteit moeten leveren om te exporteren. Kritische wetenschappers vrezen voor schade aan het kwetsbare ecosysteem langs de Kunene en ze hebben berekend dat in het stuwmeer twee keer zoveel water zou verdampen als het hele land in een jaar verbruikt. Verder zijn de klimatologische gevolgen nog niet goed onderzocht, net als de effecten op de traditionele leefwijze van de Himba. Tegen deze bezwaren voert de regering aan dat de verbetering van het wegennet, waarmee de bouw van de krachtcentrale gepaard zou gaan, het woongebied van de Himba beter met de rest van het land zou verbinden, wat voor hen ook voordelen met zich mee zou brengen. Bovendien wordt gehoopt dat de elektrificatie een eind kan maken aan de roofbouw op de natuur: in veel afgelegen streken van Noord-Namibië is brandhout tot nu toe de enige energiebron voor kleine boeren.

Avontuur per terreinwagen

Bedenk voordat nu de eigenlijke offroadtrip begint nog het volgende. Een tocht per terreinwagen door Kaokoland is een van de grootste avonturen in deze regio van zuidelijk Afrika. Dit komt niet door grote obstakels (met uitzondering van de Van Zyl's Pass) onderweg, maar door de totale verlatenheid en de enorme afstanden die u aflegt. Hoewel de auteur de afgelopen tijd in dit deel van Afrika veel ervaring heeft opgedaan met terreinwagens en crossmotoren, zou hij de tocht door Kaokoland alleen maken met twee terreinwagens tegelijk. Het rijden met twee auto's bewees zijn nut op zijn laatste tocht, waarbij de startmotor van een wagen uitviel. Als er geen tweede (sleep)wagen was geweest, had er niets anders opgezeten dan de defecte wagen achter te laten. Afhankelijk van de locatie kan het een paar dagen of langer duren voor er hulp komt.

Tip: Nog altijd avontuurlijk, maar minder riskant is een **terreinwagentocht met gids** door Kaokoland. Daarbij rijden steeds twee deelnemers in een Toyota Landcruiser. De ervaren aanbieder van motortochten Ralf Möglich van Gravel Travel (zie blz 92, www.gravel-travel.de) organiseert deze avontuurlijke tochten al jaren.

Over de Van Zyl's Pass naar de Marienfluss ▶ B/C 1/2

Van de Epupa Falls rijdt u over hetzelfde traject als op de heenreis 74 km terug naar **Okongwati**. Het plaatsje ligt er troosteloos bij, hoewel dit het verzorgingscentrum van het Kunenegebied is, met onder meer een ziekenhuis. In het enige barretje staat een Himbaman achter een betonnen toog. In een versleten T-shirt, dat ooit wit moet zijn geweest, verkoopt hij bier uit literflessen. Voor de kroeg ligt een enorme berg van duizenden flessen en blikken. In deze uithoek van het noorden bestaat geen vuilophaaldienst. Het vervolg van de route is niet eenvoudig te vinden; hij loopt rechts langs het politiebureau. Stop daar nog even om u de juiste bandensporen te laten aanwijzen. De onverharde weg loopt nu naar het noorden; na 5 km zijn de warme bronnen van **Otjijandjasemo** bereikt, vanwaar u in zuidwestelijke richting verder rijdt naar **Otjitanda**.

Kaokoland

De D 3703 is beslist een uitdaging voor chauffeurs van een terreinwagen. De enorme kuilen en rotsblokken zijn vaak alleen stapvoets te overwinnen. Langs de kant van de weg verschijnen de eerste nog volgens oude tradities levende Himba: in het lichte *bush*-landschap ogen ze bijna als een fata morgana. Dan begint het bergachtiger te worden. Steunend kruipt de terreinwagen de steile helling op en suizend als in een achtbaan daalt hij af. Een grandioos oerlandschap strekt zich voor de bezoeker uit. Op dit traject liggen een paar oriëntatiepunten: op 8,4 km van Okongwati komt u een windturbine tegen, op 16 km passeert u een oude dam, op 28 km het graf van een Himbahoofdman en op 48,5 km ziet u **Okauwa** liggen, een plaats waar ook een windturbine voor stroomvoorziening is gebouwd.

Echt lastig wordt het 65 km ten zuidwesten van Okongwati. Vandaar daalt de weg steil af in een droge rivierbedding met veel losliggend gesteente. U rijdt door een nauwe, door reusachtige granietrotsen geflankeerde kloof, waar de auto maar net doorheen kan. Niet lang hierna bereikt u de kruising bij **Otjitanda** (17°37′25″Z/12°51′29″O), waar u rechtsaf gaat. Het is nu nog 24 km rijden naar de Van Zyl's Pass.

Aan het eind van de middag wordt de kleine kraal (inheems huttendorp) **Otjihende** bereikt, waar de weg dwars doorheen loopt. Op een krakkemikkige kampeerstoel zit een oude man. In het open vuur voor hem staat een pot, waarin een ondefinieerbaar brouwsel staat te pruttelen. Zijn vrouw zit met haar naaiwerk voor de hut. Met een paar handgebaren geeft hij aan dat ze de bezoekers niet kan zien, omdat ze blind is.

Het volgende deel van de route is opnieuw van een bijna bovenaardse schoonheid: u rijdt nu door een gebied dat begroeid is met **wolfsmelk** *(Euphorbia)*, die een gladde, roodachtige stengel heeft. Om de planten goed te kunnen bewonderen moet u even stil blijven staan, want tijdens de rit dienen uw ogen steeds op de weg te blijven – bezoekers die dat niet doen, kunnen zomaar in de berm belanden.

Over de Van Zyl's Pass ▶ B 2

Het plateau eindigt nu abrupt bij de rand van een diep ravijn, dat ongeveer 200 m van de weg ligt – overigens een uitstekende plek om wild te kamperen. In de diepte strekt zich het met gras begroeide dal van de Marienfluss tot aan de horizon uit. Ertussenin ligt hij: de beruchte **Van Zyl's Pass** 7 (17°39′20″Z/12°41′43″O), met de steilste bergweg van zuidelijk Afrika – 572 m hoogteverschil over 10,4 km. Wie hier zijn tent opslaat, kan voor het bedwingen van de pas nog een nachtje goed uitrusten. Loop voor vertrek de weg eerst af om hem te verkennen. Hier en daar moeten grotere stenen in kuilen geduwd worden om te voorkomen dat het chassis de weg raakt. Hier groeien bezoekers uit tot stratenmaker, want verder bekommert zich hier niemand om de staat van de weg.

Offroadtrip naar de Himba

De Van Zyl's Pass: een uitdaging voor terreinwagenchauffeurs

Dan is het zover: in de eerste versnelling, zeg maar stapsgewijs, kruipt de wagen omlaag. Schokdempers en onderstel beginnen te kreunen. Enorme rotsblokken doen de auto in de richting van de afgrond hellen en de adrenaline raast door uw bloed. Zelfs in deze versnelling gaat de wagen nog te snel. Uiterst behoedzaam remmen is aan te raden. Pas op dat u de wielen niet blokkeert, want dan roetsjt u stuurloos naar beneden. Als dat gebeurt, moet u iets doen wat niemand instinctief zou willen doen: kort gas geven om de auto te stabiliseren.

In een diepe kuil komt het rechterachterwiel nog een keer op spectaculaire wijze los van de grond. Daarna rijdt u over een adembenemend steile steenslaghelling naar de bodem van het dal. Dit deel van de route is alleen aan te raden voor ervaren terreinwagenchauffeurs. Zorg bovendien voor twee goede reservewielen, omdat de scherpe stenen op de steile helling gemakkelijk een lekke band kunnen veroorzaken. Ga hier nooit rijden bij regen en leg het traject in geen geval in tegengestelde richting (bergopwaarts) af.

Een andere route naar de Van Zyl's Pass voert vanuit Opuwo via **Orupembe**.

De Marienfluss ▶ B 1/2

Over een zandweg tussen het Hartmann- en Otjihipagebergte gaat het nu vlot noordwaarts, langs een uitgebrande Land Rover. De hogere snelheid komt aanvankelijk vreemd over. In het met lang, droog gras begroeide dal van de **Marienfluss** 8 is kamperen verboden; het brandgevaar is hier te groot. Als het gras in het midden van de weg hoog is, is het verstandig de onderkant van uw auto

Zandduinen in de Hartmann Valley, een van de eenzaamste en meest afgelegen gebieden van Namibië

Kaokoland

De weg door het dal van de Marienfluss

geregeld te controleren. Soms blijft het gras aan de auto hangen, waar het door de hete uitlaat kan ontbranden. De spaarzame vegetatie in deze streek biedt net genoeg voedsel voor een klein aantal dieren – bezoekers hebben het gebied en de eindeloze weidsheid van het landschap meestal voor zichzelf. Kenmerkend voor de Marienfluss zijn de heksenkringen (zie blz. 317). Brandhout voor het kampvuur later op de dag kunt u het best onderweg al verzamelen.

In **Otjinungwa** 9 komt u op een kruispunt. Rechts gaat het naar een particulier *fly-in-camp*. De zandweg links leidt langs een met runderhoorns versierd graf van een Himbahoofdman naar een door de lokale gemeenschap beheerd kampeerterrein onder schaduwrijke bomen.

Het is snikheet en de zon brandt meedogenloos. Neem toch in geen geval een duik in de Kunene! Een toerist sloeg enige tijd geleden alle waarschuwingen van de inheemse bevolking in de wind. Hij had zich voorgenomen om naar de overkant, naar Angola te zwemmen. Hij kwam niet meer terug. Twee **krokodillen** onderschepten hem, waarna er niets meer van hem werd teruggevonden. De soldaten van het Zuid-Afrikaanse leger, die hier tijdens de Zuid-Afrikaanse grensoorlog waren gestationeerd, hadden hun eigen methode om korte metten te maken met de gepantserde reptielen: voordat ze het water in gingen, gooiden ze een paar handgranaten in de rivier. De Himbaherders regelen het op een minder explosieve manier: voor ze water scheppen, gooien ze er een grote steen in. Toch wordt er regelmatig een geit of een niet bepaald kleine koe door de krokodillen verschalkt.

Van de Hartmann Valley naar Purros ▶ A–C 1-3

Van het *camp* bij Otjinungwa (17°14'50"Z/ 12°25'09"O) rijdt u nu terug naar het dal van de Marienfluss. Na 47 km volgt bij 17°33'18"Z/12°33'14"O links de afslag naar de Van Zyl's Pass. Wie de Hartmann Valley wil bezoeken, houdt hier rechts aan. Na 31 km bereikt u een van de belangrijkste oriëntatie-

Offroadtrip naar de Himba

punten van Kaokoland: **Rooidrom** 10 *(Red Drum;* 17°47'49"Z/12°31'22"O), een uit het niets opdoemend rood olievat, dat met stenen is gevuld en met kogelgaten is doorboord. Het markeert het knooppunt van vijf wegen.

De begroeiing wordt steeds droger. Zo'n 28 km ten westen van Rooidrom wijst een bord van de natuurbescherming op de kwetsbare ecologie van het gebied. Terreinwagenchauffeurs wordt nogmaals verzocht niet van de hoofdroute af te wijken. Vanhier (17°47'23"Z/12°23'20"O) rijdt u noordwaarts naar de **Hartmann Valley** 11, een van de eenzaamste en meest afgelegen gebieden in Namibië. De vallei is genoemd naar Georg Hartmann, de ontdekker van de bergzebra (Hartmanns zebra), net als de Hartmannberge die boven de vallei oprijzen. Aan het onvruchtbare landschap is de nabijheid van de Namibwoestijn af te leiden. Eindeloze, bijna vegetatieloze vlaktes, slechts hier en daar onderbroken door roodbruine, eenzame bergen, strekken zich uit tot de steile bergketens. Dit gebied wordt tot de binnen- of voor-Namib gerekend. Als het een keer heeft geregend – en dit gebeurt maar zelden – veranderen de gigantische zandvlaktes in een zee van groen. Dan komen springbokken en oryxen (spiesbokken) uit de droge rivierbeddingen om te grazen. Op weg naar het noorden onderbreekt alleen het getik van de autobanden op de 'wasbordweg' de monotonie van het grandioze woestijnlandschap.

Na een stoffige rit van ruim 86 km door de eenzame woestijn wordt de weg versperd door een machtige duinenrij. Wie de bandensporen naar links volgt, komt bij mooie **wildkampeerplaatsen**, waar kan worden overnacht. Rechts leidt een steile zandweg naar een uitkijkpunt met zicht over de Kunene tot Angola. Springbokken knabbelen aan de schaarse begroeiing. Boven uw hoofd kunt u een grote zwarte gier zien cirkelen en 's avonds wagen jakhalzen zich soms tot vlak bij het kampement. Als klap op de vuurpijl ontvouwt zich een prachtige sterrenhemel boven het imposante oerlandschap.

Op de terugweg buigt ongeveer 23 km van de duinen een weg af naar links, die, onderbroken door enkele ruige zandverstuivingen, naar het Himbadorp **Otjawaja** leidt. Erachter begint het concessiegebied van Skeleton Coast Safaris (zie blz. 258). Individuele reizigers kunnen hier niet verder rijden naar de Kunene. Alleen op een vliegsafari wordt u per Land Rover naar het rustieke tentenkamp gebracht, dat schuilgaat in de dichte begroeiing op de oever.

Op de terugweg volgt u de bandensporen van de heenweg. Vanuit het westen dringt de spookachtige mist van de Geraamtekust soms door tot in het dal. Aan het eind van de Hartmann Valley blijft u naar het zuiden rijden. Na 73 km komt de kruising met de afslag naar **Orupembe** 12 (18°09'22"Z/12°33'38"O) in zicht. Deze Himbanederzetting met een bron ligt 3 km verderop. Van de kruising loopt bovendien een goed onderhouden, onverharde weg naar Purros. Links en rechts van u duiken steeds grote groepen oryxen (spiesbokken) op. Achter de terreinwagens vormen zich grote stofwolken.

Het kampeerterrein van **Purros** 13, in de bedding van de Hoarusib, behoort tot de fraaiste van Kaokoland. Onder grote bomen staan schone toiletten en douches, stijlvol ondergebracht in hutjes van bamboe en stro. Er is drinkwater en u kunt uw afval kwijt in vaten. Wie zich in de hoeveelheid benodigde benzine heeft vergist, kan bij de beheerder terecht: voor een passende vergoeding rijdt hij desnoods naar Sesfontein om benzine te halen. De hoofdattractie van dit kampeerterrein zijn de woestijnolifanten, die zich graag in de rivierbedding ophouden en de toeristen aan het ontbijt regelmatig gezelschap komen houden.

Door de Hoanibbedding naar Sesfontein
▶ C/D 3/4

Voor de volgende dagetappe is een *permit* van de Palmwag Lodge (zie blz. 266) vereist, die voor het begin van de tocht moet worden geregeld. Een deel van het traject door

Kaokoland

de bedding van de Hoanib loopt namelijk door het concessiegebied van de lodge. Neem eerst de goed onderhouden onverharde weg van Purros naar **Tomakas** (met benzinepomp), dat u na 46 km bereikt. Na in totaal 69 km opent zich rechts een breed dal, dat via een kleine zijweg bereikbaar is. Deze weg loopt naar een rotsformatie waarop een lolbroek een telefoon heeft geplaatst: een grappig en fotogeniek oriëntatiepunt. Langs de **Obias River** bereikt u op 103 km van Purros de brede, zandige bedding van de **Hoanib** [14]. Samen met de rivier de Hoarusib bij Purros is dit een van de laatste ongerepte gebieden in Namibië en een geliefde leefomgeving van de bekende woestijnolifanten.

U zakt met uw banden diep weg in het rivierzand. Langzaam sleept uw terreinwagen zich voort. Links en rechts van de droge rivierbedding gedijt een zee van groene planten, die met hun wortels het grondwater bereiken. Plotseling duikt uit het struikgewas een grijze reus op. Woestijnolifanten zijn nerveuzer dan hun soortgenoten in andere delen van zuidelijk Afrika. Door het tekort aan water en de constante zoektocht naar het onontbeerlijke vocht – en door het toenemende toerisme – zijn ze agressiever dan elders. Een enorm wijfje blokkeert de weg om haar kalfjes te beschermen, die achter haar oversteken. Bij elke beweging en elk geluid in de auto klapperen ze met haar oren en doet ze met haar voorpoten grote stofwolken opwaaien. Een volwassen olifant kan de terreinwagen met gemak op zijn kant gooien of verpletteren. Wanneer haar kinderen voorbij getrokken zijn, verdwijnt het olifantenwijfje triomfantelijk trompetterend uit het zicht.

Woestijnolifanten houden zich bij voorkeur op in droge rivierbeddingen, omdat de daar groeiende vegetatie ook in tijden van droogte meestal niet verdort. Op de een of andere manier voelen ze echter – net als sommige andere zoogdieren – of er een regenbui in aantocht is, wat een overstroming van de rivierbedding en het omliggende gebied zou betekenen. De dikhuiden verlaten dan doelbewust de rivier en zorgen voor voldoende afstand tussen zichzelf en de in snel tempo aanzwellende watermassa. Door welke factoren dit gedrag precies op gang wordt gebracht, heeft men nog niet kunnen achterhalen.

Op de plaats waar de **Ganamub** uitmondt in de **Hoanib**, versmalt de bedding in een kloof. De stenen poort biedt net genoeg ruimte voor een auto. Heel spectaculair is het als een groep olifanten door dit 'oog van de naald' trekt.

Na de smalle kloof volgt u de Hoanib verder richting Sesfontein. Wie nu denkt dat het zwaarste deel van de tocht voorbij is, komt vlak voor het Duitse fort bedrogen uit. De autobanden graven zich in het fijne poederzand, dat metershoog opwaait in de blauwe hemel. Het wordt nu lastig om zich te oriënteren. Het *bulldust* dringt overal in en komt door iedere kier van de auto. Na een paar kilometer zijn de bagage, uzelf en het hele interieur van de auto geheel bedekt met een fijne laag stof: woestijnmake-up. Maar u bent nu bijna bij de oase in de woestijn: Fort Sesfontein (zie blz. 331).

Ongongowaterval ▶ D 4

Wie van nog idyllischer houdt, rijdt over de D 3706 naar Warmquelle, waar een 6 km lange, onverharde weg naar de **Ongongowaterval** [16] begint. Het laatste stuk naar het kampeerterrein is uitsluitend af te leggen met een hoog op de wielen staande terreinwagen. De tocht wordt beloond met een rotsbekken vol kristalhelder water, dat door een warme bron wordt gevoed. Na de kilometerslange rit vol stof en hitte vormt dit een genot dat vrijwel niet te beschrijven is.

Khowaribkloof ▶ D 4

Van Warmquelle is het nog 11 km naar de afslag naar de **Khowaribkloof** [17], aan de bovenloop van de Hoanib. Ook hier leven olifanten, zoals aan de verse mest op het rivierzand is te zien. De opgewonden inzittenden van een ezelkar, in elkaar geflanst van de achterkant van een pick-up, houden de toeristen aan om te waarschuwen voor een eenzame

Offroadtrip naar de Himba

OASE IN DE WOESTIJN – FORT SESFONTEIN

De begin jaren 90 van de twintigste eeuw gerestaureerde vesting uit de Duitse tijd heeft iets van een oase in de woestijn. **Sesfontein** 15 (Zes Bronnen) werd in 1896 na de uitbraak van een runderpestepidemie gebouwd als westelijkste veterinaire controlepost. Later werden er soldaten gelegerd om op te treden tegen stropers en wapensmokkelaars uit Angola. Het eigenlijke fort werd in 1905-1906 opgetrokken. In de tuin groeiden tarwe, dadel- en sierpalmen. Het groen werd bewaterd met behulp van een vernuftig irrigatiesysteem tussen de bronnen en het fort. Vanaf 1914 begon het complex in verval te raken, maar in 1987 onderging het een opknapbeurt. Daarna volgde opnieuw een periode van verval, waarna het complex werd verbouwd tot de huidige gerieflijke lodge. Op deze populaire halteplaats zijn met ijs gekoelde dranken en ook weer benzine te krijgen en is de laatste informatie over de toestand van de wegen in Kaokoland te vernemen. Maar ook een langer verblijf is lonend.

Fort Sesfontein Lodge: Aan de D 3706, tel. 065 68 50 34, fax 68 50 33, www.fort-sesfontein.com. Mooi gerestaureerd Duits fort met 23 stijlvolle kamers, alleen bereikbaar over onverharde wegen. Leuk zwembad met oase-uitstraling. Terreinwagentochten naar de woestijnolifanten in de bedding van de Hoanib. Verhuur van terreinwagens, goed restaurant, bar, benzinepomp, gratis wifi. 2 pk met ontbijt vanaf N$ 2300. Diner N$ 250 per persoon, lunch (alleen op aanvraag) N$ 120 per persoon.
ontbijt vanaf N$2300, diner N$250 p.p., lunch (reserveren) N$120 p.p.

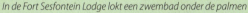

In de Fort Sesfontein Lodge lokt een zwembad onder de palmen

Offroadtrip naar de Himba

oude olifantstier, die steeds weer gemotoriseerde en door ezels getrokken voertuigen aanvalt.

Anders dan bij de benedenloop kronkelt de Hoanib hier door een deels heel nauwe kloof met roodbruine wanden. Als de rivier water voert, zijn hier maar weinig vluchtmogelijkheden. Na 25 km opent het ravijn zich en gaat de rit over stoffige velden verder zuidoostwaarts.

Circa 71 km van het begin van de Khowaribkloof wordt de weg versperd door een afrastering met een veterinaire controlepost. Er mag hier geen 'dierlijk materiaal' passeren, om te voorkomen dat er ziekten worden overgebracht. Wie hier voorbij wil, moet een formulier ondertekenen waarop u belooft dat *all mammals, except human beings* ('alle zoogdieren, met uitzondering van mensen') echt in Kaokoland blijven. Ongeveer 20 km verder bereikt u de hoofdweg naar Kamanjab en komt er een eind aan het avontuur in Kaokoland.

Informatie

Een gespecialiseerd toeristenbureau voor Kaokoland is er niet. U kunt het best ter plaatse informeren naar de staat van de wegen – afhankelijk van het startpunt van de tocht in de Ohakane Lodge in **Opuwo**, in de **Palmwag Lodge** of in **Fort Sesfontein**. Een goede **kaart** van dit gebied is verkrijgbaar bij alle boekhandels van Namibië: 'The Shell Map of Kaokoland–Kunene Region'.

Let op: Benzine is alleen verkrijgbaar in Opuwo, Ruacana, Sesfontein en Palmwag – en nergens anders in Kaokoland! Op de deels zeer zandige trajecten verbruiken veel terreinwagens geregeld tweemaal zoveel brandstof als gewoonlijk, neem dus altijd voldoende volle jerrycans mee!

Accommodoatie, eten

Wilderness Safaris heeft drie camps in Kaokoland: **Serra Cafema**, **Desert Rhino** en **Hoanib Skeleton Coast**, die allemaal mooi

Met pijl en boog vissende Himba aan de Kunene

geïsoleerd liggen en zeer exclusief zijn, met luxueuze safaritenten en 'badkamers'. De kosten beginnen bij N$ 4500 per persoon, inclusief alle maaltijden en een groot aantal activiteiten. Reservering via Wilderness Safaris, Windhoek, 061 27 45 00, www.wildernesssafaris.com.

In het totale niets – **Serra Cafema Camp:** Het meest afgelegen camp in zuidelijk Afrika ligt in de noordwesthoek van Namibië, niet ver van de monding van de Kunene in de Atlantische Oceaan. Dankzij de nabijheid van de zee blijft de temperatuur in het kamp 's zomers aangenaam. Klassiek Wilderness Camp met 8 luxetenten, dat meestal in het kader van een door Wilderness Safaris georganiseerde vliegsafari wordt bezocht.

Puntlipneushoorns – **Desert Rhino Camp:** Het Desert Rhino Camp ligt in een ruig heuvellandschap vol wolfsklauw, oeroude welwitschia's, struikgewas en geïsoleerde boomgroepjes, midden in de 450.000 ha grote Palmwagconcessie. Deze streek is beroemd om de grootste in het wild levende populatie puntlipneushoorns van Afrika. Het Desert Rhino Camp werkt samen met de Save the Rhino Trust (SRT), die de zeer zeldzame woestijnneushoorns beschermt (puntlipneushoorns die zich aan de woestijn hebben aangepast). Sinds de bemoeienis van de SRT is de populatie verdubbeld. De 8 luxueuze tenten, die op houten dekken boven de grond zijn geplaatst, staan in een weids dal. Elke tent beschikt over een eigen wasruimte met wasbak, emmerdouche en toilet. Tot de activiteiten in het Desert Rhino Camp behoort in de eerste plaats de neushoornsafari, te voet of in een terreinwagen. Het overvloedige wild is te danken aan de zoetwaterbronnen in het Palmwagconcessiegebied – u kunt hier herbivoren als woestijnolifanten, bergzebra's, giraffen, oryxen, springbokken en koedoes zien, maar ook carnivoren als leeuwen, jachtluipaarden, luipaarden en gevlekte en gestreepte hyena's.

Alleen per vliegtuig bereikbaar – **Hoanib Skeleton Coast Camp:** De oorspronkelijke lodge, ten noorden van Möwe Bay, is na de slechte weersomstandigheden

Kaokoland

gesloten. Het 90 km ten zuidoosten van het oude kamp gelegen Hoanib Skeleton Coast Wilderness Camp werd in 2013 geopend en ligt aan de Hoanib River in het noorden van het Palmwagconcessiegebied, een van de meest afgelegen delen van Kaokoland. In het dor-barre landschap komen behalve woestijnolifanten en leeuwen ook soms giraffen, antilopen, puntlipneushoorns, luipaarden en jachtluipaarden langs. Dit exclusieve, intieme camp beschikt over 7 luxetenten met tweepersoonsbedden en een gezinsonderkomen.
Oase in de woestijn – **Fort Sesfontein Lodge:** zie blz. 331.
Gateway naar Kaokoland – **Opuwo Country Lodge:** Op de midden in de plaats gelegen heuvel, tel. 065 27 34 61, reservering via tel. 064 41 86 61, www.opuwolodge.com. De lodge met in totaal 42 kamers is de beste overnachtingsgelegenheid ter plaatse en ligt panoramisch op een heuvel. Met een mooi zwembad, restaurant en bar. Voor de gasten worden activiteiten georganiseerd als excursies naar de Himba (N$ 645 per persoon) en de Epupa Falls (N$ 1500 per persoon). 2 pk met ontbijt N$ 1800-2560. Kamperen N$ 140 per persoon.
'Stadshotel' – **Ohakane Lodge:** Opuwo, Main Street, reservering via tel. 061 27 90 31, www.namibian.org/travel/lodging/private/ohakane.htm. Het noordelijkste 'stadshotel' van Kaokoland biedt 13 eenvoudige kamers. Uitstapjes met gids en tolk naar nederzettingen van de Himba (minstens 4 personen, vanaf N$ 520 per persoon). Souvenirshop met Himbakunstnijverheid, groot zwembad en een restaurant voor gasten van de lodge. 2 pk N$ 1030, ontbijt/lunch/diner N$ 70/80/130 per persoon.
Woestijnolifanten van dichtbij – **Okahirongo Elephant Lodge:** Purros Conservancy, tel. 065 68 50 18, www.okahirongolodge.com. Stijlvol Afrikaans ingerichte lodge met 7 chalets die uitkijken op de bedding van de Hoarusib. Het complex ligt in een regelmatig door woestijnolifanten bezocht gebied. Met een mooi zwembad en wellnesscentrum. De keuken is goed, de ingrediënten voor de gerechten worden ingevlogen uit Windhoek en Zuid-Afrika. Diverse natuur- en wildtochten,

De Okahirongo Elephant Lodge

Offroadtrip naar de Himba

waaronder een bezoek aan een Himbadorp en wandelingen in het Hoarusibdal. 2 pk met ontbijt vanaf N$ 9000.

Zwemmen in een waterval aan de kop van de kloof – Khowarib Lodge: Tussen Fort Sesfontein en Palmwag aaan de D 3706, ten oosten van het dorp Khowarib. Reservering via tel. 064 40 27 79 of 081 129 52 65, tel. van de lodge: 081 496 54 50, www.khowarib.com. De 14 canvas chalets liggen pal aan de regelmatig door woestijnolifanten bezochte Hoanib River. Circa 500 m stroomopwaarts zijn er heerlijk verfrissende watervallen, een tip voor mensen die de 'badkamers' onder de blote hemel met openluchtdouche al gewend zijn. De lodge biedt bovendien 8 kampeerplaatsen met warm water en stroom, 4 ervan pal aan de rivier. Goed eten en koffie. Canvas chalet met ontbijt en diner N$ 1394-1730 per persoon (kinderen N$ 922-1145), dagsafari's naar woestijnolifanten en neushoorns volwassene/kind N$ 1200/790 per persoon, bezoek aan een Himbadorp (halve dag) N$ 450/280 per persoon, wandeling met gids door de Hoanibbedding (halve dag) N$ 250/160 per persoon, ochtendrit naar de Khowaribkloof N$ 600/435 per persoon.

Leuke heuvellocatie – Kapika Waterfall Camp: Reservering via tel. 061 30 50 72 20 10, www.kapikafalls.com. Het camp ligt op een heuvel boven de Epupawaterval en biedt 10 luxueuze chalets met een eigen terras, 10 kampeerplaatsen met douche (warm), wc en wasgelegenheid. Met zwembad, restaurant en bar. Chalet (2 personen) met ontbijt vanaf N$ 2400. Natuurtochten, excursies naar de Himba en wildwatervaren op de Kunene.

… kamperen:
Bijna overal in Kaokoland is wildkamperen toegestaan, behalve in de concessiegebieden en in de directe omgeving van Himbanederzettingen. De favoriete plekjes: bij het uitkijkpunt voor de afdaling over de Van Zyl's Pass naar het dal van de Marienfluss, voor de duinenrij aan het eind van de Hartmann Valley en in de bedding van de Hoanib. Maar u kunt ook terecht op enkele mooie kampeerterreinen die door de lokale gemeenschap worden onderhouden:

Gedetailleerde informatie over deze kampeerterreinen is verkrijgbaar bij The Cardboard Box Travel Shop, 15 Bismarck St., Windhoek, tel. 061 25 65 80, www.namibian.org/travel/community of op www.namibweb.com/community.htm. Op www.spitzkoppe.com kunnen ze bovendien direct online worden geboekt.

Uitzicht op de Epupa Falls – Omarunga Lodge: Epupa Falls, tel. 064 40 30 96, www.omarungalodge.com, www.natron.net/omarunga-camp. Op een steenworp afstand van de Epupa Falls gelegen tentenkamp onder palmbomen. Excursies naar een Himbadorp met een vertaler. Met Europese gerechten. 2 pk alles incl. N$ 4740, kamperen N$ 120 per persoon.

Pal aan de Kunene – Kunene Village Rest Camp: tel. 065 27 38 43. Mooi kampeerterrein bij Opuwo aan de Kunene (niet in zwemmen!) onder grote, schaduwrijke bomen.

Olifanten spotten gegarandeerd – Purros Campsite: tel. 081 383 68 11, 107 km ten noordwesten van Sesfontein aan de steenslagweg D 3707. Vanaf Sesfontein is een terreinwagen nodig. Het kampeerterrein ligt 2 km ten noordoosten van het gehucht Purros aan een enkel bandenspoor. Volg de borden. En rijd voorzichtig: het bandenspoor loopt hier en daar door diep zand. Purros Campsite is een uitstekende plek om het landschappelijk schoon van het Kunenegebied en de gevarieerde fauna ver van alle wildparken van dichtbij te beleven. In de droge bedding van de Hoarusib houden zich olifanten, giraffen, neushoorns, koedoes, zebra's, struisvogels en andere dieren op. Het terrein bestaat uit 4 staplaatsen, elk voor 3 tot 4 tenten, met barbecueplaats, stromend water, douche en wc, en 2 staplaatsen voor grotere groepen, elk met 2 douches en wc's. De grote bomen bieden zelfs 's middags schaduw. Er is ook een bar met gekoelde dranken. De inheemse toeristengids laat gasten graag de omgeving zien. Olifantenobservaties zijn hier bijna gegarandeerd. Kamperen N$ 120 per persoon, kind N$ 60 per persoon. Op aanvraag ook begeleide wandelingen.

Hoofdstuk 7

Noordoost-Namibië, Victoria Falls en Okavangodelta

Het uiterste noordoosten van Namibië is bereikbaar via een spannende offroadroute door het Kaudom Game Park of via Rundu. Hier, in de smalle Caprivistrook, bent u vlak bij Zambia en Botswana, met het natuurschoon van de Victoria Falls en de Okavangodelta.

Liefhebbers van offroadrijden nemen in Grootfontein de afslag naar Tsumkwe. Wie liever over asfaltwegen het tropische noordoosten van Namibië – de Caprivistrook – bereikt, neemt de route over het in het noorden gelegen Rundu.

In de Caprivistrook liggen enkele wildrijke nationale parken. Sinds de opening van de brug over de Zambezi in 2004, die Katima Mulilo met Sesheke verbindt, is de verbinding tussen Namibië en Zambia flink verkort. Ook de weg naar het Zambiaanse Livingstone aan de Victoria Falls is opnieuw geasfalteerd en dus prima berijdbaar.

In het Chobe National Park en het Moremi Game Reserve in Botswana, en vooral ook in de Okavangodelta zijn ongetwijfeld de mooiste wildobservatietochten van zuidelijk Afrika en misschien wel van heel Afrika te maken. De safari-*camps* in Botswana zijn klein en exclusief, en een verblijf kan daarom zeer prijzig zijn. In de Makgadikgadi Pans vindt u een van de betoverendste overnachtingsmogelijkheden van zuidelijk Afrika: Kubu Island, een uit graniet opgebouwd eiland met eeuwenoude apenbroodbomen midden in de uitgestrekte zoutpan. Vanhier kunt u via Maun, nog in Botswana, en de nieuwe Trans-Kalahari Highway terugreizen naar Windhoek.

De Okavangodelta in Botswana in vogelvlucht

In een oogopslag: Noordoost-Namibië, Victoria Falls en Okavangodelta

Hoogtepunten

Victoria Falls: Circa 11 km van Livingstone stort zich met donderend geraas een muur van water 60 m omlaag in de smalle Batokakloof (zie blz. 354).

Okavangodelta: In het waaiervormige netwerk (ruim 16.000 km²) met duizenden waterlopen, eilandjes, lagunes en bossen komt een rijke fauna voor. Het talrijkst zijn olifanten (reusachtige kuddes), leeuwen, luipaarden en wilde honden (zie blz. 371).

Makgadikgadi Pans: Ten oosten van Maun ligt de grootste zoutpan ter wereld. De schijnbaar eindeloze witte vlakte, het restant van een enorme binnenzee, vult zich in jaren met sterke regenval soms opnieuw met water (zie blz. 373).

Fraaie routes

Kaudom Game Park: Fans van adrenalineboostende offroadtrips zouden de tocht door het Kaudom Game Park (Khaudum Game Park) eens moeten proberen. De laatste 50 km door diep zand behoren tot de moeilijkste trajecten in Namibië (zie blz. 342).

Moremi Game Reserve: Dit afgelegen gebied met veel wild is het enige deel van de Okavangodelta dat in de droge tijd berijdbaar is met een terreinwagen. Een gps wordt aangeraden (zie blz. 366).

Kubu Island: Een van de eenzaamste terreinwagenroutes van zuidelijk Afrika voert door de grootste zoutpan ter wereld naar een granieteiland met oeroude apenbroodbomen en geheimzinnnige bewoningssporen. Een gps is hier absoluut noodzakelijk (zie blz. 377).

Tips

Hippo caller: De in de Caprivistrook verkochte 'nijlpaardenlokker' ziet eruit als een trommel. Met het aan de binnenkant aangebrachte houten stokje ontstaat het gebrom dat een nijlpaard produceert als hij in zijn sas is. Wat de kolossen aan de Zambezi opwindend dichtbij laat komen, doet het thuis ook heel goed op een feestje (zie blz. 350)

Ultralightvlucht over de Victoria Falls: Voor durfals bestaat er geen spectaculairdere mogelijkheid om de beroemdste waterval ter wereld van dichtbij te bekijken en te fotograferen. Het open vliegtuig vliegt zo laag dat de passagier de druppels van het opspattende schuim kan voelen (zie blz. 361).

De Victoria Falls

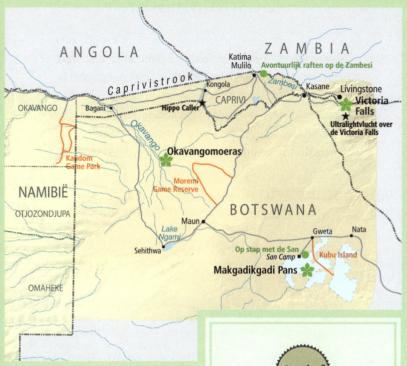

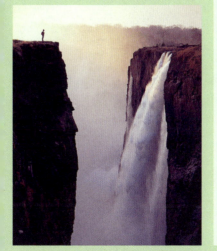

Actief

Avontuurlijk raften op de Zambezi: De gevaarlijkste wildwatertocht ter wereld, met adembenemende stroomversnellingen (en krokodillen), doet vergelijkbare waagstukken in de VS en Nieuw-Zeeland verbleken (zie blz. 358).

Op stap met de San: De San (Bushmen of 'Bosjesmannen') geven bezoekers iets mee van hun enorme kennis over planten en dieren. U krijgt op deze excursie een inkijkje in de oeroude overlevingstechnieken van dit volk: water vinden, vallen bouwen en zelf vuur maken (zie blz. 376).

Bushmanland

Ten noordoosten van Grootfontein ligt Bushmanland, waar wildreservaat Kaudom Game Park een grote trekpleister is. Het vlakke gebied wordt doorsneden door duinkammen. Alleen na zware regenval voeren de rivierbeddingen water. Door het hoge grondwaterpeil is de vegetatie niettemin weelderig. Buiten de rivierbeddingen liggen aride bos en struiksavanne.

Van Grootfontein naar het oosten ▶ K–N 4

Kaart: blz. 341

Het duurt even voor de vier extra jerrycans van 20 l bij de benzinepomp van Grootfontein zijn gevuld. Daarna zijn de watertanks aan de beurt. De supermarkt is nog niet open, maar in de *liquor store* is al drank te krijgen. Ten oosten van de stad, richting Tsumkwe, en in het hele Kaudom Game Park kunt u nergens iets inslaan. Bovendien zijn door het beheer van het wildreservaat vanwege de veiligheid minimaal twee voertuigen per groep voorgeschreven.

Net als bij de rit door Kaokoland moet u voor de trip naar Kaudom voor een goede uitrusting zorgen. Ik rijd altijd met twee reservebanden, waarvan de luchtdruk eerst dient te worden gecontroleerd. Neem ook een plank mee, die bij bandenpech op terrein met diep zand onder de krik kan worden geplaatst. Bij de huur van een terreinwagen kunt u het best voor vertrek oefenen voor de moeilijkste pechgevallen.

Bijna 60 km ten noordoosten van Grootfontein komt u op de B 8 bij een splitsing: hier loopt de 220 km lange, goed onderhouden C 44 naar Tsumkwe. Vlak bij de splitsing ligt links **Roy's Rest Camp** **1**, een lodge met kampeerterrein waar bezoekers van wildreservaat Kaudom hun intrek nemen. Wie geen terreinwagen heeft, zet over de goede B 8 via **Rundu** **2** koers naar de Caprivistrook.

Accommodoatie, eten

Eersteklas locatie aan de Kavango – **Kavango River Lodge:** Usivi Rd., Rundu, reservering via Windhoek, tel. 066 25 52 44, www.natron.net/kavango-river-lodge. Op een heuvel boven de Kavango gelegen, met een prachtig uitzicht. Maar de service sluit niet aan bij de prijs. Met 11 kamers met airconditioning voor zelfverzorgers en 8 gerieflijke B&B-kamers, restaurant en bar. De gasten van de zelfstandige kamers kunnen in de kiosk vlees, koud bier en andere dranken kopen. Kanotochten en sportvissen, vogels observeren. 2 pk met ontbijt vanaf N$ 1800.

Trefpunt voor Kaudomgangers – **Roy's Rest Camp:** Grootfontein, tel. 067 24 03 02, www.roysrestcamp.com. Aan de hoofdweg van Grootfontein naar Rundu, vlak bij de afslag naar Tsumkwe en het Kaudom (Khaudum) Game Park. Handig trefpunt voor Kaudomgangers. Camp met rustieke bungalows en kampeerplaatsen met warme douches, vuur- en barbecueplaats, restaurant, zwembad en bar. 2 pk met ontbijt N$ 1380, kamperen N$ 100 per persoon.

Aan de rivieroever – **Kaisosi River Lodge:** Rundu, tel. 066 26 71 25, www.kaisosiriverlodge.com. Rietgedekte lodge, 7 km ten oosten van Rundu, met comfortabele kamers aan de oever van de Okavango plus een kampeerterrein. De lodge biedt een restaurant, bar, zwembad en boottochten. 2 pk met ontbijt (kan desgewenst ook op de rivier worden genuttigd) vanaf N$ 1100.

Tsumkwe

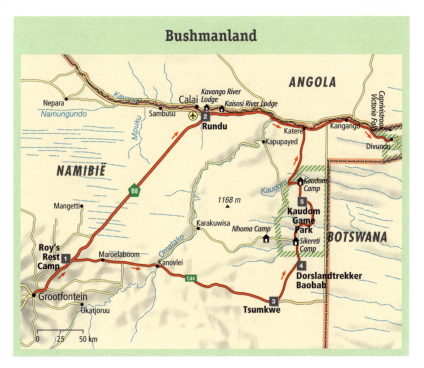

Tsumkwe ▶ O 5

Kaart: blz. 341

In de tijd dat Namibië onder Zuid-Afrikaans bestuur stond, was het nu doorkruiste gebied het thuisland van de San ('Bosjesmannen'). De naam daarvan, Bushmanland, is tot op heden gehandhaafd. De hier woonachtige mensen behoren tot de clan Ju!Wasi (het uitroepteken staat voor een van de vier klikgeluiden in de Santalen).

Tsumkwe 3 , de zuidelijke poort tot het Kaudom Game Park, is de 'hoofdstad' van de regio. Maar wie geen gas terugneemt, passeert de nederzetting bijna ongemerkt: een paar hutten met strodaken, een gebouw van de natuurbescherming, een benzinestation met door roest aangevreten en niet meer functionerende pompen. Hier is dus geen benzine te krijgen. Veel van de oorspronkelijke bewoners (zie blz. 344) zijn in Tsumkwe terechtgekomen. In te grote, versleten westerse kleding maken de ooit trotse jagers een deerniswekkende indruk. Kinderen bedelen om eten. Oudere vrouwen hebben nog traditionele gezichtstatoeages. Sommigen proberen zelfgemaakte halskettingen te verkopen.

Accommodatie, eten

Ontmoeting met 'Bosjesmannen' – **Nhoma Safari Camp:** 80 km van Tsumkwe, tel. 081 273 46 06, www.tsumkwe1.iway.na; tijdig boeken noodzakelijk. Kamp met 10 comfortabel ingerichte luxetenten met wasgelegenheid en enkele kampeerplaatsen. Een handige halteplaats voor het Kaudomavontuur; uitstapjes naar de regionale !Kung-Bushmen. Voor de onverharde weg naar de lodge is geen terreinwagen nodig, maar excursies in Kaudom Park zijn zonder terreinwagen onmogelijk en bovendien verboden. Restaurant en zwembad. 2 pk incl. VP, Bushmen-ervaring en activiteiten N$ 5200. Kamperen N$ 180 per persoon, kind N$ 90.

Bushmanland

Dorslandtrekker Baobab ▶ O 4/5

Kaart: blz. 341

De vroeger 28 km van Tsumkwe groeiende, imposante apenbroodboom **Giant Baobab Homasi** is al enige tijd geleden omgevallen en is er niet meer.

Om in het **Kaudom Game Park** (Khaudum Game Park) te komen, rijdt u van de grote kruising in Tsumkwe eerst in noordoostelijke richting. Na ruim 35 km loopt rechts een afslag naar de **Dorslandtrekker Baobab** 4. Hier pauzeerden de Dorslandtrekkers op hun lange weg vol ontberingen van Transvaal naar Angola (zie blz. 69). Circa 17 km van de afslag passeert u de niet-omheinde grens van het Kaudom Game Park.

Kaudom Game Park

▶ O 3/4

Kaart: blz. 341, 343

Het in 1989 ingestelde, 3840 km² grote **Kaudom Game Park** 5 (in veel kaarten en publicaties Khaudum Game Park genoemd) maakt deel uit van het droge Kalahari-Zandveld en is het enige nationaal park van Namibië waarin dit specifieke ecosysteem wordt beschermd (gedeeltelijk). Kaudom is een samenstelling van de woorden *xau* (buffel) en *dum* (dalkom).

Dierenwereld

Het wild in de 'buffelkom' is door de beperkte bezoekersaantallen minder gewend aan autogeluiden dan in andere parken in Namibië. Daarom zijn de dieren vaak schuw en alleen van veraf te observeren. Omdat rond het park geen omheining staat en de grens met Botswana dus open is, lopen de dieren naar believen heen en weer. Met een beetje geluk krijgt u koedoes, oryxen (spiesbokken), blauwe gnoes, giraffen, leeuwen, luipaarden, hyena's, wilde honden en olifanten te zien. Tot op heden zijn er 320 verschillende vogelsoorten in het gebied waargenomen. De zeldzaamste zijn de Bradfields tok *(Bradfield's hornbill)*, de koperstaartspoorkoekoek *(copperytailed coucal)*, de Senegalese spoorkoekoek *(Senegal coucal)*, de roestbuikmees *(rufousbellied tit)*, de zwartteugelbabbelaar *(blackfaced babbler)* en de pijlstaartglansspreeuw *(sharptailed starling)*.

Overlevenden van een eeroude cultuur – Sanvrouw met kind

Per terreinwagen door het park

Let op: tochten door het park mogen uitsluitend worden gemaakt met minimaal twee terreinwagens (maximaal een met een speciale offroadaanhanger). Toegang N$ 40, auto N$ 20. De grenspost Ndobe, tussen Namibië en Botswana, ligt 55 km ten oosten van Tsumkwe en is dagelijks geopend van 7 tot 15.30 uur. De 140 km lange route van de grens naar Nokaneng in Botswana neemt ongeveer 3,5 uur in beslag. Er is geen benzinepomp in Tsumkwe. De eerste pompstations die u tegenkomt staan in Grootfontein of Gumare (Botswana), 30 km ten noorden van Nokaneng. De twee onderkomens in het park – **Sikereti Camp** en **Kaudom Camp** – werden eerst door Namibia Wildlife Resorts als officiele parkkampen beheerd. Men besloot echter, net als bij veel andere parkaccommodaties, om ze te privatiseren, maar het bedrijf Namibia Country Lodges, dat de camps wilde renoveren en twee lodges wilde bouwen, werd opgeheven. Actuele informatie voor zelfstandige chauffeurs staat op het Duitstalige Namibiëforum www.namibia-forum.ch (tik in het zoekvenster 'Kaudom' in). Of kijk op www.tripadvisor.com/showforum-g293820-i9680-namibia.html. Sinds eind 2015 runt de lokale firma Namibia Exclusive de fijne **Xaudom Lodge** met 9 kamers en het kampeerterrein **Xaudom Exclusive Campsite** in het noorden van het park. De 6 staplaatsen zijn aangelegd onder schaduwrijke kameeldoornbomen. Elke plaats beschikt over een eigen barbecue, een houten sanitairblok en een overdekte zithoek. Lodge en kampeerterrein moeten ruim van tevoren worden geboekt. Kamperen N$ 300 per persoon, N$ 100 per auto. De lodgetarieven waren bij het ter perse gaan van dit boek nog niet bekend. Contact: Namibië Exclusive, tel. 081 100 66 77, www.namibia-exclusive.com.

Sikereti Camp

Het eerste van de twee primitieve *camps* in het Kaudom Game Park, **Sikereti**, ligt 7 km voorbij de parkgrens. Bij aankomst komen de geelsnaveltoks *(yellowbilled hornbills)* nieuws-

gierig dichterbij, in de hoop iets eetbaars te kunnen bemachtigen. De nachtelijke bezoekers van het *camp* hebben ook honger en zijn aanzienlijk groter. Met veel kabaal gooien gevlekte hyena's de zware metalen afvaltonnen omver. Het schijnsel van een zaklamp die vanuit een tent naar buiten wordt gericht, doet hun ogen griezelig groen oplichten. Zelfs hard roepen brengt de dieren niet van hun stuk. Geen wonder, met zulke vervaarlijke tanden.

Vanaf Sikereti wordt de weg steeds moeilijker begaanbaar. Hier beginnen de zandvlaktes, die aan het begin van de regentijd al met modderige poelen zijn bezaaid. In deze

De cultuur van de San

Tienduizenden jaren geleden al trokken de San in kleine groepen door de woestijnen, savanne en berggebieden van zuidelijk Afrika. Op de rotsen en in kleine grotten liet dit bijzondere nomadenvolk fascinerende kunstwerken achter.

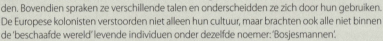

De vroegere jager-verzamelaars vormden geen homogene groep, maar behoorden tot verschillende culturen en leefden in diverse gebieden. Bovendien spraken ze verschillende talen en onderscheidden ze zich door hun gebruiken. De Europese kolonisten verstoorden niet alleen hun cultuur, maar brachten ook alle niet binnen de 'beschaafde wereld' levende individuen onder dezelfde noemer: 'Bosjesmannen'.

Een andere groep jagers, die ook vee hielden, noemden de Europeanen Hottentotten ('stotteraars'), vanwege de kenmerkende klikgeluiden in hun taal, die door de eerste blanken als dierengeluiden werden geïnterpreteerd. In 1649 merkte een zekere Jean-Baptiste Tavernier op: 'Ze klakken tijdens het spreken met hun tong.' De Europeanen vonden dat men niet moest communiceren met mensen die geen echte taal spraken, wat ertoe leidde dat de San (Bosjesmannen) en de Khoi (Hottentotten) – zoals deze volken zich tegenwoordig noemen – steeds verder in de verdrukking kwamen. Tot ze de vanuit het noorden en oosten het land binnentrekkende zwarte volken tegenkwamen die zich net zo meedogenloos tegen de oorspronkelijke bewoners keerden als de blanken.

In Zuid-Afrika was de Khoisancultuur al in 1910 verdwenen, maar in Namibië en Botswana leefde deze voort en werd steeds vaker het studieobject van wetenschappers. Toen de Zuid-Afrikaanse apartheidspolitiek ook in het mandaatgebied Zuidwest-Afrika werd opgelegd, kregen de overgebleven San een onvruchtbaar stuk wildernis aan de grens met Botswana toegewezen. Dit gebied heet nog altijd Bushmanland (Boesmanland). Maar als u de huidige San naar de mooie rotstekeningen van hun voorouders vraagt, zullen ze antwoorden dat ze zich die niet herinneren. De meesten van hen denken dat de tekeningen door goden zijn gemaakt. Ook de verfijnde jachttechnieken worden niet meer aan de jongeren doorgegeven. Oude vrouwen nemen hun enorme kennis van heilzame planten en hun toepassingen mee in hun graf. Kinderen leren de oude talen niet meer, maar groeien op met het Afrikaans.

Eindstation in het Bushmanland is Tsumkwe, een vervallen nederzetting in niemandsland met veel illegale drinkgelegenheden, de *shebeens*. Deze zijn eigendom van de Ovambo of de Herero, bij wie de San hun staatspensioentje of met de souvenirverkoop verdiende dollars komen uitgeven. Daarvoor krijgen ze goedkope drank, die de herinnering uitwist.

Het laatste uur voor de ooit in harmonie met de natuur levende jager-verzamelaars lijkt te hebben geslagen. Maar er is nog een kans: het ruimer betrekken van de San bij het ecotoerisme, waarbij de mannen als ervaren rangers en gidsen een deel van hun kennis kunnen overdragen aan bezoekers. Sanvrouwen kunnen hun kunstnijverheid te koop aanbieden.

Kaudom Game Park

tijdelijke drinkplaatsen huizen vaak waterschildpadden. Kom er liever niet te dicht bij, want ze kunnen gemeen bijten. Als olifanten in deze moeraspoelen hebben gebaad, hebben ze de grond zo omgewoeld dat er zelfs met de beste wil van de wereld en de sterkste terreinwagen geen doorkomen meer aan is.

Tussen de diepe bandensporen ligt vaak een berm met gras dat de radiatorlamellen van uw auto kan verstoppen. Het is niet eenvoudig om het gras te verwijderen en daarom is het aan te raden om voor vertrek gaas over de lamellen aan te brengen. Gevaarlijk wordt het als het kurkdroge gras onder aan de auto blijft kleven en door de hitte van de uitlaat vlamvat. Alleen door het chassis regelmatig te controleren is te voorkomen dat uw huurauto in brand vliegt. In de verte steken giraffen hun lange nek uit het groene struikgewas. Een olifant verdwijnt even snel als hij gekomen is.

De oostelijkste route door het park voert langs **Leeupan** ('leeuwenpan'), een van de grotere drinkplaatsen van het reservaat. Hier is de kans om een gele, grote kat tegen te komen het grootst – let dus goed op bij het uitstappen!

Kaudom Camp

Over een hobbelige zandweg, die de passagiers en andere inhoud van de wagen flink door elkaar zal schudden, bereikt u de Kaudom River. Vul nu de tank opnieuw bij met de reservejerrycans benzine. Het dorre Zandveld gaat hier over in een dal met veel drinkplaatsen. Een sappig groene grasvlakte strekt zich uit – een idyllisch beeld. Even verder heeft een bushbrand gewoed. Over de zwartgeblakerde bodem probeert een panterschildpad het water te bereiken.

Vanhier loopt de weg over een stevige ondergrond naar **Kaudom Camp**, dat wil zeggen, bijna. Het kamp ligt op een hoog, begroeid zandduin, dat u eerst zult moeten bedwingen. Met een aanloop, de bak in lage *gearing* en – als die is ingebouwd – een sperdifferentieel klimt de terreinwagen met gierende motor uiterst langzaam omhoog.

In het Kaudom Camp trokken olifanten keer op keer de waterleidingen uit de grond en daarom zijn de buizen nu beschermd door betonplaten. Bovendien wordt 's avonds de hoofdkraan afgesloten, zodat de dikhuiden het water niet kunnen ruiken. Het uitzicht op de met drinkplaatsen bezaaide, droge rivierbedding is prachtig. 's Avonds komt de stemming er rond het kampvuur met geroosterd vlees en blikjes koud bier goed in – maar alleen bij wie hier nog nooit is geweest en ervan uitgaat dat het ergste achter de rug is. Een blik op de kaart leert dat de afstand tot aan de geasfalteerde Trans-Caprivi Highway 'slechts' 50 km bedraagt.

Maar de werkelijkheid is anders. De laatste etappe voert door een van de ruigste gebieden van Namibië. Het zand is mul en diep en de bandensporen van de bevoorradingsvrachtwagens zijn kniehoog ingereden. Hierdoor kunnen sommige terreinwagens op de middenberm stranden. Alleen met een bandenspanning van nog geen 1 bar, in de tweede reductieversnelling en met een verhoogd toerental slaagt u erin om de soms enorme zandvlaktes te doorkruisen. Uitwijken gaat niet, want de weg wordt geflankeerd door flinke bomen en de sporen zijn zo diep dat u er met geen mogelijkheid meer uit komt. Wie hier alleen onderweg is en vast komt te zitten, kan lang op hulp wachten. Dat is dus niet aan te bevelen.

Hier en daar is het zand wat vaster, wat een korte pauze mogelijk maakt. U kunt de verkrampte handen even van het stuur halen om het van zweet doordrenkte T-shirt los te trekken. Dit lijkt wel de Camel Trophy voor niet-rokers. Trek voor de rit van 50 km – afhankelijk van uw rijvaardigheid – vier tot vijf uur uit en reken op een brandstofverbruik van minstens 25 l (!).

Plotseling komt het eind in zicht. Terwijl u zich scherp op het zand voor de banden concentreert, trekt de haag van dicht struikgewas ineens open en ziet u de zwarte asfaltweg voor u liggen. De nederzetting bij de kruising heet **Katere**. Maar de eerste benzinepomp zal pas worden gepasseerd in het 80 km verder oostwaarts gelegen plaatsje **Divundu** (op sommige kaarten wordt het ook wel **Bagani** genoemd).

De Caprivistrook

Dertig jaar geleden kwamen in de Caprivistrook nog de meeste dieren van heel Namibië voor. Naast olifanten, neushoorns, nijlpaarden, krokodillen, leeuwen, jachtluipaarden en andere roofdieren leefden hier 22 hoefdiersoorten, waaronder giraffen, eland-, paard-, sabel-, nijl- en lierantilopen, buffels, blauwe gnoes, impala's, waterbokken, poekoes en sitatoenga's. Veel van deze dieren zijn tegenwoordig verdwenen of sterk gedecimeerd als gevolg van de oorlog met Angola, jacht en stroperij.

De Caprivistrook is genoemd naar Georg Leo, graaf van Caprivi, die Bismarck als rijkskanselier opvolgde en op 1 juli 1890 het Helgoland-Zanzibarverdrag met Groot-Brittannië ondertekende. De Engelsen kregen het specerijeneiland Zanzibar en een deel van het huidige Botswana, de Duitsers het indertijd Engelse Helgoland en de op de kaart zo vreemd aandoende landstrook die de toegang tot de Zambezi vanuit Zuidwest-Afrika mogelijk maakte. Het was de bedoeling deze verbinding door te trekken tot Duits Oost-Afrika, maar de Eerste Wereldoorlog maakte een definitief einde aan het Duitse koloniale tijdperk. De Caprivistrook behield zijn naam, maar kwam weer in Engelse handen en later aan Zuidwest-Afrika. Voor het Zuid-Afrikaanse leger was hij van groot strategisch belang in de oorlog tegen Angola. In 1989 liepen er weer Duitse soldaten rond in de Caprivistrook – als verkiezingswaarnemers in opdracht van de Verenigde Naties. In 1990 kreeg Namibië de onafhankelijkheid en daarmee ook de zeggenschap over de Caprivistrook. Tot op heden zijn er afscheidingsbewegingen actief in de regio, die zich tegenwoordig echter beperken tot de eis om meer autonomie voor de Caprivistrook zelf.

Van heel dichtbij:
springbok in het Mahango Game Park

Popa Falls en Mahango Game Park

Kaart: blz. 348

Popa Falls ▶ P 2

Vlak voor de brug over de Kavango bij **Divundu** ▮1▮ voert rechts een onverharde weg in zuidelijke richting naar de 5 km verderop gelegen **Popa Falls** ▮2▮. Wie een donderende waterval verwacht, komt bedrogen uit. De 'falls' blijkt slechts een aantal achter elkaar gelegen waterlopen en eilandjes te zijn die over een lengte van 1 km stroomversnellingen vormen, op een punt waar de Kavango een massief met kwartsgesteente doorbreekt.

Let op: ga bij de **Popa Falls** niet het water in. Behalve krokodillen en nijlpaarden dreigen hier nog andere gevaren: u kunt hier schistosomiasis (bilharzia) oplopen.

Mahango Game Park
▶ P/Q 2/3

Zo'n 20 km verderop bereikt u de ingang van het 250 km² grote **Mahango Game Park** ▮3▮, dat sinds 1999 deel uitmaakt van het Bwabwata National Park (vroeger Caprivi Game Park; zie blz. 348). De oever van de Kavango is begroeid met dicht riet en papyrus, waardoor het traag stromende water

De Caprivistrook

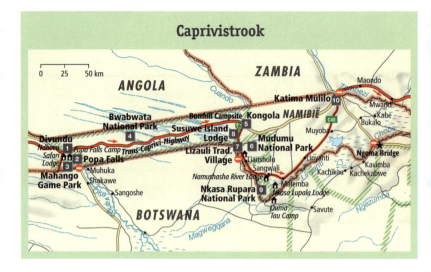

bijna niet te zien is. In het park leven olifanten, lierantilopen, gnoes, oribi's, buffels, sabel-, paard- en nijlantilopen en sitatoenga's. Het is ongelooflijk hoe goed olifanten zich in de vegetatie kunnen verstoppen. Soms ziet de bezoeker de dieren pas als ze vlak naast hem staan. Ze trekken in de droge periode uit Angola, Zambia en de westelijke Caprivistrook het park binnen, daarom wisselt hun aantal sterk.

Ook hier is de vogelwereld weer verrassend gevarieerd: er leven 300 soorten in dit relatief kleine reservaat, waaronder veel roofvogels, zoals de gierarend of palmgier *(palmnut vulture)*, de Afrikaanse zeearend *(African fish eagle)*, de vechtarend *(martial eagle)* en de goochelaar *(bateleur)*.

Van de twee zijroutes door het Mahango Game Park is er maar een, oostwaarts langs de Kavango, geschikt voor **personenauto's**, en dan alleen in de droge tijd, van april tot november. De route is 15 km lang; bij de Kwetchepicknickplaats, met uitzicht op de rivier, staat een mooie **apenbroodboom**. De 31 km lange westelijke weg is alleen geschikt voor **terreinwagens**. Omdat deze route door zandige rivierbeddingen loopt, biedt hij een rustige, ongestoorde natuurervaring. Bij grote warmte ziet de rivier er uitnodigend uit, maar ga er niet in zwemmen! Behalve krokodillen en nijlpaarden loeren op sommige plaatsen schistosomiasis (bilharzia) veroorzakende parasitaire wormen.

Accommodoatie, eten

Safaritraditie – **Ndhovu Safari Lodge:** Divundu, tel. 066 25 99 01, www.ndhovu.com. Comfortabel tentenkamp met 7 tenten, 2 km voor de toegang tot het Mahango Game Reserve aan de oever van de Okavango, waar zich aan de Botswaanse kant in de droge tijd soms honderden olifanten verzamelen. Boottochten mogelijk. 2 pk met ontbijt en diner N$ 1180 per persoon.

Camp aan de Kavango – **Popa Falls Camp:** Ruim aangelegd camp met reguliere en luxe, aan de rivier gelegen bungalows en kampeerplaatsen. Over de smalle loopplanken zijn de stroomversnellingen van de Popa Falls tot vlakbij te naderen. Restaurant, gemeenschappelijke keuken en kleine winkel. Reservering via Namibia Wildlife Resorts in Windhoek, tel. 061 28 57 200, reservations@nwr.com.na; www.nwr.com.na. River Cabin (2 pk) N$ 1300 per persoon, gezinschalet (4 bedden) N$ 1150 per persoon, luxueuze River Cabin N$ 4000 per persoon, kamperen N$ 136 per persoon.

Van Divundu naar Mudumu National Park

Kaart: blz. 348

Bwabwata National Park ▶ Q–S 2

In **Divundu** (ook wel **Bagani** genoemd) overspant de Baganibrug de Okavango, die zuidelijker, in Botswana, in het gelijknamige moeras stroomt. Kaarsrecht en bijna 200 km lang loopt de in 1998 volledig geasfalteerde Trans-Caprivi Highway door het **Bwabwata National Park** 4 naar Kongola. Ingeklemd tussen Angola en Botswana strekt het 32 km brede, 5715 km² metende natuurreservaat zich uit over een lengte van 180 km, van de Okavango in het westen tot de Kwando River in het oosten. Steeds weer waarschuwen grote borden voor olifanten die de weg oversteken – hier trekken regelmatig grote kuddes rond. Tijdens de onafhankelijkheidsoorlog was het park militair gebied van het Zuid-Afrikaanse leger (South African Defence Force, SADF), dat er het gezag uitoefende, en was de toegang verboden, behalve voor doorgaand verkeer. Veel vluchtelingen uit Angola woonden in kampen in de Caprivistrook en sloten zich aan bij de SADF.

Mudumu National Park
▶ S 2

Kaart: blz. 348

In **Kongola** 5 gaat het in zuidelijke richting verder over de brug van de Kwando naar het in 1990 ingestelde, 1000 km² grote **Mudumu National Park** 6 . De onverharde weg erheen is goed berijdbaar met een gewone personenauto. In het reservaat leven de zeldzame moerasantilopen en sitatoenga's, maar u zult vaker olifanten, buffels, paard- en sabelantilopen, koedoes, impala's, oribi's, steppezebra's en wilde honden tegenkomen.

Lizauli Traditional Village

Vlak achter de grens van het nationaal park ligt rechts het **Lizauli Traditional Village** 7 . In dit openluchtmuseum wonen Capriviërs die bezoekers graag in contact brengen met de cultuur van hun volk. Het project is een

Nijlpaard in zijn element

De Caprivistrook

Met de hippo caller *in het Lizauli Traditional Village*

initiatief van de eigenaars van de Lianshulu Lodge om de leefomstandigheden van de lokale Caprivische gemeenschap te verbeteren. Er wordt onder andere een demonstratie gegeven van een rechtszitting, zoals die ook nu nog wordt gehouden. Alle door de Capriviërs gebruikte gereedschappen worden toegelicht, bijvoorbeeld de *hippo caller*, een instrument dat eruitziet als een trommel. Tegen het strak erover gespannen dierenvel is aan de binnenkant een dun houten stokje bevestigd. Als men zijn hand natmaakt en over het stokje wrijft, ontstaan geluiden die lijken op die van een tevreden nijlpaard dat buiten het water smakelijk gras heeft gevonden. Met deze trommel lokten de Capriviërs vroeger de dieren uit het water om ze te doden. Wie graag nijlpaarden van heel dichtbij wil zien en fotograferen, doet er verstandig aan zo'n instrument aan te schaffen. Het is te koop in de souvenirwinkel van Lizauli en het werkt echt.

Susuwe Island Lodge

Van de in de Kwando River gelegen **Susuwe Island Lodge** 8 starten behalve safari's in open terreinwagens onder leiding van een ervaren ranger ook 's avonds en 's ochtends tochtjes met een twee niveaus tellende pontonboot op de **Kwando River**, die een eind verderop Linyanti wordt genoemd en in Botswana de Chobe River. Aan de oever gedijen papyrus en rietgras, de bush bestaat uit licht mopanebos. Daar verzamelen zich vaak duizenden krekels om een veelstemmig concert te geven. Wie in de hitte schaduw zoekt, heeft het in een mopanebos niet gemakkelijk. Als bescherming tegen de verzengende zon rollen de bladeren zich overdag namelijk op.

Bezoekers die in een open Land Rover rondrijden, beleven nog meer. De reusachtige **termietenheuvels** lijken vaak rond een boom gebouwd, maar de eerste indruk bedriegt. Termieten tasten nooit levend hout

Mudumu National Park

aan, maar alleen afgestorven hout. De verklaring is andersom: bavianen zitten bij het eten graag hoog op een termietenhoop. Als ze vruchten verorberen, vallen er vaak zaden en pitten naar beneden, die daar ontkiemen. De boom groeit dus uit de termietenhoop.

Tijdens de terugrit naar het kamp kaart de gids het **malariaprobleem** aan. De ziekte heeft mensen nodig om te worden overgedragen: de vrouwelijke mug moet eerst een met malaria besmette persoon steken en daarna een gezond mens. In de wildernis, waar nauwelijks mensen wonen, is het besmettingsgevaar dus klein, in nederzettingen groot. De lodge werd daarom boven een dorp aangelegd; de meest voorkomende wind waait van het kamp af, wat het malariagevaar veel kleiner maakt. Waarom olifanten geen malaria krijgen, is eenvoudig te verklaren. Ze zijn dol op de kininehoudende bast van de apenbroodboom, die malaria bestrijdt.

De boottocht is al even boeiend als de safari. Met een drankje in de hand zitten de gasten op een gemakkelijke stoel en de schipper tuft heen en weer tussen Namibië en Botswana. In de verte houdt het Botswaanse leger schietoefeningen.

In het conflict met Botswana om het onbewoonde eiland **Kasikili** (Botswaans Sidudu; zie kaart blz. 355), midden in de Chobe River (zo heet de Linyanti in Botswana), kwam het bijna tot een oorlog tussen de buurlanden. In 1999 werd het eiland door het Internationaal Gerechtshof in Den Haag officieel aan Botswana toegewezen. Het eiland staat bijna de helft van het jaar onder water. In de droge periode wordt het echter door honderden buffels en antilopen bezocht. Omdat het wildbestand in Namibië de afgelopen jaren sterk is teruggelopen, zou dit eiland van belang kunnen zijn. In het Botswaanse Kasane staat sindsdien een kazerne van het leger, dat ook regelmatig zwaar bewapend op de Chobe River patrouilleert om de vanuit Namibië in het Chobe National Park binnendringende stropers te bestrijden en het Kasikili-eiland te beschermen.

De gaten in de oeverbegroeiing zijn echter niet veroorzaakt door militairen. De prachtige, rood-turquoise **karmijnrode bijeneters** *(carmine bee-eater)* hebben hier, vaak in broedkolonies van meer dan honderd paartjes, hun nesten gebouwd. Om te voorkomen dat varanen de nesten binnendringen om de eieren te stelen, zijn de ingangen zeer smal.

De rivier is een geschikte plaats om de eventueel in het Lizauli Traditional Village gekochte *hippo caller* uit te testen. Zodra de nijlpaarden het geluid horen, duiken ze op. Hun op het eerste gezicht onprettige gewoonte zich voortdurend in het water te ontlasten – wat overeenkomsten vertoont met een op hoge toeren draaiende whirlpool – dient ter bescherming van hun jongen. De in het water verspreide mest trekt vissen aan, die weer door krokodillen worden gegeten. De roofdieren zijn dan zo verzadigd dat ze de jonge nijlpaarden met rust laten.

In de lodge komen vogelaars volop aan hun trekken. Vanaf het rustieke, houten terras hebt u kans **maskerwevers** *(masked weaver)*, **Burchells fiskalen** *(crimsonbreasted shrike)*, **groenstaartglansspreeuwen** *(greater blue-eared starling)* en **roodbekwevers** *(red-billed quelea)* in de bosjes te bewonderen en van dichtbij te fotograferen. Tegen het middaguur gooit de kok botten en vleesresten richting Linyanti River. Binnen enkele seconden schieten enorme varanen toe om de lekkernijen te verschalken. Als ze elkaar te dicht naderen, gebruiken ze hun gespierde staart als wapen. Hard als zweepslagen klinken de tikken op de glanzende huid van hun concurrent.

Accommodoatie, eten

Lodge in de rivier – **Susuwe Island Lodge:** tel. 061 22 44 00, www.caprivicollection.com. De lodge in de Kwando River biedt de unieke mogelijkheid om te overnachten op een ongerept Afrikaans eiland. Het onderkomen biedt 6 op houten platforms gebouwde luxesuites. In augustus 2015 werd de lodge in een bushbrand voor driekwart verwoest. De heropening staat gepland voor 2017. De nabijgelegen, tot hetzelfde portfolio behorende **Lianshulu Lodge** is in 2015 uitvoerig gerenoveerd. In Susuwe starten geheel

De Caprivistrook

georganiseerde 4x4-trips en boottochten met rangers. Leuk team en goed eten. Tip: ontbijt op een eilandje. 2 pk alles inclusief N$ 8300, kind tot 12 jaar N$ 2070.

Camping Nambwa en Camping Bumhill

Het bomeneiland **Nambwa** aan een zijarm van de Kwando biedt een van de mooiste kampeerterreinen van Namibië. Elk van de zes tentplaatsen ligt pal aan het water en wordt omringd door groene oevervlaktes. Buffels, olifanten, litschiewaterbokken en nijlpaarden komen hier regelmatig langs. De hoge zit bij de drinkplaats voor het kamp biedt een prachtig uitzicht. Alle kampeerplaatsen zijn voorzien van een barbecuehoek en stromend water en de wasruimte zou men bijna luxueus kunnen noemen. Nambwa is niet alleen smaakvol aangelegd, er is echt over nagedacht. Evenals andere door plaatselijke gemeenschappen onderhouden kampeerterreinen, zoals Spitzkoppe (zie blz. 274) en Purros (zie blz. 329), is ook deze camping liefdevol ingericht en staat er vriendelijk, attent personeel klaar. De bewakers in Nambwa hebben zelfs van hun eigen spaargeld een tweedehands motorboot aangeschaft waarmee ze tochten op de rivier aanbieden.

Nambwa en een ander, nabijgelegen kampeerterrein, **Bumhill**, zijn het resultaat van een tot dan toe unieke overeenkomst tussen het ministerie voor Milieu en Toerisme en de lokale gemeenschappen die in de onmiddellijke nabijheid van een natuurreservaat leven, waarbij de laatste voor het onderhoud van de parken zorgen door er als rangers te werken en zo ook iets aan het natuurreservaat te verdienen. Voor het eerst in de Namibische geschiedenis kregen lokale gemeenschappen van jagers toestemming om zelf twee kampeerterreinen in een nationaal park in te richten en te beheren. De inheemse gemeenschappen zijn verantwoordelijk voor de wildbescherming in de gebieden die aan het nationaal park grenzen. De locals zorgen ervoor dat de inkomsten uit beide kampeerterreinen voor de natuurbescherming en de verbetering van de leefomstandigheden van de deelnemende gemeenschappen worden gebruikt.

Informatie

Gedetailleerde informatie is te krijgen bij The Cardboard Box Travel Shop, 15 Bismarck St., Windhoek, tel. 061 25 65 80, www.namibian.org/travel/community of op www.namibweb.com/community.htm.

Ligging: Aan de oever van de Mashi, ten zuiden van de oostelijke *gate* van het Bwabwata National Park.

Route ernaartoe: Neem op de B 8 vlak voor Kongola de afslag naar Nambwa, 300 m voor de oostelijke *gate* van het Bwabwata National Park. De zandweg naar Nambwa is alleen geschikt voor terreinwagens. U rijdt in ongeveer 20 minuten naar het kampeerterrein. N$ 120 per persoon.

Nkasa Rupara National Park ▶ S/T 3

Kaart: blz. 348

Het is de bedoeling dat Mudumu in de toekomst met het zuidelijker gelegen **Nkasa Rupara National Park** 9 wordt verenigd. Het park is met 320 km² het grootste beschermde wetland van Namibië – een miniatuurversie van de enorme Okavangodelta in Botswana. In het park strekt zich een netwerk van waterlopen uit met rietgraseilandjes en kleine meren. Gedurende de regentijd is het alleen per boot te bezoeken. **Nkasa** en **Rupara (Lupula)** zijn twee eilanden in de Kwando/Linyanti River die in de droge tijd soms per terreinwagen bereikbaar zijn.

Hier komen dezelfde **wilde dieren** voor als in het Mudumu Park, maar ze worden hier minder gestoord. Dat was niet altijd zo. Voor het gebied tot nationaal park werd uitgeroepen, werd er massaal gestroopt. Nu zijn er zelfs weer buffels te zien – die behalve in de Caprivistrook nergens in Namibië voorkomen – naast olifanten, giraffen, koedoes en impala's. Qua grote roofdieren leven hier luipaarden en leeuwen. In de vele waterlopen zitten nijlpaarden en krokodillen. De rietgrasgebieden zijn het leefmilieu van de zeldzame sitatoenga: de kans moerasantilopen en ellipswaterbokken tegen te komen, is redelijk groot. Voor het spotten van poekoes of sitatoenga's, die goed kunnen zwemmen en met hun spreidbare hoeven en waterafstotende vacht aangepast zijn aan het leven in een moeras, moet u iets meer geluk hebben. Nkasa Rupara is een paradijs voor vogelaars, wier hart sneller gaat kloppen bij het zien van gevederde zeldzaamheden als de Sharpe's reiger *(slaty egret)*, de witstuitbabbelaar *(whiterumped babbler)*, de papyrusrietzanger *(greater swamp warbler)*, de moerasgraszanger *(chirping cisticola)*, de moeraswaterfiskaal *(swamp boubou)*, de zwarte spoorkoekoek, de koperstaartspoorkoekoek en de Senegalese spoorkoekoek *(black, coppertailed en Senegal coucal)*, de lelkraanvogel *(wattled crane)*, de roodkeellangklauw *(pinkthroated longclaw)*, de Afrikaanse jacana of lelieloper *(African jacana)*, de dwergjacana *(lesser jacana)*, de dwerggans *(pygmy goose)*, de knobbeleend *(knobbilled duck)* en het Afrikaans purperhoen *(lesser gallinules)*.

Accommodoatie

Milieuvriendelijk – **Nkasa Lupala Lodge:** Bij de grens van het National Park, 1 km van het Shisintze Ranger Station, 11 km ten zuiden van Sangwali, 75 km van Kongola (aan de B 8), 130 km van Katima Mulilo, vanaf Sangwali is een 4x4 aanbevolen, ophalen door de lodge mogelijk, mobiele tel. 081 147 77 98, www.nkasalupalalodge.com. Een duurzame lodge met Italiaanse uitbaters, die voor de helft eigendom is van de lokale gemeenschap, met 10 luxetenten. Stroom (ook voor warm water) wordt voor 100% opgewekt met zonnepanelen. 2 pk met ontbijt en diner N$ 3630, kind 6-13 jaar N$ 907, ochtend-/middagsafari N$ 385/550, nachtsafari N$ 385, boottocht N$ 440, bezoek aan dorp N$ 385, safariwandeling met een bewapende ranger N$ 700.

Met hippo-geluidseffect – **Namushasha River Lodge:** 24 km ten zuiden van Kongola aan de C 49, reserveren op 061 23 00 66, www.gondwana-collection.com. Als de gast hier met een ijskoud drankje op het houten terras van de lodge zit en uitkijkt over de Kwando River, waar de nijlpaarden snuivend bovenkomen, ontstaat het ware Out of Africa-gevoel. De lodge biedt 24 kamers in rietgedekte chalets en met gras begroeide kampeerplaatsen. 2 pk met ontbijt vanaf N$ 2900, kamperen N$ 160 per persoon.

Katima Mulilo ▶ T 1

Kaart: blz. 348

Er loopt een goede zandweg langs de Linyanti via het plaatsje Linyanti naar **Katima Mulilo 10**, dat aan de Zambezi ligt, de langste rivier in zuidelijk Afrika. Het gebied is aan de kant van Namibië dichtbevolkt, aan de andere kant van de Linyanti/Chobe River ligt het Botswaanse **Chobe National Park** (zie blz. 363), waaruit af en toe olifanten en andere dieren via de rivier tot in de Namibische velden binnendringen.

Tijdens de grensoorlog in de jaren 70 van de twintigste eeuw was Katima Mulilo een van de belangrijkste plaatsen in het noorden van Namibië. Dat is het oord niet meer aan te zien. Alleen het **Caprivi Art Centre**, waar voor een gunstige prijs plaatselijke kunstnijverheid te koop is, is een bezoek waard.

Accommodoatie, eten

Luxe riviersafari – **Zambezi Queen:** Boeking in Zuid-Afrika via tel. 027 21 715 24 12 en 083 431 73 99, www.zambeziqueen.com. De ongewoonste en meest luxe safarivariant van Namibië. Met een gerestaureerde boot (45 x 8 m), die in totaal 30 gasten kan meenemen, tuft men rustig over de Zambezi, afgewisseld met excursies op het vasteland en tochtjes met kleinere boten. 2 nachten op het vijfsterrenschip alles inclusief vanaf N$ 8500 per persoon.

Winkelen

Kunstnijverheid – **Caprivi Arts and Crafts Centre:** Deze winkel tegenover de markt biedt Namibische kunstnijverheid voor in vergelijking gunstige prijzen.

Victoria Falls en Chobe National Park

Het is een van de bekendste bezienswaardigheden van Afrika. Onder luid geraas valt de Zambezi tussen Zambia en Zimbabwe in de Victoria Falls omlaag. Een 60 m hoge muur van water stort zich in de smalle Batokakloof. Geen wonder dat de waterval in de taal van de lokale Kololostam Mosi oa Tunya ('rokende donder') heet. Van Zambia gaat de route vervolgens verder naar Botswana, naar het Chobe National Park.

Via de Sheshekebrug naar Zambia

Kaart: blz. 355

In tegenstelling tot vroeger is de grensoverschrijdende excursie van Katima Mulilo naar de Victoria Falls in Zambia nu tamelijk gemakkelijk. Sinds mei 2004 overbrugt de op Zambiaans grondgebied gelegen, 900 m lange **Seshekebrug 1** vanuit Katima Mulilo de Zambezi tot in het naburige Zambia. In plaats van de omslachtige overtocht per veerboot bereikt u nu direct de Zambiaanse plaats **Sesheke**. Ook de voordien rampzalige weg tussen de brug, Kazangula en Livingstone, aan de Victoria Falls, werd volledig opnieuw geasfalteerd, wat de rijtijd van Katima Mulilo naar Livingstone tot ongeveer twee uur heeft verkort.

De brug betekent een belangrijke verbetering van het internationale en interregionale wegennet. Samen met de nieuwe Zambezibrug opent de Livingstone-Sesheke-Katima-Muliloweg voor de aangrenzende, niet aan zee gelegen landen Zambia en de Democratische Republiek Congo een doorgaande weg naar de Atlantische Oceaan. De brug biedt een langverwacht alternatief voor het Kazangulaveer over de Zambezi. Beide projecten werden door Europa gesteund met miljoenen ontwikkelingshulp.

De **grensformaliteiten** (grensovergang Katima Mulilo-Sesheke geopend 6-18 uur) tussen Namibië en Zambia nemen voor Afrikaanse begrippen weinig tijd in beslag. Belangrijk is de schriftelijke verklaring van de Namibische of Zuid-Afrikaanse autoverhuurder dat zijn auto ook in de buurlanden Zambia en Botswana mag worden gebruikt.

❋ Victoria Falls  ▶ W 2

Kaart: blz. 355

Geschiedenis

'Niemand kan zich de schoonheid van het uitzicht voorstellen, als hij het vergelijkt met iets wat in Engeland te zien is,' schreef de Schotse avonturier, zendeling en ontdekkingsreiziger David Livingstone op 16 november 1855 in zijn dagboek, overrompeld na zijn eerste blik op de imposante waterval. 'Beelden zo mooi dat alleen vliegende engelen ze gezien kunnen hebben.'

Livingstone heeft de waterval natuurlijk niet 'ontdekt'. Voor hem waren er al San, Kololo, Lozvi, Tonga, Ndebele, Arabische handelaars, Portugese ontdekkingsreizigers en Boerenjagers tot hier doorgedrongen. Hij doopte de waterval echter Victoria Falls, ter ere van de Britse koningin, en zijn reisverhalen maakte

Victoria Falls

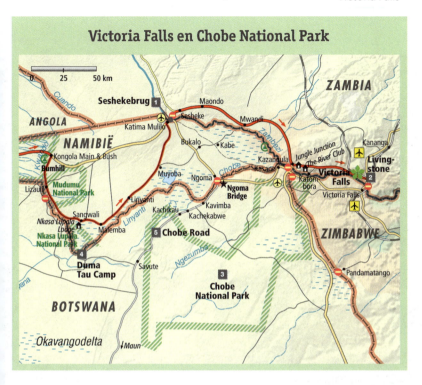

Victoria Falls en Chobe National Park

dit natuurwonder bekend bij een breder publiek in Europa en Amerika.

In 1860 bracht Livingstone nogmaals een bezoek aan de waterval. De Zuid-Afrikaanse kunstenaar en wellicht beroemdste wegenbouwer Thomas Bains kwam er in 1862, niet om een nieuw wegtracé uit te stippelen, maar om er te schilderen. De eerste Europeaan die zich permanent in de buurt van de waterval vestigde, was F.J. 'Mopane' Clarke. Deze handelaar, café-eigenaar en expediteur leefde in het door malaria geteisterde Old Drift, ongeveer 9 km van de waterval af. Pokeren en drinken waren de belangrijkste activiteiten in zijn bar.

De stad **Livingstone** ontstond in 1904 op Zambiaans grondgebied en telde in 1907 al twee hotels, een restaurant, een apotheek en een kapperszaak. De spoorlijn en de beroemde brug tussen Zambia en Zimbabwe kwamen in 1905. In hetzelfde jaar startte de bouw van het Victoria Falls Hotel. Het Victoria Falls National Park werd in 1951 uitgeroepen. Het toerisme aan de Zimbabwaanse kant begon zich vanaf halverwege de jaren 60 te ontwikkelen. Na de grotendeels gewelddadige onteigening van blanke landeigenaren door de Zimbabwaanse president Robert Mugabe aan het eind van de jaren 90 kwam het in 2000 tot veel onrust, waardoor het toerisme in Zimbabwe bijna geheel tot stilstand kwam. Het bruisende Victoria Falls veranderde in een spookstad, maar politieke veranderingen zorgden voor nieuw leven en de plaats is nu weer booming.

Hoewel de waterval vanuit Zimbabwe gezien spectaculairder is, kan hij ook heel goed aan de Zambiaanse kant worden bezichtigd. Vanwege de situatie in het buurland heeft de Zambiaanse plaats **Livingstone** zich de laatste tijd razendsnel ontwikkeld. Er zijn hier nu ook, net als aan Zimbabwaanse kant, in

Livingstone

Victoria Falls, aanbieders van extreme sporten en prachtige lodges te vinden.

Bij de Victoria Falls

Op 11 km van Livingstone stort de Zambezi met veel geraas 60 m omlaag in de nauwe Batokakloof. Stuifwater drijft in dichte sluiers naar boven, naar de rand van de kloof, waar het een klein regenwoud bevochtigt. Mosi oa Tunya heten de **Victoria Falls** in de taal van de hier levende Kololostam: 'rokende donder'. Geen hek, geen muur, geen kraampje doet afbreuk aan deze natuurbelevenis. Er loopt alleen een klein paadje naar de rand. Het enige wat kan storen, zijn de helikopters en ultralightvliegtuigen die voortdurend door de lucht knetteren. De eerste vliegexcursies werden in de jaren 40 gehouden. Een zekere Ted Spencer, die beroemd werd omdat hij onder de Victoria Falls Bridge door vloog, maakte de eerste commerciële 'engelenvlucht'. Tegenwoordig zien natuurbeschermingsorganisaties zich gedwongen te waarschuwen dat het lawaai van de vele vluchten met Bell Jet Rangerhelikopters en ultralights het wild kan verjagen, wat een gevoelig verlies voor het nationaal park zou zijn.

De permanente nevel, afkomstig van 500 miljoen liter Zambeziwater per minuut in april (in de droogteperiode in augustus is het maar 10% van deze hoeveelheid) voedt aan de rand van de kloof een klein regenwoud met prachtige varens en wilde bloemen. Het is door de UNESCO uitgeroepen tot Werelderfgoed en geniet dan ook de hoogste bescherming. In Zambia gedijen, anders dan aan Zimbabwaanse kant, zelfs machtige woudreuzen als mahonie- en ebbenbomen. In hun kronen kunt u groene meerkatten (ook vervet of blauwaap genoemd) zien zitten. Rond de waterval leven zo'n 400 verschillende vogelsoorten. Kleine antilopen, vlinders en kleurige, exotische bloemen maken de paradijselijke sfeer compleet.

Een adembenemend zicht op de waterval krijgt u door van het parkeerterrein de borden omlaag naar de **Boiling Pot** te volgen, een steile klimpartij die dankzij de uitgesleten traptreden toch goed te doen is. De terugweg naar boven kost meer moeite. Het uitzicht op de over de basaltkliffen donderende Zambezi en op de **Batokakloof** is net zo spectaculair als dat op de **Victoria Falls Bridge**, die 100 m boven u de kloof overspant. In de schaduw van deze brug kunt u ook naar de panisch gillende bungeejumpers kijken die zich aan een elastiek van de brug de diepte in storten. Een ander mooi uitkijkpunt ligt aan het pad dat door het regenwoud loopt: **Knife Edge Point** tegenover het Danger Point aan de Zimbabwaanse kant biedt een geweldig panorama – in de regentijd met zeer veel stuifwater.

In de droge tijd kunnen waaghalzen proberen over de rand van de waterval langs de **Eastern Cataract** te lopen, wat alleen vanuit Zambia mogelijk is. Soms is de waterstand van de Zambezi zo laag dat u **Livingstone Island** kunt bereiken, de plaats waar de Schotse ontdekkingsreiziger de waterval voor het eerst in het oog kreeg. Als iemand van de Zimbabwaanse kant in de richting van Zambia kijkt, lijkt het alsof u langs de rand van de waterval loopt. Maar pas op: er dreigt slipgevaar!

De beste plaats om lokale kunstnijverheid te kopen is het **Munkuni Victoria Falls Craft Village**, naast het parkeerterrein boven de waterval. Het **Mosi oa Tunya National Park** begint bij de waterval en strekt zich 12 km langs de bovenloop van de Zambezi uit. Het park is slechts 66 km² groot, maar er leven wel enkele antilopesoorten, zebra's, giraffen en witte neushoorns. Dit zijn overigens de enige neushoorns die in heel Zambia voorkomen; alle andere zijn inmiddels door stropers uitgeroeid. Het park is in enkele uren met de auto te doorkruisen en omdat er geen roofdieren zijn, is het wild niet schuw en kunt u het van dichtbij observeren en fotograferen.

Livingstone ▶ W 2

De Victoria Falls in de avondzon

Kaart: blz. 355
Livingstone 2 trekt niet alleen bezoekers met de naast de Niagara Falls beroemdste

AVONTUURLIJK RAFTEN OP DE ZAMBEZI

Informatie
Begin: Victoria Falls (de deelnemers worden afgehaald in hun hotel)
Lengte: Dagtrip 27 km, 24 stroomversnellingen, de onderlinge afstand varieert van 100 m tot 2 km
Duur: 3 uur, halve of hele dag; op aanvraag ook meerdaagse trips met overnachtingen in tentenkampen
Boeken: Bijvoorbeeld bij Bundu Adventures (www.bunduadventures.com), Safari per Excellence (www.safpar.com), Cholwe Adventures Namibia (www.nsandman.iway.na)

Kosten: De prijzen zijn bij alle touroperators ongeveer gelijk. Een tocht van een hele dag kost ca. US$ 150-195, een dagtocht US$ 235, 2,5 dag ca. US$ 575 en een vijfdaagse tocht ca. US$ 1155.
Zwaarte: De met moeilijkheidsgraad 5 geclassificeerde stroomversnellingen (omslaan is gegarandeerd) vereisen niet alleen lichamelijke fitheid, maar ook stalen zenuwen. Deze tochten worden dan ook uitsluitend aanbevolen voor ervaren kajakkers.
Alternatieven: Door gidsen begeleide kajak- en bodyboardtochten (beide US$ 180)

Avontuurlijk raften op de Zambezi

Na 's ochtends kort in de theorie te zijn ingewijd, volgt een ritje met de bus en het duurt niet lang of de avonturiers stappen op de reusachtige rubbervlotten die in de Batokakloof liggen te wachten. Als een reusachtige witte muur wacht dan de eerste stroomversnelling in de rivier. Deze slokt de boot inclusief bemanning op en spuugt hem weer uit, wat ongeveer aanvoelt alsof je in een open auto door een wasstraat rijdt. Niet te geloven dat iedereen nog aan boord is.

De volgende keer gaat het niet zo gemakkelijk. Maar daarom dragen alle deelnemers dan ook een zwemvest en een helm. Uit alle macht klampen de in het water gevallen inzittenden zich aan het touw vast dat buiten de boot langs loopt en vechten tegen de sterke stroming. Water stroomt neus en mond binnen. Alsof een reusachtig toilet wordt doorgespoeld. Het omgeslagen vlot hangt vast in een stroomversnelling. Wat er ook gebeurt, altijd het touw vasthouden, hebben de *guides* van tevoren gezegd. De mensen houden zich er net zo lang aan vast tot het gorgelende, brullende water hen ondanks hun opgetrokken benen broek en onderbroek van het lijf dreigt te trekken. Als de niet onbelangrijke kledingstukken uiteindelijk enkelniveau bereiken, laten de meesten toch maar los. Liever verdrinken dan zonder broek in de boot terugkeren. Sommige deelnemers schieten door de stroomversnellingen, slagen erin hun broek weer te bemachtigen en nemen een paar slokken Zambeziwater op de koop toe. Als het spreekwoord klopt dat ieder die eenmaal Zambeziwater gedronken heeft, zal terugkeren, moet een aantal mensen direct beginnen aan de oever een huis te bouwen. Tijdens het aan land kruipen schiet een ander advies van de *river guides* te binnen: Wie in het water valt, moet nooit in de richting van het land zwemmen, want daar liggen de beruchte Zambezikrokodillen te zonnen.

Het wildwatervaren op de Zambezi geldt als een van de gevaarlijkste commerciële activiteiten van deze soort in de wereld. En juist daarom is het waarschijnlijk zo populair bij adrenalineverslaafde bezoekers. Wie een knip voor zijn neus waard is, moet het ooit eens hebben gedaan. Hier wildwatervaren overtreft nog het bungeejumpen van de spoorbrug over de Victoria Falls. Maar ondanks het uitsluiten van alle aansprakelijkheid bij het begin van de tocht zijn de veiligheidsmaatregelen van internationaal niveau. Zeer ervaren wildwatercracks, meestal van Amerikaanse herkomst, begeleiden de logge rubbervlotten in wendbare eenpersoonskajaks om in geval van nood direct in te grijpen. Maar ook om steeds weer aan land te gaan, op de rotsen omhoog te klimmen en video-opnames te maken, die later door de deelnemers gekocht kunnen worden als een vrolijk aandenken aan het natte avontuur. Mocht er ondanks alle veiligheidsmaatregelen toch eens een ernstig ongeluk gebeuren, dan alarmeren de begeleiders per mobilofoon de reddingshelikopter, die binnen een paar minuten ter plaatse is.

In de laatste stroomversnelling van die dag verheft het vlot zich nog eenmaal, staat loodrecht in het water en slaat dan om. Niemand weet meer wat boven en onder is en iedereen heeft het gevoel eindeloos lang in het water te liggen. Maar daar zijn de eenpersoonskajaks al, en de overboord geslagen mannen en vrouwen worden behendig weer op het rubbervlot geholpen. Voor het einde van de tocht, dat met een koud biertje wordt gevierd, moet nog een steil pad uit de kloof omhoog worden bedwongen. De Zambezitocht degradeert vergelijkbare ondernemingen op de Colorado in de VS of op het Zuidereiland in Nieuw-Zeeland tot onschuldige boottochtjes.

Stroomversnellingen worden internationaal op een schaal van 1-6 geclassificeerd. De hoogste klasse, 6, geldt als onbevaarbaar. Daarom wordt het vlot bij stroomversnelling nr. 9, die de treffende naam *commercial suicide* (commerciële zelfmoord) draagt, uit het water genomen en langs de oever gedragen.

Bij laag water (eind augustus tot december) vallen alle Zambezistroomversnellingen onder categorie 5+. Met hoog water, tussen juli en augustus, is de tocht iets minder zwaar en gaan er minder deelnemers overboord.

Victoria Falls en Chobe National Park

waterval ter wereld, maar is ook een centrum voor adrenalineverslaafde vakantiegangers. De met zijn 111 m hoogte (de eerste 40 m zijn vrije val!) op één na hoogste commerciële bungeejump ter wereld (de hoogste, met 216 m, is die van de Zuid-Afrikaanse Bloukransbrug) van de Victoria Falls Bridge, die Zimbabwe met Zambia verbindt, hoort er net zo goed bij als een **wildwatervaart** op de Zambezi, de gevaarlijkste ter wereld, die al enkele toeristen het leven heeft gekost. Desondanks – of misschien wel juist daarom – behoort deze tocht tot de populairste attracties.

Bungeejumping van de brug is niet iets van de laatste tijd. Hangend aan een door twee dragers vastgehouden touw heeft al in 1878 majoor A. de Serpa Pinto de waterval met een sextant opgemeten. Nog verder ging Jack Soper, voormalig inner van de brugtol en oprichter van de nog steeds in Victoria Falls aanwezige souvenirwinkel Soper's Curios. In 1905 liet hij zich 31 m aan een touw omlaag zakken om de waterval vanuit een ongewone hoek te fotograferen.

Victoria Falls Bridge

De brug zelf is een mooi voorbeeld van victoriaanse bouwkunst en werd aangelegd als onderdeel van Cecil Rhodes' plan voor een spoorlijn van de Kaap naar Caïro. Hij was destijds de hoogste ter wereld en werd in Engeland geprefabriceerd, geassembleerd, weer uit elkaar gehaald en per schip en trein naar de waterval vervoerd. Cecil Rhodes heeft de brug noch de waterval echter ooit gezien. Hij overleed voor de bouwwerkzaamheden waren begonnen, maar uitte nog wel deze wens: 'De spoorlijn moet de Zambezi onder de Victoria Falls oversteken. Ik wil dat het stuifwater over de wagons sproeit.'

Wie nu aan een elastiek van de brug wil springen of gewoon van het ontzagwekkende uitzicht daarboven wil genieten, moet weliswaar komend vanuit Zambia de grenspost van Zambia in de richting van Zimbabwe passeren en zijn paspoort laten zien, maar de brug zelf is niemandsland, dat wil zeggen dat brugbezoekers niet werkelijk Zambia verlaten.

Victoria Falls Hotel

Een *must* in Victoria Falls is de high tea in het eerbiedwaardige Victoria Falls Hotel (zie ook Accommodoatie). Tussen 17 en 19 uur worden mini-sandwiches, mini-gebak en scones met room en jam geserveerd, traditioneel decadent op een drie verdiepingen tellende, zilveren etagère.

Met de bouw van het hotel werd in 1904 gestart, gelijktijdig met de constructie van de Victoria Falls Bridge. Het gebouw was oorspronkelijk bedoeld als huisvesting voor de werknemers en zou na de voltooiing van de brug weer worden afgebroken – wat gelukkig niet gebeurde. Al in 1905 kwamen zoveel toeristen om de brug en de waterval te bewonderen dat het aantal kamers moest worden uitgebreid. Terwijl in de beginperiode twaalf eenpersoonskamers en vier tweepersoonskamers voor de gasten beschikbaar waren, kunnen nu maximaal driehonderd gasten overnachten in de 'grande dame' van de Afrikaanse gastvrijheid.

Het Victoria Falls Hotel is het oudste nog altijd functionerende onderkomen in Zimbabwe en is een van de 25 beroemdste hotels in de wereld. Veel beroemdheden, van Agatha Christie tot de jonge koningin Elizabeth, hebben zich hier na een safari gekoesterd in de comfortabele badkuipen.

Informatie

Zambia National Tourist Board, Livingstone, Mosi-oa-Tunya Road naast het Livingstone Museum, tel. 002 60 3 32 14 04, www.zambiatourism.com, ma.-vr. 8-13, 14-17, za. 8-12 uur. Aardig personeel dat altijd tips voor accommodatie, restaurants en activiteiten paraat heeft.

In Nederland en België:
Ambassade van de republiek Zambia, voor België en Nederland: Molièrelaan 469, 1050 Brussel, België, tel. 0032 2 343 56 49. Hier kunt u informatie krijgen over reizen naar de Victoria Falls, de reisdocumenten die u daarvoor nodig hebt en de geldende douanebepalingen. Zie voor een reis naar Zambia ook blz. 76 en 354.

Livingstone

Accommodatie
De grand old lady – **The Victoria Falls Hotel:** 2 Mallet Dr., tel. 002 63 134 47 51, www.victoria-falls-hotels.net. Dit hotel in edwardiaanse stijl werd in 1904 voltooid en is sindsdien herhaaldelijk uitgebreid. Tegenwoordig heeft het 161 kamers en suites. Vanuit het hotel kunt u niet alleen het stuifwater van de waterval zien, 's nachts hoort u ook het geluid. 2 pk met ontbijt US$ 425-2340.

Fantastische ligging – **River Club:** tel. 002 60 213 32 74 57, www.theriverclubafrica.com, www.classic-portfolio.com. 18 km stroomopwaarts van de Victoria Falls. Edwardiaans-victoriaanse sfeer, 8 rietgedekte luxechalets met prachtig uitzicht op de Zambezi. Pontoonboottochten, wildwatervaren en bungeejumpen kunnen worden georganiseerd. 2 pk met ontbijt vanaf US$ 465 p.p.

Smaakvol Afrikaans ingericht – **Tongabezi Lodge:** tel. 002 60 3 32 44 50, www.tongabezi.com. Reserveren via tel. 002 60 3 32 74 68; Lodge: tel. 002 60 3 32 74 50. Exclusieve lodge aan de Zambezi, met een fantastisch uitzicht. De maximaal 18 gasten vinden onderdak in stijlvol Afrikaans ingerichte chalets en vrijstaande huisjes. Zeer persoonlijke service. Sindabezi Island: chalets US$ 520 p.p., Honeymoon Suite US$ 566 p.p.; vasteland: chalets vanaf US$ 751 p.p., River Cottages vanaf US$ 618 p.p., Garden House vanaf US$ 751 p.p.

Als een Afrikaanse lodge – **The David Livingstone Safari Lodge & Spa:** Riverside Dr. (zijweg van de Sichango Rd.), tel. 002 60 213 32 46 01, www.aha.co.za/davidlivingstone, Facebook: David Livingstone Safari Lodge and Spa. Iets te groot uitgevallen hotel met 77 kamers, die zijn ondergebracht in charmante gebouwen met rieten dak. Naast het uitstekende restaurant is de *infinity pool*, die naadloos lijkt over te gaan in de Zambezi, ook een hoogtepunt. 2 pk met ontbijt vanaf US$ 630.

Eiland in de Zambezi – **Jungle Junction:** Ca. 41 km ten westen van Livingstone, geen telefoon, reserveren via www.junglejunction. info. Leef dicht bij de natuur in dit *camp* op Bovu Island in de Zambezi, met 4 grote chalets en 4 kleinere Fisherman's Huts. Zowel de chalets als de vissershutjes staan op houten palen, de chalets zijn iets luxer uitgevoerd met hardhouten vloeren en wanden van riet en bamboe. Allemaal hebben ze tweepersoons of twee aparte bedden, klamboes, kussens en dekbedden, maar geen handdoeken. Vanaf de veranda geniet u van het uitzicht op de Zambezi. Wie kamperen wil, moet zijn eigen tent meenemen. De transfer naar het eiland geschiedt per kano, voor de auto is er een parkeerplaats. Transfer van Livingstone US$ 30 p.p., tocht per boomstamkano US$ 25 p.p., ontbijt en lunch US$ 7, diner US$ 12, chalets US$ 35 p.p., Fisherman's Huts US$ 25 p.p., kamperen US$ 10 p.p.

Eten en drinken
Alle genoemde hotels en lodges beschikken over zeer goede restaurants. Hoofdgerecht ca. US$ 15.

Uitstekende kwaliteit – **The David Livingstone Safari Lodge & Spa:** zie links, dag. 8-22 uur. Op tafel komen verse, biologisch geteelde groenten en salades en prima vlees en vis. De chef-kok komt uit Zuid-Afrika. Hoofdgerecht US$ 20.

Pizza – **Funky Munky Pizza Bistro:** 214 Mosi-oa-Tunya Rd., tel. 002 60 213 32 01 20, dag. 12-22 uur. Diverse voordelige pizza's, salades en ijs. Hoofdgerecht US$ 9.

Vegetarisch – **African Visions:** 125 Mosi-oa-Tunya Rd., tel. 002 60 332 36 68, dag. 8-17 uur. Eigenlijk een souvenirwinkel, maar 's middags kunt u hier ook terecht voor lichte vegetarische gerechten. Hoofdgerecht US$ 8.

Brood en gebak – **Wonderbake:** Mosi-oa-Tunya Rd., naast Rite Pub & Grill, ma.-za. 7-21, zo. 8-20 uur. Vers brood, taartjes, ijs, espresso en cappuccino. Gratis wifi. Gerechten US$ 5.

Actief
Outdooractiviteiten en rondvluchten – **Adventure Zone:** Shop No. 4, Phumula Centre, tel. 002 63 134 44 24, www.adventurezonevicfalls.com, Facebook: Adventure Zone. Hier kunt u alle activiteiten boeken die rond de Victoria Falls worden aangeboden, o.a. olifantritten (US$ 150), gezellige boottochten (US$ 85-185), bungeejumping (US$ 160),

Victoria Falls en Chobe National Park

Een adrenalinekick – bungeejumpen bij de Victoria Falls

rafting (vanaf US$ 150), helikoptervluchten (15 min. US$ 180, 30 min. US$ 360). U krijgt korting als u diverse activiteiten boekt. **Wild Horizons:** 310 Parkway Dr., tel. 002 63-134 45 71, www.wildhorizons.co.za, Facebook: Wild Horizons. Ultralightvluchten (US$ 150), Sambesi Sundowner Cruises (US$ 81), trip naar Gorge Swing (94, US$ 50), kanotochten (US$ 185) en nog veel meer.

Tramexcursie naar de brug – **Victoria Falls Trams Bridge Tour:** tel. 002 63 134 44 71, www.shearwatervictoriafalls.com. Zowel de ochtend- als de middagexcursies beginnen bij het Victoria Falls Hotel. Over het zogenaamde Red Carpet Path ('rodeloperpad') loopt u in een paar minuten naar het station, waar een verfrissing en de in 19e-eeuwse stijl uitgevoerde tram klaarstaan. Na een rit van ca. 20 min. bereikt u het midden van de Victoria Falls Bridge, waar een rondleiding over de historische brug volgt (US$ 80).

Rit met een stoomlocomotief – **Victoria Falls & Livingstone Steam Train:** tel. 002 63 134 29 12, www.steamtraincompany.com, www.shearwatervictoriafalls.com, Facebook: Victoria Falls Steam Train Company. Sinds 1996 biedt de Victoria Falls Steam Train Company tochtjes aan met de historische stoomlocomotief Nr. 512, een van de weinige originele locomotieven van dit type die nog rondrijden in Afrika. De trein pendelt tussen de Victoria Falls en Livingstone en stopt in het midden van de brug. Er zijn verschillende tochten mogelijk, o.a. Moonlight Dinner Run incl. driegangendiner met drankjes US$ 170, African Safari Dinner Run incl. *sundowner* in het Zambezi National Park en driegangendiner US$ 150, Sunset Bridge Run incl. champagne en hapjes US$ 80. Aan de rijkelijk besprenkelde Zambezi Lager Party Express (US$ 40) kunnen maximaal 50 personen deelnemen (alleen staanplaatsen). Kinderen tot 12 jaar betalen de helft, kinderen tot 3 jaar mogen gratis mee.

Devil's Pool – **Shearwater Adventures:** Tel. 002 63 134 44 17, www.shearwatervicto

riafalls.com. Het uitstapje naar de 'zwemvijver van de duivel' aan de Zambiaanse kant kost incl. boottocht en ontbijt US$ 90, of met lunch US$ 150. Wie meer tijd bij het water wil doorbrengen, moet de reis vanuit Zambia boeken, bijvoorbeeld bij de Tongabezi Lodge.

Chobe National Park

Kaart: blz. 355

De route vervolgt nu van de Victoria Falls – op uw gemak via de Seshekebrug en Katimo Mulilo of via Kasane en de aldaar beginnende, bijzonder avontuurlijke Chobe Road (zie blz. 364) – naar het 10.698 km² grote **Chobe National Park** 3, momenteel na het Central Kalahari Game Reserve (52.800 km²) en het Kgalagadi Transfrontier Park (37.991 km²) het grootste nationaal park van Botswana. Hier leven in sommige perioden maar liefst 35.000 olifanten – de grootste concentratie in Afrika. Ook de buffel- en antilopebestanden zijn reusachtig. De onverharde wegen in het park zijn echter alleen voor ervaren terreinwagenbestuurders aan te raden.

De hier gelegen lodges zorgen ervoor dat hun gasten worden opgehaald op het vliegveld van het Botswaanse Kasane en organiseren wildobservatietochten. Al onderweg naar de lodge kunt u uw hart ophalen. Links en rechts staan olifanten. Eén heeft de hitte met succes ontvlucht en snorkelt net met opgeheven slurf door de Chobe River, die Botswana van Namibië scheidt. Op de verdere rit kunt u nog tientallen dikhuiden tegenkomen en op een plaats in de rivier baddert een groep nijlpaarden. Deze breedbekken zien er onschuldig uit, maar doden in Afrika meer mensen dan welk ander dier ook. De bruine antilopen die eruitzien als iets te dik uitgevallen impala's zijn poekoes. Deze bijzondere dieren hebben zich perfect aan de moerassige bodem aangepast en leven alleen hier aan de Chobe.

Zeer aan te bevelen zijn de **boottochten** bij avond op de Chobe River, waarbij u met een koud biertje in de hand de grote aantallen olifanten langs de oever kunt observeren, naast bavianen, nijlpaarden, krokodillen en antilopen.

Duma Tau Camp ▶ S 3

Een van de door Wilderness Safaris beheerde, midden in de natuur gelegen lodges is **Duma Tau** 4, een halfuur vliegen van de Chobe River. *Duma Tau* is Tswana en betekent 'het brullen van de leeuw'. En dat is niet toevallig. Tijdens de wildobservatietocht in de middag speuren de chauffeur en zijn op het linkerspatbord gezeten verspieder de horizon af, terwijl twee leeuwinnen in de bosjes direct naast de auto liggen. Supercamouflage. Vanuit het toilet van het restaurant is het uitzicht op het Linyantimoeras werkelijk fantastisch. Als vanaf een troon kunt u hier de fauna observeren, soms langer dan u zou willen, omdat bijvoorbeeld een nieuwsgierig olifantenwijfje u de terugweg verspert.

Informatie

Botswana Tourism: Interface International, Petersburger Str. 94, 10247 Berlijn, tel. 030 42 25 60 27, www.botswana-tourism.gov.bw. De toegang voor het Chobe National Park, dat alleen voor terreinwagens en andere voertuigen met vierwielaandrijving begaanbaar is: volwassene PUL 120 per dag, kind 8-17 jaar PUL 60 per dag, auto's PUL 50 per dag.

Landkaarten: Er zijn enkele zeer goede kaarten voor Botswana beschikbaar. De papieren Tracks4Africa Botswana-kaart (€ 18,90) is door de auteur van deze gids uitvoerig getest en is een goede keuze in combinatie met het jaarlijks geactualiseerde Tracks4Africa-GPS-Paket Botswana (€ 15,50), online te bestellen via www.tracks4africa.ch.

Wie niet over Garmin beschikt, kan de gps-gegevens van de geplande route handmatig in zijn apparaat invoeren. Voor dit doel zijn de op basis van satellietfoto's gemaakte Shell Botswana-kaarten van Veronica Roodt heel geschikt. Er zijn ook vier gedetailleerde kaarten voor de afzonderlijke regio's in Botswana met gps-gegevens over alle routes en *waypoints:* Shell Tourist Map of Moremi Game Reserve, van het Chobe National Park, of Kgalagadi Transfrontier Parkund, of de Okavango

Delta and Linyanti (elk ca. € 12), online te bestellen via www.botswana-maps.co.za en www.africa-maps.co.za.

Een goed overzicht biedt die Globetrotter Travel Map Botswana van New Holland Publishers, op schaal 1 : 1 750 000 (€ 8), online te bestellen via www.mapstudio.co.za.

Accommodoatie, eten

Klein en exclusief – **Duma Tau:** Reserveren via een in Afrikareizen gespecialiseerd reisbureau en online via www.wilderness-safaris.com. De van hout en tentdoek opgetrokken lodge met 10 gezellige chalets ligt in het 1250 km² metende Linyanti Wildlife Reserve, dat aan de westgrens van het Chobe National Park begint. Het *camp* ligt aan de rand van een lagune van de Linyanti, waarin veel nijlpaarden voorkomen. De bron van het Savuti Channel ligt dicht bij het kamp en een **game drive** langs de Savuti behoort tot de hoogtepunten van Duma Tau. De kamers zijn ruim en liggen op houten platforms hoog boven de grond en onder strodaken met wanden van tentdoek, wat de geluiden van Afrika vrijwel ongefilterd tot de oren van de gasten doet doordringen. Het gebied is beroemd om de vele olifanten, die zich vooral in de winter laten zien, en de goede wildobservatiemogelijkheden het hele jaar door. Alle roofdieren – leeuwen, luipaarden, wilde honden – komen hier voor en jagen op impala's, zebra's, giraffen, gnoes, antilopen en ander wild. Het kamp is alleen per vliegtuig te bereiken. 2 pk inclusief alle activiteiten en met volpension vanaf US$ 903-1588 p.p.

Met panoramisch uitzicht – **Ngoma Safari Lodge:** tel. 002 67 134 32 11, 002 67 134 32 20, www.ngomasafarilodge.com. Een van de mooiste lodges in Botswana en een persoonlijke favoriet van de auteur. Het uitzicht vanaf de heuvel waar de lodge ligt aan de Chobe River Valley en Namibië is geweldig en de twee oude baobabs aan de voorzijde van het gebouw maken het *Out of Africa*-gevoel af. Het rietgedekte onderkomen past perfect in het landschap: 8 grote, zeer mooi in Afrikaanse stijl ingerichte suites met bad, douche en enorme muskietennetten boven de bedden.

Ook de kwaliteit van het eten is hoog. Inbegrepen in de prijs zijn de *game drives* in een open terreinwagen met ranger in het Chobe National Park. Let op: omdat de lodge meestal vol is en ze gasten niet mogen weigeren, is de ligging van de lodge niet aangegeven vanaf de B 336. Gasten die hebben geboekt kunnen de locatie als volgt vinden: komende van de B 336 gaat u (3,5 km voor de kruising met de A 33) na de bewegwijzerde afslag naar de naburige Muchenje Safari Lodge links een onverharde weg op, die korte tijd parallel aan de B 336 loopt. Dan gaat u naar links, na 700 m weer links, na 500 m opnieuw naar links. Na nog eens 300 m ligt de lodge aan de linkerkant. US$ 900-975 p.p., alles inclusief.

Kamperen – In Botswana volgt men het beleid van *high revenue, low volume tourism* ('weinig toeristen, hoge opbrengst'), zodat het aantal beschikbare kampeerplaatsen in de nationale parken beperkt is. Alle overnachtingen op de staatscampings moeten bij het kantoor van het **Department of Wildlife and National Parks (DWNP)** geboekt worden. Plaatsen in de noordelijke parken (Chobe, Moremi, Nxai Pan en Makgadikgadi Pans) reserveert men meestal in Maun, in de zuidelijke parken (Central Kalahari, Kgalagadi) in Gaborone: centraal reserveringsnummer tel. 002 67 397 14 05, dwnp@gov.bw; kantoor in Gaborone, Queen's Rd., tel. 002 67 318 07 74, kantoor in Maun, Kubu St., tel. 002 67 686 12 65, alle geopend ma.-za. en op veel feestdagen 7.30-12.45, 13.45-16.30, zo. 7.30-12 uur. Online boeken werkt niet altijd en is ook iets duurder.

Chobe Road ▶ T/U 2-4

Kaart: blz. 355

De **Chobe Road** 5 begint bij Kasane (17° 48'357"Z/25°08'834"O). Het eerste, geasfalteerde stuk is 51 km lang en volgt de Chobe River tot aan de **Ngoma Gate** (17°55' 717"Z/24°43'678"O). Aan de andere kant van de rivier liggen Namibië en de weg naar Katima Mulilo; de grenspost ligt bij **Ngoma Bridge**.

hobe Road

Het zanderige terreinwagenavontuur in het Chobe National Park begint echter verder naar het zuidwesten. De droge periode, tussen mei en oktober, is het meest geschikt voor een tocht door het nationaal park. De dieren concentreren zich in die tijd vooral langs de weinige waterlopen en bij de drinkplaatsen.

Let op: langs de 360 km lange weg van Kasane naar Maun zijn geen benzine en geen levensmiddelen te koop, dus zorg dat u voldoende voorraad hebt.

Via **Kavimba** (18°02'540"Z/24°36'273"O) en **Kachikau** (18°09'286"Z/24°29'786"O; 40 km wasbordweg vanaf Ngoma) gaat het 42 km lang over extreem zanderig terrein, en dwars over enkele duinen, naar de **Ghoba Gate** (18°23'244"Z/24°14'741"O). Dan volgen nog 28 km zanderige, maar stevige onverharde weg naar **Savute**. De weg van Kasane naar Savute is in totaal ongeveer 160 km lang en kan in zo'n vier uur worden afgelegd. Het landschap rond **Savute** (18°34'014"Z/24°03'905"O) ziet er aan het eind van de droge tijd uit als een woestijn. De hele dierenwereld verzamelt zich dan bij de weinige overgebleven drinkplaatsen.

Van Savute zijn er twee mogelijkheden om naar de Mababe Gate in het zuiden te rijden. Bij de splitsing ten zuiden van Savute gaat het linksaf over de landschappelijk fraaiere **Marsh Road** (71 km), die echter alleen in de droge tijd te berijden is en al onbegaanbaar wordt als er maar een beetje regen is gevallen. Aan de rechterkant loopt de **Sandridge Road** (64 km) naar het zuiden. Beide wegen komen bij *waypoint* 18°55'619"Z/24°00'660"O samen. weer 21 km verderop bereikt u de **Mababe Gate** (19°06'174"Z/23°59'118"O).

Zo'n 1,5 km na het passeren van de Mababe Gate vertakt de weg zich. Hier gaat u rechtsaf richting Moremi. Eerst rijdt u door een mopanebosje en dan bent u bij de **Magwikhane Sand Ridge**, een 7 km lang tracé dat uit zwaar, diep zand bestaat. Na 17 km hebt u een **bord** (24°07'695"Z/23°52'927"O) bereikt dat de grens tussen Moremi en Chobe aangeeft. Hier rijdt u verder naar rechts, dat wil zeggen in westelijke richting. De laatste 20 km langs de **Khwai River** bieden steeds weer mogelijkheden om wild te observeren. De **Khwai Gate** (19°10'342"Z/23°45'095"O) ligt 22 km ten westen van het Chobe/Moremibord.

Avondschemering aan de Chobe

Door Botswana terug naar Namibië

Het Moremi National Park en de Okavangodelta bieden naast het Chobe National Park de beste safarimogelijkheden in zuidelijk Afrika, ofwel georganiseerd, in kleine groepen als vliegsafari, of over avontuurlijke offroadtrajecten in eigen terreinwagen, met satellietnavigatie. Een omweg brengt u naar de Makgadikgadi Pans, de grootste zoutvlakte ter wereld. Daar middenin ligt Kubu Island, een granieteiland begroeid met oeroude apenbroodbomen.

Moremi Game Reserve

▶ R-T 4

Kaart: blz. 370

Het in 1963 op stamgronden van de Batswana ingestelde, 4872 km² grote **Moremi Game Reserve** **1** is een deel van de Okavangodelta en maakt ongeveer een derde van de oppervlakte daarvan uit. Het strekt zich uit van de zogeheten Mopane Tongue in het noordoosten over het Chiefs Island tot diep in het westelijke deel van de Okavangodelta. In tegenstelling tot de rest van het reusachtige moeras is Moremi in de droge tijd (april tot oktober) met terreinwagens toegankelijk. Het is een van de beste gebieden in Afrika om de dierenwereld vanuit een terreinwagen op u te laten inwerken, omdat het over grote afstanden door andere natuurreservaten wordt omringd, wat het wild de mogelijkheid geeft vrij rond te trekken.

Er zijn enkele mooie kampeerterreinen en lodges in dit gebied te vinden. De omgeving wordt gedomineerd door mopanebomen, die hier soms hele wouden vormen. Verderop voeren witte zandwegen door *bush land* en over open vlaktes, tot de sappig groene eilandvegetatie van Xakanaxa is bereikt. Kleipannen, zoutvlaktes en rivieren die in de natte periode met water zijn gevuld, trekken grote aantallen wild en vogels aan. Bij de dieren van de savanne voegen zich nijlpaarden, sitatoenga's en talloze vogelsoorten.

Accommodoatie, eten

Luxe op een tropisch eiland – **Xigera Camp:** Reserveren via Wilderness Safaris, www.wilderness-safaris.com. Een luxueus tentenkamp aan het water in het Moremi Game Reserve, midden in de Okavangodelta. Gasten kunnen het hele jaar door deelnemen aan activiteiten als safari's over het water per traditionele *mokoro* of gewone boot om wild te observeren. Xigera ligt op een schaduwrijk terrein en bestaat uit 8 luxueus ingerichte tenten van stahoogte, met bovendien een badruimte en een buitendouche. Elke tent staat op een platform en heeft een prachtig uitzicht op het overstromingsgebied en de drinkplaats. Maaltijden en drankjes kunnen worden genuttigd in de verhoogde verblijfsruimte, de kleine bar of de eetzaal, die elk een schitterend uitzicht op de rivier bieden. In de open *boma* kunt u een culinair hoogtepunt onder de blote sterrenhemel beleven. Houten plankieren die door het bos lopen verbinden de tenten met het hoofdgebouw. Een klein zwembad biedt tijdens de warmte overdag verfrissing. Een houten voetbrug verbindt het eiland Xigera met het buureiland. Regelmatig ziet u leeuwen en luipaarden over de brug lopen.

Moremi Game Reserve

Bij een lage waterstand zijn wildobservatietochten in open terreinwagens mogelijk, in sommige jaren worden ze het hele jaar door aangeboden, anders alleen van eind september tot april. Xigera Camp is alleen met een klein vliegtuig bereikbaar. 2 pk, alles inbegrepen, US$ 736-1451 p.p.

Diep in de bush – **Xakanaxa Camp:** Reserveren via Moremi Safari & Tours, tel. 002 67 686 15 59 22, of in Zuid-Afrika, tel. 00 27 11 394 38 73, www.desertdelta.com. Dit luxueuze tentenkamp (spreek uit: ka-ka-na-ka) bestaat uit 12 luxetenten en ligt direct aan de gelijknamige lagune. 2 pk, alles inbegrepen, vanaf US$ 990 p.p.

Klassiek safarikamp – **Camp Moremi:** Reserveren via **Desert and Delta**, tel. 002 67 686 12 43 of 686 22 46, of in Zuid-Afrika, tel. 0027 11 706 08 61, www. desertdelta.com. Luxueus tentenkamp met 11 ruime tenten en aparte badruimte met douche. Mooie ligging, direct aan de Xakanaxalagune. Georganiseerde wildobservatietochten met ranger. Geen kinderen onder 12 jaar. 2 pk, alles inbegrepen, vanaf US$ 990 p.p.

Let op: Zowel bij Camp Moremi als het Xakanaxa Camp ziet men liever gasten met het vliegtuig dan met een eigen terreinwagen komen. De laatste gelden als 'moeilijk', omdat ze minder snel onder de indruk zijn dan toeristen die pas met het vliegtuig zijn aangekomen. Geen wonder, want wie met een eigen terreinwagen arriveert, heeft al het een en ander meegemaakt. Verrassend genoeg kennen veel rangers niet eens de weg tussen hun kamp en Maun, omdat ze dit traject altijd vliegen.

Kamperen – Er zijn 4 kampeerterreinen in Moremi, waarvan de **Third Bridge Camp Site** en **Xakanaxa Camp Site** het meest aan te raden zijn. De Third Bridge Camp Site is het lievelingskampeerterrein van de auteur, op gezichtsafstand van de avontuurlijke Third Bridge, die niet zelden door leeuwen wordt gebruikt. Bij de **North Gate** en **South Gate Camp Site** leven niet zoveel dieren.

Pelikanen in de Okavangodelta

Een uniek natuurparadijs: het wildrijke Moremi Game Reserve